高等院校物流专业"互联网+"创新规划教材

互联网物流

（第2版）

杨萌柯　陈成栋　周晓光　编著

北京大学出版社
PEKING UNIVERSITY PRESS

内 容 简 介

本书立足国家"互联网+物流"战略需求，分三篇详细介绍了互联网物流的理论和应用：上篇，概述篇介绍互联网物流的定义、特点、发展趋势；中篇，理论篇阐述互联网物流的新模式、新功能、业务体系与作业流程；下篇，应用篇阐述互联网物流的主要技术和应用，包括大数据、区块链、人工智能等信息技术，无人仓、无人车、无人机等硬件设备，互联网物流平台、业务应用以及跨界融合发展。本书内容新颖、知识丰富、实用性强，将理论知识和实际案例相结合，深入浅出的讲解有助于读者更好地掌握相应的知识点。

本书不仅可作为高等院校电子商务、物流等专业的本科生、研究生教学用书，亦可作为面向不同专业学生开设的互联网应用类公选课、交叉课程、复合课程等特色课程的教学用书，还可作为相关领域研究人员、从业人员的参考用书，以及企事业单位的培训指导教材。

图书在版编目(CIP)数据

互联网物流 / 杨萌柯，陈成栋，周晓光编著. 2 版. —— 北京 ： 北京大学出版社，2025. 9. —— (高等院校物流专业"互联网+"创新规划教材). —— ISBN 978-7-301-35258-8

Ⅰ. F252-39

中国国家版本馆 CIP 数据核字第 2024VD1005 号

书　　　　名	互联网物流（第 2 版）
	HULIANWANG WULIU（DI-ER BAN）
著作责任者	杨萌柯　陈成栋　周晓光　编著
策 划 编 辑	郑　双
责 任 编 辑	巨程晖　郑　双
数 字 编 辑	金常伟
标 准 书 号	ISBN 978-7-301-35258-8
出 版 发 行	北京大学出版社
地　　　　址	北京市海淀区成府路 205 号　100871
网　　　　址	http://www.pup.cn　新浪微博：@北京大学出版社
电 子 邮 箱	编辑部 pup6@pup.cn　总编室 zpup@pup.cn
电　　　　话	邮购部 010-62752015　发行部 010-62750672　编辑部 010-62750667
印 刷 者	北京鑫海金澳胶印有限公司
经 销 者	新华书店
	787 毫米×1092 毫米　16 开本　20 印张　483 千字
	2016 年 11 月第 1 版
	2025 年 9 月第 2 版　2025 年 9 月第 1 次印刷
定　　　　价	59.00 元

随着经济全球化和信息技术的迅猛发展，物流业也在不断丰富着自身的内涵。物流业作为综合性服务行业，支撑着国民经济的稳步发展，而电子商务的飞速发展又推动着物流业的快速升级；面对速度和体验的双重需求，线下的传统物流业亟须数字化转型，实现物流业与互联网的深度融合。如今，互联网技术已经逐渐渗透到物流业，为物流业的数智化提供了坚实的基础，并有效促进了物流业的降本增效进程。

2015 年《政府工作报告》中首次提出"互联网+"行动计划，推动移动互联网、云计算、大数据、物联网等与现代制造业相结合，促进电子商务、工业互联网和互联网金融健康发展。"互联网+"行动计划的提出，推动着传统产业进行互联网改造升级，促进其实现在线化、数据化和信息化，同时也促进了以云计算、物联网、大数据为代表的新一代信息技术与工业、商业、金融等现代制造业、生产性服务业的融合，发展壮大新兴业态，打造新的产业增长点。

2016 年 7 月 20 日，国务院常务会议部署推进"互联网+物流"，提出要构建物流信息互联共享体系，建立标准规范，加快建设综合运输和物流交易公共信息平台，提升仓储配送智能化水平，鼓励发展冷链物流；推进"互联网+车货匹配"，运力优化，实现车辆、网点、用户精准对接。2016 年 7 月 29 日，《发展改革委关于印发〈"互联网+"高效物流实施意见〉的通知》中提出，要牢固树立和贯彻落实创新、协调、绿色、开放、共享的新发展理念，深入推进供给侧结构性改革，顺应物流领域科技与产业发展的新趋势，加快完善物流业相关政策法规和标准规范，推动大数据、云计算、物联网等先进信息技术与物流活动深度融合，推进"互联网+"高效物流与大众创业万众创新紧密结合，创新物流资源配置方式，大力发展商业新模式、经营新业态，提升物流业信息化、标准化、组织化、智能化水平，实现物流业转型升级，为国民经济提质增效提供有力支撑。

2019 年 9 月，中共中央、国务院印发《交通强国建设纲要》明确提出，从 2021 年到 21 世纪中叶，分两个阶段推进交通强国建设；到 2035 年，基本建成交通强国，现代化综合交通体系基本形成，支撑国家现代化建设的能力显著增强；到 21 世纪中叶，全面建成人民满意、保障有力、世界前列的交通强国。其中重点提出加速新业态、新模式发展，发展"互联网+"高效物流，创新智慧物流营运模式；推动大数据、互联网、人工智能、区块链、超级计算等新技术与交通行业的深度融合。

2024 年《政府工作报告》中提出"实施降低物流成本行动"，深化综合交通运输体系改革，形成统一高效、竞争有序的物流市场，优化主干线大通道，完善现代商贸流通体系；鼓励发展与平台经济、低空经济、无人驾驶等结合的物流新模式，统筹规划物流枢纽，优化交通基础设施建设和重大生产力布局，大力发展临空经济、临港经济。2024 年 11 月，中共中央办公厅、国务院办公厅印发的《有效降低全社会物流成本行动方案》中提出，要推动物流数智化发展，提高全社会物流实体硬件和物流活动数字化水平，推进传统物流基础设施数字化改造，鼓励发展与平台经济、低空经济、无人驾驶等相结合的物流新模式，推广无人车、无人船、无人机、无人仓以及无人装卸等技术装备。

2025 年《政府工作报告》中提到，要持续推进"人工智能+"行动，将数字技术与制造优势、市场优势更好结合起来，支持大模型广泛应用，大力发展智能网联新能源汽车、人工智能手机和电脑、智能机器人等新一代智能终端以及智能制造装备。

"互联网+物流"的实施和推进，不断提升我国物流业向信息化、数字化、数智化方向转型，为构建和完善高效、生态、节能的现代化物流服务体系提供动力，也促进经济持续健康发展，推动新的行业变革。近两年，随着 ChatGPT 等生成式人工智能快速发展，我国的百度文心一言、讯飞的星火认知、阿里云的通义千问、腾讯的混元大模型、字节跳动的豆包、深度求索的 DeepSeek 等相继面世，人工智能从 1.0 时代迈入 2.0 时代，AI 技术的飞速发展正在推动各行各业走向全面智能化。通过"人工智能+"物流的融合，可以进一步提升物流要素质量、提高物流资源配置效率、增强物流行业发展新动能，加快形成物流行业新质生产力。如何充分利用人工智能等互联网技术优势，运用互联网思维、数智技术改造传统物流业，创造物流新生态，是从事物流领域工作和研究的各界人士不断探索的问题。

本书第 1 版于 2016 年 11 月正式出版，是国内最早论述互联网物流理论与应用的专业教材，系统解读了"互联网+"物流概念，阐释了互联网物流模式、功能、业务体系与作业流程，并系统探讨了互联网物流信息技术，互联网物流业务应用、互联网物流信息平台、互联网物流的跨界融合与发展。针对近两年互联网物流最新的热点问题，编著者结合互联网物流的新模式、新技术、新应用现状和趋势，在第一版基础上进行了全面修订完善，丰富了教材内容和配套资源：每个章节都设置了知识框架图、学习目标和能力目标，添加了知识卡片、视野拓展、课后习题以及案例分析、二维码等拓展资源，并采用 AI 学伴方式，提供一对一 AI 助教服务，读者可通过扫描封面二维码与 AI 学伴互动，实现智能问答。本书主要内容如下。

第一，概述篇，系统介绍互联网物流的定义、特点、发展历程，融入党的二十大报告相关内容，阐述互联网物流最新行业动态。

第二，理论篇，系统阐述互联网物流的模式、功能、作业流程等内容，包括众包配送、即时配送、客货邮融合等互联网物流新模式，以及大数据分析、逆向营销等互联网物流功能的最新案例和发展状况。

第三，应用篇，系统介绍互联网物流流程中应用到的主要技术、手段和设备，包括 5G、数字孪生、无人仓、无人车、无人机、分拣机器人等前沿信息技术、设备及应用案例，并设立重点章节介绍大数据、人工智能、区块链等技术在物流领域的最新发展、应用情况。

本书以注重案例和实用性为原则，结合大量国内外互联网物流相关研究成果和知名企业互联网物流运作的实际案例，对互联网物流的理论知识进行了详细讲解，内容通俗易懂，具有较强的实用价值。通过对本书的学习，读者可以掌握互联网物流的基本理论，熟悉互联网物流的运作模式、功能、业务体系和作业流程，掌握大数据、人工智能、区块链等前沿技术在物流领域的应用方法，以及互联网物流的跨界融合与发展策略。

　　本书作为互联网物流的专业书籍，由北京邮电大学的杨萌柯副教授、周晓光教授和闽江学院的陈成栋教授共同编著，在编写过程中参考学习了众多专家、学者以及研究机构的成果，亦得益于徐梦媛、叶华丽、李雅婷、田保顺、李佳欣、胡枫洋、王滔、孙丽、潘雨晴、孙湛舒、徐巾茜等科研团队成员的努力与贡献，在此表示感谢。同时，本书可能存在一些不完善之处，敬请读者批评指正。

编著者

2025 年 6 月

【资源索引】

目 录

CONTENTS

上篇 概述篇

中篇　理论篇

下篇　应用篇

上篇　概述篇

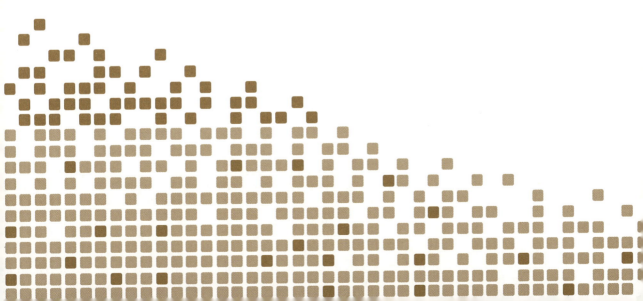

第**1**章
互联网物流概述

【知识框架图】

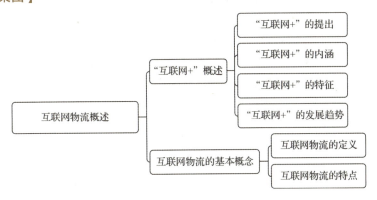

【学习目标】

1. 明确"互联网+"的提出过程与核心特征。
2. 掌握"互联网+"的发展趋势与互联网信息技术下互联网物流的特点。
3. 了解互联网物流的产生和发展及其对社会经济和企业的影响。

【能力目标】

1. 能够说明"互联网+"的内涵。
2. 掌握互联网物流的基本概念和理论知识,了解互联网物流的基本特点。
3. 能够清晰地说明在信息技术推动下的互联网物流所涉及的基本内容。

1.1 "互联网+"概述

2015年7月，《国务院关于积极推进"互联网+"行动的指导意见》中提到："互联网+"是把互联网的创新成果与经济社会各领域深度融合，推动技术进步、效率提升和组织变革，提升实体经济创新力和生产力，形成更广泛的以互联网为基础设施和创新要素的经济社会发展新形态。

"互联网+"在"互联网思维"的基础上发展而来，却又超越了"互联网思维"的范畴，它是一种涉及各行各业、方方面面的先进生产关系，有力地推动了经济形态的演进和社会经济实体的发展。"互联网+"是一种新的生产形式，它充分发挥互联网在经济发展和社会生活中的基础性作用，即充分发挥互联网在社会资源配置中的优化和集成作用，将互联网的创新成果深度融合于经济、社会的诸多领域，提升全社会的创新力和生产力，形成更广泛的以互联网为基础设施和实现工具的经济发展新形态。

近年来，"互联网+"已经改造并影响了人们的生产、工作、生活方式，成为引领创新驱动发展的"新常态"。具体而言，"互联网+"是指"互联网+各个传统行业"，并非互联网产业与传统行业机械地相互叠加，它充分发挥了新一代信息技术和互联网平台的连接作用，让互联网与传统行业深度融合，创造了更加广阔的发展空间和发展前景。

新一代信息技术的发展，催生了创新2.0①，创新2.0反过来又塑造了新一代信息技术的新形态和新发展，也引导了物联网、云计算、大数据、人工智能等技术的发展方向。"互联网+"是创新2.0时代互联网发展的新形态、新业态，是知识社会创新2.0催生的经济、社会、产业发展形态的演进。"互联网+"不仅是互联网应用于某个传统行业，更是在加入算法、大数据等后，让创新融入每个行业，从而推动了知识社会以用户创新、开放创新、大众创新、协同创新为特点的创新2.0。"互联网+"是对新一代信息技术与创新2.0相互作用、相互促进，共同推进社会经济发展的新形态的高度概括。随着知识社会的来临，驱动当今社会变革的不仅是无处不在的网络，更是网络中包含的计算、数据和知识。

1.1.1 "互联网+"的提出

随着互联网的深入应用，特别是以移动技术为代表的普适计算的发展，使得互联网逐渐向生产生活、经济社会发展等各个方面渗透。创新形态的演变也推动了互联网形态、信息通信技术形态的演变，物联网、云计算、大数据等新一代信息技术作为互联网的延伸和发展，在与知识社会创新2.0形态的互动中进一步推动了创新形态的演变，涌现出Web 2.0、开源软件、微观装配等创新2.0的典型案例，以及应用创新园区（application innovation park，AIP）、Living Lab、创客、维基、威客、众包等创新2.0的典型模式。

---

① 创新2.0，简单地说是创新1.0的升级。创新1.0是指工业时代的创新形态，创新2.0则是指信息时代、知识社会的创新形态。

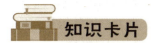

知识卡片

Living Lab 是欧盟"知识经济"中最具激发性的模式之一，它强调以人为本、以用户为中心和共同创新。Living Lab 是一种致力于培养以用户为中心的、面向未来的科技创新模式和创新体制的全新研究开发环境。

视野拓展

"互联网+"理念的提出

"互联网+"理念的提出，可以追溯到 2012 年 11 月，易观国际董事长于扬在易观第五届移动互联网博览会的发言中首次提出"互联网+"理念。他认为："在未来，'互联网+'应该是人们所在行业的产品和服务在与人们未来看到的多屏全网跨平台用户场景结合之后产生的一种化学公式。"换言之，易观国际在最早提出"互联网+"理念时，认为它是互联网对传统行业的渗透和改变。2013 年 11 月，腾讯公司董事会主席兼首席执行官马化腾在众安保险开业仪式上的发言中提出："互联网加一个传统行业，其实是代表了一种能力，或者是一种外在资源和环境，这是对这个行业的一种提升。"

2015 年 3 月，全国人大代表马化腾在全国两会上提交的《关于以"互联网+"为驱动，推进我国经济社会创新发展的建议》中，对经济社会的创新提出了建议和看法，呼吁持续以"互联网+"为驱动，鼓励产业创新、促进跨界融合、惠及社会民生，推动我国经济和社会的创新发展。这里的"互联网+"是指利用互联网平台、信息通信技术把互联网和包括传统行业在内的各行各业结合起来，从而在新领域创造一种新生态。

2015 年 3 月，《政府工作报告》中首次提出了"互联网+"行动计划，即推动移动互联网、云计算、大数据、物联网等与现代制造业相结合，促进电子商务、工业互联网和互联网金融健康发展，引导互联网企业拓展国际市场。"互联网+"在相关互联网企业较早讨论聚焦的"互联网改造传统产业"基础上已经有了进一步的发展，更倾向于全局化和统筹兼顾，也标志着"互联网+"理念正式成型，并且作为我国战略发展规划的一部分进入公众视野。

我国提出"互联网+"理念，把其作为创新 2.0 及经济发展"新常态"的一部分，提出充分利用新一代信息技术发展和知识社会的下一代创新机遇，推动移动互联网、云计算、大数据、物联网等技术与现代制造业结合，促进电子商务、工业互联网和互联网金融健康发展，引导互联网企业拓展国际市场。

2015 年 7 月，《国务院关于积极推进"互联网+"行动的指导意见》是推动互联网由消费领域向生产领域拓展、加速提升产业发展水平、增强各行业创新能力、构筑经济社会发展新优势和新动能的重要举措。

2016 年 7 月，《发展改革委关于印发〈"互联网+"高效物流实施意见〉的通知》中提出了构建物流信息互联共享体系、提升仓储配送智能化水平、发展高效便捷物流新模式、营造开放共赢的物流发展环境等主要任务。

2017 年 11 月，《推进互联网协议第六版（IPv6）规模部署行动计划》中提到要加快互联网应用服务升级，创新特色应用。在宽带中国、"互联网+"、新型智慧城市、工业互联网、云计算、物联网、智能制造、人工智能等重大战略行动中加大 IPv6 推广应用力度。

2017 年 11 月，《国务院关于深化"互联网+先进制造业"发展工业互联网的指导意见》中提出深入推进"互联网+"，形成实体经济与网络相互促进、同步提升的良好格局。

2018 年 1 月，《国务院办公厅关于推进电子商务与快递物流协同发展的意见》中要求深入实施"互联网+流通"行动计划，提高电子商务与快递物流协同发展水平。加强快递物流标准体系建设，鼓励信息互联互通。

2019 年 3 月，《关于推动物流高质量发展促进形成强大国内市场的意见》中提到，鼓励物流和供应链企业在依法合规的前提下开发面向加工制造企业的物流大数据、云计算产品，提高数据服务能力。

2020 年《政府工作报告》中提到要继续出台支持政策，全面推进"互联网+"，打造数字经济新优势。

2021 年 3 月，《中华人民共和国国民经济和社会发展第十四个五年规划和 2035 年远景目标纲要》中提到，要建设现代物流体系，加快发展冷链物流，统筹物流枢纽设施、骨干线路、区域分拨中心和末端配送节点建设，完善国家物流枢纽、骨干冷链物流基地设施条件。

2022 年《政府工作报告》中指出，要加快发展外贸新业态、新模式，充分发挥跨境电商作用，支持建设一批海外仓。积极扩大优质产品和服务进口。创新发展服务贸易、数字贸易，推进实施跨境服务贸易负面清单。深化通关便利化改革，加快国际物流体系建设，助力外贸降成本、提效率。

2022 年 10 月，党的二十大报告中指出，要加快发展物联网，建设高效顺畅的流通体系，降低物流成本。这就要求物流的发展要与时俱进，降本增效。

2023 年 3 月，《关于推动邮政快递业绿色低碳发展的实施意见》中提到，推进智能寄递建设，扩大云计算、大数据、物联网、人工智能等技术应用，推动仓储、运输、分拣、收投等环节低碳高效运营。

2024 年 11 月，《有效降低全社会物流成本行动方案》中提到，要推动物流数智化发展，提高全社会物流实体硬件和物流活动数字化水平。

众多政策文件的出台，无不彰显国家对"互联网+物流"的高度重视。"互联网+"的理念会随着产业的不断转型升级、国家战略的不断部署落实而产生新的发展、延伸、蜕变。

1.1.2 "互联网+"的内涵

"互联网+"的核心是创新，这是其与传统互联网思维本质的不同。"互联网+"被认为是创新 2.0 下的互联网发展新形态和新业态，是信息化、工业化两者融合并进一步深化的产物，是经济社会发展新形态的演进。作为一个层次化、系统化的概念，"互联网+"也有着丰富的内涵，主要分为互联网思维、互联网渠道、互联网平台、互联网技术 4 个方面。

1. 互联网思维

互联网企业通过大量数据和案例的累积，发展出一套适合自己的经营理念，这种经营理念可以视作互联网思维的体现。互联网思维是由互联网企业根据自身的发展情况总结而来的，对于传统企业，在经营过程中必然存在水土不服的现象。"互联网+"要求传统企业首先要了解互联网思维，并以其为参照，发展出一套真正适合自己的互联网经营方式。如小米科技创始人、董事长兼首席执行官雷军的"专注、极致、口碑、快"七字诀，以及生态思维、平台思维、免费思维、跨界思维等互联网思维，都是传统企业的极佳参考对象。这些经营理念和销售模式可以快速复制。对传统企业而言，互联网思维不是万能的，它更多的是建立在产品运营、商业营销及用户服务的基础上，并非商业模式的具体体现，更不能被原样照搬。

2. 互联网渠道

互联网不只是一种技术，更是一种实用工具，就如蒸汽机、电动机一样，这些工具解放了大量劳动力，提高了社会生产力，使生产与生活更加便捷。互联网作为工具，成为企业商业营销及交易的新渠道。互联网渠道和线下渠道最本质的差异在于效率。在线支付使商品购买变得更容易，线上货物的种类更多、更容易对比，更重要的是互联网渠道让商家的市场范围扩大的同时，也让客户的选择增加，彻底打破了地域概念，不需要区域代理机制也能在地理位置相隔极远的地方进行买卖，极大地拓宽了客户选择，也使互联网的交易模式更加多样化。"互联网+"商业模式之所以有广阔的前景，是因为互联网创造出新的营销及供应渠道，可以直接且方便地进行交易。

3. 互联网平台

当前，互联网上的许多商家经营服务于卖家和买家的网站平台，如电商平台、物流平台、社交平台、广告平台等，这些平台显示出垂直化与细分化的特征，出现了一批美妆、生鲜、酒类、鞋类等更专业的平台。这些服务于卖家和买家的网站平台，其本质都是电商，为买家和卖家提供融合了社交、物流、营销等多层次的服务，其盈利模式以双方的服务费为主。随着各个平台及其代表的商业模式的发展，其经营内容往往已经不限于自身起家的行业，而是通过平台吸引更多的技术和服务以便跨界发展。社交平台可能涉足游戏、电商及硬件，电商平台也可能涉足文学、电影及体育等。这些平台通过与其他商家合作、收购及并购，囊括了众多种类的服务类型，且以互联网为基础，由共同的价值链条组成庞大的利益整体。

在"互联网+"的冲击下，传统行业中的企业，一方面应当尝试开发适合自己行业特点的平台，另一方面也应该尝试借助现有平台拓宽渠道。传统行业结合"互联网+"，必然涉及"互联网平台+"的范畴。借助互联网平台，传统行业中的企业不仅可以获得更多的技术支持和帮助，还可以实现经营模式的转型。

4. 互联网技术

互联网技术包括 Wi-Fi、4G/5G 等无线网络，移动互联网基于位置的服务（location based service，LBS），传感器中的各种传感技术，O2O（online to offline）中的线上线下相连接，人工智能中的人机交互，3D 打印中的远程打印技术，生产车间中的工业机器人，工业 4.0 中的智能工厂、智能生产与智能物流等新一代通信、智能化技术。正是上述技术的普及，"互联网+"才有诞生的土壤。"互联网+"有政府的推动、扶植与监督，有企业转型服务商家的服务，有互联网企业对传统企业的不断造访及融合帮扶，还有连接线上与线下的各种设备、技术与模式。

"互联网+"不仅是政策结合、技术结合、人才结合，更是服务结合，其最终目的是实现互联网行业与传统行业的对接与匹配。在未来，"互联网+"将会催生万物互联时代的到来，从商业到物、到人，再到事，一切都被连接起来，而且还将会诞生更多的商业模式。

1.1.3 "互联网+"的特征

"互联网+"理念的 5 个核心特征如下。

1. 跨界融合

"互联网+"最本质的特征是"跨界融合，连接一切"。"互联网+"相对于互联网自身而言，更强调开放变革、跨界融合的特质。跨界融合将极大地促进创新，发挥集体智能优势，提高开放度、增强适应性。"互联网+"要求的不只是亲和力，更是互联网行业和传统行业双方的融合性、契合性、开放性。互联网会给其他产业带来一些必然且不可逆的冲击，将促进更多的产业跨界融合。

"互联网+"考验的是系统的重组能力。跨界既是对外部商业模式的颠覆，也是对组织内部系统的颠覆。对跨界本质的认识，不能只停留在所谓的物理边界上，即使思维、战略上进行了跨界，如果组织管理各方面没有进行系统调整，跨界的成功率也不会高。因此，企业要能够整合内外部资源，同时打破原本的组织边界和系统结构。如果不是一个协同的、融合的组织，必然不能达到动态调适的效果，那么其创新的动力就会受到阻碍。所以，组织内部一定要动态化、柔性化、协同化，只有形成灵动可变的柔性组织，才能齐力推动外部的跨界。

2. 创新驱动

"互联网+"的关键驱动要素可以分为资源驱动、客户驱动和创新驱动 3 大类。在过去，企业发展以资源驱动为主，客户驱动为辅，导致创新驱动不足。因为生产力还未被有效地解放，结构化动能未得到充分的释放，创新能力尚未被激活。只要抓住创新驱动这个核心，就能在将来的竞争中占据核心优势。中国粗放的资源驱动型增长方式应该转变到创新驱动发展这条正确的道路上来。2018 年 9 月，《国务院关于推动创新创业高质量发展打造"双创"升级版的意见》中提出创新是引领发展的第一动力，是建设现代化经济体系的战略支撑。创新创业与经济社会发展深度融合，对推动新旧动能转换和经济结构升级、扩大就业和改善民生、实现机会公平和社会纵向流动发挥了重要作用，为促进经济增长提供了有力支撑。2020 年 3 月，《中共中央 国务院关于构建更加完善的要素市场化配置体制机制的意见》中提出要进一步激发全社会创造力和市场活力，推动经济发展质量变革、效率变革、动力变革，完善科技创新资源配置方式。科技创新是提高社会生产力和综合国力的战略支撑，在国家发展布局中处于核心位置。2020 年 12 月，《国务院办公厅关于建设第三批大众创业万众创新示范基地的通知》中提出要深入实施创新驱动发展战略，推动在社会服务领域运用"互联网平台+创业单元"新模式促进创新。创新要敢于打破垄断格局与条框自我设限，破除束缚生产力发展的因素，建立可跨界、可协作、可融合的环境与条件。这正是互联网的特质，用所谓的互联网思维来求变、自我革命，更好地发挥创新的力量。

3. 重塑结构

信息革命、全球化、互联网技术已打破原有的社会结构、经济结构、关系结构、地缘结构、文化结构。结构被重塑的同时带来很多要素，如权力、关系、连接、规则和对话方式等。互联网改变了关系结构，如用户、伙伴、股东、服务者等身份在一定条件下可以自由切换。互联网改写了地理边界，也革新了原有的"游戏"规则及管控模式（信息传播规律完全被改写）。互联网重新定义了社会关系，在弱关系里重新建立契约和信任，在连接的关系里产生了新的能力、新的人际关系，最终塑造了一个更加高效、节能、舒适的智能社会。

随着商业模式的不断创新，管理的逻辑也发生了很大的变化。生产者和消费者的权力重心发生了重大迁移，连接、关系越来越成为企业追求的要素。关键监管与控制、流量与屏蔽都有了新的含义及操作思路。互联网打破了固有的边界，减弱了信息的不对称性。信息的民主化、参与的民主化、创造的民主化使得个性化思维越来越流行。接触点①、卷进方式设计②成为企业管理者的必修课，而注意力、引爆点则成为商业运营和品牌传播中重点关注的要素。互联网让组织、雇佣、合作都被重新定义，互联网 ID（身份标识号码）成为个体争相追逐的目标。现实世界与虚拟世界变得既分裂又无缝衔接，自我雇佣、动态自组织、自媒体百花齐放，连接的协议有时候完全由个人定义。互联网降低了整个社会的交易成本，提升了全社会的运营效率。例如，购票等曾经需要线下操作的行为，现在可以在移动端用极短的时间完成。移动互联网催生了持续在线，移动终端成为人的智能"器官"，随时被连接。用户的需求可以越来越多元，如通信需求、信息需求、传播需求、娱乐需求、购物需求等，越来越多地发生在移动互联网上的需求都得以实现。

4. 开放生态

要实现跨界融合、协同运作，就需要开放式的生态系统。企业、行业应优化内部生态，并和外部生态做好对接，形成生态的融合性。其中最重要的是创新的生态，如技术和金融结合的生态、产业和研发连接的生态等。好的生态激活创造性、放大创造力、孕育创意、促进转化，还能带来社会价值的创新；不良的环境、阻碍的规制、欠缺的生态则会扼杀创新于褓褓。衡量企业跨界能力的关键因素，就是其开放性、生态性。假如颠覆性创新在一个自我封闭的系统里进行，企业不能以开放的心态去对自己所做的跨界战略进行深刻的洞察，自然无法思考和设计新的商业模式，那么创新则很难实现。

创意、创新不能被条件所困、被环境所制约。实现创新驱动发展的最重要条件就是创意、创新、创业的生态。构建生态既需要精心设计，又需要发挥要素的连接性和能动性；生态内外必须形成有机信息交换，而不是自我封闭的构筑；要素之间的交互、分享、融合、协作随时、自由发生，同时还要保持各要素之间的独立、个性与尊重。对于"互联网+"而言，应充分发挥政策集成和协同效应相结合的优势，实现创新和创业相结合、线上与线下

---

① 接触点：指客户从初次了解到购买、售后服务全过程中与企业产生联系的关键节点，其质量和体验直接影响客户对品牌的感知、满意度和忠诚度。

② 卷进方式设计：通过设计用户与品牌之间的互动机制，激发用户主动参与、建立情感连接，并推动传播行为。

相结合、孵化与投资相结合的新局面，为广大创新创业者提供良好的工作空间、网络空间、社交空间和资源共享空间，构成低成本、便利化、开放式、全要素的众创空间初步形态。

5. 跨界连接

跨界需要连接，融合需要连接，创新需要连接。连接是一种对话方式、一种存在形态，没有连接就没有"互联网+"。连接的方式、效果、质量与机制决定了连接的广度、深度与持续性。

连接是有层次的，可连接性是有差异的，连接的价值是相差很大的，但是连接一切是"互联网+"的目标。

请问：跨界连接的方式有哪些？

互联网的层次可以概括为连接、交互、关系。第一个层次是连接，即在短时期内可以聚集很大的流量；第二个层次是交互，即承上启下，没有交互，就很难分流、导流，建立信任和依赖；第三个层次是关系，这是连接的目的、创新的驱动、商业的核心，建立信任关系是连接的归宿，是商业的阶段性目标，是社会价值创新的基础。连接的基本要素包括技术（如互联网技术、云计算、物联网、大数据技术）、场景、参与者（如人、物、机构、平台、行业、系统）、协议与交互、信任等，而信任则是其中最重要的因素。

1.1.4 "互联网+"的发展趋势

新一代信息技术的发展推动了知识社会以人为本、用户参与的下一代创新（创新2.0）的演进。创新2.0以用户创新、开放创新、大众创新、协同创新为特征。随着新一代信息技术和创新2.0的交互与发展，人们的生活方式、工作方式、组织方式和社会形态正在发生深刻的变革，产业、政府、社会、城市等领域的建设应该把握这种趋势，推动企业2.0、政府2.0、社会2.0、智慧城市等新形态的演进和发展，"互联网+"是实现这种演进和发展的最佳形式与最强推动力。

网络与无所不在的计算、数据、知识及数字向智能并进一步向智慧演进，一起促进了无处不在的创新，并推动了"互联网+"的演进与发展。人工智能技术的发展，包括深度学习、神经网络、无人机、无人车、智能穿戴设备和人工智能群体系统集群及延伸终端，将进一步推动人们现有生活方式、社会经济、产业模式、合作形态的颠覆性发展。

从行业发展现状来看，特别是那些非常传统的行业，正努力借助互联网平台增加自身的利益。例如，传统行业开始尝试营销的互联网化，借助B2B、B2C等电商平台来拓宽网络营销渠道，增强线上推广与宣传力度，逐步尝试网络营销带来的便利。无论是利用大数据技术对制造、存储的信息进行加工分析，还是通过物联网技术将人们生活中的物物相连，各行业最终的服务对象都是人。"互联网+"行动领域包含与人们息息相关的每一个行业，通过各个行业的商业模式创新、终端设备创新来改变人们的工作和生活方式。"互联网+"具体的发展趋势可以概括如下。

1．"互联网+"推动新一代信息技术发展

"互联网+"行动的技术基础主要包括以下 3 类：第一，以数据承载和传输为核心的信息技术，如物联网和互联网；第二，以对海量数据进行加工处理为核心的信息技术，如云计算与大数据；第三，以数据的最终输出和呈现为核心的各种移动与非移动终端技术。

（1）"互联网+"基础设施加强升级。新一代信息技术是实施"互联网+"行业计划的基础，能为后续的创新发展提供源源不断的技术支撑。通过在原有产业的基础设施上植入新的技术性基础设施，对农业、工业、服务业的基础设施进行技术叠加，使原有基础设施得到更充分的利用。物联网的实现要求标的物的数据化、网络化，例如，对农产品加入数据标签、对工业品加入遥感设备都是在原有产品基础上进行技术的叠加，从而为物联网的普遍应用提供基础产品。"互联网+"基础设施建设的投资者从政府或大型国企转向民营企业，民营企业投身到云计算的布局中，云计算平台的海量低成本的数据存储与处理资源为大数据的应用提供了 IT 基础，数据作为新的生产要素被生产出来，再投入信息经济的生产中生产新的产品。

（2）大数据、云计算、物联网等技术广泛应用。数据成为继劳动和资本后的又一新的生产要素，通过对这一要素的开发利用，可以创造出行业乃至社会经济发展的新动力。通过大数据对数据要素进行加工，利用物联网对数据要素进行分配，使用云计算加快数据要素的流动，采用各种先进终端设备作为数据要素的载体，将数据要素引流到经济社会的各行各业，大数据、物联网、云计算等新一代信息技术成为"互联网+"行动计划的动力。

（3）智能终端、设备及 App 软件海量涌现。作为数据的承载物，各种终端设备技术的突破也为"互联网+"的发展提供了基础。新一代通信网络技术的发展，3G 到 4G 的跨越，再到 5G 时代，使人们实现了从"拇指时代"到"食指时代"、从"话音时代"到"数据时代"、从"平面时代"到"立体时代"、从"打电话"到"用电话"、从"看电视"到"用电视"、从"搜网络"到"用网络"的转变，人们的生活习惯和解决问题的方式发生了巨大的变化。特别是移动终端设备的发展，让互联网与人们生活的联系更加紧密，智能手机、平板电脑、可穿戴设备使人们置身于无处不在的网络之中。

2．"互联网+"产业升级

"互联网+"不仅全面应用到第三产业，形成了诸如互联网金融、互联网交通、互联网医疗、互联网教育等新业态，而且正在向第一产业和第二产业渗透。

"互联网+"行动计划将促进产业升级。首先，"互联网+"行动计划能够促进实体经济的持续发展，催生出无数的新兴行业。例如，"互联网+金融"激活并提升了传统金融，创造出如移动支付、第三方支付、众筹等模式的互联网金融，用户足不出户即可满足其金融需求。另外，"互联网+"行动计划可以促进传统产业变革。"互联网+"令现代制造业管理更加柔性化，更能满足市场需求；"互联网+"行动计划将助力传统产业的转型升级。例如，与商务相结合，利用互联网平台的长尾效应，在满足个性化需求的同时创造出规模经济效益。"互联网+"这一新兴经济体对传统行业进行升级换代，即对传统行业进行商业模式的创新和信息技术的植入，从而创造出更多的生产力，下面以几个重点行业为例进行介绍。

（1）"互联网+传统零售业"，释放潜在消费需求。2024 年，电子商务有效助力国内消费平稳增长，促进实体经济与数字经济深度融合。据商务部电子商务司统计，2024 年全年网上零售额增长 7.2%，实物网上零售拉动社会消费品零增长 1.7 个百分点。网络零售电商扩容提质，为扩消费、惠民生作出了积极贡献。

许多电商平台强化开放赋能，重点布局下沉市场，融入社区生态，并取得了良好的效果。我国的网络零售业仍具有很大的发展潜力，中西部和三、四线城市市场尚未完全开发，通过对物流更大范围的布局、通信网络技术更大范围的布局、互联网支付更安全成熟的发展和扩大布局范围，并提供良好的外部环境，这部分的消费潜力将进一步得到释放，创造更多的经济增长和就业机会。网络零售业弥补了传统零售业地理布局不平衡的缺陷，为身处不同地理区域的人们提供了同样丰富的购物选择，激活了人们的消费需求。从另一个角度看，实体零售的体验式消费是网络零售不能代替的，网络销售业并非是对传统销售业份额的蚕食，而是对整个社会消费需求的扩充，实体零售也可以通过技术运用来降低成本，通过数据分析提供给消费者更具有吸引力的购物环境，引导消费者走向实体购物，未来实体零售与网络零售错位协同发展将成为零售业发展的常态。

（2）"互联网+制造业"，实现工业生产数字化、智能化。2013 年，德国政府正式提出工业 4.0 战略，同时，欧美国家也普遍开启工业 4.0 计划。工业 4.0 是制造业的数字化和网络化，通过 IT 同制造业的结合，创造智能工厂，使生产变得高度弹性化和个性化，提高生产效率及资源利用效率。为响应工业智能化建设浪潮、推动我国工业制造业全面网络化的要求，2015 年，我国制定了《中国制造 2025》行动纲领。结合我国的国情，"互联网+"正是秉承这一要求的工业升级的发展入口。物联网的基础建设要求更多更智能化的工业品大量生产，每个产品都将承载其从生产到销售再到使用的每个环节的信息，对产品智能化、互联网化的要求将推动工业技术的提升。大数据与云计算的运用将工业生产置于更开放的环境中，通过技术实现市场的精准定位、精准营销，实现生产要素更加合理和有效的配置。大数据和云计算将制造业从闭门造车中解放出来，让每个消费者都能成为产品的设计者，同时也使企业能够更多地与外界合作，实现联盟式、合作式的协同创新，由生产型制造向服务型制造转变。

"互联网+制造业"的发展，将以信息化与工业化深度融合为主线，重点发展新一代信息技术、高档数控机床和机器人、航空航天装备、海洋工程装备及高技术船舶、先进轨道交通装备、节能与新能源汽车、电力装备、新材料、生物医药及高性能医疗器械、农业机械装备十大领域，把制造业的信息化纲领落到行动实处，推动我国从"制造业大国"向"制造业强国"转变。加快通信网络、互联网、大数据、云计算等"新经济基础设施"建设，工业的精细化程度将得到大幅的提高，常规制造更加高质、高效。

（3）"互联网+服务业"，构建服务业的现代化体系。互联网的引入，既创造了许多以互联网为基础的新兴服务，如互联网金融、在线教育、网游文化等，同时也带动传统服务业向信息化和数字化迈进。通过互联网对服务资源、服务业务进行整合，实现服务资源更优化的配置，给社会带来收益的同时还能极大地提高人们的生活水平。近年来，O2O 商业模式的火热使得服务业与互联网已深度融合，通过线上支付线下消费，在为消费者提供海量服务信息的同时也给每一个服务提供者提供快速传播服务信息的途径，如在线打车、在线订餐、在线社区服务，以及零售 O2O、医药 O2O 等新型服务模式。服务业与互联网的碰撞将带给消费者更好的服务体验，同时也给服务业带来新的机遇。

现代物流体系的建立是"互联网+"给服务业带来的重大成果之一，它不仅提供了一套与现代电子商务模式相匹配的物流体系，而且还通过大数据、云计算建立了物流的大数据平台，该平台结合各种运输新技术和设备，极大提高运输效率的同时还能降低运输成本。

3. "互联网+"服务商崛起

"互联网+"的兴起会衍生出一大批在政府与企业之间的第三方服务企业，即"互联网+"服务商。作为服务型企业，其帮助线上及线下双方协作，从事的是与双方对接的工作，盈利方式则是双方对接成功后的服务费用及各种增值服务费用。

这些增值服务包罗万象，包括培训、招聘、资源寻找、方案设计、设备引进、车间改造等。初期的"互联网+"服务商是单体经营，后期则会发展成为复合体，最终可能会发展成为纯互联网模式的平台型企业。第三方服务涉及的领域有大数据、云系统、电商平台、O2O服务商、软件服务商、智能设备商、机器人、3D打印等。

4. "互联网+"企业总动员

近年来，"互联网+"引起国家领导人的高度重视，逐渐被提升到国家层面的战略高度。在实施过程中，政府需要扮演引领者与推动者的角色，挖掘有潜力、有发展前景的"互联网+"型企业，为其发展树立标杆，同时建立行业准则。政府需要"互联网+"产业园及孵化器融合当地资源打造一批具备互联网思维的企业。企业是"互联网+"热潮的追随者，应该积极引进"互联网+"技术，定期邀请相关人员为本企业新入职员工培训"互联网+"知识，企业对在职员工进行再培训，增强对"互联网+"的理解与应用能力。此外，传统企业可以与各大互联网企业建立帮扶、人才交流等沟通机制，让互联网企业与传统企业相互交流，加快推动"互联网+"的发展。

5. "互联网+"教育兴起

随着"互联网+"的兴起，在线教育行业在2013年迎来热潮，随着大量资金和人才的涌入，在线教育开始蓬勃发展，并于2017年借助"直播"形式实现了规模化变现。在线教育的兴起是互联网等新一代信息技术在教育领域不断渗透的结果，随着信息化技术在教育领域的作用日益提升，财政部对教育领域信息技术的建设投入不断扩大，2021年，中国教育信息化的财政投入超过4 000亿元。在国家政策支持、互联网繁荣发展、国民受教育意愿提升，以及2020年新型冠状病毒感染疫情（以下简称新冠疫情）的推动下，在线教育需求激增，在线教育用户规模快速增长。2020年，中国在线教育行业用户规模达到3.42亿人，同比增长27.13%；2021年，中国在线教育行业用户规模达到2.98亿人。新冠疫情防控期间，许多学校通过互联网开展在线课堂直播、教研、培训，使得互联网教育进入特殊阶段。根据数据统计，无论是使用人数还是使用习惯，互联网教育都呈现增长趋势，借助"互联网+"教育实现了停课不停学。

1.2 互联网物流的基本概念

2016年7月，国务院常务会议部署"互联网+物流"，提出要推动互联网、大数据、云计算等信息技术与物流深度融合，推动物流业乃至中国经济的转型升级。会议指出，物流业是现代服务业的重要组成部分，发展"互联网+"高效物流，是适度扩大总需求、推进供给侧结构性改革的重要举措，有利于促进就业、提高全要素生产率。我国推动物流业的主要措施包括以下 3 个方面。

（1）构建物流信息互联共享体系，建立标准规范，加快建设综合运输和物流交易公共信息平台，提升仓储配送智能化水平，鼓励发展冷链物流。

（2）推动物流与"双创"相结合，发展多种形式的高效便捷物流新模式，促进物流与制造、商贸、金融等互动融合。推进"互联网+车货"匹配、运力优化，实现车辆、网点、用户等精准对接。探索实行"一票到底"的联运服务，推动仓储资源在线开放和实时交易。

（3）加大用地等政策支持，创新财税体制，简化物流企业设立和业务审批流程，鼓励金融机构重点支持小微物流企业。创新监管方式，规范市场秩序，强化安全管理，使现代物流更好地服务发展、造福民生。

1.2.1　互联网物流的定义

从狭义上讲，互联网物流是要推动互联网、大数据、云计算等信息技术与物流深度融合，从而推动物流业乃至中国经济的转型升级。从广义上讲，互联网物流就是要把"互联网+"思维运用到物流领域，使物流本身的特征充分发挥。现代互联网物流系统是指以互联网信息技术为手段，以满足客户需求为目标，形成从生产的末端到零售商，甚至到消费者都衔接起来的供应链体系，通过将销售、仓储、运输、加工、配送等环节串联起来，打造一个以物流业为载体，制造业、商贸业、金融业、保险业和其他服务业共同参与的平台系统。

互联网物流的核心是物流，互联网为物流提供了营销、交易和信息交互的渠道。互联网物流的本质是基于互联网时代开放、共享、共赢的思维，运用大数据、云计算技术来整合社会上分散的物流资源，拓展服务功能，构建完整体系，实现行业的协同发展。互联网物流代表一种新的社会形态，即充分发挥互联网在社会资源配置中的优化和集成作用，将互联网的创新成果深度融合于物流发展领域之中，提升物流行业的创新力和生产力，形成更广泛的以互联网为基础设施和实现工具的物流发展新形态。运用云计算、大数据等互联网技术来优化物流运输的效率，使得物流企业之间的横向一体化模式在实施过程中更加顺畅，减少企业之间的资源浪费，最终提高物流管理水平。

物流企业的互联网化、物流产业的互联网化是互联网物流成功的关键。现代物流业发展的基础是信息化，它依托互联网进行服务创新。互联网物流形式下的信息化，不是单纯地建网站、搭平台、开发应用程序，而是使企业内部运营管理更加信息化、互联网化，以此来利用移动互联网优势，在运营作业、金融支付等方面实现信息共享、协同运作。互联网物流必须依赖具有上下游全链路信息化、可视化和资源整合能力的企业，既能深度参与厂商的仓储配送和库存管理，又能深刻了解消费者需求，还能调动运输和仓储等中间物流环节的资源，跨界整合金融、信息、社交和行政管理等生态链运行数据。此外，在物联网技术商业化背景下，智慧物流①产业链全面爆发，形成设备、应用、平台、数据、产品、服

---

① 智慧物流（intelligent logistics system，ILS）首次由 IBM 提出。

务多层级、多维度发展态势，产业规模巨大。与智能物流不同，智慧物流强调构建一个虚拟的物流动态信息化的互联网管理体系，智慧物流更重视将物联网、传感网与现有的互联网整合起来，通过更加精细、动态、科学的管理手段，实现物流的自动化、可视化、可控化、智能化、网络化，提高资源利用率和生产力水平，创造更丰富的综合社会价值。

1.2.2　互联网物流的特点

【货哈哈物流共享平台】

互联网时代的到来，使得信息的传播、交流发生了巨大的变化。信息是物流系统的灵魂，互联网技术所推动的信息革命使得物流现代化的发展产生了巨大的飞跃。信息技术及计算机技术在物流中的应用将会从模式、体系、应用等各个方面彻底改变物流业的面貌。互联网物流主要呈现以下 6 个特点。

1. 物流信息化

物流信息化表现在物流商品本身的信息化，物流信息收集的数据库化和代码化，物流信息处理的电子化，物流信息传递的网络化、标准化和实时化，以及物流信息存储的数字化等方面。物流领域中应用的任何先进技术和设备都是依靠物流信息这根纽带进行相互协作的。基于云计算通过大数据和物联网等信息技术手段，电子化、数据化方式采集物流交易和物流活动信息等，推广电子合同等数据化手段，可以有效引导物流活动的数据化、信息化。

2. 物流智能化

物流智能化主要体现在物流作业智能化和物流管理智能化两个方面。在物流作业中，采用智能化技术可以有效提高物流作业的效率，减少物流作业的差错率。物流管理的智能化主要体现在智能化获取、传递、处理与利用信息和知识，为物流管理决策服务。

3. 物流自动化

物流自动化是指物流作业过程中的设备和设施的自动化，包括运输、包装、分拣、识别等作业过程的自动化，其基础是物流信息化，核心是机电一体化。物流自动化借助自动识别系统、自动检测系统、自动分拣系统、自动存取系统、货物自动跟踪系统及信息引导系统等技术来实现对物流信息的实时采集和追踪，进而提高整个物流系统的管理和监控水平，提升物流作业能力，提高物流生产效率和减少物流作业中的差错率等。

4. 物流集成化

物流集成化主要体现在技术集成、物流环节的集成和物流管理系统的集成 3 个方面。互联网物流的集成化、一体化，能有效地实现物流各环节的信息共享和物流资源的整合，有效缩短交货期、降低成本，提高企业乃至整个供应链的竞争能力。通过技术集成将先进的互联网信息技术、智能技术和物流管理技术等集成在一起；通过信息共享和物流环节集成，将物流管理过程中的运输、存储、包装、装卸、配送等各环节集合成一体化系统；通过将物流的各种业务系统（如运输管理系统、仓储管理系统、物流配送系统等）集成在一起，构建一体化的集成管理系统。

5. 物流网络化

物流网络化包括物流设施及业务网络化和物流信息网络化两个方面。物流设施及业务网络化是指物流的各个节点形成系统的物流服务网络。物流信息网络化是根据物流设施、业务网络的发展需要，利用计算机通信网络和物联网建立起来的物流信息网。现代物流网络化强调的是物流信息的网络化，其基础是物流信息化：一方面，现代物流配送系统通过计算机网络通信、物联网、电子订货系统、EDI 等技术在物流配送中心与其供应链上游的供应商和下游的客户之间建立起有机的联系，保证物流信息的畅通；另一方面，企业内部各部门通过局域网完成组织的网络化，以实现企业内部信息的快速交换。

6. 物流协同化

物流协同化包括物流信息平台的协同化和物流组织的协同化两个方面。物流信息平台的协同化是指基于云计算和大数据，实现交通运输信息、物流资源交易、车货匹配等物流公共信息平台的建设，促进各个物流企业及服务对象之间的数据对接、信息互联、协同共享。物流组织的协同化是指供应链中的各个企业及企业内部围绕核心企业的物流协调同步运作，这与传统的合作和协作是不同的，合作是横向的、协作是纵向的，而协同是协作各方利益的共同目标。例如，在规模化、集约化的需求驱动下，一些物流快递企业可能根据市场需要采取战略联盟的组织形式进行协同式运营管理，在快递末端配送环节采用共同配送的方式进行运作管理。在"互联网+"时代，开放、协同、共享将成为物流领域的新特征和新形式。

本 章 小 结

本章主要阐述了"互联网+"及互联网物流的基本概念，详细阐述了"互联网+"的提出过程及其内涵、特征及发展趋势等，对于互联网物流的定义和特点也进行了具体的介绍。要求读者在学完本章内容后，能够理解"互联网+"的内涵和特征，掌握互联网物流的定义和特点，并了解"互联网+"的发展趋势。

知识巩固与技能训练

一、名词解释

"互联网+"、创新2.0、互联网思维、互联网渠道、互联网平台、互联网技术、跨界融合、开放生态、跨界连接。

二、单项选择题

1. "互联网+"是在（　　　）的基础上发展而来的。

　A. 互联网技术　　　　B. 互联网思维　　　　C. 社会经济实体　　　　D. 数字信息技术

2. "互联网+"要求传统行业首先要了解（　　）。

    A. 互联网模式   B. 互联网行业   C. 互联网思维   D.互联网发展

3. （　　）是引领发展的第一动力。

    A. "互联网+"   B. 信息技术   C. 创新   D. 资源

4. （　　）在国家发展布局中处于核心位置。

    A. 发展创新   B. 改革创新   C. 模式创新   D. 科技创新

5. "互联网+"考验的是系统的（　　）。

    A. 再生能力   B. 重组能力   C. 修复能力   D. 延伸能力

6. （　　）的发展推动了知识社会以人为本、用户参与的创新2.0的演进。

    A. "互联网+"   B. 智慧城市   C. 新一代信息技术   D. 人工智能技术

7. （　　）成为继劳动、资本后又一新的生产要素。

    A. 信息   B. 数据   C. 技术   D. 物联网

8. 物流协同化包括物流信息平台的协同化和（　　）的协同化两个方面。

    A. 物流技术   B. 物流人员   C. 物流模式   D. 物流组织

9. 我国粗放的资源驱动型增长方式应该转变到（　　）发展这条正确的道路上来。

    A. 数据驱动   B. 信息驱动   C. 技术驱动   D. 创新驱动

10. 互联网物流的核心是（　　）。

    A. 物流   B. 互联网信息技术   C. 新一代信息技术   D. "互联网+"

三、多项选择题

1. 创新2.0引导（　　）等技术的发展方向。

    A. 物联网   B. 云计算   C. 大数据   D. 人工智能

2. （　　）等新一代信息技术是互联网的延伸和发展。

    A. 物联网   B. 云计算   C. 大数据   D. 创新2.0

3. "互联网+"是（　　）两者融合并进一步深化的产物。

    A. 信息化   B. 自动化   C. 工业化   D. 智能化

4. "互联网+"的最终目的是实现（　　）与（　　）的对接与匹配。

    A. 互联网行业   B. 制造企业   C. 媒体行业   D.传统行业

5. "互联网+"的关键驱动要素可以分为（　　）3大类。

    A. 信息驱动   B. 资源驱动   C. 客户驱动   D. 创新驱动

四、复习思考题

1. 总结我国出台的互联网物流相关政策。

2. 叙述互联网物流的6个特点，解释并指出互联网技术指的是哪些技术。

3. "互联网+"丰富的内涵具体体现在哪几个方面？"互联网+"是如何推动新一代信息技术发展的？

4. 简要叙述互联网物流发展的几个主要阶段，并说明信息技术的革新是如何影响互联网物流发展的。

5. 为什么说新一代信息技术的发展推动了知识社会以人为本、用户参与的下一代创新？

第 **2** 章
互联网物流的发展现状和发展趋势

【知识框架图】

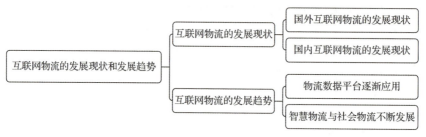

【学习目标】

1. 了解国内外互联网物流的发展现状。
2. 明确智慧物流对社会物流资源整合的推动作用。

【能力目标】

1. 具备对国内外互联网物流发展现状的认识与分析能力。
2. 初步具备对一些物流数据平台的分析能力。
3. 具备对智慧物流与社会物流融合的基本认识。

2.1　互联网物流的发展现状

推动互联网物流发展既是适应经济全球化趋势的客观要求，也是国民经济快速发展的必要保证，更是助力国家大战略的有效保障。当前，国家大力发展物流业，不断地出台相关政策并细化物流业重大项目建设的举措，除了其具有的重要意义，同时也和目前我国物流业的发展现状密不可分。关于互联网物流的发展现状，本节将分别从国外互联网物流的发展现状和国内互联网物流的发展现状两个方面进行介绍。

2.1.1　国外互联网物流的发展现状

随着信息技术的不断发展、互联网和电子商务应用的普及，国际贸易和国际物流的运营成本大大降低，国际物流得以长足发展，其发展趋势是建立智能化运输系统，将运输仓储电子化管理过程与网络财务支持系统、电子商务融为一体，形成以系统技术为核心，以信息技术、运输技术、配送技术、自动化仓储技术、库存控制技术、包装技术等专业技术为支撑的现代物流技术格局。

目前，国际物流的效率在很大程度上取决于新兴信息技术的应用程度。例如，美国Caterpillar旗下第三方物流服务公司开发的物流规划设计仿真软件，能够通过计算机仿真模型来评价不同的仓储、库存、客户服务和仓库管理策略对成本的影响。世界上最大的自动控制阀门生产商Fisher在应用物流规划设计仿真软件后，销售额增加了65%，从仓库运出的货物量增加了44%，库存周转率提高了将近25%。北美的仓库机械化水平是世界之最，信息化水平较高，采用仓储管理系统的仓库占总仓库量的77%。日本在集成化物流规划设计仿真技术的研发方面处于世界领先地位，其最具代表性的成果是日本人工智能服务研究所研发的RaLC系列三维物流规划设计仿真软件，在日本，包括冷冻食品仓储、通信产品销售配送、制药和化工行业的企业物流等都有RaLC的应用，并且产生了相当好的经济效益。此外，日本的仓储机械化、信息化水平相当高，大多数物流企业都是通过计算机处理控制物流内部系统信息的，其仓储基础设施的建设较为齐全，发展也较为成熟，日本很多企业都实现了"零库存"管理模式。

下面以几个主要的国外物流供应商和快递企业为例，介绍互联网信息技术在国外物流领域的具体应用。

1. FedEx：将新技术贯穿于每个环节

美国联邦快递公司（FedEx）成立于1971年，从成立到现在，该公司高速成长并发展成为世界第一大航空货运商，跻身世界500强行列。总体来看，FedEx的成功与其不断地为原有运输业注入新技术相关。公司每年在信息化硬件方面投入大量资金，与时俱进地创新并引进高新技术，加强基础设施建设，并将先进信息技术应用贯穿于每个环节。

【FedEx亚太区转运中心】

此外，公司还率先在投递系统中应用了激光条形码、扫描仪、无线掌上电脑等，大幅度提高了公司的服务水平。货物装载、卸载的时间都不超过 30 分钟。公司还为货物贴上电子"身份证"，经过扫描，货物就被自动送到不同的传送带，然后被自动机械手推至不同的目的地托盘上。

2015 年，FedEx 面向拉美及加勒比地区的中小企业推出新型在线工具"联邦快递货运经理精简版"。通过这款在线工具，中小企业客户可轻松寄送 68 千克以内的包裹。客户只需输入在 FedEx 注册的账号、包裹寄达地信息、包裹尺寸规格及其他信息，即可计算出运费和寄递时限，再通过信用卡支付即可完成整个货运流程。此外，FedEx 还推出了快递查询 App，在安卓应用系统中的兼容度高达 98.21%。

2019 年，FedEx 和必胜客、沃尔玛合作，发布了一款送货机器人（图 2-1），在美国各城市开始试验。该送货机器人由电动车电池供电，能够在多种道路情境下行驶，甚至在路缘或台阶等路段也可以行驶，旨在解决"最后一英里"（1 英里≈1609.344 米）问题。

图 2-1　FedEx 送货机器人

2022 年，FedEx 在中国投入使用智能分拣机器人 DoraSorter，用来应对不断增长的电子商务货运量。该机器人具备特制抽屉式"爪手"，能够与传送带无缝衔接，通过扫描货物条形码识别货物目的地，"爪手"从传送带接收包裹，随后将包裹移动至对应的柜口。

2. UPS：截至 2019 年，过去 20 年每年科技投资达 10 亿美元

UPS 是一家技术型物流公司，信息技术是 UPS 优势的关键所在。早在 20 世纪 80 年代，UPS 就决定创立一个强有力的信息技术系统。到 20 世纪 90 年代，UPS 已经在信息技术方面累计投入了 110 亿美元，配置了主机、PC、笔记本电脑、无线调制解调器、蜂窝通信系统等设备，并雇用了 4 000 名程序工程师及技术人员。这种投入使 UPS 实现了与 99% 的美国企业和 96% 的美国居民之间的信息

【UPS】

往来。UPS 可向顾客和供应商提供瞬间电子接入服务，以便查阅有关货物运输和送达过程的信息。早在 1998 年圣诞节前夕，就有 100 万名顾客访问 UPS 网站查看其托运货物的在途状况。UPS 还能对每日运送的 1 300 万个邮包进行跟踪。例如，一个出差在外的销售员在某地等待某些样品送达时，通过 UPS 安排的网络系统输入运单跟踪号码，即可知道货物的位置；当需要将货物送达另一个目的地时，UPS 还可以通过网络以及附近的蜂窝通信塔台，通知将货物送到顾客最新指定的投递点。

UPS 采用世界上最先进的监视系统技术，即广播式自动相关监视技术（automatic dependent surveillance broadcast，ADSB），航管员能从雷达屏幕上获取所有在监视区域的货机的信息，其他货机同样能获取信号，以避免撞机事件的发生。UPS 打造的 DWS（dimension weight scanning）信息采集管理系统，集测量尺寸、称重和扫描等功能于一体。包裹被送上运输带通过 DWS 设备的时候，内置的磅秤会在几秒内准确称重，接着会开启摄像机和激光仪来测量包裹的高度和宽度，最后由 DWS 的扫描仪读取包裹的邮政编码。

截至 2019 年 5 月，过去 20 年 UPS 每年在全球范围内的科技投资约为 10 亿美元，其自身有着一整套复杂且精准的科技网络。UPS 为其货运司机每人配备一块电子操作板（DLAD），即运送信息获取装置，该装置可同时捕捉和发送运货信息。一旦用户在 DLAD 上签收了货物，收货信息就会在网络中显示。寄件人可以登录 UPS 网站了解货物的寄递情况。同时，货运司机行驶路线的堵车情况、用户即时提货等信息也可发送给 DLAD。UPS 通过送货件、做担保及在运货后向收件人收款，成为商务活动中的一个重要节点。UPS 货运飞机如图 2-2 所示。

图 2-2　UPS 货运飞机

2021 年，UPS 的全球首个创新中心于新加坡落成，是 UPS 携手客户，共同打造新一代技术与解决方案的专属合作平台。UPS 亚太创新中心设有多个区域，其中包括一个用于实时展示最新技术的仓库模型，以及一个用于与客户进行试点项目合作的实体仓库。UPS 已经和客户及行业领先的技术合作伙伴就自主移动机器人（autonomous mobile robot，AMR）、射频识别（radio frequency identification，RFID）和无人机等项目开展密切合作。这些新技术将进一步提高供应链效率，简化货物进出口业务、订单履行和库存盘点等流程。

3. Maersk：自建信息处理数据中心

马士基（Maersk）集团（简称马士基）成立于 1904 年，总部位于丹麦哥本哈根。Maersk

旗下的马士基航运公司是全球最大的集装箱承运公司，其服务网络遍及全球。Maersk 借助现代信息技术，优化物流环节。早在 2004 年，Maersk 就建立了无线 RFID 核心技术应用中心，同时也是第一批参与"香港 EPC 网络项目"EPC/RFID 技术试点应用的物流服务商。

2013 年，Maersk 与业界最大的多承运商订舱门户网站 INTTRA 签署合作协议，根据协议，马士基航运公司、Safmarine、欧洲区内航线班轮公司（Seago Line），以及亚洲支线的实体公司（MCC 运输新加坡有限公司）的客户都可登录该网站，轻松实现电子订舱、提单跟踪等业务。

2018 年，Maersk 和波士顿的 Sea Machines Robotics 公司签订合同，Maersk 计划在其新建造的一艘 Winter Palace 冰级集装箱船上安装计算机视觉、激光雷达和感知软件，成为世界上第一家在集装箱船上试验人工智能动力感知和态势感知技术的公司。其解决方案是利用人工智能提升海上态势感知、目标识别和跟踪能力，类似于汽车上常见的高级驾驶辅助系统，对驾驶员发出航道危险和事故警报。Sea Machines Robotics 公司的人工智能动力感知和态势感知系统将利用传感器收集船舶周围的环境信息，识别和跟踪潜在的碰撞并在操舵室内显示收集到的信息，其目的是借助态势感知技术帮助驾驶员解决来自船桥的视线限制问题，并为未来的自动避碰系统提供研究基础。航运巨头 Maersk 的集装箱船如图 2-3 所示。

图 2-3 Maersk 的集装箱船

2019 年，Maersk 推出在线订舱平台 Maersk Spot，仅在 2020 年 3 月至 6 月的 3 个月中，其订单量就增长了 49.9%。2020 年 11 月，由 Maersk 与 IBM 共同开发的以区块链技术为基础的开放数字化平台 TradeLens，正式完成与达飞集团和地中海航运公司的数据对接，致力于通过区块链技术提升全球集装箱运输业数据的集成化、及时性与一致性。

2022 年 7 月，Maersk 宣布与联想集团达成协议，为其提供生态环保运输解决方案 ECO Delivery，助力航运领域减排，实现低碳环保、节能降耗。

4. C.H.Robinson：收购互联网平台企业

C.H.Robinson 采用"互联网+物流"的"无车承运人"模式。现在，C.H.Robinson 每年处理近 400 万货运批次，在全球拥有超过 218 家分公司。作为轻资产类型的第三方物流企业标杆，C.H.Robinson 的商业模式已经成为许多企业争相学习的楷模。研究机构普遍认为，C.H.Robinson 成为市场的赢家，主要得益于其轻资产运作的商业模式，利用 IT 系统整合运

力和货主企业，通过网络产生用户黏性，通过运力整合和增值服务创造价值。据其公布的
2022 财年第一季度财报，公司归属于母公司普通股股东的净利润为 2.70 亿美元，同比增长
56%；营业收入为 68.16 亿美元，同比增长 41.88%。C.H.Robinson 主营业务类型如图 2-4
所示。

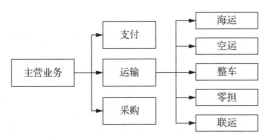

图 2-4　C.H.Robinson 主营业务类型

　　C.H.Robinson 物流高效运作和高价值服务的背后是每年对信息系统开发与建设的大规
模投入。C.H.Robinson 尤为重视人才培养，拥有近 600 名软件工程师，依靠科技创新引领
企业的发展，在科研方面的投入已经达到 10 亿美元。其研发的 Navisphere 可以整合优化运
输资源，连接合作伙伴及客户，提供实时透明的信息和智能解决方案。

　　此外，C.H.Robinson 收购物流经纪人互联网平台 Freight Quote，成为其在信息化建设
上投入的最大亮点，预计未来自有业务信息系统与互联网平台将深度融合。其先进的运输
管理系统与 Navisphere 技术组建的 C.H.Robinson 现代物流网，可供用户全天在线访问与货
件状态查询。C.H.Robinson 全球物流还将"无车承运人"的概念带到中国，利用其先进的
技术平台，整合广大中小卡车运输公司，整合形成了一个由 100 万辆卡车组成的运力网络，
为货主和承运商提供智能解决方案。

　　5．沃尔玛：拥有先进的信息网络系统

　　沃尔玛百货有限公司（简称沃尔玛）拥有包括客户管理、配送中心管理、财务管理、
商品管理、补货系统和员工管理的信息网络系统，市场应变能力极强。该系统不仅提高了
企业的管理水平，而且加快了资金和商品库存周转的速度，从而帮助企业适应快节奏的、
激烈的市场竞争。美国经济学家斯通博士 2016 年曾对美国 3 大零售企业的商品物流成本占
销售额的比例进行比较研究，沃尔玛为 1.3%，凯玛特为 3.5%，希尔斯为 5%。如果按年销
售额 250 亿美元计算，则年物流成本，沃尔玛为 3.25 亿美元，凯玛特为 8.75 亿美元，希尔
斯为 12.5 亿美元，数额相差惊人。

　　沃尔玛的成功在于其灵活的物流配送中心、强大的物流信息技术和物流配送体系。沃
尔玛拥有自己的卡车运输车队，使用自己的后勤和物流团队，并通过配送中心将门店物流
集中管理，由供应商将货物运送到指定的配送中心，然后通过运输团队将集中于配送中心
的货物分发到各个零售门店。沃尔玛货架机器人如图 2-5 所示。

　　在末端配送领域，沃尔玛也不断推出新的服务产品。例如，2019 年沃尔玛宣布其电子
商务平台在美国 40 个城市推出免费"次日达"服务；如果消费者的线上订单超过 35 美元，
那么在无须缴纳会员费的情况下他们也可以享受"次日达"服务；除了"次日达"，沃尔玛
还宣布其 3 100 家实体店在 2019 年年底提供"在线下单，店内自取"服务；此外，沃尔玛

还尝试推出"众包快递"，即让线下超市购买商品的消费者给在沃尔玛官网购物的其他消费者配送等。如果沃尔玛成功推行"众包快递"的送货形式，可为其节省商品物流配送成本，还能使得全美 40%的家庭当日收到食品杂货。同时，沃尔玛在中国除了利用自身的物流体系，还与京东到家合作，实现门店与库存相结合，消费者在京东到家平台下单后，沃尔玛门店相关工作人员进行货物打包，最后由达达配送员进行配送。

图 2-5　沃尔玛货架机器人

2020 年，沃尔玛宣布与无人机送货公司 Flytrex 合作，在美国的费耶特维尔市推出无人机送货试点项目。据沃尔玛高管介绍，Flytrex 的无人机可以从沃尔玛门店配送部分食品杂货和生活必需品，而工作人员使用智能、便捷的控制面板即可在云端对无人机进行操控。Flytrex 制造的无人机可携带重达 3 千克的包裹，往返飞行约 10 千米。2022 年 5 月，沃尔玛宣布，计划增加提供无人机送货的门店数量，将在美国 6 个州的 34 个地点空运货物。

6. 日本 7-11：建立先进的物流信息管理系统

7-11 原是美国的一家便利店，后被日本的零售商伊藤洋华堂引入，1974 年，日本第一家 7-11 在东京开业。7-11 连锁店作为新兴零售商业形式，一开始就受到年轻一代的热烈欢迎，从而在全球许多国家和地区急速扩张，截至 2024 年 3 月底，7-11 已在全球开设 8 万多家门店。

7-11 是一家拥有全日本最先进的物流信息管理系统的连锁便利店集团。对单个门店7-11 按照统一模式进行管理。自营的小型零售企业（如小杂货店或小酒店）在经 7-11 许可后，可按 7-11 的指导原则改建为 7-11 门店。7-11 提供独特的标准化销售技术给各个门店，并决定每个门店的销售种类。7-11 便利店物流配送系统的运作流程主要分为两种：一种是一般情况下的运作流程，另一种是特殊情况下的运作流程。

（1）一般情况下的运作流程。为了保证不断货，配送中心一般会根据以往的经验保留4 天左右的库存，同时，配送中心的计算机系统每天都会定期收到各个门店发来的库存报告和要货报告，配送中心会集中分析这些报告，最后形成一张张向不同供应商发出的网络订单，而供应商则会在预定时间内向配送中心派送货物。7-11 配送中心在收到所有货物后，对各个门店所需要的货物分别打包，等待发送。第二天一早，派送车就会从配送中心鱼贯而出，择路向自己区域内的门店送货。整个配送过程就这样每天循环往复，为 7-11 连锁便利店的顺利运行保驾护航。

（2）特殊情况下的运作流程。每个门店都有可能碰到一些特殊情况造成缺货，门店便会向配送中心打电话告急，如果配送中心安全库存内有库存，就用安全库存对门店紧急配送；如果安全库存已告罄，配送中心则转向供应商紧急求货，并且由供应商第一时间直接发货至缺货的门店。7-11 物流信息管理系统如图 2-6 所示。

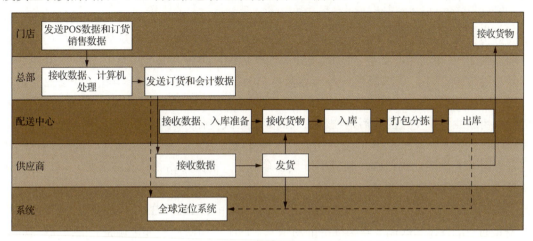

图 2-6　7-11 物流信息管理系统

2.1.2　国内互联网物流的发展现状

1. 我国物流业发展的基本情况

随着经济发展新常态的到来，我国物流业结束了过去 10 多年每年 20%以上的连续高速增长。2024 年，有效降低全社会物流成本行动扎实推进，物流运行环境不断改善，物流与产业加速融合创新，市场规模优势继续巩固，社会物流运行效率稳步提升，全年物流运行呈现积极变化。2024 年全国社会物流总额 360.6 万亿元，同比增长 5.8%，增速比上年提高 0.6 个百分点。2024 年社会物流总费用与 GDP 的比率为 14.1%，比上年下降 0.3 个百分点。2024 年物流业总收入 13.8 万亿元，同比增长 4.9%。

近年来，我国物流行业稳中向好，物流需求增长方式从粗放式向高品质加快转型。从增长贡献看，2024 年，工业品物流总额同比增长 5.8%，增长贡献率为 77%，是物流需求增长的主要动力；在新业态发展带动下，单位与居民物品物流总额增长 6.7%，贡献率为 11%，是物流需求增长的重要潜力。从结构看，2024 年，再生资源物流总额，单位与居民物流总额占比合计为 5%，与上年相比小幅提高，绿色化、数字化类型物流需求发展态势明显；农产品物流总额，进口货物物流总额占比合计为 7%，比重保持稳定；工业品物流总额占比 88%，同比略有回落。

2020 年，为了进一步降低物流成本、提高物流效率，《国务院办公厅转发国家发展改革委　交通运输部关于进一步降低物流成本实施意见的通知》中提出了 6 项政策措施。2021 年，《商务部等 9 部门关于印发〈商贸物流高质量发展专项行动计划（2021—2025 年）〉的通知》为加快提升商贸物流现代化水平，促进商贸物流降本增效，服务构建新发展格局提供了政策支持。2022年，党的二十大报告中明确提出，推动现代服务业同先进制造业、现代农业深度融合。加快发展物联网、建设高效顺畅的流通体系，降低物流成本。必须以物流链的高效整合利用来推动产业升级。全面提升交通物流对经济产业的适配性，支撑发展通道经济和枢纽经济。

自2014年开始，互联网经济下我国经济全面革新，在移动互联网、4G的推动下，电子商务实现高速发展，物流业产生了革命性的变化。全国物流包裹数量从2015年的200亿件增加到2017年的400亿件，2018年突破500亿件，2019年达到635亿件，2020年快递业务量达830亿件，我国快递业务年增量持续突破100亿件。2021年我国快递业务量达1 083亿件，首次突破1 000亿件。2024年我国快递业务量达1 750亿件，首次突破1 700亿件。快递业务量变化的背后是物流前端商业的模式变化，京东、阿里巴巴、苏宁的O2O和海尔、小米、中兴的C2B的发展趋势在于捕捉物流需求服务新的价值点。互联网化的物流是以消费者端驱动为核心，强调小批量、多批次、高频率的物流服务需求，以信息替代库存是物流服务模式的变革。

在"互联网+"的形势下，时效性使得空间距离相对缩短，由此引发对物流业提速和快速整合的强烈需求。依托互联网经济的新模式，物流市场格局将加快调整。"互联网+物流"的形成需要改变原始的物流运作模式，全面推行信息化，实现智慧物流。随着电商行业的快速发展，物流从"传统"升级为"智能"，智能分拣、大数据预测等已成功融入商业体系。物流的前端操作通过智能硬件、物联网、大数据等智慧化技术与手段，提高了物流系统分析决策和智能执行能力，从而提升物流运输系统的智能化、自动化水平。在终端配送中，智能快递柜等末端技术已相对成熟，实现了大规模商用。无人机、3D打印等技术也相继起步。未来智慧物流将是行业发展的主旋律，根据我国物流与采购联合会分析，当前物流企业对智慧物流的需求主要包括物流数据、物流云、物流设备3大领域。2011年至2021年，我国智慧物流行业的交易规模增速基本在20%及以上，处于高速增长阶段，数据显示，2018年我国智慧物流市场规模突破4 000亿元，2020年我国智慧物流市场规模近6 000亿元，2023年我国智慧物流市场规模约为7 903亿元。预计到2025年，我国智慧物流市场规模将超过1万亿元。面对如此巨大的市场，物流企业需在保持前端技术继续普及的情况下，加大对末端技术的研究。

2. 我国互联网物流发展存在的问题

近年来，互联网和移动互联网技术的发展推动着传统物流业转型升级，我国物流业面临着更大的发展机遇与挑战。其面临的主要挑战和问题表现在以下几个方面。

（1）物流费用成本高。我国物流行业在社会生产中的成本仍然远高于美国和日本等发达国家。我国物流行业自动化程度的普及度低限制了物流行业整体运转效率的提升。我国公路货运整体空载率在40%左右，货车资源浪费较为严重，而美国公路货运的平均空载率约为10%。另外，目前我国公路运输市场大部分零担业务主要由众多的中小专线商来承运。现代信息技术应用水平低下，严重影响了物流业的发展。尤其在经营服务手段、运行方式、组织形式的创新和发展方面，物流领域信息不对称对物流过程中的各种决策活动产生了较大的影响，如采购计划、销售计划、供应商选择、客户分析等，如果没有强大的数据支持，则无法进行进、销、存、调的合理决策。同时，物流各环节信息化程度低，信息沟通不畅，造成库存量大，运力重复浪费，在物流企业中，无法有效地进行人力、物力、财力的统筹，不能较好地进行资源整合、信息共享，最终造成效能低、成本高的窘况。

（2）物流环节效率低下。物流企业竞争日益加剧，人员、技术、产品和服务同质化明显，现代物流企业的发展关注点不在客户体验上，更多的是在如何降低运营成本上。我国的大、中、小型物流企业数量多，但占主导地位的仍为中小规模的物流企业，主要从事仓储运输等传统物流业务，服务内容单一，增值服务和附加服务缺乏，服务水平整体偏低，在增值性服务方面存在较大的欠缺。物流业务还停留在仓储、运输、包装等较为传统的阶段。

（3）自动化信息网络不完善。我国物流企业在基础设施建设方面普遍投入不足，信息化程度较低，在仓储、运输、配送环节大部分仍然以半机械化、人工作业为主，自动化信息网络不完善，较缺乏优化调度、有效配置等服务。在物流过程中，很多物流企业难以做到精确地在预定时间内送货，并时不时出现断货、对客户的响应不及时等问题，从而导致物流组织效率低下、管理水平低、配送成本高、客户满意度低、盈利能力弱，严重影响了物流行业的整体发展。

（4）物流总体服务水平低下。物流企业的发展过多地看重了成本和效益。一些物流从业人员对信息化建设的思路不清晰，较缺乏对物流增值服务的了解，对客户体验和服务质量不够重视。物流企业的发展目标集中在增加业务量、降低成本、获得更高效益方面。而在寻求服务质量和个性化服务的时代，大多数物流企业的发展方向与市场需求仍存在一定的偏差。中小型物流企业的发展拼的是价格低、速度快、送货人员多、送货面广，而对物流过程中的货物质量保障、货物安全、顾客满意度和信息反馈速度等方面关注度还不够，导致丢货、货物损坏等现象时有发生。

（5）高素质、高水平的物流人才匮乏。目前，物流业的人才结构和从业人员的专业素养未能实现较大的突破和改变，高校的物流管理、供应链管理等方面的专业人才培养未能受到足够的重视。受传统快递行业的影响，一部分学生在对现代物流缺乏了解的情况下选择专业时，容易忽略物流行业的快速发展，从而选择其他行业或专业。有些高校的学生即使进入了物流管理等专业学习，在毕业时也并未选择物流企业或没有在物流企业作长期发展的打算，导致物流行业中素质高、专业技能强且认同物流行业发展的中高层管理人员匮乏。大部分物流企业对员工的发展和管理仍停留在劳动密集型行业企业层面，缺乏对员工的培养和职业生涯规划，导致物流行业人员流动快，员工大量缺失。

为促进我国物流业的发展，近年来国家物流行业的政策频出，希望能提高行业信息化水平、提升行业规模化程度。目前，我国物流行业与互联网信息技术的融合仍相对薄弱，将物流业与互联网信息技术深度结合，通过网络平台协调货物和运力间的配送关系，助力实现物流业的变革转型是亟待解决的问题。

2.2 互联网物流的发展趋势

随着互联网物流的深入发展，互联网信息技术将从模式、体系、应用等各个方面彻底改变物流业的面貌，并与物流行业深度融合，使物流逐步呈现信息化、自动化、智能化、集成化、网络化、协同化的特征。从近年来互联网物流的发展趋势来看，可简单概括为两个方面：物流数据平台逐渐应用、智慧物流与社会物流不断发展。

2.2.1 物流数据平台逐渐应用

1. 物流数据平台促进供应链协同

物流数据平台是以数据的力量促进供应链整体协同的典型。菜鸟网络科技有限公司（简称菜鸟网络）成立于2013年5月，由阿里巴巴集团、银泰集团联合复星集团、富春控股集团、顺丰集团、申通集团、圆通集团、中通集团及韵达集团共同组建。菜鸟网络是基于互联网思维、互联网技术，以及对未来的判断而建立的创新型互联网科技企业，致力于在现有物流业态的基础上，建立一个开放、共享、社会化的物流基础设施平台，该平台就是物流数据平台。根据天猫、淘宝的交易与物流信息搭建起一个数据网络，称为"天网[①]"，并在分布全国的几大重要物流区域搭建起数个巨大的仓储中心，称为"地网[②]"。"天网"数据将为"地网"仓库的高效运转提供支撑，"地网"也将产生的数据反哺给"天网"数据分享平台，"天网"配合"地网"进行"天地联动"，根据其信息大数据的优势，在多个方面提高物流快递转运的效率。

菜鸟网络的 CSN 计划

菜鸟网络的CSN计划设想通过两方面来改变目前的物流现状。一方面，在全国通过"自建+合作"的方式搭起骨干网的框架，建立8个核心城市的超级仓库仓储中心，以缩短物流半径，实现仓储中心之间的8小时链接，并广布物流设施平台和节点，实现24小时送达；另一方面，通过大数据、云计算、物联网等技术，建立基于仓储设施的数据应用平台，实现信息共享，提升现有物流企业的仓库利用率与运作效率，并共享给电商企业、物流公司、仓储公司、第三方物流服务商及供应链服务商。

---

① 菜鸟天网（简称天网），主要将数据信息打通，根据天猫、淘宝、商家及物流信息，构建成一个巨大的物流数据分享平台，利用数据赋能物流行业。
② 菜鸟地网（简称地网），主要将各类物流基础设施打通，比如全国仓储网络、配送网络和末端驿站等，有效调配社会物流资源。

菜鸟网络所期望搭建的信息平台系统会不断对卖家分布、销售数据等进行智能分析，以确定超级仓储中心和区域分仓。加入菜鸟网络供应链体系的卖家们将商品集中存储在超级仓储中心，工作人员会通过智能化仓储设备进行专业的物品放置、分拣和包装，仓储中心通过信息系统接收卖家订单通知、拣货包装，并根据买家数据信息，得到相关优化配送线路后，立刻将订单数据发送到各个环节，并提醒各个环节准备接应。接收订单信息的干线物流公司或快递公司将包裹运输至始发地分拣中心，再由干线物流公司长距离运输至目的地分拣中心，最终根据订单的详情分配到区域快递公司或落地配公司，以完成"最后一公里"的配送。买家收货后通过支付宝付款，阿里支付平台将收到的货款与卖家、快递或物流公司、仓储公司进行结算。

2. "货物不动数据动"，降低社会物流成本

在缺乏数据协同的情况下，生产、销售、消费信息不对称是造成物流成本高、物流效率低的根本原因。在信息不对称的情况下，货物无序流动，过度运输情况严重。例如，一个杭州的买家想要买一件北京卖家的商品，而制造厂在广州，部分商品会先从广州运到北京，再从北京运到杭州的消费者手中，造成运力资源的浪费。很多消费者在查看物流信息的时候，总会发现自己的包裹在全国各地转圈，这也是信息不对称的结果。

若将物流、电商、消费者、生产者接入统一的物流数据平台，商品的流向就会有清晰的显示，并可以直接送到消费者手中，从而大幅缩短平均运输距离，节约物流成本，物流各环节也将更加协同。

3. 物流数据化有助于建立电商与物流联动机制

物流数据平台可以对接物流企业和电商，建立起一套联动机制。以菜鸟网络"双十一"天网预警雷达为例，以往在"双十一"期间，电商订单爆炸式增长，经常导致物流爆仓，其原因有两个：一是物流快递企业的大部分包裹来自电商；二是电商订单在理论上呈几何级数增长。通过菜鸟网络，一方面可以统一运往菜鸟"地网"部署的中心仓，降低仓储成本，节省运输费用；另一方面可以使商家在客户下单前通过菜鸟"天网"的销售大数据库，用算法预测当地的出货量，并提前在相应的菜鸟"地网"大区仓库铺货，节省干路运输费，极大缩短整体快递时间，减轻"双十一"期间物流的压力。

"天网"雷达预警通过自身的电子商务数据优势进行订单预测，指导物流企业提前配置资源，且"天网"数据平台又根据物流企业反馈的物流数据引导电商商家的促销策略，可以从源头上减少爆仓风险。据了解，菜鸟网络"双十一"天网预警雷达对订单量、订单分布的预测准确率达到95%以上，促进了物流与电商的协同发展。

4. 智能分仓与库存前置提高时效并加快周转率

如果物流数据平台与物流基础设施建设完善，将为智能分仓与库存前置打下基础。简言之，在消费者下单之前将商品提前以成本最低的方式运到离消费者最近的电商仓库中，并且从商品入仓到消费者下单再到商品拣货出仓这期间的时间越短越好，所耗费的时间越短，意味着物流持有的成本越低，库存周转也越快。这需要极强的预测能力，商家的发货时间、数量、地点的确定，以及运输方式和运输时间的估算，都需要紧密结合、分毫不差。菜鸟网络的"天网"基于阿里巴巴丰富的数据积累，有完成这项任务的潜力。对于消费者

而言，这将大幅提高物流时效，提升消费者体验；对于商家而言，确定智能分仓、库存前置与持有成本最佳平衡点，也有助于提高订单达成率，提升库存周转效率。菜鸟网络将全国分为 8 个大区，并在各大区建立中心仓储节点与城市中转站；同时利用大数据与合作伙伴百世物流建立"百世云仓"。通过多仓组合实现全网协同，通过大数据驱动全网的调拨，提高效率。

云仓系统和业务绑定，可以同步创新。云仓是由全国性的多点仓库组成的仓储网络，复杂度极高。以服装企业为例，百世云仓能提供"总仓+分仓"操作模式，根据服装企业的运作特点，选择区域分仓、季节性分仓和活动分仓等方式。通过对商家历史运营数据进行分析，结合商家产品属性，可帮助其实现全国网络化平行分仓。在产地设置总仓，分仓地域可以覆盖华东、华南、华北、华中、西南、西北，利用干线运输、分仓备货、区域配送的方式，全面提高分仓所在区域订单履行时效。此外，云仓可以不断融入最新的技术，如人工智能和大数据分析技术，在云仓内，每一个品类的货物摆放都会根据拣选的最优路径来安排。在 B2B 与 B2C 订单同仓并行作业条件下，能实现 99.99%的库存库位准确率和99.99%的发货准确率。云仓系统作为独立的第三方架构，具有较强的可扩展性。客户的仓储服务需求可以随时按需扩展，尤其适合于应对电商促销时期的物流波峰。

2.2.2 智慧物流与社会物流不断发展

1. 物流路径规划推动社会物流资源的优化整合

物流是一个社会接力的过程，之所以接力成本高、效率低或无法完成，是因为信息不对称，而互联网刚好可以解决这个问题。如果信息对称到一定的程度，包裹在理论上可以全程搭乘"顺风车"，物流成本则会直线下降。实际上，已经有不少电商或物流企业对此进行了尝试，DHL 在瑞典推出了一个在线平台 MyWays，特别针对"定时达"服务设计了相应的手机 App，那些希望在自己日常活动路线上顺路获得收入的市民，即可成为快递员。这个计划遵循了"众包快递"的原则，在这个平台上，特定的投递服务被外包给个人志愿者。MyWays 平台将在线消费者们连接起来，提供人性化服务，如果正好与这些志愿者的时间表相吻合且顺路，他们就可以进行捎带并从中获得一定的收入。对于消费者来说，也方便了他们接收包裹，因为他们可自行选择投递时间和地点，这无疑简化了"最后一公里"的投递进程，这项服务在瑞典斯德哥尔摩 DHL 网络的所有服务点同步推出。借助 MyWays 平台和手机客户端，这项服务操作简便，在线提交一个投递需求后，包裹接收者即可指定投递的时间和地点，系统会自动生成相应的投递费用。包裹将在 DHL 网络即时注册，所有 MyWays 用户都可以看到需求信息，用户（志愿者）可自行选择投递时间点、投递线路，并选择与自己情况相符的包裹进行捎带。

2. 任何社会资源都可成为社会物流载体的一部分

据《华尔街日报》报道，2014 年 11 月，在旧金山和洛杉矶，亚马逊试验移动打车应用 Flywheel，通过出租车为客户送包裹。这次试验是亚马逊为加快包裹送达速度而进行的尝试，目的是与实体零售商更直接地竞争，在 UPS、FedEx 和美国邮政服务之外开辟新的包裹快递途径。亚马逊也在开发一种"当日达算法"，根据送达速度和价格对多种快递服务进行评估。在试验中，亚马逊与 Flywheel 合作，后者的打车应用与 Uber 和 Lyft 的系统相连。亚马逊通过 Flywheel 把出租车"叫到"小型配送中心，每辆车安排最多 10 件邮政编码相同的包裹，每件包裹付费 5 美元，要求 1 小时内送达。亚马逊使用出租车送包裹的另外一个目的是降低快递费用。这种出租车送快递可以看作基于打车软件的物流应用，虽然还是初步实践，效果还有待观察，但这些创新标志着物流社会化的开始。在互联网的推动下，任何一项社会资源均可成为物流载体。2017 年 8 月，亚马逊为了应对新加坡巨大的快速配送需求，也在吸引更多的司机来帮助配送商品，并在新加坡推出 Prime Now。为了兑现向每位客户提供的 2 小时送达承诺，亚马逊正计划让出租车司机和私家车司机帮助送货。2020 年 9 月，日本国土交通省宣布，出租车企业可申请在 10 月后继续开展食品、饮料等外卖配送业务，这意味着日本出租车配送外卖餐饮成为合规业务。

3. 无人配送逐渐落地

实际上，无论是传统物流行业的智能化变革，还是即时配送等新兴行业的崛起，未来都应建立在"无人化"建设的基础上。随着人口红利的逐渐消失，用工成本逐渐攀升，采用无人配送技术将成为解决用工难题的方案之一。物流企业早已开始对"无人"技术进行研究及落地。

现阶段，无人机技术包括干线无人机与配送无人机两类，其中配送无人机研发已较为成熟，主要应用于末端"最后一公里"配送，如在 2017 年的京东"6·18"期间，京东采用无人机在多个省市的农村进行小件商品配送，完成 1 000 余单配送。顺丰在 2012 年开始布局，通过组建研发团队、入股领先企业等方式，积累了丰富的无人机研发及应用技术。在 2020 年新冠疫情防控期间，顺丰无人机在温州累计飞行近 200 架次，累计飞行里程超 1 000 千米，累计运送近 1 吨的应急与防疫物资。无人卡车、人工智能等技术正在逐步成熟，将广泛应用于仓储、运输、配送、末端等各物流环节。数据显示，2021 年中国无人驾驶汽车行业投融资资金额为 782.4 亿元，投融资数量为 122 笔。随着人工智能等技术的发展和创新，无人驾驶汽车的应用领域不断拓展，行业整体保持稳定增长的态势，2022 年无人驾驶汽车市场规模达 100.4 亿元，预计 2025 年前后将迎来规模性产业化契机。

视野拓展

无人配送模式探索

2020 年年底，京东 JDY-800 "京鸿"货运型固定翼无人机在四川自贡凤鸣通用机场顺利进行载货检飞，取得京东支线物流无人机试验的阶段性成果。随后，京东物流自主研发的"京蜓"自转旋翼支线物流无人机首飞成功，这也是京东自主研发的第二款原生支线物流无人机。

除此之外，通达系快递公司、菜鸟网络、德邦等物流公司，以及美团、饿了么等本地生活平台也一直围绕末端及小型无人配送机进行新的探索。

【京东无人之路】

2020 年 2 月，美团自主研发的无人配送车辆已在北京顺义部分社区落地，公开测试，道路上行驶速度约为 20 千米/小时。饿了么在 2018 年推出了无人配送机器人，进行无人送餐试验。国内的无人机企业杭州讯蚁网络科技有限公司则已经开始和商户合作进行无人配送。

4. 智慧引领物流新发展

智慧物流是通过技术手段实现机器部分或全部替代人力和脑力的物流过程。智慧物流可以提高整个物流的效率，降低劳动强度和企业成本。依托于大数据，智慧物流使整个物流环节具备人的一些特征，如感知、思维、学习、判断、分析决策等。

智慧物流实际上是基于大数据的算法所生成的决策，其特点是智慧化平台、数字化运营及智能化作业。智慧物流的出现促使"仓运配"进入无人化时代，数据化渗透到物流各个环节。合作共赢和共享是智慧物流的基本特征，通过机器大数据的分析能够实现能力的共享，如运输能力、仓储能力等。此外，智慧物流也推动了仓储行业的发展，如立体仓储、空中自动导向车（automated guided vehicle，AGV），悬挂式移动货架及外骨骼机器人等。装备了物流机器人的仓库存储效率是传统货架存储效率的 5 倍以上，并联机器人拣选速度可达 3 600 次/小时，相当于传统仓储作业效率的 5~6 倍。另外，无人配送可实现"1 小时达"，最快可实现从下单到送达仅 7~8 分钟。智慧物流借助自动驾驶的发展，通过无人车和无人机实现"最后一公里"配送，机器人依托已有设施，如输电线等实现空中送货。此外，智慧地下物流也逐渐进入公众视野，智慧地下物流能改变人们的消费方式，因为地下物流可以直接入户，在外卖等方面都会逐渐改变人们的生活和消费方式。

本 章 小 结

本章介绍了国内外互联网物流的发展现状，通过介绍国外先进的物流企业展现了互联网物流在国际上的发展状况和其发挥的巨大作用，同时详细剖析了国内物流业的发展现状及所面临的问题，并对互联网物流在全球的发展趋势进行了归纳总结，展示了未来互联网物流的光明前景。

知识巩固与技能训练

一、名词解释

智慧物流、物流数据平台、中心仓、立体仓储、仓储管理系统、零库存管理模式、智能化运输系统、物流信息管理系统、供应链协同物流。

二、单项选择题

1. （　　）采用"互联网+物流"的"无车承运人"模式。

A. C.H.Robinson　　　　B. Maersk　　　　C. 沃尔玛　　　　D. UPS

2. 推动（   ）的发展既是适应经济全球化趋势的客观要求，也是国民经济快速发展的必要保证。

    A. 大数据   B. 快递物流   C. 即时物流   D. 互联网物流

3. 2008 年至 2021 年，我国物流运行成本正在（   ）。

    A. 稳定增长   B. 逐步提升   C. 逐步下降   D. 保持不变

4. 国际物流的效率在很大程度上取决于（   ）的应用程度。

    A. 新兴信息技术   B. 物流技术   C. 智能化系统   D. 运输效率

5. （   ）的发展可以提高整个物流的效率，降低劳动强度和企业成本。

    A. 快递行业   B. 智慧物流   C. 机器大数据   D. 物流机器人

6. UPS 采用世界上最先进的监视系统技术，即（   ），航管员能从雷达屏幕上获取所有在监视区域的货机的信息。

    A. DLAD   B. ADSB   C. DWS   D. JIT

7. C.H.Robinson 采用"互联网+物流"的（   ）模式。

    A. 无车承运人   B. 共同配送   C. 集约送货   D. 即时物流

8. 智慧物流是通过（   ）实现机器部分或全部替代人力、脑力的物流。

    A. 技术手段   B. 信息化   C. 数字化   D. 大数据

9. 2021 年我国快递业务量达（   ）亿件。

    A. 500   B. 635   C. 1 083   D. 830

10. 互联网化的物流是以（   ）驱动为核心。

    A. 供应商端   B. 消费者端   C. 电商平台端   D. 电商企业端

三、多项选择题

1. 互联网化的物流强调（   ）的物流服务需求。

    A. 小批量   B. 多批次   C. 低时效   D. 高频率

2. 中国物流业面临的主要挑战和问题有（   ）。

    A. 成本高   B. 效率低下

    C. 自动化信息网络不完善   D. 总体服务水平低下

3. 菜鸟网络将全国分为 8 个大区并在各大区建立（   ）与（   ）。

    A. 末端配送站   B. 中心仓储节点   C. 菜鸟驿站   D. 城市中转站

4. 亚马逊开发了一种"当日达算法"，根据（   ）和（   ）对多种快递服务进行评估。

    A. 配送成本   B. 配送距离   C. 送达速度   D. 价格

5. 无人机技术包括（   ）与（   ）两类。

    A. 配送无人机   B. 道路无人机   C. 干线无人机   D. 快递无人机

四、复习思考题

1. 简述国内互联网物流发展的几个主要阶段，并说明技术进步是如何影响物流行业发展的。

2. 如何看待互联网物流的发展趋势？列举 2～3 个身边的互联网物流应用案例。

3. 简述目前我国互联网物流发展存在的问题。

4. 参照菜鸟网络的案例，分析其业务网络和该平台的亮点。

5. 如何理解"智慧物流推动仓储行业发展"这句话？

中篇　理论篇

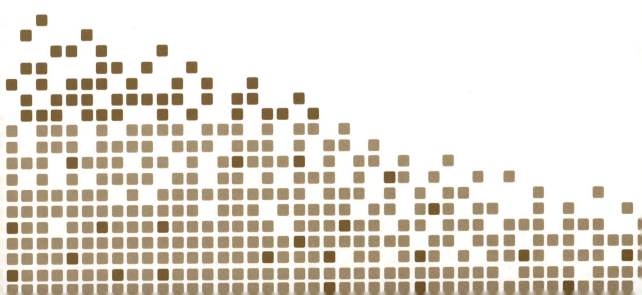

第**3**章
互联网物流的模式

【知识框架图】

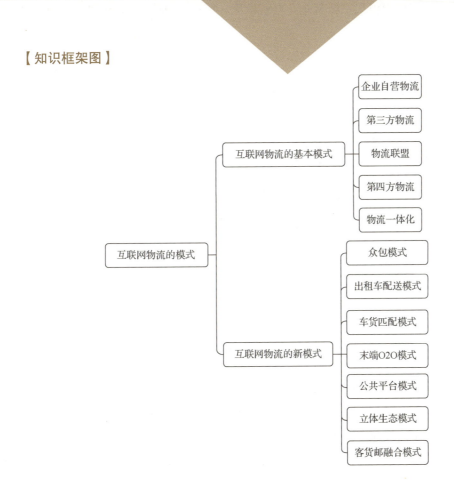

【学习目标】

1. 明确互联网物流的基本模式的概念和特点，以及不同模式的区别。
2. 了解目前出现的几种互联网物流新模式及经典案例。
3. 掌握众包模式的概念和特点，以及公共平台模式和立体生态模式的概念。

【能力目标】

1. 熟悉从事互联网物流实际工作的基本知识和基本技能。
2. 初步掌握互联网物流新模式的基本知识。

3.1 互联网物流的基本模式

随着信息网络化进程的加快，电子商务已经成为未来企业生存和发展的重要手段。物流模式又称物流管理模式，是指从一定的观念出发，根据现实的需要，构建相应的物流管理系统，同时采用某种形式的物流解决方案，形成有目的、有方向的物流网络。在电子商务环境下，基本物流管理模式主要有企业自营物流、第三方物流、物流联盟、第四方物流和物流一体化 5 种。

3.1.1 企业自营物流

1. 企业自营物流的概念

企业自营物流又称自理物流，是指企业自己投资建设物流的运输工具、储存仓库等基础硬件，并且经营管理整个物流运作过程。它是由企业自己经营的物流，其主要的经济来源不在于物流本身。相比之下，现代企业自营物流已不是传统企业物流作业功能的自我服务，而是基于供应链物流管理以制造企业为核心的经营管理概念。电子商务下的企业自营物流是在传统的企业自营物流的基础上，加入了电子商务的概念，旨在使物流的整体运作效率得到提高。图 3-1 所示为电子商务企业的自营物流体系。

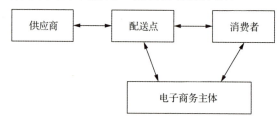

图 3-1　电子商务企业的自营物流体系

目前采用自营物流的电子商务企业主要有两类。第一类是实力雄厚且业务规模较大的电子商务企业。电子商务在我国兴起的时候，国内第三方物流的服务水平还远不能满足当时的电子商务企业的要求。为了提高企业的市场占有率，企业会加大资金投入，在一定区域甚至全国范围内建立自营物流配送系统，如京东自建物流。第二类是经营电子商务网站的传统大型制造企业或批发企业。由于这些企业在长期的电子商务活动中已经建立起颇具规模的营销网络和物流配送体系，因此在开展电子商务时只需将其加以改进和完善，就可以满足大部分物流配送需求。

自营物流体系的核心是建立集物流、商流、信息流于一体的现代化新型物流配送中心。电子商务企业在自建物流配送中心时，应广泛地利用条形码、数据库、电子订货系统、电子数据交换、快速反应以及有效的客户反应等信息技术和先进的自动化设施，以使物流配送中心能够满足电子商务对物流配送提出的新要求。

2. 企业自营物流的优点和缺点

企业自营物流是企业物流模式的一种。由于自营物流的利润源不在物流本身，即物流的成本往往大于物流的利润，因此采用自营物流的企业往往需要有能力自己承担物流业务并从中获利。相比第三方物流，自营物流具有以下优点和缺点。

1）优点。

（1）能够灵活、快速地对企业的物流需求做出反应。自营物流以服务于本企业的生产经营为主要目标，和企业经营关系密切，其整个物流体系属于企业内部的一个组成部分。与第三方物流相比，它能够更好地满足企业在物流业务上的时间、空间要求。尤其是对于物流配送较为频繁的企业，自营物流能更快速、更灵活地满足企业要求。

（2）企业拥有对物流系统运作过程的有效控制权。在自营物流模式下，企业可以通过内部行政权力控制物流运作的各个环节，对供应链有较强的控制能力，容易与其他业务环节密切配合，使企业的供应链更好地保持协调、稳定运转，提高物流运作效率。

2）缺点。

（1）一次性投资成本高。虽然企业自营物流具有一定的优势，但由于涉及运输、仓储、包装等多个环节，建立物流系统的一次性投资较大，占用资金较多。对于资金有限的企业来说，物流系统的建设投资是一个很大的负担。另外，企业自营物流一般只服务于自身，依据企业自身物流量的大小而建立，而单个企业的物流量一般较小，企业物流系统的规模也较小，导致物流成本较高。

（2）需要较强的物流管理能力。企业自营物流的运营，除了需要强有力的硬件支持，更需要企业管理人员具有专业物流管理能力。目前，部分企业内部从事物流管理的人员综合素质有待提高。在面对复杂多样的物流问题时，从业人员经常仅凭经验或主观的考虑来解决，缺乏科学有效的理论支持。如何提高物流管理人员的综合素质成为我国企业开展自营物流亟待解决的一个问题。自营物流并不一定会成为企业的负担，配以现代化的管理，或是进行高效的整合，往往还能够给企业带来新的发展。换言之，电子商务化的现代物流系统本身只是整个公司产业链的一环，尽管前期需要较大的投入，但通过高效的整合，最后却能转化成无可比拟的强大竞争优势，给自营物流带来新的活力。

 案例 3-1

京东物流的发展历程

如果说 2007 年之前的京东只能算作亚马逊的效仿者，那么在 2007 年自建物流之后，京东才真正拥有自身企业的特色。

2007 年，面对客户投诉到货慢、货品损坏等物流相关问题，京东集团创始人刘强东力排众议，坚持自建物流。同年 8 月，京东物流开始在北京小范围试点，2008 年 5 月，北京配送站开设 5 个站点。到 2010 年，京东自建物流配送范围已经覆盖北京五环内。

当时的物流行业野蛮卸货、装货现象严重，乱象丛生，京东无法改变整个行业，只是考虑到自建物流能够降低客户投诉，吸引更多的客户来京东消费，为此京东开始自建物流。到 2010 年，在野蛮生长的快递行业中，京东物流的客户体验可谓"惊艳"。尽管在客户端收获诸多口碑，然而京东物流在创立伊始面临无数质疑。京东早期投资人今日资本曾做过测算，京东投资仓配一体的物流，单个城市单日配送 2 000 单才有可能实现盈亏平衡。对于 2007 年日处理订单量仅 3 000 单的京东而言，自建物流意味着长期亏损。此外，考虑到物流是一个人力与资产并重的重模式、高投入行业，规模的持续扩张并不意味着亏损的终止。2015 年，阿里巴巴集团创始人马云曾断言，京东会被京东物流这种重资产模式严重拖累，影响公司的整体发展，而阿里巴巴只做平台服务，采取不建物流的轻资产模式。

如今的京东物流不仅成为京东的核心竞争力之一，并且也开始走向多方向发展的道路。在实现了专业化与规模化之后，2016 年年底，京东物流正式向社会全面开放仓配一体化供应链服务、快递和物流云 3 大服务；2017 年，京东物流从集团中拆分出来单独运营，开放后的成效显著。

京东物流所在的一体化供应链物流服务市场，是外包物流的细分领域。与孤立的物流企业不同，一体化供应链物流服务商有能力提供全面的物流服务，包括快递、整车及零担运输、"最后一公里"配送、仓储及其他增值服务。同时，京东物流与京东商城、京东科技等构建的服务协同，相较于传统快递企业仓配一体化服务，更偏向于供应链流程优化，帮助品牌商建立敏捷供应链体系。此外，京东物流在物流信息化、数字化、智能化方面建立了优势，这些使得京东物流具备了综合性的比较优势。而京东物流外部客户的收入结构变化，则是其独立化发展的直接证明。目前，京东物流逐步涉足高端生产制造企业的物流服务，沿着产业链、供应链挖掘新的利润源，也为京东物流在数字化供应链上的生态圈开辟了新空间。

位于上海的亚洲一号是京东物流首个全流程无人仓库，建筑面积达 40 000 平方米，物流中心主体由收货、存储、包装、订单拣选 4 个作业系统组成。公开资料显示，上海亚洲一号于 2014 年 10 月正式投入使用，2017 年 10 月 9 日，京东物流官方宣布上海亚洲一号仓库已建成。在收货、存储阶段，亚洲一号使用的是高密度存储货架，存储系统由 8 组穿梭车立体库系统组成，可同时存储商品 6 万箱，可以简单理解为存储量更大的无人货架。货架的每个节点都有红外射线，这是因为在运输货物的过程中无人，需要以此确定货物的位置和距离，保证货物的有序摆放。2022 年 5 月 20 日，在京东"6·18"活动启动之际，京东首次公布了其"织网计划"的建设成果。以 43 座亚洲一号大型智能物流园区和全国范围内运营的约 1 400 个仓库为核心，搭建了高度协同的多层级物流基础设施和仓配网络。2022 年 11 月，京东物流亚洲一号西安智能产业园（简称西安亚一）2 期正式启动运营，建成了西北地区首个全流程柔性生产物流园区，应用北斗新仓模式。西安亚一

1 期、2 期、武功智能仓，宁夏的银川智能仓，新疆的乌鲁木齐智能产业园、伽师智能仓，以及甘肃的兰州智能产业园（简称兰州亚一），形成北斗七星之势，它们合称"北斗七仓"。随着京东物流"北斗七仓"的逐步落地，西北经济建设圈的产业带区位优势则愈加凸显。京东物流亚洲一号的作业方式如图 3-2 所示。

【京东物流亚洲一号 AGV】

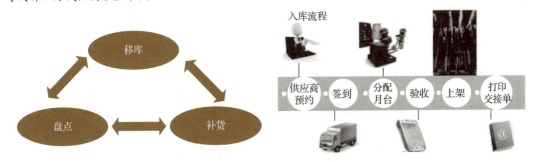

图 3-2　京东物流亚洲一号的作业方式

（资料来源：网络资料整理。）

3.1.2　第三方物流

1. 第三方物流的概念

第三方物流（third-party logistics，3PL/TPL）是 20 世纪 80 年代中期以来在欧美发达国家出现的概念。我国的国家标准《物流术语》（GB/T 18354—2021）对第三方物流所下的定义是：由独立于物流服务供需双方之外且以物流服务为主营业务的组织提供物流服务的模式。

根据定义，第三方物流主要由以下两个要件构成：主体要件和行为要件。其中，主体要件，即在主体上是指"第三方"，表明第三方物流是独立的第三方企业，而不是依附于供方或需方等任何一方的非独立性经济组织；行为要件，即在行为上是指"物流"，表明第三方物流从事的是现代物流活动，而不是传统意义上的运输、仓储等活动。

也有人认为，第三方物流的概念源自管理学中的 out-souring。out-souring 意指企业动态地配置自身和其他企业的功能与服务，利用外部的资源为企业内部的生产经营服务。第三方物流本质上是指生产经营企业为集中精力搞好主业，把原来属于自己处理的物流活动以合同方式委托给专业的物流服务企业，同时通过信息系统与物流服务企业保持密切联系，以达到对物流全程管理和控制的一种物流运作与管理方式。因此，第三方物流又称为合同制物流（contract logistics）。提供第三方物流服务的企业，其前身一般属于运输业、仓储业等从事物流活动及与之相关的行业。从事第三方物流的企业在委托方物流需求的推动下，从简单的存储、运输等单项活动转为提供全面的物流服务，包括物流活动的组织、协调和管理，设计和提出最优物流方案，以及物流全程的信息收集管理，等等。

2. 第三方物流的特征

第三方物流具有以下特征：整合超过一个物流功能的活动，通常为客户提供两项以上物流功能的服务；第三方物流企业通常不会代替客户做存货管理，仓储不等于存货管理；

为客户提供服务所使用的物流设备通常由第三方物流企业所控制，即使这些资产不隶属于第三方物流企业本身；具备全面的物流服务能力；提供附加价值；等等。

3. 第三方物流的运作模式

（1）传统外包型物流运作模式。简单普通的物流运作模式是指第三方物流企业独立承包一家或多家生产商或经销商的部分或全部的物流业务。

企业外包物流业务降低了库存，甚至达到"零库存"，节约了物流成本，同时可精简部门，集中资金、设备于核心业务，提高企业竞争力。第三方物流企业各自以契约形式与客户形成长期的合作关系，保证了自己稳定的业务量，避免了设备闲置。这种模式以生产商或经销商为中心，第三方物流企业几乎不需要专门添置设备和业务训练，管理过程简单。订单由产销双方完成，第三方物流企业只完成承包服务，不介入企业的生产和销售计划。目前，我国大多数物流业务都采用第三方物流配送模式。这种模式最大的缺点是生产企业与销售企业和第三方物流企业之间缺少沟通的信息平台，会造成生产的盲目和运力的浪费或不足，以及库存结构的不合理，且目前物流市场以分包为主，总代理比例较少，难以形成规模效应。

（2）战略联盟型物流运作模式。战略联盟型物流运作模式是指运输、仓储、信息经营者等以契约形式结成战略联盟，内部信息共享和信息交流，相互间协作而形成第三方物流网络系统。联盟可包括多家同地或异地的各类运输企业、场站、仓储经营者。理论上联盟规模越大，可获得的总体效益就越大。信息处理方面，可以共同租用某信息经营商的信息平台，由信息经营商负责收集处理信息，也可以连接联盟内部各成员的共享数据库实现信息共享和信息沟通，是目前我国的一些电子商务网站普遍采用的运作模式。

这种模式比起传统外包型物流运作模式，在两个方面得到了改善。一方面，实现了信息共享和信息交流，各单项实体以信息为指导制订运营计划，在联盟内部优化资源，同时信息平台可作为交易系统，完成产销双方的订单和对第三方物流服务的预订购买；另一方面，联盟内部各实体实行协作，某些票据联盟内部通用，可减少中间手续，提高效率，使得供应链的衔接更顺畅。例如，联盟内部各种方式经营的运输企业进行合作，实现多式联运，可大大节约运输成本。但这种方式下联盟成员是合作伙伴关系，实行独立核算，彼此间服务租用，有时就很难协调彼此的利益。在彼此利益不一致的情况下，要实现资源更大范围的优化就存在一定的局限性。例如，A地某运输企业运送一批货物到B地，而B地恰有一批货物运往A地，为降低空驶率，B地承包这项业务的某运输企业应转包这次运输，但A、B两家在利益协调上也许很难达成共识。

（3）综合物流运作模式。综合物流运作模式即组建综合物流公司或集团，综合物流公司集成物流的多种功能——仓储、运输、配送、信息处理和其他一些物流的辅助功能，如包装、装卸、流通加工等。第三方综合物流大大地扩展了物流服务范围，对上家生产商可提供产品代理、管理服务和原材料供应服务，对下家经销商可全权代理为其配货送货，并同时完成商流、信息流、资金流、物流的传递。

4. 选择第三方物流的优越性及风险

1）选择第三方物流的优越性。

（1）有利于集中主业。由于任何企业拥有的资源都是有限的，所以很难将涉及自身产品的业务都做得非常理想。因此，企业必须充分利用现有的资源，集中精力于核心业务和核心能力构筑，将不擅长或条件不足的功能弱化或外包。

（2）有利于减少库存。企业不能承担多种原料和产品的库存费用过度增长，尤其是高价值的配件要及时送往装配点才能保证库存最小。利用第三方物流可以在保证生产经营和营销正常进行的前提下实现"零库存"，从而降低库存成本。

（3）有利于减少投资和加快资金周转速度。企业自营物流往往要进行物流设施设备的投资，如建设仓库、购买车辆、构建信息网络、组织管理等，这样的投入是相当大的，对于资金运作缺乏的企业来说是沉重的负担。采用第三方物流，企业就可以减少在这方面的巨额投资，还可以将固定资产转变为可变资产。

（4）有利于灵活运用新技术。随着物流业务的发展和科技进步的加速，物流领域的新技术、新设备层出不穷，表现在物流功能专业化、自动化、智能化等。非物流企业通常缺乏时间、精力、资金等资源来适应快速发展的物流活动。采用第三方物流可以在不增加投入的情况下，不断获取物流功能带来的新技术，并获取一定的增值利益。

（5）有利于提高客户服务水平。客户服务水平的提高会增加客户的满意度、增强企业信誉、促进销售、提高市场占有率，进而提高利润率。采用第三方物流先进的信息网络和通信技术，有助于企业提高市场响应速度，增强对客户订货的反应能力，尤其是对销售物流、回收物流的作用，以保证企业为客户提供稳定、可靠的高水平服务。

（6）有利于降低物流成本。物流成本通常被认为是企业经营中较高的成本之一。控制物流成本相当于控制总成本。采用第三方物流，使得物流成本在一定程度上降下来。对企业而言，应建立一套完整的物流成本核算体系，以便真实地反映企业采用第三方物流后所带来的效益，促使企业物流活动日趋合理化。

（7）有利于建立本地关系从而进入新的市场。通过专业化的发展，第三方物流企业通常已经开发了信息网络并积累了针对不同物流市场的专业知识，包括运输、仓储和其他增值服务，在国内外拥有较好的运输和分销网络。采用第三方物流，企业才有可能开展自身无法开展的物流业务。

（8）有利于提升企业形象。企业可以通过第三方物流"量体裁衣"式的设计，制订出以客户为导向、低成本、高效率的物流方案，为企业在竞争中取胜创造条件。

2）选择第三方物流的风险。

（1）存在对物流的控制能力降低甚至丧失的风险。企业采用第三方物流后，第三方物流企业介入客户企业的采购、生产、销售及客户服务的各个环节，成为客户企业的物流管理者，这将导致客户企业对物流的控制能力降低。另外，采用第三方物流的企业在遇到问题时，不仅要进行内部沟通，还要与外部的第三方物流企业进行沟通，在沟通不充分的情况下，容易相互推诿，从而影响物流的效率。

（2）客户关系管理上的风险。企业采用第三方物流，一方面会面临与客户的关系被削弱的风险，即由于订单集成、产品的递送和售后服务基本上由第三方物流企业完成，这势必会减少企业与客户的沟通次数，进而可能会导致企业的快速反应体系失灵；另一方面会面临客户资料被泄露的风险。

（3）企业经营战略被泄露的风险。在市场竞争日益激烈的情况下，企业的核心竞争力是其生存与发展的重要保障。而采用第三方物流，由于双方合作的紧密性以及提高物流效率的需要，通常要求双方的信息平台对接，这将增加企业经营战略被泄露的风险。

（4）连带经营风险。企业采用第三方物流后，双方可能形成战略伙伴关系。一旦需要解除合作关系，需要企业付出一定的成本。如果第三方物流企业由于自身的经营不善导致暂停或终止提供服务，将可能直接影响客户企业的经营效益，甚至会带来相当大的损失。特别是在合约解除的过程中，企业要面临新的第三方物流企业的选择成本和磨合成本。

（5）机会主义风险。采用第三方物流后，双方对合作关系的依赖性不同，可能导致第三方物流企业在出现纠纷时往往处于有利地位，有时可能会出现欺诈客户企业而变相提高价格或提出其他较为苛刻的条件等情况，并转向其他能满足其利益的客户企业，产生一定的机会主义行为。

顺丰控股——致力于成为独立第三方行业解决方案的数据科技服务公司

顺丰控股是国内最大的综合物流服务商，致力于成为独立第三方行业解决方案的数据科技服务公司，为客户提供涵盖多行业、多场景、智能化、一体化的供应链解决方案。顺丰控股的主要产品和服务包括时效快递、经济快递、同城即时物流、仓储服务、国际快递等多种快递服务，以零担为核心的快运服务，为生鲜、食品和医药领域的客户提供冷链运输服务，以及保价、代收货款、包装、保鲜等增值服务。同时，经过多年发展，顺丰控股具备了为客户提供一体化综合物流服务的能力，不仅提供配送端的高质量物流服务，还向产业链上下游延伸，形成行业解决方案，为行业客户提供贯穿采购、生产、流通、销售等环节的数字化、一体化的供应链解决方案，助力行业客户产业链升级。

顺丰控股在过去几年积极切入中低端电商市场，打造完整的快递产品体系，为客户提供全方位的服务，迅速提升市场份额，并积极布局海内外的立体物流网络，提升海外本地服务能力，助力全球企业海内外布局。顺丰控股将科技产品渗透至客户供应链端到端环节，深度融入客户价值链，优化客户体验，持续领先物流科技应用最佳实践产品化输出，为行业客户提供独立第三方行业解决方案的数据科技服务，以科技赋能行业供应链转型升级。顺丰仓库流程如图3-3所示。

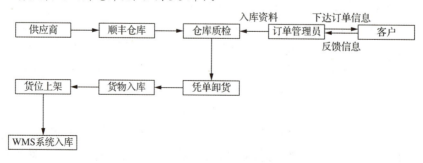

图3-3 顺丰仓库流程

顺丰控股同时还是一家具有网络规模优势的智能物流运营商，拥有对全网络强有力管控的经营模式，由总部对各分支机构实施统一经营、统一管理，在开展业务的范围内统一组织揽收投递、集散处理和中转运输，并根据业务发展的实际需求自主调配网络资源。同时，顺丰控股大量运用信息技术保障全网执行统一规范，建立多个行业领先的业务信息系统，保障网络整体运营质量。顺丰网络覆盖国内外，包括由全货机+散航+无人机组成的空运"天网"，由营业服务网点、中转分拨网点、陆路运输网络、客服呼叫网络、"最后一公里"网络为主组成的"地网"，以及由大数据、区块链、机器学习及运筹优化、自然语言处理、智慧物流地图、物联网等组成的"信息网"，"天网+地网+信息网"三网合一，形成国内同行中网络控制力最强、稳定性最高的综合性物流网络体系。

1. 天网——前瞻性布局，拥有先发优势。

顺丰控股 2003 年就开始涉足全货机运送业务，2009 年成立我国第一家民营货运航空公司，如今已发展为国内全货机数量最多的货运航空公司。截至 2022 年上半年，顺丰控股共有在飞自营全货机 72 架，包括 15 架 767、38 架 757、2 架 747 和 17 架 737，租赁 23 架全货机，共执行航线 122 条，航权时刻总计 273 对，覆盖 56 个国内站点和 43 个国际站点。2021 年航空总发货量超过 89 万吨，占全国航空货邮运输量的 38.3%，日均班次近 3 500 次。

2. 地网——密集网络覆盖为优质服务护航。

截至 2022 年上半年，服务网络端，顺丰拥有超 2.1 万个国内自营网点和 2 万个海外网点，收派员约 44 万人；中转场网络端，顺丰拥有 43 个枢纽级中转场，38 个航空、铁路站点，241 个片区中转场；陆运网络端，顺丰拥有自营及外包干支线车辆约 9.5 万辆，末端收派车辆约 9 万辆；仓储网络端，顺丰拥有 2 099 个运营管理仓库，占地面积超 1 000 万平方米，其中包括海外仓 1 419 座，加盟合作仓 148 座，形成触达全球的仓储网络，可提供电商、食品医药冷运等多行业、全场景的仓配一体服务。

3. 信息网——顺丰"智慧大脑"，联通物流各环节，进一步提效降本。

为推动物流各环节信息的互联互通，顺丰结合物流场景和业务需求构建了覆盖全球业务的高速网络，实时跟踪业务信息，实现了物流营运各个环节的信息化管理。公司自主研发了智慧网平台，可覆盖公司各个业务环节和场景，进一步推动物流全链路的信息互联互通，提升各环节的运作效率并降低运营成本。

（资料来源：https://baijiahao.baidu.com/s?id=1760793411826226255&wfr=spider&for=pc. (2023-03-19)[2023-12-21].）

3.1.3　物流联盟

1. 物流联盟的概念

物流联盟是企业为了取得比单独从事物流活动更好的效果，在物流方面通过契约形成优势互补、要素双向或多向流动的中间组织。该模式是一种介于企业自营物流和第三方物流之间的物流模式，可以降低企业自营物流和第三方物流模式的风险。物流联盟是动态的，只要合同结束，参与企业又会变成追求自身利益最大化的单独个体。

电子商务企业与物流企业联盟，一方面有助于电子商务企业降低经营风险，从物流伙伴处获得物流技术和管理技巧，以提高自身竞争力；另一方面有助于物流企业拥有稳定的货源。然而，物流联盟的长期性、稳定性会使电子商务企业改变物流服务供应商的行为变得较为困难，因此电子商务企业必须对过度依赖物流伙伴的局面做周全的考虑。

图 3-4 所示为物流联盟运营系统架构。

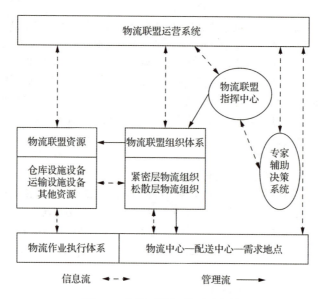

图 3-4 物流联盟运营系统架构

2. 物流联盟的优势

（1）有助于减少物流合作伙伴在交易过程中产生的相关费用。交易频率越高，双方的交易量就越大，交易过程中产生的费用也就越多。通过寻求一种有效的组织形式，消除交易频率较高带来的负面影响，物流联盟是一种可供考虑的方法。例如，物流合作伙伴之间经常进行沟通与合作，可使搜寻交易对象信息方面的费用大为降低；因提供个性化物流服务而使物流合作伙伴之间建立起相互信任的关系，可减少各种履约风险；即使物流合作伙伴在服务过程中产生冲突，也会因为物流合约一般签约时间较长而可通过协商加以解决，从而避免了因无休止地讨价还价甚至提起法律诉讼所产生的费用。

（2）有利于减少因交易主体的有限理性而产生的交易费用。交易的不确定性和市场的多变性与交易主体的有限理性和机会主义行为密切相关。交易双方都不可能对未来有准确的预见能力，并对将要发生的变故预先在契约中设置条款加以处理。例如，如果交易双方信息不对称，就很难避免其中一方产生机会主义行为。而通过物流联盟组织代替市场交易，提高双方对不确定性环境的认知能力，就可以避免此类情况的发生。

物流联盟企业之间的长期合作促使伙伴之间"组织学习"，这在很大程度上抑制了交易双方的机会主义行为。因为企业采取的投机行为在长期合作中将面临逆向选择的高昂代价，物流联盟把交易双方机会主义行为带来的费用控制在了最低限度，从而减少了因交易主体的有限理性而产生的交易费用。

（3）有利于资产的专用性。资产的专用性高意味着投资所带来的固定成本和可变成本包含了一定的不可收回的成本或沉没成本，因此交易双方的契约关系保持连续性具有特别重要的意义。物流联盟的建立以及对专用性资产的共同占有成为解决这一矛盾的有效选择。例如，美国加利福尼亚州有一家年销售收入 15 亿美元的厂商，其物流系统非常完善，在美国有 9 个工厂、8 个仓储配送基地。为了降低物流成本，该厂商考虑与其他企业共同使用配送系统。刚好一家在美国有 2 个工厂、年销售收入 2.5 亿美元的欧洲同行企业欲开拓加利福尼亚州市场，于是两家结成联盟。这样一来，这家美国厂商既能降低仓储固定成本，又能提高其在加利福尼亚州的运输设备利用率；这家欧洲企业也更容易打入加利福尼亚州市场，而且与其他方案相比，采用美国厂商的配送系统花费更低。

通过以上分析可以看出，物流联盟能减少在交易的全过程、交易主体行为和交易特性等领域及环节中产生的各种费用，是一种节约交易费用的制度安排。因此，寻找合适的物流伙伴建立物流联盟也是电子商务企业进行物流运作的一个不错的选择。

3. 物流联盟风险

（1）合作协调成本高，决策效率受限。物流联盟成员因目标、管理模式和利益诉求差异，容易在运输路线规划、服务标准等环节产生分歧，导致跨企业沟通成本增加、决策流程冗长。可能会缺乏高效的协调机制，出现信息滞后、执行脱节等问题，降低整体运作效率。

（2）利益分配失衡与风险共担的不确定性。各成员在资金、技术等方面的资源投入可能不对等，若利益分配机制不合理，容易引发合作方不满。此外，联盟成员风险具有"传染性"，某一方的运营危机或违约行为可能拖累其他成员，存在责任界定模糊、维权成本增加的问题。

4. 我国物流联盟的产生机理

由于物流市场尤其是公路货运市场准入门槛低，我国物流行业内竞争激烈，物流行业的利润空间较之前下降了许多。近年来，物流市场优胜劣汰趋势明显，物流资源配置得到了一定程度的优化，目前我国快递行业一方面是存量市场竞争加剧，另一方面是在增量市场仍旧大有可为。随着拼多多、抖音、快手等社交电商的崛起，快递企业面对的电商客户也越来越多。根据国家邮政局数据，2024 年，邮政寄递业务量累计完成 1937.0 亿件，同比增长 19.2%。其中，快递业务量累计完成 1750.8 亿件，同比增长 21.5%。物流企业如何在激烈的市场竞争中实现可持续发展，企业实践和学术研究均表明组建物流联盟是选择之一。

经济全球化致使地区之间、企业之间的合作日趋紧密，市场上产品之间的竞争其实质是供应链之间的竞争，物流作为供应链中必不可少的环节，对于产品竞争力的影响巨大。货物在从供应地运到接收地的过程中，往往需要跨越广阔的地理空间，由于山川、河流的阻隔，以及地形地貌等因素的影响，物流全过程不可避免地被分割成若干段，每一个参与的物流企业往往只是完成整个物流的一部分。而客户需要的是一站式综合物流服务，为了满足客户的需求，所有承担物流服务的企业必须有效协作，尽可能地消除运输方式、运输工具以及企业之间由于衔接而带来的接口不畅问题。物流企业作为物流供给的主体，其组织结构必然受物流发展演化的影响。物流企业业务范围、业务量与企业规模呈正相关，但由于企业内部交易成本的原因，企业的规模是有限的，而且任何一个企业的业务范围、细分市场、服务半径有限。物流业的前向效应、后向效应明显，物流联盟可以有效解决条块分割、地方保护、行业规制等单一企业难以解决甚至无法解决的困难。物流联盟作为节约交易成本的制度安排和物流企业产权扩展过程中的客体，可以丰富和扩展物流企业的业务范围。

案例 3-3

德国中小企业物流联盟的模式和发展

CargoLine 是德国最大的零担企业联盟，也是德国第三大零担企业，成立于 1993 年。CargoLine 的业务领域覆盖整个德国及欧洲其他许多国家，主要提供一些班线货运，包括分拨、采购、合同、物流等业务，在欧洲有 80 家合作伙伴企业，其中 14 家是股东企业，股东企业有权参与一些战略决策。该物流联盟一年大约有 1 200 万单业务，每天直达运输达 1 600 车次。

CargoLine 的运作模式是特许经营模式。联盟内有十几家股东企业，这些企业成立一个联盟中心来运作整个联盟，即需要有些人来负责整个中心的运作。联盟中心的运作基于很多合同类型，通过特许合同允许一些获得特许经营权的企业进入联盟。还有一些业务需要与其他企业合作，这些企业并不是绑定有特许经营权的合作伙伴。因为有特许经营权的合作伙伴有区域保护，如在北京片区有且只有一家企业经营，联盟成员通过签订合同避免竞争，所以特许经营与一般的合作是有区别的。

通过对不同合作伙伴进行分级、签订不同合同来约束，联盟就会构建起来。联盟中心主要承担的工作是制定合作的规则，即合作伙伴的分级规则，各企业的权利、义务与责任，具体是指各个企业成员之间的数据传输过程，不管是订单、货物追踪还是客户结算。结算系统可能包括枢纽站的结算、托盘的结算、短驳的结算。联盟中心需要会员企业付一定的会费，而联盟中心是非营利的，收到的企业会费只能用于支付人员成本。参与联盟的成员企业和伙伴企业依然保持独立性，拥有独立的财务核算制度，通过参加联盟，可以跟其他企业一起合作，如参与制订短驳或长途的运输计划，但企业自身的业务发展规划、营销都是独立进行的。联盟中心可以召开授权人大会、特许经营人大会，组织在线学习。由于中小型物流企业的规模限制，可能没有开发信息系统、结算系统的能力，无法时刻学习一些行业最新的知识，因此联盟中心承担的职责不只是为企业业务提供支持，联盟中心内部相关的业务部门可以进行统一采购，如 IT 系统开发、组织培训，所有会员企业的车辆、保险，以及其他托盘的采购，都会有相应的折扣价。这就是零担联盟的基本运作模式。

国内的联盟通常都会有一个盟主，但是在德国没有明显的盟主，股东有共同的决议机制，这可能与德国物流行业的发展阶段有关，所以很多物流企业的业务都是相对稳定的。最开始加入联盟时，某一家公司可能对北京片区比较熟悉、货量比较稳定，另一家公司可能在石家庄片区货量比较稳定，还有的公司在上海片区货量比较稳定，每一家企业都有自身擅长的区域，加入联盟之后，签订合同证明成员企业有区域保护，某片区有短驳或相应的业务，就由对应企业来经营。如果合作伙伴需要将货物运到上海，该公司认为自身没有能力将货物配送至上海，此时联盟内就会有合作伙伴去做。在有企业退出的情况下，联盟内部会重新投票；当有企业申请进入联盟时，联盟内部会投票表决是否同意该企业入驻。但联盟也具有风险，当联盟里面某会员企业的服务质量达不到客户的要求，如某公司的业务交给了联盟里面的合作伙伴来做，而合作伙伴的服务质量达不到要求，就可能会影响客户对该公司的评价。所以联盟中心也会做一些考核，对联盟内的企业做评估，当低于一定分数时，便会启动退出机制。因此不只是企业自身可以加入后退出联盟，联盟也可以强制达不到服务标准要求的企业退出。

此外，德国有不同类型的物流联盟，在众多企业里面，很多物流企业不只做零担与专线。所以一家物流企业可以成为多个物流联盟的会员，但是有的联盟会有排他性，对于同一个业务，该企业只能成为对应联盟的会员，而不能是其他联盟的会员。如果某一家企业从事危险品和冷藏业务，它既可以是危险品联盟的会员，也可以是冷藏联盟的会员，只要业务之间没有冲突就可以成为多家联盟的会员。

（资料来源：网络资料整理。）

4. 电子物流联盟的建立

（1）总体框架。

电子物流联盟以电子商务集成服务平台为支撑，主要包括物流电子交易中心、结盟管理中心、联盟伙伴库3个组成部分。

物流电子交易中心是为物流服务的供方和需方提供交易机会及完成交易过程的场所。生产商、销售商等物流需求方可以借助物流电子交易中心发布物流服务需求信息以及获取供给信息，寻找合适的服务提供商，进而进行商务洽谈、合同签订、资金支付等电子商务链的活动。由于现代物流服务一体化的特征，物流需求方往往只与服务集成商，即针对任务的物流价值链核心企业确定商务关系。物流电子交易中心具备一般电子商务平台的特征，商务交易的核心是物流服务。为了完成物流服务的电子交易过程，物流电子交易中心通常具备电子认证、信息发布与获取、在线洽谈、电子合同签订与管理、电子支付、责任认定等功能，同时提供与交易相关的增值服务。

结盟管理中心主要是为针对任务的物流价值链核心企业寻求合作伙伴、进行成员管理。在核心企业获取物流任务后，首先根据核心能力原则确定是否选择一定的合作伙伴共同完成此项物流任务；当确定需要建立面向任务的虚拟物流企业后，借助结盟管理中心完成物流任务分解、物流任务招标信息发布、伙伴选择等过程。为了支持电子物流联盟物流任务层的运作，通常结盟管理中心应能满足以下几个方面的功能需求。

① 需求响应：根据客户需求和自身核心能力确定物流招投标方案。

② 伙伴管理：对伙伴成员的各种信息进行管理。

③ 任务管理：监督、了解任务进展情况，协调子任务间的关系，保证任务完成的质量和时间。

④ 协调管理：主要通过信息交流达到任务顺利完成的目标，同时为了满足成员间不同类型的交流需求，可提供文字或语音、线下或线上多种交流工具。

⑤ 绩效评估：对运行结果进行分析，衡量伙伴成员及物流价值链的整体运作绩效，为下一步的合作及联盟管理提供决策支持。

联盟伙伴库即包含了所有联盟成员详细信息的数据库。电子物流联盟的正常运作，必须由联盟伙伴库提供准确、强大的信息支撑，其中，成员的数量、质量以及信息的完备性关系到电子物流联盟物流任务层构建与运作的成本和效率。

（2）电子物流联盟的参与者。

电子物流联盟的参与者包括客户、电子物流联盟整合方、电子物流联盟成员以及政府管理机构。

① 客户。客户即物流服务的需求方，包括工商企业、政府机构等一切具有物流服务需求的主体。

② 电子物流联盟整合方。电子物流联盟整合方通常是指电子商务集成服务平台的所有者。由其发起组建电子物流联盟，设计加盟成员企业的业务规范、合作协议等，指导加盟

成员企业的内部改造，并进行电子商务集成平台的运营与维护。电子物流联盟的整合方可以具备某种或多种相对完善的物流功能，也可以完全不具备物流功能，其具备的关键要素能力是信息整合能力、物流功能整合能力和电子商务平台的运营能力。

③ 电子物流联盟成员。电子物流联盟成员归属于物流联盟伙伴库，伙伴之间是在整合三边规制下的长期伙伴关系。在针对某项物流任务构建的虚拟企业联盟中，成员可以划分为物流价值链参与者与非参与者，参与者又可分为核心节点企业与非核心节点企业。物流价值链的参与者具备自组织特性，参与者之间一般核心能力互补，任务产生前关系平等。识别与获取物流需求的企业自动成为物流价值链的核心企业，由其根据相应的评价标准选择节点企业，共同组建针对任务的物流价值链。

④ 政府管理机构。政府管理机构主要为电子物流联盟的运作提供政策环境支持、法律法规保障。同时，通过与电子政务系统的对接，实现物流运作过程中的电子报关、纳税、行政审批等功能。

企业自营物流、第三方物流、物流联盟 3 种物流配送模式比较如表 3-1 所示。

表 3-1   3 种物流配送模式比较

	企业自营物流	第三方物流	物流联盟
控制能力	较强，可跟踪物流变化	失去对物流的控制权	一般
物流成本	前期投入成本高	成本低	成本较低
服务水平	可以不断改进提高，提供个性化的服务	由第三方物流企业的水平而定	协商而定
响应速度	比较快	稍慢	一般水平
信息水平	及时、有效	存在延后问题	及时、有效
服务对象	电子商务企业自身	没有限制	联盟组建企业
覆盖范围	有区位优势，但是范围较窄	范围较广	范围较广
选择风险性	高	较低	较高
资金周转	前期投入成本高，增加了固定资金的占有率；但销售资金回笼快，资金流动性好	销售资金回笼慢，影响资金的流动性	销售资金回笼较快，有利于加速资金流动
优势	(1) 零售电子商务企业对物流配送有较强的控制能力； (2) 物流部门与其他职能部门易于协调； (3) 企业容易保持供应链的稳定	(1) 电子商务企业可以将力量与资源集中于自己的核心业务； (2) 降低经营成本； (3) 改进客户服务	(1) 可以降低经营风险和不确定性； (2) 投资较少； (3) 可获得物流技术和管理技巧
劣势	(1) 物流基础设施投入大； (2) 需要较强的物流管理能力	容易受制于人	难以更换物流伙伴
适用范围	大型集团零售企业或零售连锁企业	处理物流配送能力相对较低的 B2C 企业或 C2C 网上零售商家	销售网络完善的传统零售企业开展电子商务

3.1.4　第四方物流

1. 第四方物流的概念

第四方物流的概念是 1998 年美国埃森哲咨询公司率先提出的。它是指一个供应链集成商通过调集、管理和组织自己的以及具有互补性的服务提供商的资源、能力和技术，为客户提供一个综合的供应链解决方案。这种模式利用了整个供应链的影响力，可以给用户带来更大的价值。第四方物流不仅控制和管理特定的物流服务，而且对整个物流过程提出策划方案，并通过电子商务将这个过程集成起来。因此，第四方物流成功的关键在于为用户提供最佳的增值服务，即迅速、高效、低成本和人性化的服务等。发展第四方物流需要平衡第三方物流的能力、技术以及业务流程管理等，为用户提供功能性一体化服务并扩大营运自主性。

第四方物流最大的优越性在于，依靠业内最优秀的第三方物流供应商、技术供应商、管理咨询顾问和其他增值服务商，为用户提供独特和广泛的供应链解决方案。这是任何一家公司都不能单独提供的。此外，它能保证产品更快、更好、更廉价地送到需求者手中。在当今经济形势下，货主（或托运人）越来越追求供应链的全球一体化以适应跨国经营的需要，跨国公司也因为要集中精力于其核心业务而更多地依赖物流外包。因此，它们不只是要在操作层面上进行外部协作，在战略层面上也需要借助外界的力量，以期能得到更快、更好、更廉价的物流服务。

第四方物流的基本功能有 3 个：一是供应链管理功能，即管理从货主（或托运人）到用户的供应全过程；二是运输一体化功能，即管理运输公司、物流公司之间在业务操作上的衔接与协调问题；三是供应链再造功能，即根据货主（或托运人）在供应链战略上的要求，及时改变或调整战略战术，使其高效率地运作。第四方物流以行业最佳的物流方案为用户提供服务与技术，而第三方物流要么独自提供服务，要么通过与自己有密切关系的转包商来提供服务，不大可能提供技术、仓储和运输服务的最佳整合方案。因此，第四方物流就成了第三方物流的协助者，也是货主（或托运人）的物流方案集成商。图 3-5 所示为第四方物流的经营模式。

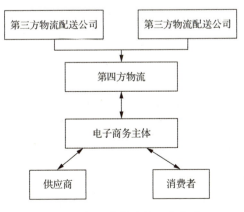

图 3-5　第四方物流的经营模式

第四方物流主要有以下 2 个特点。

（1）第四方物流提供了一个综合性的供应链解决方法，能有效地满足用户多样和复杂的需求，集中所有资源为用户完美地解决问题。

① 供应链再建。供应链再建是指供应链的参与者将供应链规划与实施同步进行，或者利用独立供应链的参与者之间的合作提高规模和总量。这种再建改变了供应链管理的传统模式，将商贸战略与供应链战略连成一线，创造性地重新设计了参与者之间的供应链，使之达到一体化标准。

② 功能转化。功能转化包括销售和操作规划、配送管理、物资采购、用户响应以及供应链技术等方面的转化，是指通过战略调整、流程再造、整体性改变管理和技术，使用户间的供应链运作一体化。

③ 业务流程再造。业务流程再造是指将用户与供应商信息和技术系统一体化，把人的因素和业务规范有机地结合起来，使整个供应链规划和业务流程能够有效贯彻实施。

④ 扩大业务范围。通过开展超出传统外包运输管理和仓储运作的多功能、多流程的供应链业务，企业可以把整条供应链全权交给第四方物流运作。

（2）第四方物流通过影响整条供应链来获得价值，与外包的供应链的区别之一在于其能够给整条供应链的用户带来利益。

① 利润增长。由于关注的是整条供应链，而非仓储或运输单方面的效益，因此，第四方物流的利润增长取决于服务质量的提高、实用性的增强和物流成本的降低。

② 运营成本降低。用户可以通过将整条供应链外包来达到节约运营成本的目的。流程一体化、供应链规划的完善与实施将使运营成本降低。

③ 工作成本降低。用户采用现代信息技术、科学的管理流程和标准化管理模式，能使存货数量和现金流转次数减少，从而降低工作成本。

④ 资产利用率提高。用户通过第四方物流减少了固定资产的占用，提高了资产利用率，这就使得用户可以通过投资研究设计、产品开发、销售与市场拓展等来提高经济效益。

2. 第四方物流企业的模式

（1）知识密集型模式。在知识密集型模式中，以低资产和供应链管理为主体的第四方物流公司作为核心加入高资产的第三方物流公司来提供技术、供应链战略、专门项目管理等补充功能，为多个用户提供全方位的物流服务。

（2）方案定制模式。在方案定制模式中，第四方物流公司只为一个用户提供运作和管理服务。通常由第四方物流公司与用户成立合资公司或合伙公司，用户在合资或合伙公司中占主要份额，而大多数物流公司不希望将自己限制在一个用户手中。

（3）整合模式。在整合模式中，低资产的第四方物流公司作为主导，联合其他第三方物流公司提供运输、仓储、配送等服务，为多行业用户设计供应链解决方案。

3. 与第三方物流的区别

第四方物流与第三方物流相比，其服务的内容更多，覆盖的地区更广，对从事货运物流服务的公司要求更高，要求其必须开拓新的服务领域，提供更多的增值服务。第四方物流的优势是能保证产品得以更快、更好、更廉价地送到需求者手中。

　　第四方物流能够打破供应链各环节之间的限制，充分利用信息资源平台整合各类服务商的技术、资源和能力，搭建起企业物流与物流服务商之间的纽带，为企业提供更加全面而且有效的供应链规划与运作实施方案。

 **知识卡片**

基于电子商务的第四方物流

　　电子商务将传统的商务流程电子化和数字化：一方面，以电子流代替了实物流，可以大量减少人力和物力，降低成本；另一方面，突破了时间和空间的限制，使交易活动可以在任何时间、任何地点进行，从而极大提升了效率。整个电子商务过程就是一个网上协商、网上签约、网下送货的过程。运用电子商务的最根本原因就在于这种商务模式下的交易的便捷性和快速性，因此必须建立起稳定可靠、反应敏捷的业务信息系统。

　　第四方物流即物流公共信息平台这个全新的物流发展理念正逐渐被应用于实践。第三方物流模式由于受到规模、技术、资金等众多因素的制约，不能得到充分的发展；而具有领导力量的第四方物流提供商作为电子商务物流发展的新动力和新方向，通过建立全国范围内的物流公共信息平台，提供综合的供应链解决方案，能够有效整合和共享全社会的物流信息资源，形成物流产业的发展力。基于互联网的物流公共信息平台，不仅可以解决物流信息资源共享的问题，更重要的是作为客户之间的连接点，通过合作或联盟能提供优质高效的服务，还可以大大缩短物流时间，给企业带来盈利和新的利润增长点。

 **案例 3-4**

菜鸟物流模式

　　2011 年，阿里巴巴集团在北京发布物流战略：一是通过"物流宝"平台，大力推进物流信息管理系统建设工作；二是投入 100 亿元着手兴建全国性仓储网络平台。这也是此后菜鸟物流的雏形。

　　2013 年，阿里巴巴牵头与银泰集团、复星集团、富春集团、顺丰、申通、圆通、中通、韵达以及资本金融机构组建了一个新物流公司——菜鸟网络科技有限公司（简称菜鸟）。菜鸟物流平台是以数据为驱动的社会化协同平台，其实质是第四方物流，统筹、协调第三方平台，提升第三方平台的运营和组织效率。菜鸟物流采取"电商+地产+快递基因"运营模式，即阿里巴巴出资 21.5 亿元，占股 43%；银泰集团投资 16 亿元，占股 32%；富春集团投资 5 亿元，占股 10%；复星集团投资 5 亿元，占股 10%；顺丰、圆通、中通、韵达、申通各出资 5 000 万元，各占股 1%。

　　2013 年至 2019 年，菜鸟不断获得资本加持，阿里巴巴持股比上升到 63%。根据菜鸟官网披露，2019 年 11 月，阿里巴巴通过增资和购买老股的方式，投入 233 亿元，持股从约 51% 增加到约 63%，其他股东也参与了新一轮融资。

　　2015 年年初，菜鸟副总裁万霖提出围绕"天网""地网""人网"三个维度，将消费者、电商客户、物流伙伴联结。"天网"——数据驱动的云供应链协同平台，"地网"——全国仓配物流网络，"人网"是菜鸟物流首次公布的，即"最后一公里"物流服务和基于消费者各种生活场景的便民服务，帮助各大快递公司提高快递员的工作效率，建设面向消费者的线下实体服务体系，包括菜鸟驿站、自提点等。2015 年 5

月 28 日，菜鸟在第一届菜鸟江湖大会上正式宣布，通过社会化协同，一张覆盖全国的骨干网络已经形成。同时，菜鸟总裁董文红表示菜鸟物流将在快递、仓配、跨境、农村和驿站 5 大战略方向发力，力争早日实现"包裹国内 24 小时送达，全球 72 小时必达"的目标。

数字化代表持续用科技手段赋能行业。自 2019 年，菜鸟物流重点发展"菜鸟裹裹""菜鸟驿站""菜鸟 IoT 技术"等。同年菜鸟宣布启动智能物流骨干网数字化加速计划，未来 3 年"菜鸟裹裹"将联合快递公司提供寄件服务 10 亿人次/年；"菜鸟驿站"与快递合作伙伴共建 10 万个站点提供包裹服务；"菜鸟 IoT 技术"连接 1 亿个智能终端设备等，为全行业创造 500 亿元新价值。此外，新零售智慧供应链发展即时配送、落地配等业务。菜鸟物流将过去的 B2C 链路打通，形成 S2B2C 的端到端的供应链，在这个过程中同城即时配送、落地配将发挥重要作用。

2021 年，菜鸟物流日均跨境包裹数量超过 450 万件，与 3 大国际快递 FedEx、DHL、UPS 在同一梯队，位列全球 4 强。菜鸟物流在全球部署了 6 大数字物流中枢，在欧洲、南美洲、东南亚等地建成 9 个国际快递分拨中心，国际货运提供了全球 160 多个国家和地区到港、60 多个国家到门服务。截至 2021 年年末，菜鸟物流在 30 个产业带开设了原产地仓，使入仓商家仓储成本平均降低 30%，库存周转率提升 20%～60%，产业带物流成本平均降低 15%，80% 从菜鸟物流产地仓库发出的包裹可以隔日达。在产业带工厂，菜鸟物流可根据不同的产业带定制不同的仓配解决方案，联动产业带商家销售；另外，通过平台商家入仓聚合进行订单合单，帮助降低物流履约成本 50% 以上。

菜鸟物流实力雄厚，目前已经在快递、仓库园区、公路零担运输、O2O 末端配送、物流配货平台、跨境物流等多个物流细分市场进行了布局。未来，菜鸟物流将始终以行业整合者的姿态持续投资物流链上下游。菜鸟依靠平台力量整合社会物流资源，通过投资参股行业上下游强化平台的整合作用。

3.1.5　物流一体化

随着市场竞争的不断加剧，企业竞争的关键已由节约原材料的"第一利润源泉"、提高劳动生产率的"第二利润源泉"，转向建立高效物流系统的"第三利润源泉"。20 世纪 80 年代，一些发达国家如美国、法国和德国等就提出了物流一体化的理论，在发展第三方物流、实现物流一体化方面积累了较为丰富的经验，应用和指导其物流取得了明显的效果，使其生产商、供应商和销售商均获得了显著的经济效益。实现物流一体化，发展第三方物流，关键是拥有一支优秀的物流管理队伍。物流一体化的理论给我国的国有大中型企业带来了一次难得的发展机遇，有利于其探索适合我国国情的物流运作模式，降低生产成本，提高效益，增强竞争力。

1. 物流一体化的概念

如今物流业高度发达，物流系统完善，物流业正在成为社会生产链条的领导者和协调者。所谓物流一体化，是以物流系统为核心的，由生产企业经由物流企业到销售企业，直至消费者的供应链的整体化和系统化，是物流业发展成熟阶段的产物。物流一体化是物流产业化的发展形式，它必须以第三方物流充分发育和完善为基础。物流一体化的实质是物流管理，即专业化物流管理人员和技术人员充分利用专业化物流设备、设施，发挥专业化物流运作的管理经验，以求取得整体最优的效果。同时，物流一体化的趋势为第三方物流的发展提供了良好的环境和巨大的市场。

2. 物流一体化发展的层次

物流一体化的发展可进一步分为物流自身一体化、微观物流一体化和宏观物流一体化 3 个层次。

（1）物流自身一体化是指物流系统的观念逐渐确立，运输、仓储和其他物流要素趋向完备，各子系统协调运作及系统化发展。

（2）微观物流一体化是指市场主体企业将物流提高到企业战略的地位，并且出现了以物流战略作为纽带的企业联盟。

（3）宏观物流一体化是指物流业发展到占国民总产值的一定比例，处于社会经济生活的主导地位。它使跨国公司从内部职能专业化和国际分工程度的提高中获得规模经济效益。

从物流业的发展来看，第三方物流是在物流一体化发展的第一个层次出现萌芽的，但是这时只有数量有限的功能性物流企业和物流代理企业；第三方物流在物流一体化发展的第二个层次得到了迅速的发展，专业化的功能性物流企业和综合性物流企业以及相应的物流代理公司开始出现且迅速发展；当这些企业发展到一定的水平，物流一体化就进入了第三个层次。

案例 3-5

实现一体化运作，智慧物流未来已至

物流业是支撑国民经济发展的基础性、战略性、先导性产业。智慧物流深嵌产业的制造与销售流程，有助于提升各产业的经济与社会效益，实现物流驱动产业升级，形成物流与产业互动的新局面，对优化资源配置、促进经济发展具有积极的推动作用。

我国拥有全球最大的物流市场。2019 年以来，我国社会物流需求总体保持平稳增长，社会物流总费用与 GDP 比率总体呈下降趋势，物流效率不断提升。

从需求结构来看，2024 年工业品物流总额 318.4 万亿元，按可比价格计算，同比增长 9.6%。其中，传统产业物流进一步调整转型，新兴产业进一步发展壮大，智能制造、高技术制造等高端产业保持高速增长，成为工业品物流高质量发展的突出亮点。从规模总量来看，2024 年全国社会物流总额 360.6 万亿元，按可比价格计算，同比增长 5.8%。2024 年社会物流总费用 19.0 万亿元，同比增长 4.1%。社会物流总费用与 GDP 的比率为 14.1%，比上年回落 0.3 个百分点。其中，运输费用、保管费用、管理费用均占据了社会物流总费用的较大比例。物流运输系统更为高效，铁路、管道运输费用占比均有提高，而相对费率较高的道路运输的占比有所下降，说明当前运输费用结构更趋合理。但面对物流行业竞争日趋激烈、绿色环保压力及土地资源紧张等现状，近年来社会物流总费用与 GDP 比率递减的速度放缓甚至出现回升趋势。

我国智慧物流发展有以下几个特点。一是新兴信息技术得到广泛的应用。大数据、物联网、云计算、人工智能等新技术驱动物流向自动化、数字化、智能化等方向快速发展，驱动物流逐步实现全产业链条场景数字化、全要素互联以及自动化决策。二是智能硬件在物流领域应用广泛。智能终端、智能设备、无人机、自动化设备等硬件应用于物流作业过程，解决了劳动力需求问题，为进一步降低物流成本提供了新的解决方案。三是智慧物流创新市场蓬勃发展。智慧物流的技术与模式不断更新与迭代，新技术、新设备、新模式在不断地推进物流创新，创新的物流线上平台与线下运营相辅相成，正在成为智慧物流变革的重要力量。

为降本增效，智慧物流在具体场景中的应用也随之加快，尤其是运输、分拣、仓储、系统平台等领域的物流科技产品在具体场景中纷纷落地实现应用，典型案例有北京亚一智慧物流园区、天津港智慧港口、美团城市智能即时配送系统等。以北京亚一智慧物流园区为例，该园区为 2019—2020 年京东物流以 5G 技术在智慧物流领域的深度应用建设而成，主要通过利用室内和室外基站、室内基带处理单元、移动边缘计算、传输、核心网、运营运维平台等智能网络技术和资源，组成了端到端的 5G 物流无线网络，以实现园区内部人、车、物的实时大数据融合，将传统的物流园区以数字化的形式展现出来。这种数字化的形式一方面有助于管理者更加高效、准确地了解园区内部各项要素的运营状况；另一方面则利用算法实现园区内部各项资源的协同调动，可以根据不同需求及各类突发状况进行适时调整，增强园区应急响应能力。智慧物流园区通过 5G 技术、物联网技术和人工智能技术的融合应用，全面提升了智慧物流园区内部的管理能力，实现了主动型智能管理。

创建制造业物流成本核算统计标准化体系，建立消费物流的成本评估监测体系平台，为智慧物流朝着更精细化的优化发展方向提供支撑。智慧物流会逐渐向促进实体经济降本增效、供应链协同、制造业高质量发展等方向进行融合发展。物流业与制造业供应链协同发展，在消费物流上提供精细化、高品质的物流服务，推动制造业物流领域的费用率逐渐下降，逐渐培育形成一批物流业和制造业融合发展的标杆企业，引领带动物流业和制造业融合水平显著提升。同时，在这样的发展趋势下，智慧物流所需的数字基础设施会首先进入集中建设期，物流互联网将加速形成，各企业注重信息技术和物流业的深入融合，推动智慧行业核心竞争力的建设，再通过工业互联网的平台经济重构物流与制造业产业生态体系，物流企业会加快向商业模式平台化转型，逐步形成智慧化物流生态体系。智慧物流未来将实现采购、生产、流通等上下游环节信息实时采集、互联共享、生产制造和物流一体化运作。智慧物流供应链配送体系，如图 3-6 所示。大型工业园区、产业集聚区、物流枢纽等依托专业化的第三方物流信息平台实现互联互通，进而在大宗商品物流、生产物流、消费物流、绿色物流、国际物流、应急物流等重点应用场景下降本增效、融合发展。

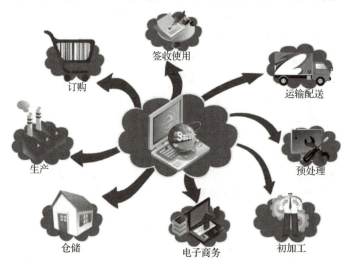

图 3-6　智慧物流供应链配送体系

3.2　互联网物流的新模式

"互联网+"即利用互联网平台和信息技术，把互联网和包括传统行业在内的各行各业结合起来，在新领域创造新生态。"互联网+"高效物流是利用移动互联网、大数据、物联网、云计算等先进互联网新技术，在企业战略、资产证券化、商业模式创新等企业运营模式方面，推动物流业向上游制造业、下游商贸业等领域拓展，共建开放协同的智慧物流生态链，为物流业从现代物流跨越到智慧物流发展阶段的变革赋予全新的理念和发展模式。

随着国家"互联网+"战略的全面实施，各行业纷纷涌入改革实施浪潮。互联网思维为交通运输业的转型发展指明了方向，促进了物流服务模式的变革，经过近几年的行业摸索，形成的互联网物流新模式主要有众包模式、出租车配送模式、车货匹配模式、末端 O2O 模式、公共平台模式、立体生态模式和客货邮融合模式。

3.2.1　众包模式

1. 众包的概念及特点

众包是指一个公司或机构把过去由员工执行的工作任务，通过互联网将外包信息传播出去，由企业外部相关领域的专业组织或个人承接并得到收益。通常情况下，众包的任务是通过分包给个人来承担或完成的。众包与外包有着诸多相似之处，但两者最大的不同在于：外包强调的是高度专业化，是社会专业化分工的必然结果，是专业化作用下规模经济的产物；而众包倡导的是社会多样化、差异化所激发出的创新潜力，是范围经济的产物。

众包由发包方、中介机构和接包方 3 个主体构成：发包方是众包任务的发布者，通过在中介机构发布有偿任务，吸引大众群体的参与，以此获得众包任务的最优解决方案；中介机构是连接发包方与接包方的纽带，构建众包平台为发包方提供任务完成的进度、为接包方提供待完成任务的信息，同时对任务的完成情况进行审核，起着监督的作用；接包方是众包任务的承担者，通过中介机构选择感兴趣的众包任务并完成，并获得相应酬劳。

众包的主要特点有以下几个。

（1）众包因借助互联网平台，可以将巨额外包合同拆分为更加细化、专业的众包合同，并缩短了合同履行期限，成为服务外包新项目的主力军。

（2）可以帮助企业或政府获得大量的用户生成内容，从而更加了解消费者和大众的消费需求与意愿。

（3）企业通过将非核心业务以众包的形式外包，可以聚焦核心技术，降低运营成本，提高企业竞争力。

（4）众包能够以完成特定外包任务为目的，借助互联网雇用大量专业技术人员，节约长期人力成本，并提高人力资本利用率。

众包的发展现状如下。

（1）全球应用领域广泛。目前，亚马逊、OhMyNews、标致汽车、宝马汽车、乐高、宜家和阿迪达斯等跨国公司都应用了众包模式。不仅如此，众包在新兴行业也有着广泛的应用空间。美国最大的外卖平台 DoorDash 于 2020 年 11 月 13 日向美国证券交易委员会递交招股书，于 12 月中旬在纽交所挂牌上市。DoorDash 成立于 2013 年，由 Stanley Tang、Andy Fang 和 Tony Xu 3 位华裔创始人成立。用户在 DoorDash 上下单，商户接单后制作餐品，然后通过平台的算法由最近的骑手接单完成配送。DoorDash 并没有自己的配送团队，而是采用众包的配送模式。在成为 DoorDash 的配送员后，骑手每单能获得至少 6 美元的配送费，甚至可能得到额外的小费收入。根据招股书的数据，目前 DoorDash 的外卖"骑手"大概有 100 万人，"骑手"们已经通过 DoorDash 平台获得超过 70 亿美元的报酬。

（2）全球业务规模增长迅速。目前，众包的发出与接收主要发生在美国、非洲和亚太地区。其中，亚太地区众包业务发展最为迅速，中国、印度、澳大利亚的众包业务规模近乎爆炸式增长，印度尼西亚的物流企业 Crewdible 通过其建设的众包平台，将电商卖家和仓库联系起来，提供在线仓储和发货服务。Crewdible 将空的设施，如房屋、办公室和仓库变成微型仓库，使仓库可以部署在任何地方，甚至在一些昂贵的战略位置，并通过消除巨大的间接成本，如租金、安装和维护费用，帮助消费者节省费用。

（3）市场细分和业务细分加快。面对不同企业、出于不同目的，通过互联网发出的纷繁复杂的众包请求，将形成更加专业、更加细分的接包方式；服务提供商将提供更加多样的市场解决方案，如系统集成、业务转型、项目服务及自动化等；众包与互联网技术将更加紧密地结合，并形成众包客户端，更加方便、快捷、高效地开展众包业务。

2. 众包物流

【众包物流与传统物流的区别】

在"互联网+"的推动下，众包物流在逐步发展壮大。众包物流，简单来说就是通过互联网平台，利用闲散的运输资源来做专线零担物流服务，通过互联网匹配供给与需求，让资源优化配置，是共享经济的产物。众包模式的意义在于：第一，最大化利用社会闲置资源，提高了配送的效率，未来可以将配送时间压缩到更短；第二，不占用库存，众包模式让整个货运的仓储转移到货车上，可以基于整个城市交通路线以及货源需求进行动态配送，一方面降低了成本，另一方面也提高了效率。

众包配送是一种服务于 O2O 商家即时配送需求的同城配送模式，是指将原来由企业内部的快递员承担的配送任务分派给大众群体完成，实现物流配送力量的社会化、碎片化。在众包配送中，社会公众可作为自由快递人，通过众包配送平台获取任务信息，根据自己的时间与行程安排选择合适的任务。

众包物流主要服务于餐饮、外卖、水果、生鲜、私厨、超市、便利店、花店等典型的O2O 场景配送，因此，消费者购买午餐或水果，送货的速度会更快。消费者在外卖 O2O平台购买商品后，有配送需求的商户发单，附近的兼职配送员进行抢单，通过寄件的方式按劳取酬。典型的众包物流配送包括京东到家、达达物流、人人快递的"餐送"等众包平台。

众包模式能够在"互联网+"时代脱颖而出，是其本身所具有的优点所致：成本低，能够有效地整合资源。众包模式的快递员都是根据自身情况自愿兼职的人，人力资源成本大大降低，相对于传统企业的高人力资本有着得天独厚的优势。除此之外，众包模式有利于有效地整合社会上的闲置资源，提高效率，缩短配送时间；速度快，提高送达效率。在众包模式下，物流企业分布在全国各地，能够提供附近的人员进行上门取货和送货到家的"门到门"服务，相比传统模式，大大减少了取件派件的时间，提高了效率。

众包物流作为互联网时代背景下产生的新生事物，尚处于发展初期，不可避免地存在各种问题，主要包括如下几个方面。

（1）资质问题。首先要解决的是众包快递业务经营许可问题，包括两个方面：一是"自由快递员"的资质和比例达标问题。国家邮政局发布的《快递业务经营许可条件审核规范》规定：经营同城快递业务的，快递业务员中持有初级以上快递业务员国家职业资格证书的不低于30%。而自由加盟的快递员能否获得该证书，又如何保证30%的比率便成为需要考虑的问题。二是硬性条件达标问题。《快递业务经营许可条件审核规范》规定，快递公司要"具备在省、自治区、直辖市范围内经营快递业务的网络和运递能力""经营同城快递业务的，须提供寄递快件的电话查询服务"。其中，网络由寄递快件的固定营业网点、处理场所、运输网络、揽收和投递线路等组成，运递能力指包括机动车辆在内的满足寄递快件运输和投递的能力。有些硬性条件众包快递还难以在短期内达到，如在众包快递服务模式下，"自由快递员"接单时需对货物进行验视并拍照上传，收件方收货时也需对货物拍照上传，以证明快件派送成功且并未调包，这都需要硬件支撑。

（2）安全性问题。安全性问题包括信用安全、货物安全和运送安全3个方面。众包快递公司聘用与公司关系松散的兼职"自由快递员"存在着一定的信用安全隐患。众包快递虽然绑定了"自由快递员"银行账户中与快递货物等价的信用额度，但是如果其中任一环节出了问题或者"自由快递员"恶意欺诈，且没有相应的法律作为支撑，就会严重影响众包快递公司的信誉及业务运行。

（3）内部管理风险。众包是一个活跃在网络平台的模式，它以大众参与为特征，动员社会全民参与，是互联网时代的一大亮点。但是相对于管理比较严格的传统物流，员工参与管理过程导致企业的权力过度分散，可能会造成组织失控。这样的情况很容易出现在股权众筹中，由于传统的大股东占有较大的股权比例，因此权力过于集中，而现在实行股权众筹，则是分散企业的管理权，交给大众来管理。

 视野拓展

目前，我国的众包物流出现了一个比较明显的趋势：积极向电商新零售靠拢。

电商巨头成为影响众包物流发展的重要力量。电商巨头和众包物流相辅相成。众所周知，物流能力是电商巨头相互较量的核心能力之一，随着新零售的兴起，电商末端配送环节既需要提高反应速度，又需要降低成本，压力越来越大。相对于专职配送员，众包物流配送员的工作时间更自由，可以根据网上订单量自由选择工作时间。当订单产生波动，或订单在不同区域分布不均时，众包配送员的优势就体现出来了。因此，电商巨头掌控和借力众包物流平台势在必行。

达达与京东到家合并，业务拓展至本地即时零售，京东也由此成为"达达—京东到家"的最大股东。2019年12月，达达更名为"达达集团"，明确即时配送"达达快递"和即时零售"京东到家"2个业务主线。当前，达达快递覆盖全国超过2 700个地区，京东到家覆盖全国超过700个地区。作为O2O平台，其向用户提供3 000米范围内生鲜、超市产品、鲜花、外卖送餐等各类生活服务，京东众包是其旗下创新型的社会物流体系，通过手机移动端定位，实现2小时内快速送达，打造生活服务一体化应用平台。其配送过程分为抢单、取货、配送妥投、结算4步。

案例 3-6

我国即时配送物流行业市场格局——饿了么、美团、达达三足鼎立

随着新零售的发展，新的物流体系也在逐渐形成，即时配送就是新物流体系的主体。阿里巴巴、腾讯两大资本巨鳄纷纷布局，龙头企业合纵连横，平台竞争格局初步形成。主要即时配送企业业务对比如表3-2所示。

表3-2　主要即时配送企业业务对比

企业	美团	饿了么	达达
主要服务对象	餐饮外卖，商超，生鲜果蔬，鲜花蛋糕等	餐饮外卖，商超，生鲜果蔬，鲜花蛋糕，文件等	超市便利店，日用品，生鲜果蔬，鲜花蛋糕等
服务体系	外卖以及新零售即时配送，跑腿	外卖以及新零售即时配送，定制化配送，跑腿	落地配，新零售即时配送，跑腿
合作商家	360W+	100W+	100W+
配送员数量	370W+	300W+	300W+
覆盖城市数量	2800+	1500W+	400W+
顾客定位	高校，白领，家庭市场	高校，白领，家庭市场	高校，白领，家庭市场
物流配送	美团专送+外包	蜂鸟配送+众包+点我达	达达+京东物流
入口	美团+美团外卖+微信	饿了么+支付宝口碑+淘宝口碑	达达+京东到家

注："+"表示多；"W"表示万。

1. 饿了么

饿了么2014年在北京、上海组建配送队与餐饮平台进行合作，2015年自建配送体系，负责对平台的餐饮外卖进行配送，2016年加入蜂鸟众包、准时达，增加了配送种类。2017年，饿了么与即时物流平台点我达正式宣布战略合作，点我达成为饿了么唯一众包物流战略合作伙伴。2017年，饿了么蜂鸟即配与雅堂小超签署战略合作协议，双方将在智能零售即时配送领域展开合作；同年8月，饿了么收购百度外卖，整合高端用户体系。2018年4月，阿里巴巴全资收购饿了么。阿里巴巴的即时配送网络也主要由点我达及蜂鸟即配组成，目前为阿里巴巴新零售业务的重要基础，为淘宝、天猫、苏宁、盒马鲜生提供30分钟的上门服务，以及"天猫超市1小时达"和为众多一线品牌提供"线上下单门店发货2小时达"等服务，目前配送场景已经从商超、鲜花、药品、门店发货等新零售业务，拓展到快递末端、跑腿代取等业务。

相关资料显示，目前，蜂鸟即配已与200余万商家达成合作，即时物流服务覆盖全国2 000多个城市。在饿了么被阿里巴巴收购之后，蜂鸟即配的订单来源更加丰富，饿了么、支付宝口碑、淘宝口碑均为其提供订单来源。

2. 美团

美团外卖是美团点评旗下的餐饮外卖平台，2022年3月25日，美团发布2021年第四季度及全年业绩。2021年公司营收1 791亿元，同比增长56%。其中，美团外卖实现营收963亿元。2021年第四季度，美团经调整亏损净额同比扩大为39亿元，全年经调整亏损净额为156亿元。美团外卖配送主要有两种形式。①专送。该模式下配送骑手为美团配送合作商的全职员工或合同工，美团向配送合作商提供优质的支持和资源，以确保选择专送的商家可以享受到最高水平的配送服务。②快送。该模式下配送合作商雇用的配送骑手为合同工，订单通过美团众包平台由配送骑手履行，众包配送骑手一般不是全职配送骑手。在这两种模式下，美团未与配送骑手订立聘用协议。

目前，美团配送平台上为商家开设的配送解决方案包括快速达、及时达、集中送及当天送。其中，快速达与及时达均为实时接单，在1~2小时内完成配送；而集中送和当天送则为商家集中备货，骑手统一上门取货，骑手将于取货后规定时间内为客户完成配送服务。美团配送已经连接起近百万个商家和各类生态合作伙伴。美团配送的网络已覆盖全国2 800多个地区，拥有超万个站点数量，美团配送还计划投放1 000个智能取餐柜，同时搭建充换电网络，设计了适用于不同场景的无人配送车和无人配送机，助力即时配送效率提升。

3. 达达

2016年达达与京东到家合并，"达达—京东到家"诞生，亦称新达达。与其他即时物流平台不同，新达达包含两大业务板块——众包物流平台及京东到家O2O平台。其中，众包物流平台整合了原有达达和京东到家的众包物流体系，命名为"达达"，而O2O平台则是对接京东到家业务，目前还承接了京东商城的末端配送业务，命名为"京东到家"。新达达目前已拥有B端和C端业务，并通过与商超合作占据了优势地位。其B端业务订单来源主要分为3个部分：京东到家的订单，覆盖线下7万多家超市、药店等；京东商城的订单，达达配送员从京东配送站取货，送到C端消费者手中；入驻的80万家商户，包括餐馆、水果店、奶茶店、鲜花店等在内的有本地配送需求的客户。

2019年12月2日，京东旗下即时零售和本地即时配送平台新达达宣布更名为达达集团（简称达达），同时，完成更名的还有该集团旗下的本地即时配送平台"达达快送"。至此，达达集团旗下本地即时零售平台和本地即时配送平台两条业务主线进一步明确。

2021年达达总营收为69亿元人民币，同比增长78%，高于市场一致预期，两年复合增长率78%。其中，达达快送平台营收同比增长51%至9亿元；京东到家平台营收同比增长53%至8亿元，两年复合增长率近100%。这得益于京东到家与达达快送两大平台的协作联动，达达形成了从供给到即时配送的双重保障。

3.2.2 出租车配送模式

出租车配送模式，是指快递企业联合当地出租车运营公司，通过智能App，组建由出租车司机顺路实现快递"最后一公里"的城市配送网络。其产生得益于以下背景。

【出租车配送模式】

（1）Uber总部一直在努力打造"城市物流网络"，用户通过智能App，载着乘客的司机便能顺路取外卖、百货和包裹。Uber在2017年推出Uber Freight货运业务，业务模式是在从事长途业务的卡车司机和发货人之间充当中间人。2019年9月，Uber宣布每年投资2亿美元支持货运业务，将使用奖金和额外津贴等方式吸引出租车司机加入平台。从Uber官网可知，Uber目前的业务包括打车、送餐、货运等。

（2）随着信息技术的高速发展，移动终端功能日益完善，加之互联网思维的渗透、物联网技术在物流行业中的应用，为出租车配送模式提供了技术支撑。

（3）C 端客户差异化需求孕育了自提柜的产生，但是由于自提柜发展不成熟，快递人员以及 C 端客户都难以接受其服务模式。传统快递均是白天配送，通过电话通知取货，如果该时段客户不能及时收取，只能寄存在物业或者小区门卫处，这对国内快递法规还未成熟的市场而言，增大了配送风险。

在新兴的按需快递服务行业，智能移动终端孕育了新一代购物者，这些用户希望商品能尽快送到自己的手中，而且是在自己最方便的时候收取快递，出租车配送模式应运而生。出租车配送模式在城市配送中具有以下优势。

（1）缓解了交通压力。在城市配送中，快递主要是在白天完成，各大快递公司忙于各自沿线的"门到门"服务，增加了交通压力。通过出租车顺路配送，可以缓解城市交通压力，减轻城市大气污染，充分利用社会资源。

（2）避免了恶意取货。传统的快递配送通过电话提前告知，如果没能按时领取，按照惯例委托物业或小区门卫处代收，各快递公司均如此操作，逐步形成通例，但是不可避免有恶意收取包裹的行为，在国内快递市场法规尚未健全的情况下，责任不好明确。采用出租车配送模式，可以按照客户指定的时间段来完成送货任务，从而避免了恶意取货行为。

（3）充足的配送能力。根据中小城市保守计算，城市至少配置 300 辆出租车，虽然按照市场自由准入原则，不能全部纳入配送网络，但是在顺路的前提下，配送小的包裹对出租车司机而言，既没有造成过多的油耗，也不会耽误太多的时间，除了载客车程费，还有额外的快递佣金，所以出租车配送模式能够协调充足的配送能力。

（4）完整的配送网络。需求来源于大众，在电子商务风靡的今天，网购遍布大街小巷，仅凭快递公司来完成配送任务，对其资源配置要求高，分摊成本大。将一部分配送任务众包给出租车，覆盖城市所有网点，拓宽了快递的业务范围。

出租车配送服务案例

1. 亚马逊提供基于出租车的递送服务

亚马逊于 2014 年开始在美国洛杉矶和旧金山测试使用出租车配送商品的服务。而该项服务的合作方是提供打车服务的 Flywheel，它所提供的服务与 Uber 非常相似。

亚马逊一直在对自家的配送（其模式如图 3-7 所示）服务进行测试，以提高区域性配送服务的速度和质量。例如，亚马逊与 UPS、FedEx 及美国邮政等其他物流服务提供商合作进行配送，在曼哈顿开设实体店为用户提供取货、退货及当天急件服务，无人机配送也在持续测试中。亚马逊还与 Flywheel 展开了合作，开始提供基于出租车的递送服务。亚马逊的出租车配送服务秉承了 Uber 的"中心调度"理念，通过

Flywheel 的应用就近将出租车召集到各个迷你配送中心，给每辆车最多装载 10 件包裹，随后每辆车依据
  一定的路线规划驶往单一的邮政编码区域，完成配送。"1 小时送达"服务每件包裹将收取 5 美元的配送
  费。Flywheel 配送服务通常都在清晨完成，因为此时段出租车的生意不多，配送效率更高。

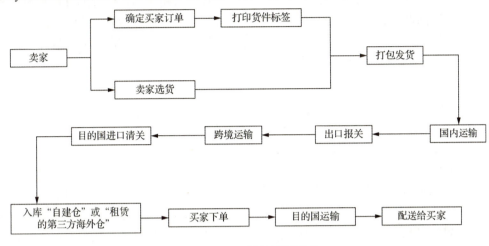

图 3-7 亚马逊的配送模式

2. 空载途中可送外卖——日本出租车业务

2020 年 4 月，受新冠疫情影响，日本政府宣布进入紧急状态，人们出行大幅减少。鉴于出租车企业
收入急剧下降，而人们对外卖需求大增，日本国土交通省依照《道路运输法》特例，临时允许出租车企业
可申请开展餐饮外卖配送业务。从当年 10 月开始，政府将向出租车公司授予最长期限为两年的相关许可，
并根据需要延长期限。

由于人口数量逐年减少，日本出租车行业整体处于饱和状态。此前，日本原则上一直实行客运与货运
分离的政策，开放外卖配送业务给出租车行业带来了新的增长潜力，预计今后还会有更多出租车公司进入
这一领域。

3. 滴滴打车——私家车顺路配送

滴滴打车在我国首创了跨城 2 小时达配送新平台，基于小轿车+即时快递+顺路跑腿模式进行跨界经
营，让更多的小轿车利用闲置后备箱参与跑腿送货，也让更多的私家车兼职顺路配送从而产生收益。

作为新兴网约车配送平台，滴滴打车以打车的方式配送物品，做到全城及跨城中长途零盲点覆盖。跨
区跨城跨市配送作为滴滴打车独有的顺风车配送模式，既可以节约成本，又可以减少配送时间。滴滴打车
顺风车司机可以利用空余顺路时间配送小件物品，既不占用车位，也不用担心送人过程中各种不可控风险，
降低出行中的车辆空载率，间接地增加收入。

3.2.3 车货匹配模式

近年来，我国公路货运量呈波动增长趋势，且较为稳定。2018 年，全国货运车辆完成
货运量达到新高峰，为 395.97 亿吨，同比增长 7.29%。2019 年，全国公路货运量总计为 343.5
亿吨。各种货物运输量中，公路运输量占比最大，达到 72.99%，远超水运和铁路运输；其
次为水运，运输量占比为 15.87%；铁路运输量占比 9.18%，位居第三。2020 年，公路货运
在综合运输体系中仍占主体地位，全年完成货运量 342.64 亿吨，占各种运输方式货运总量

的 74%，拥有货运车辆 1 100 多万辆及货车司机 1 800 多万人。2024 年，我国公路货运量为 418.8 亿吨，同比增长 3.8%，占货物运输总量的 72.4%。公路运输有灵活性高、速度快等特点，因此零担运输主要以公路运输为主。目前我国公路货运行业发展方式较为粗放，市场整体呈现企业数量多、企业规模小、组织结构分散、企业实力较弱的特征。公路运输从快递、零担和整车三块业务来看，我国快递业务的集中度比较高，中通、圆通、韵达、申通、极兔以及顺丰合计占据 80%的市场份额；但零担和整车市场则极度分散，这种资源错配的现象，其症结在于货运物流信息的不对称性。在"互联网+"的推动下，逐步出现车货匹配的互联网物流模式，有效地解决了货运物流信息的不对称性问题。

公路物流行业长期存在配货站、公路干线、物流园区等线下撮合平台，并且它们在分散的行业中有着很强的汇聚车流、人流的能力。这些线下撮合平台还有着很强的整合资源以及创新的能力，其发展的终极模式是消灭中间撮合商。目前，中国车货匹配市场存在两大运营模式，即传统的车货匹配实体平台和新型虚拟车货匹配平台。传统的车货匹配平台主要是线下实体，包括配货站、公路港、物流园区等。当互联网方式介入后，信息不对称催生了车货匹配需求，形成了虚拟车货匹配平台，利用互联网，通过物流 App、Web 或其他系统的开发，将线下车源、货源等进行整合，并在线上通过 App、Web 或者其他系统发布信息并精确匹配，有效解决了物流信息的不对称性问题。

随着"互联网+物流"的推进，我国涌现出了众多车货匹配 App，如运满满、货车帮、货拉拉等。但是，车货匹配模式在发展过程中也存在诸多困难。例如，供需信息很难标准化；诚信认证体系缺失；车辆更倾向于稳定的货源，货主更倾向于稳定的运力，现有软件很难介入主流市场。《"互联网+"高效物流实施意见》提出了"互联网+"车货匹配的物流新模式。发展公路港等物流信息平台，整合线下物流资源，打造线上线下联动的公路港网络，促进车货高效匹配，拓展信用评价、交易结算、融资保险、全程监控等增值服务，组织开展道路货运无车承运人试点，完善相关管理政策，鼓励利用物联网等先进技术优化业务流程，提高物流流程标准化和物流过程可视化水平，促进公路货运的集约化、高效化、规范化发展。《关于进一步降低物流成本的实施意见》中提到，要持续推进城市绿色货运配送示范工程，完善以综合物流中心、公共配送中心、末端配送网点为支撑的三级配送网络，合理设置城市配送车辆停靠装卸相关设施。

3.2.4 末端 O2O 模式

如今，越来越多的行业面临着电子商务的冲击和挑战，随着电子商务的持续升温，也出现了新型的电子商务模式，末端 O2O 模式（简称 O2O 模式）就是在电子商务高速发展的大背景下应运而生的新型的电子商务模式。O2O 模式是把在线上的消费者带到现实的店铺中进行消费，即消费者利用网络平台进行支付或者是在线上预订线下的商品或服务，然后亲自去实体商店进行消费或享受服务。总而言之，O2O 模式是通过线上和线下多种渠道对站点进行广泛的推广和营销引流，从营销、交易和用户体验入手，以碎片化的方式形成精准、互动的新型社会化营销模式。O2O 模式作为一种独特的商业模式，具有以下 4 个特点。

1. 以用户需求为主要服务内容的商业模式

传统行业强调一种二维经济关系，即为付费的用户提供服务。而作为 O2O 模式的服务商，则会以用户需求为核心，对产品和服务进行整合，并针对用户需求进行线下实体店的引导，无论用户是否付费，只要应用其产品或服务，就会为用户提供完善贴心的服务。用户可以通过 O2O 平台获取更丰富、更全面的商家及其服务的信息，并得到相应的优惠或配套的增值服务，通过 Wi-Fi 移动端、二维码等方式获取商品信息，吸引高黏性用户，从而满足线上和线下用户的需求。O2O 模式为企业在开拓市场的过程中提供了一条重要的营销渠道，通过数据分析提供符合用户需要的产品或者服务，将企业传统的商业模式通过 O2O 平台进行线上和线下的互动式营销，从而充分利用互联网拓展企业业务，成为企业重要的营销渠道和经济增长点。

2. 以在线支付为核心的商业模式

O2O 模式运作的核心在于提供在线支付功能，在线支付的完成不仅包括支付主体的完成，也是某次消费最终形成的唯一标志，是考核获取消费数据唯一可靠的标准。尤其是对提供线上服务的电商企业而言，主要是通过用户在线支付来获得效益，从而把精准的用户需求信息传递给线下的商业伙伴。在以提供服务性消费为主，且不以广告收入等为营利目的的 O2O 模式中，在线支付显得更为重要。

采用多种在线支付手段，可以为企业有针对性地对用户展开进一步的营销推广起到重要的作用，尤其对生活服务类企业来说，应用 O2O 模式的在线支付功能更能改善用户体验并提高用户的满意度。通过智能手机和移动网络，利用移动支付手段实现快速安全支付，是企业通过 O2O 模式提升销售业务、扩大市场份额、进行多营销渠道发展的重要手段。

3. 营销效果可监测的商业模式

在互联网时代，只有以一个巨大的用户群为基础，辅之极低的付费率才能产生足够的利润，因此 O2O 模式作为企业的重要营销渠道，通过对线上交易的记录及追踪，不仅获取了用户流量、消费行为、产品销售等信息，更为实现大数据挖掘做好推广及营销策略安排。获取用户的在线营销的投资回报率数据，对企业提供个性化的营销服务体系有强大的推广作用和可衡量的推广效果，可进一步帮助企业进行精准营销。因此，通过将支付模式和客流引导相结合的方式，可大大提升企业的营销效果，有利于企业的长久发展。

4. 营销手段多元化的商业模式

O2O 模式的另一个重要特征是面对用户的多样化及多变化需求，及时采取多元化的营销手段，促进线上和线下的有效互动。O2O 模式是线上支付模式和线下门店客流量的一种结合，通过整合大量商业信息促进交易量的提升，实现电商企业对数据流量的获取，采取与微信、微博、百度地图等平台联合推出快速搜索功能、团购、打折优惠券、在线支付等为用户提供便捷的服务体验。企业通过应用 O2O 模式还可以与其他第三方平台营销站点进行信息整合，协助企业通过电子商务拓展其营销和采购渠道，建立与物流、信息流、商流一体化联动体系，形成综合的交互性服务平台。

O2O 模式一方面大大降低了商家对实体店铺地理位置、商品周围人流量的严重依赖，既避免了租用黄金地段的房屋租金费用的支出，又消除了店面周围人流量不足的顾虑；另一方面，能在线上提供及时、全面的本地商家的产品或服务，其价格相对线下也比较实惠。总体来看，O2O 模式具有如下 3 个优势。

（1）有利于提高配送效率。配送人员和用户之间缺乏前期有效的沟通，使得大量时间被耗费在等待和二次投递上，因此采用在社区建立物流点或者跟便利店合作等末端配送 O2O 模式，有利于拉近与用户之间的距离，并且利用移动终端建立有效的沟通渠道，有利于减少企业在这一环节的浪费。

（2）O2O 企业能够得到风险投资资本的注入，有经济实力去改善物流配送设施，并提高配送人员的待遇，以留住配送人才。"最后一公里"注重及时性与便捷性，需要在配送条件和人员待遇方面进行大量的投入。风险投资资本注入 O2O 企业，能有效地解决配送人员的工作积极性问题，并且最终能从与用户建立长久的关系中受益。

（3）末端配送 O2O 模式能解决"线上线下两张皮"问题，当消费者有售后需求的时候能及时地找到相应的门店，实现线下带动线上。

美团、饿了么运用 O2O 模式的经典案例

在线支付是 O2O 营销中必不可少的一环。O2O 模式的实施效果，还要看在线支付功能是否顺畅。当下，很多大型的电商企业、传统企业、第三方支付都在争夺在线支付资源，逐步形成"三足鼎立"之势。汇付天下、易宝支付、盛付通等第三方支付企业早早布局好了线下 POS 收单业务。无支付不交易，收账付款成为 O2O 营销最关键的一环。

美团网、百度糯米等团购网站曾是 O2O 模式运用的经典。令消费者疯狂迷恋的是它们把餐饮、电影票等服务类项目搬到了互联网上低价售卖。这种狂热的模式支撑了曾经的"千团大战"，并最终缔造了很多团购类企业。不过，团购本身也在进行革命，移动互联网的诞生以及移动支付门槛的降低，让团购更具备了 O2O 的特性——用户可随时随地查询附近的团购店铺，并实时消费，而非以往被动地在计算机上下单后隔一段时间再消费。发生变化的前提条件就是移动互联网的出现，首先是信息能以最快的速度传递给用户，其次是便捷的移动支付功能是交易得以顺利完成的关键环节。除了上网环境的改变，移动支付的意义最关键，毕竟单纯推送商户信息在短信时代也能完成，但没有支付环节就只能是广告概念。

支付环节的构建可以说是 O2O 实现的关键，团购产品已经得以体现，而相继出现的打车软件更能说明这一点。打车软件本来可以只承担叫车任务，支付完全可以在线下以现金形式完成，但互联网的本质就是降低交易门槛，所以，我们看到了企业、商家大力鼓励在线支付方式，这不仅是种补贴激励，更是在创造新的交易路径。这充分说明，打造 O2O 营销必须打通在线支付这一关键环节。因此，对于实体店经营者来讲，必须根据自身的实际情况，建设、完善在线支付功能，只有完善了这一环节才有助于形成完整的商业链条，才能保证自身利益的最大化。在实体经营中，从大商场到小的便利店，皆能看到在线支付的身影。公开资料显示，传统实体店如天虹商场、新世界百货、家乐福等知名零售企业都与支付宝或微信等合作开通了扫码支付业务。

3.2.5　公共平台模式

1. 物流公共信息平台概述

近年来，我国的物流信息化虽然发展迅速，但仍存在重复建设、信息系统间标准不统一等问题，而物流公共信息平台（logistics public information platform，LPIP）正是解决物流信息不对称等问题的重要途径。"互联网+物流"意味着物流信息化、平台化、效率化，在这种背景下，国内逐步涌现出各种各样的物流公共信息平台。例如，传化物流提出的"公路港物流服务平台"模式，通过线上互联网物流平台与线下公路港实体网络，系统性解决我国公路物流短板问题，提升公路物流效率，降低公路物流成本，打造以"物流+互联网+金融服务"为特征的我国公路物流新生态。

从定义上来看，目前学术界对于物流公共信息平台概念的界定存在着相互交叉的现象，但是又各有侧重，总结起来有以下几类：一是强调信息共享的基础信息平台；二是强调企业内部资源的信息平台，这个平台参与控制物流业务流程，它的实质是具有开放性的企业内部信息平台，只是具有一定程度上的公共功能；三是强调与其他物流业务信息相关的政府平台无缝对接的功能性平台。国内对物流公共信息平台的定义有以下几种。

（1）物流公共信息平台是一种基础设施，是建立在区域内原有物流基础设施之上的，其建立的主要作用是协助区域内部物流的系统运作，从而将物流基础设施的利用率最大化，统一管理区域内部的相关物流信息。这里强调的平台首先是一个区域上的概念，其主要功能是为区域内部提供相关物流信息支持。

（2）物流公共信息平台实现交通数据、相关物流枢纽货物跟踪信息、政府公共信息等数据信息的采集、分析处理，满足企业对公共数据信息的需求，为企业内部的信息资源系统提供数据支撑。

（3）物流公共信息平台是一个基于互联网而存在的社会化、开放式公共信息系统，这个信息系统连接物流服务供需双方、相关政府部门，它的规划、建设、应用有利于优化经济区域的宏观物流活动，保证物流高效运行，取得企业物流信息系统所不能实现的物流宏观经济效益和社会效益。

该物流模式具有的明显优势在于其打破了传统物流信息不对称的劣势。通过整合线下运力与线上发货需求，运营方能够将全国货源信息与车源信息互联互通，提高物流运行效率。通过信息匹配可以极大地节约发货方的时间成本，提高企业的运转效率，同时使司机更容易找到返程货源，降低司机成本、提高司机收入。

2. 物流公共信息平台的主要功能

根据满足使用者不同层次的信息需求，一个信息平台所提供的服务应包括 2 个层次，即基本功能和增值功能。其中，基本功能是基础、增值功能是关键，在保证实现公共平台基本功能的基础上，应为客户群提供尽可能多的增值服务，这是在利润和需求双重驱动下的必然选择。从功能来看，一般物流公共信息平台应包括信息系统、管理系统和服务系统，物流公共信息平台的主要功能如图3-8所示。

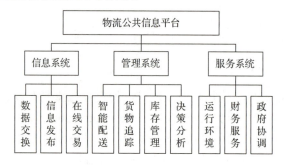

图3-8　物流公共信息平台的主要功能

1）信息系统

（1）数据交换。该功能是平台的核心功能之一。数据交换主要实现平台中对于公用数据信息的采集加工传输以及数据标准化等功能。数据交换处理系统主要实现将数据格式进行转换，保证电子商务中物流交易双方的数据无缝对接，保证交易的安全、顺利进行等功能。

（2）信息发布。信息发布功能是外界用户与平台进行沟通交流的方式之一，主要以具体的网站的形式出现。相关信息的需求方只要能登录平台，就能查询平台所提供的各类信息。这些信息不但包括政府部门的公共信息，辅助部门（如银行、保险、天气、交通等）的各类辅助信息，还包括物流服务供需双方的企业资质、运力情况、货源情况等。

（3）在线交易。这一功能是未来信息平台的发展方向。平台的此种功能为物流服务的供需双方提供一个在线交易的平台，两者可以通过发布和查询物流服务的供需信息以及相应的报价信息，对有意愿的信息进一步与发布者进行沟通洽谈，平台提供的交易系统可以提供相关的交易撮合，还可以提供查询、洽谈、下单、电子结算、服务评价等一系列在线交易服务，为平台的用户提供24小时可靠的在线服务，并且这些服务可以根据实际应用的规模进行升级和扩展。

2）管理系统

（1）智能配送。平台在做物流配送规划时根据物流中心既有的资源，运用计算机技术、图论、运筹、统计、GIS（geographic information system，地理信息系统）等方面的技术建立起相应的物流配送模型，平台的相应系统可根据货源的相关信息计算出一个包括配送路线、配送车辆等内容的最佳配送方案。管理人员可以根据实际情况进行相应的选择，找出最优化的配送途径，降低配送成本。

（2）货物追踪。通过GIS和GPS（global positioning system，全球定位系统）的应用，送货方可以对运输车辆实施在途监控，动态了解车辆及货物的状态和位置信息，同时，这些动态数据对平台数据库进行实时更新，收货方可以登录平台来查询这些信息。物流中心也可以对在途的车辆和物资进行实时管理，实现供应链的全程可视化，最大限度地减少突发事件带来的损失。

（3）库存管理。平台能对整个相关的物流系统进行资源整合，使得区域的整体库存达到最低的水平。而最低水平库存的取得需要大量的历史数据记录的积累，并利用相关的软件对数据进行整合和分析，综合考虑服务水平、库存的成本以及相应的运输成本等多方面因素，最终达到区域物流总成本最低的效果。

（4）决策分析。这是物流信息系统智能化的表现之一。这一功能的典型应用包括车辆配备、物流园区的选址、客户未来的需求分析等。这一功能的实现主要是依据数学、管理方法、信息技术等多个专业知识的理论及实际应用而构建的相应决策模型，通过对历史数据的系统描述和分析，辅以专家人员的鉴别和评估等选出比较合适的方案。

3）服务系统

（1）运行环境。物流服务交易的顺利进行和正常运作需要政府提供相应的配套软环境支持。诸如相应的法律法规、技术和文件标准，以及规范文件、相应的第三方认证系统等。

（2）财务服务。在信息流和物流的流程合理化再造的同时，也要注意加强资金流的管理水平。随着电子商务相关法律法规的完善、网络安全技术的成熟以及信息平台电子支付功能的实现，在货物保险、银行信贷、外汇交易等方面，电子货币正逐步成为现代物流交易的主要支付手段，在一定程度上提高了物流系统的运作效率。

（3）政府协调。政府协调能够体现政府相关行业管理部门工作的协同性，这也是电子政务功能的体现。它要求打破政府行政管理部门职能分割的局面，实现"一站式"物流服务的承诺。例如，海关保税区监管功能，海关网上报关与网上通关及通关数据支持，网上出入境检验，网上报税、缴税，网上办理保险业务，这些业务虽然隶属不同的行政管理部门，但是完全可以集中办理，形成行政管理的集成整合系统。

3. 物流公共信息平台的架构

1）平台的应用体系结构

物流公共信息平台在纵向上从高到低可分为 3 个层面，即国家级、区域级和企业级；在横向上，根据为客户提供服务的部门不同，可分为电子商务、电子金融和电子物流 3 个层面，其中包括海关、工商、税务、财政、金融、保险等各个具体部门。纵向强调的是平台覆盖的范围不同，横向强调的是为用户提供服务的差别。图 3-9 描述了物流公共信息平台的应用体系结构。

2）平台的物理体系结构

物流公共信息平台配套的物理体系结构可划分为应用服务层、服务支持层和基础层，如图 3-10 所示。应用服务层是平台的功能实现层，通过网站的形式将用户和系统联系起来，包含平台的功能模块，如信息发布与查询、会员服务、金融保险服务等；服务支持层为应用服务层提供支持，提供的服务包括接口服务、系统管理服务、数据统计与分析等，实现不同架构系统间的互联互通；基础层是操作系统、业务流程和开发框架、各类数据库、算法和模型等平台建设这些方面最基本的技术因素。

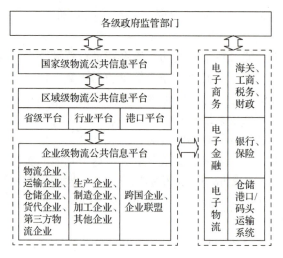

图 3-9　物流公共信息平台的应用体系结构

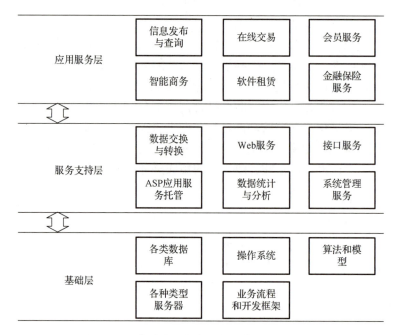

图 3-10　物流公共信息平台的物理体系结构

物流平台建设模式

在物流平台的发展过程中，出现了许多综合性或垂直性的平台。以往大部分平台模式都是一家独大，平台赚取大部分流量和利润；平台是自己主导甚至自营模式，打造无所不包、全链条的产品和服务体系，平台的用户依附于平台，靠平台引流。现在有一种趋势，许多平台逐渐开放了生态，发挥基建优势，制定标准，开放接口，引入关联产业共同建设，打造垂直产业链服务能力或综合性服务能力。这种基于互联网的开放式平台模式是物流平台进化的产物，是一种先进的生产关系模式。

1. 互为平台模式

互为平台模式思想来源于互联网的连接思维和工业经济时代的外包非核心业务理念。实现的效果就是各家平台突出自己的优势（如腾讯平台的用户基数优势），连接别人的优势补充自己；面向共同的用户，提供一站式或比价式的服务；最后的结果是产品差异化减小，服务和品牌差异化扩大，最终平台之间拼的是管理、服务能力。例如，A 企业和 B 企业都是车货匹配平台供应商，都有区域优势；C 是车货服务平台供应商；D 是全国性零售油品平台供应商；E 是地方性的 ETC 卡平台供应商……基于原有的平台模式他们彼此防备，但在互为平台模式下，A、B、C、D、E 彼此会尽可能地把对方垂直的、关联的平台接入自家平台。现在的 EDI 在数据对接在技术上是没有任何问题的。互为平台模式的优点如下。

（1）提升个体物流平台的服务能力和提高客户满意度。

（2）减少物流平台之间无序、恶性的市场竞争。

（3）有利于行业良性发展，实现平台合理利润。

（4）鼓励物流平台做精品，促进个体平台以及物流行业的发展。

2. 分发商模式

分发商模式产生的灵感来源于铁路购票的代理渠道模式，以及其他一些知名商业、品牌的代理、加盟模式（平台建立标准，在全球和地区间通过代理商模式或加盟模式来开展业务），这或许也是目前物流平台百舸争流格局下的一种建设模式。为了抢占用户，建立自己的生意，头部之外的和后进入的物流平台为了突破困局，可以采用分发商模式。

分发商模式是指放弃自建综合性物流平台转而选择市场头部物流平台，成为其业务或地区的"平台分发商"。分发商模式的特点主要体现在以下几个方面。

（1）线上的信息化模式采用头部物流平台的统一标准。

（2）头部物流平台制定制度，完成对分发商能力、价值观的培训。

（3）业务或区域的线下服务可得性和可触及性能力较强。

分发商模式的优点如下。

（1）避免物流平台的重复建设，减少市场恶性竞争。

（2）实现物流平台行业良性发展，避免社会资源的浪费。

（3）"头部物流平台+区域分发商（业务分发商）"强强联合，实现头部物流平台信息汇聚优势和分发商的区域、业务板块优势结合，提升物流平台整体竞争力，提高客户满意度。

（4）促进行业发展，加快行业生态进化。

3. 无心插柳模式

饿了么成立之初是为了满足校园里"懒惰"的学生叫快餐、叫夜宵的需求，做的事是撮合小饭店和学生之间的交易，帮别人跑腿，这是当初的主要业务。在运营过程中，发现为了保证送到的饭菜是热的、送得更快，要雇一些专门的送货员；后来发现还可以通过软件、算法来实现更优的订饭、送饭模式；现在，饿了么将外卖配送甚至 C 端的商业配送做得比单纯送外卖更出名、能力更强，这是一种"无心插柳柳成荫"，因此概括为"无心插柳模式"。

4. 花圃模式

滴滴出行打造了一个包括出租车、快车、顺风车、专车、租车、大巴、代驾、公交、共享单车在内的整个出行服务模式，滴滴出行就像一个出行领域的"花圃"，上面的各种出行细分模式就是"花圃中的各种花"。

传化物流有货主基因，因而以第一方物流模式起步，从线下开始布局，由最初搞物流园区建设，发展到如今的遍布全产业链的服务体系：公路港、干线平台、城配平台、金融服务、保险服务、软件服务等。这些服务模式就是物流"花圃"中的"花"。

由于物流平台的方向众多，每一家的要素禀赋都不一样，花圃模式基于物流平台给出不同的方向和路径。因此，花圃模式更多的是一种思维和建设性思想，需要平台结合自身的条件详加论证，找出差异，做强单项。

3.2.6 立体生态模式

商业模式中，供应链从单独一条链向多条链整合过后就延伸出平台模式，如果有多个平台的建设和整合，那就成为立体的经济模式。互联网物流企业将基层的末端配送运营、干线整合、全国仓储圈地、信息平台建设、大数据战略、金融服务延伸到制造代工等环节，这就会组合成物流的立体生态经济模式。立体生态经济模式最终会掌控整个商业生态，成为最大的供应链主平台。

对于"互联网+"背景下物流行业的未来发展而言，应从信用评价体系建立、线上支付闭环实现、物流生态圈建立等方向努力。首先，为解决企业信用问题，应该围绕物流企业、司机、货主等相关方面建立相应的信用评价体系。物流企业、物流平台、信用评价企业应该共享信用数据，建立相应的信用数据共享平台，实现数据实时共享。其次，政府各部门之间也应该向企业开放相应数据接口，公安身份证系统、交通车辆管理系统、国家金融监督管理总局数据系统等应该向物流平台企业开放，方便平台企业进行相应认证监督及大数据跟踪。最后，线上支付实现是物流货运闭环的重要环节，中国人民银行《非银行支付机构网络支付业务管理办法》规定，单个客户所有支付账户单日累计金额应不超过 5 000 元（不包括支付账户向客户本人同名银行账户转账），超过这一限额的付款必须通过客户的商业银行账户进行。该政策对于线上支付目标的实现影响重大，如何解决成为摆在行业面前的重要问题。

菜鸟物流立体生态模式

菜鸟物流从起步开始就做资源整合，搭建自己的物流生态网，它是以淘宝平台产生的巨大流量为核心构筑的平台。菜鸟物流本身不送快递，而是利用大数据、人工智能等最新科技对物流进行智能统筹和调配，由生态网中的"四通一达"等传统快递公司负责配送。在平台化的基础上，菜鸟物流的投资低于京东自营物流，构建起来较为方便快捷；但劣势是过于依赖数据，同时也被快递公司制约，就效率而言，无法赶上京东自营物流。

相比大量招募普通人成为快递员，菜鸟物流更倾向于让专业快递员提供众包服务，目前已经有"四通一达"、天天、德邦等快递物流企业与菜鸟物流达成众包合作协议，这些企业的 20 万名快递员将逐步注册菜鸟裹裹，为消费者提供服务。这在一定程度上提高了服务的准确性和安全性，降低了包裹丢失的风险。

快递员的工作流程一般是派完件再揽件，而个人寄件地区相对分散会导致服务时效性不佳。如果能把揽件信息通过互联网与快递员地理位置精准匹配，将对提高快递公司的揽件效率有很大的帮助。随着第一拨快递员完成上线，更多的快递公司也将陆续加入菜鸟裹裹。未来基于这个应用，菜鸟裹裹还将提供更加多元化的服务，如预约寄送件、改派、驿站寄存、一键退换货等。菜鸟智慧物流架构如图3-11所示。

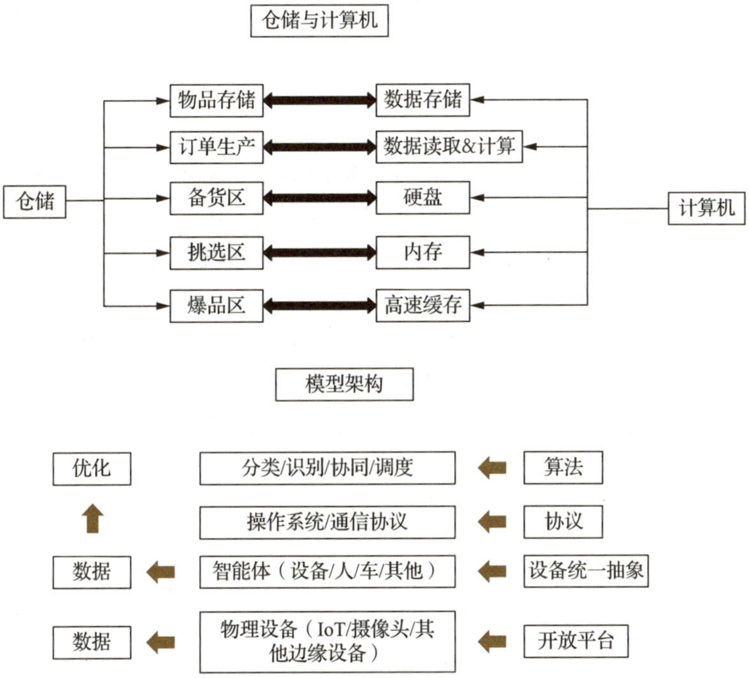

图 3-11　菜鸟智慧物流架构

菜鸟驿站作为菜鸟物流的5大战略方向之一，最早出现于校园，是为专门解决高校快递"最后一公里"问题而提出的方案。2015年，随着百世和圆通先后宣布加入菜鸟驿站，菜鸟驿站开始正式走出校园，踏上社会，进入小区，面向所有快递企业开放，为网购用户提供包裹代收、寄递服务。一方面不断提升用户的物流体验享受服务，另一方面致力于解决快递"最后一公里"问题，缓解快递行业的物流服务压力。

菜鸟驿站为用户提供免费保管、便利自提、丢失必赔、隐私保护等特色服务，用户也可通过支付宝或淘宝退货等多个入口提交寄件订单，将包裹通过驿站寄出，同时享受在线支付、上门取件等多样化服务，这就可以更好地整合零散用户满足其寄件需求。根据菜鸟裹裹发布的报告，截至2021年6月，菜鸟裹裹用户数已突破3亿，持续保持高速增长势头，半年内增长1亿。"后浪"助推菜鸟裹裹迈入3亿用户新阶段，"95后"用户占比超三成；与此同时，菜鸟裹裹的寄快递服务体验全面升级，全国349座城市实现1小时内上门取件。强劲增长、年轻增量、体验提升成为报告关键词。据介绍，菜鸟裹裹寄快递服务已覆盖全国2 800多个区、县。通过菜鸟App、菜鸟裹裹寄件机和身边的代寄点，或者在淘宝、支付宝搜索"菜鸟裹裹"，在家中、办公室、景区、购物中心、学校等即可轻松寄快递，已成为3亿人的生活方式。

如今菜鸟驿站不仅成为社区生活服务的基本设施，更成为社区居民就业、创业的服务平台之一。菜鸟裹裹是菜鸟物流的第一款移动App，也是目前阿里巴巴旗下唯一与快递相关的App，承担了阿里巴巴系快递包裹相关移动总入口功能。闲鱼二手商品交易、淘系订单的退换货等将率先通过菜鸟裹裹来实现。

3.2.7 客货邮融合模式

电子商务与物流之间存在着密不可分的联系。一项完整的电子商务流程包括信息流、资金流、商流、物流，其中物流是电子商务活动得以顺畅进行的重要保证。配送是物流的主要环节之一，是物流中一种特殊的、综合的活动形式，也可被看作物流的一个缩影或在小范围内物流全部活动的体现。一般的配送集装卸、包装、保管、运输于一身，通过这一系列活动最终达到将货物送达的目的。

客货邮融合模式是指"城乡客运+农村物流+邮政快递"的综合物流服务模式。该模式旨在解决偏远农村地区的物流配送问题，提高物流效率、降低物流成本，让偏远农村地区的消费者享受均等化的快递服务。这一模式也是国家力推的"快递进村"模式之一，对于促进农村经济发展、提高农民生活水平具有重要意义。客货邮融合模式通过整合城乡公交资源，为邮政企业和物流公司提供定点、定时、定车、定线的代运服务。这充分发挥了各自的资源优势，不仅增加了公交公司的收入，还降低了快递公司和物流公司的成本。同时，构建覆盖农村地区的配送网络，包括建设客货邮服务站点、开通客货邮融合线路等。2024年，我国超 1 500 个县级行政区开通 1.27 万余条客货邮融合线路，建成 34.6 万个村级寄递物流综合服务站，县级邮件处理中心 1 273 处、乡镇级 6 841 处，累计开通 5 248 条交邮联运邮路，合作场站 3.4 万处，建制村投递汽车化率提升至 66%，全国七成建制村实现每周 5 次及以上投递。

客货邮融合模式凭借其独特的优势，在提升农村物流服务效率和质量方面已取得显著成效。通过整合城乡客运、农村物流和邮政快递资源，该模式实现了资源的优化配置和高效利用，不仅降低了物流成本，还提高了配送效率。这种融合发展的模式，有效地解决了农村地区的物流配送难题，进一步促进了农村电子商务的发展，还拓宽了农民的增收渠道，为乡村振兴注入了新的活力。

总的来说，客货邮融合模式以其创新的整合方式，深度融合城乡客运、农村物流和邮政快递资源，让农村地区的消费者享受到更加便捷、高效的物流服务。同时，客货邮融合模式也为乡村振兴注入了新的活力。这一模式的成功实施，为农村地区物流行业的发展树立了典范，也为未来物流行业的创新和发展提供了有益的借鉴。

案例 3-11

辽宁盘山：村村通公交跑活城乡快递产业

盘山县位于辽宁省盘锦市北部，下辖 9 个镇、4 个街道、154 个行政村，县域面积 1 980.9 平方千米，人口 27.3 万人。近年来，盘山县委县政府持续加大资金投入，合理布设城乡客货运输服务网络，推行全域公交服务，打造优质服务品牌，深入推进农村客货邮融合发展，畅通农村寄递物流微循环，撬动乡村振兴新支点。

强化协同机制构建，营造融合发展环境。一是制订实施方案，编制农村客货邮融合发展实施方案，涵盖政策机制、基础设施、流通体系、组织实施等内容，明确交通运输、邮政、农业农村、商务、供销等部门职责。二是加强部门协同，定期召开部门联席会议，及时协调解决客货邮融合发展中的制机机制障碍、建设用地审批等重点难点问题；盘山县以盘锦客运公交集团与中国邮政盘锦分公司签订战略合作协议为契机，实现客邮运力共享、客邮场站共用、交邮驿站共建。

推进场站设施建设，夯实融合发展基础。镇级层面，将县政府投资建设的具备公交中转和快递物流分拣功能的镇级中转站打造为"交邮驿站"，为群众提供公交代运快件和农产品服务，统一收寄费用，规范服务标准；村级层面，选择村屯内地理位置优越、靠近村委会、知名度广、商品类别齐全的大商店打造为"村屯驿站"。通过"交邮驿站""村屯驿站"建设，构建镇村驿站服务体系，目前已建设 7 个"交邮驿站"和 156 个"村屯驿站"，有效地解决了邮政快递进村的"最后一公里"问题。

创新融合服务模式，实现运输资源共享。由盘锦客运公交集团统一购买新能源公交车开展全域公交运营，积极探索依托全域公交的客货邮融合"1+1+N"（公交+快递+生鲜电商、汽车服务、农产品加工等 N 个行业资源）模式，通过对人、车、货、站、线等要素进行精准匹配，充分发挥"交邮驿站""村屯驿站"功能，提供集公交出行、快递物流和农产品购销于一体的"一站式"服务。截至 2021 年年底，已开通客货邮融合公交线路 11 条，日均带货 9 000 余件，为客运经营者增收 8.1 万元、驿站增收 16 万元、邮政公司节约成本 13.3 万元。盘锦客运公交集团引进电子商务平台"辽品汇"服务，对接商家和客户购销需求，以"交邮驿站"和"村屯驿站"为集散点，以公交为物流载体进行带货，充分发挥客货邮融合发展协同优势，拓宽盘山县特色农产品销售渠道。2021 年 4 月至 2021 年年底，依托客货邮融合模式进行网络销售的农产品近百吨，销售额达 210 万元，该模式促进了农业增效和农民增收。

（资料来源：http://www.zgjtqx.org.cn/detail/16484.html.（2022-05-13）[2024-08-01].）

本 章 小 结

本章主要阐述了电子商务环境下的基本物流管理模式和互联网环境下的物流新型模式。其中，电子商务环境下的基本物流管理模式包括自营物流、第三方物流、物流联盟、第四方物流和物流一体化。目前出现的互联网物流新型模式有众包模式、出租车配送模式、车货匹配模式、末端 O2O 模式、公共平台模式、立体生态模式及客货邮融合模式。

知识巩固与技能训练

一、名词解释

自营物流、自建物流体系、第三方物流、物流联盟、第四方物流、物流一体化、众包、出租车配送、O2O 商业模式、物流公共信息平台、客货邮融合模式。

二、单项选择题

1. 第三方物流又称（　　）。

　　A. 自营物流　　　　B. 物流联盟　　　　C. 合同制物流　　　D. 物流一体化

2. 2021 年全国社会物流总额（　　）万亿元。

　　A. 337.1　　　　　B. 336.2　　　　　C. 335.2　　　　　D. 340.2

3. 通常情况下，众包的任务是分包给单个的（　　）来承担或完成的。

    A. 企业   B. 集团   C. 公司   D. 个人

4. 物流公共信息平台主要实现为企业内部的信息资源系统提供（　　）。

    A. 技术支撑   B. 技能支撑   C. 平台支撑   D. 数据支持

5. （　　）是电子商务活动得以顺畅进行的重要保证。

    A. 物流   B.平台   C. 联盟   D. 快递

6. 只有做好（　　）配送，整个物流过程才可以称得上通畅。

    A. 用户体验   B. 电商服务   C. "最后一公里"   D. 自营物流

7. （　　）是通过线上和线下多种渠道对站点进行广泛的推广与营销引流。

    A. B2B 商业模式   B.C2C 商业模式   C. B2C 商业模式   D. O2O 商业模式

8. O2O 商业模式运作的核心在于提供（　　）功能。

    A. 线下支付   B. 在线支付   C. 在线沟通   D. 售后服务

9. 电子物流联盟以（　　）平台为支撑。

    A. 电子商务集成服务   B. 电子商务诚信

    C. 跨境电商交易平台   D. 电子商务公共服务

10. 电子物流联盟的参与者包括客户、电子物流联盟整合方、电子物流联盟成员和（　　）。

    A. 第三方物流   B. 快递员   C. 第四方物流   D. 政府管理机构

三、多项选择题

1. 自建物流体系的核心是建立集（　　）、（　　）、（　　）于一身的现代化物流配送中心。

    A. 物流   B. 商流   C. 信息流   D. 资金流

2. 第三方物流主要由（　　）和（　　）要件构成。

    A. 基础要件   B. 主体要件   C. 行为要件   D. 物流要件

3. 电子物流联盟以电子商务集成服务平台为支撑，主要包括（　　）、（　　）、（　　）。

    A. 结盟管理中心   B. 物流电子交易中心

    C. 集成开发环境   D. 联盟伙伴库

4. 第四方物流的基本功能有（　　）、（　　）、（　　）。

    A. 末端配送功能   B. 供应链管理功能

    C. 运输一体化功能   D. 供应链再造功能

5. 物流一体化的发展可进一步分为（　　）、（　　）和（　　）3 个层次。

    A. 物流自身一体化   B. 微观物流一体化

    C. 供应链物流一体化   D. 宏观物流一体化

四、复习思考题

1. 互联网物流的基本模式有哪些？

2. 出租车配送模式和车货匹配模式有什么区别？

3. 试分析本章互联网物流新型模式所举案例的特点和各案例的关注点，并举例说明。

4. 试分析第三方物流与第四方物流的区别，并分别分析其运作模式。

5. 简要论述电子商务活动是如何与物流末端配送相结合的，并举例说明。

第**4**章
互联网物流的新功能

【知识框架图】

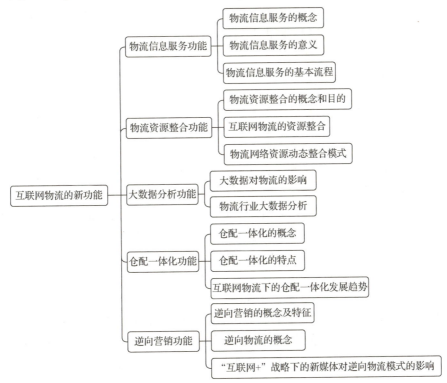

【学习目标】

1. 掌握互联网物流信息服务功能的概念和意义。
2. 掌握互联网物流资源整合功能和大数据分析功能的概念。
3. 了解互联网逆向营销功能的概念。

【能力目标】

1. 具备说明如何应用互联网物流进行业务流程再造的知识储备和基本能力。
2. 具备说明物流信息服务架构的能力。

4.1 物流信息服务功能

4.1.1 物流信息服务的概念

物流业正处在从传统物流向现代物流过渡转型的发展阶段。将信息、仓储、运输、采购、配送和分销等一系列物流活动进行集成式管理，是现代物流的重要特征。而物流信息化是实现这一管理模式的必然途径，是现代物流核心竞争力的重要表现。

物流信息服务实际上就是通过互联网技术向物流用户提供物流活动所涉及的一切物流信息资源，具体包括运输 Web 服务、仓储 Web 服务、装卸搬运 Web 服务、配送 Web 服务等。物流信息服务的载体基本单元是各企业的物流信息系统，通过整合各类物流信息资源，提供满足物流用户的服务需求。随着先进的物流信息技术及互联网技术的不断应用，物流信息服务推动着物流信息化进程不断向前发展。

4.1.2 物流信息服务的意义

目前，我国智能物流投资总体规模不断扩大，我国物流行业基础信息化建设已经进入一个相对稳定的状态，物流企业开始重视业务流程管理、客户资源管理、全程物流服务和供应链管理为基础的一体化服务等方面的投入，作为提升自身核心竞争力的重要手段。2023 年，全国物流行业智能物流技术投资规模达到 7 903 亿元，较上年增长 12.98%，智慧物流行业发展环境向好，市场规模呈高速增长态势。2024 年，在物流科技领域总共有 24 起融资，融资额排名前十的为：佳成国际、海创智合、巴达供应链、派迅智能、鲜生活冷链、易咖智车、泛鼎国际、鸭嘴兽、乐橘科技、超芯物联。2024 年中国智能物流装备行业市场规模约 1100 亿元，近两年行业复合增速 15.64%。

物流信息化的广泛应用对降低企业成本、提高企业经营效率、拓宽企业发展空间具有深远的影响。物流行业的"互联网+"可应用在仓储、运输、财务、订单、人力资源、客户关系等方面。一方面，物流信息平台可与物流企业终端、移动手机终端、车载终端等配合使用，实现货源、车源的信息发布、查询和匹配，减少车辆的零担及空载率，提高运输效率；货物与车辆可以与全球定位系统、地理信息系统、移动互联网以及物联网配合使用，对物流流程进行全程可视化的监管；对车辆、货物、人员进行定位和跟踪，对车辆的运行线路、行驶轨迹等进行设计、监控、报警，随时向客户提供综合信息查询服务，提高客户服务质量。另一方面，"互联网+"仓储能够使经营者充分了解物资的存量、储备、存放地点以及消费的速度，通过仓储信息网络与厂商、供应商、客户、运输方等多方协调，掌控多个环节，准确及时地掌握生产、采购、经营过程中的信息。通过仓储管理系统、射频标签系统、自动传输链、立体化仓库与智能拣选系统等现代化与智能化仓储管理，进行自动进出库、随机存储、增加或缩小仓储空间、商品在库管理、移库的跟踪和损毁追溯，降低在库成本、减少损耗损失、提高出货率。

4.1.3　物流信息服务的基本流程

物流信息服务（service of logistic information）是在网络信息服务基础上的延伸和发展，物流信息服务涉及物流 Web 服务提供者、物流 Web 服务消费者、物流信息服务注册中心 3个主要角色，因此，这 3 者之间的关系就构成了物流信息服务的基本流程框架，如图 4-1所示。

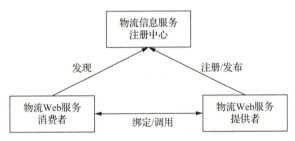

图 4-1　物流信息服务的基本流程框架

由图 4-1 可以看出，物流 Web 服务提供者通过物流信息服务注册中心发布所拥有的"服务"，即将其拥有的"服务"登记入驻注册中心；物流 Web 服务消费者通过注册中心的相关门户查找并发现自己所需要的"服务"，以及"服务"的地址和详细说明（服务元数据或数据字典）；物流 Web 服务消费者搜索查询到自己所需要的"服务"及其地址后，就可以直接同物流 Web 服务提供者沟通，与其进行绑定操作，同时获得所需要的服务。其中存在两个基础性的问题：一是服务分类问题，需要构建科学、合理、适用的物流 Web 服务分类体系；二是物流 Web 服务注册问题，需要构建灵活性强的服务注册机制，保证服务发布、发现和搜索等操作的便利性。

案例 4-1

"黑龙江省公共物流信息平台（试用版）"上线试运行

2022 年 4 月 15 日，"黑龙江省公共物流信息平台（试用版）"正式上线试运行，这是黑龙江省交通运输厅落实《黑龙江省人民政府办公厅关于推动物流降本提质增效的实施意见》部署，依托互联网、大数据为物流行业提供公益性信息服务，加快构建智慧物流体系、优化物流营商环境、推进物流降本提质增效、服务市场主体发展的又一重要举措。

物流链连着产业链、供应链，是经济社会发展的血脉和基础。但受多种因素影响，黑龙江省社会物流费用比重偏高，同时，全省物流行业还存在信息化程度偏低、物流供需不匹配、运力资源组织和利用率不高等问题。为解决物流行业"痛点"，尽快降低物流信息成本，黑龙江省交通运输厅组织先行开发了"黑龙江省公共物流信息平台（试用版）"。该平台依托互联网、大数据等技术，以实现"车""货"高效沟通和自动匹配为核心功能，构建了"121"平台架构，即 1 个平台门户、2 个系统（用户服务子系统、管理运营子系统）、1 个移动端，具备物流信息发布、车货匹配、物流资源共享和行政服务查询等功能，可为物流企业和物流从业者免费提供包括货源信息、车源信息、物流运输返程车信息等实用便捷的综合物流信息服务，实现"线上平台+智能撮合"，助力物流运输企业和广大车主、货主降本增效。

黑龙江省交通运输厅将在该平台上线试运行的基础上，加快推进平台整体建设，逐步建设完善交易业务服务、物流跟踪服务、运行监管服务、信息服务等系统，打通平台间信息壁垒，实现运力与资源有效对接，更好地为车主、货主及物流行业提供"一站式"集成化物流信息服务，有效推进物流降本、提质、增效。

（资料来源：https://baijiahao.baidu.com/s?id=1730237879397156804&wfr=spider&for=pc.
（2022-04-16）[2024-08-21].）

4.2　物流资源整合功能

4.2.1　物流资源整合的概念和目的

整合是指组织内部或组织之间在对各种资源进行有效规划、协调、控制的基础上，获取单一行为所无法达到的效率和综合效益的一种行为，其目的是将供应商和消费者连接起来，在价值活动与个性特色之间进行最优结合，实现垂直整合最优化，以产生更优的企业绩效。整合的方式、手段和结果有很多，如协同（collaboration，synergy）、协调（coordination）、合并（consolidation，pooling，merging）、合作（cooperation）、联盟（coalition，alliance）均属于整合的范畴。

从战略思维的层面上看，资源整合是系统论的思维方式，就是通过组织协调把企业内部彼此分离的职能、企业外部既参与共同的使命又拥有独立经济利益的合作伙伴整合成一个为客户服务的系统。从战术选择的层面上看，资源整合就是优化资源配置的决策。根据企业的发展战略和市场需求对有关的资源进行重新配置，以凸显企业的核心竞争力，并寻求资源配置与客户需求的最佳结合点。

物流资源整合的概念有广义和狭义之分。广义的物流资源整合是从政府和行业或区域管理的角度对物流资源整合的认识，强调跨企业、跨行业、跨地区物流资源的统筹规划、统一运作与管理。狭义的物流资源整合是从供应链和企业的角度对物流资源整合的认识，即为满足社会需求，相关资源进行更高水平合作的一种行为，或者说，是一种将产品或者服务带到市场的一种企业间合作联盟，由此所涉及的物流资源的集成与合作。还有一种理解是，物流资源整合是供应链中物流、信息流、资金流和商流的"四流"整合。

物流资源整合的目的概括起来就是：通过调整优化内外部物流资源，强化物流活动与生产经营活动的协调性和一致性，合理安排物流活动，实现在满足企业生产经营过程中物流需求的前提下，不断降低物流成本，提高物流运作效率。在这个过程中，需要采取系统的方法，分析内外部物流资源的特点，从整体最优的要求出发，将各自分散的采购、制造、营销环节中的物流活动，进行一体化的设计和优化、重组，以最大限度地挖掘资源潜能，实现资源的效用最大化。

4.2.2 互联网物流的资源整合

近年来，在公路货运市场出现了传化公路港、林安物流和卡行天下等一批平台整合型企业，这些企业集中了分散的货运资源，提升了市场的集约化水平。在电商物流领域，顺丰速运推出"快递+电商"协同发展模式，加速与电商渗透融合，线上线下资源实现战略共享。

物流信息化的本质就是整合，而且是跨界整合，是把物流业与制造业、服务业甚至与电商、金融结合起来。物流业的核心价值就在于整合，这也是互联网物流业区别于传统的运输、仓储行业的主要特征。物流的一端是生产，另一端是消费。如果不能互联互通，只是纵向发展而没有横向跨界，在信息时代物流就不能接地气。因此，在互联网的背景下，物流业要更好地互联互通、协同发展，更好地服务于中国经济，所有的物流人都有责任去实现互联互通、协同发展，实现从只做物流到物流、信息流、资金流和商流的合一。

 视野拓展

未来电商物流发展首先是对流通进行整合，实现商流与物流的统一，由此切实降低流通成本。其次是推动电商突破流通边界，从销售领域向生产领域和采购领域延伸，实现供应链一体化管理，推动工业和流通业，乃至金融业的有效融合，由此提高整个社会经济的运行效率。

一方面，利用互联网平台化发展优势，在智能匹配、运营监控、仓间调配等各方面实现资源共享，将物联网、移动互联网、智能交通、云计算、大数据等互联网基因注入物流产业领域，为服务提供商、内容服务商和用户提供金融、生活、娱乐等方面的服务；另一方面，要加强物流系统的标准化建设，通过参照国际标准，制定出合理的物流计量、技术及服务的各项标准，淘汰落后的行业标准，对与实际不相符的标准加以修订，使物流业纳入统一、标准化的管理体系中，从而实现整个物流生态圈的良好运作。

4.2.3 物流网络资源动态整合模式

在互联网技术的支持下，物流网络可以更好地实现网络资源的动态整合，使资源高效配置，最终趋近于帕累托最优①。这种最优状态需要依赖合理、高效的资源动态整合模式来实现。对于互联网背景下的物流网络，其动态整合模式根据构成物流网络形式的不同，可以分为由一个企业的内部部门及其相关客户单位构成的企业内部物流网络，以及由多个物流企业或多个企业的物流部门构成的多节点物流网络。由此，可以将物流网络的动态整合模式分为组织内部动态整合模式和多节点资源动态整合模式。

（1）组织内部动态整合模式。图 4-2 展示了基于互联网技术背景下的组织内部动态整合模式。中间部分表示一个物流企业综合应用互联网技术，实现企业内部协同，并同企业的上下游客户实现信息的无缝链接，形成物流供应链。借助互联网技术，提高供应链对客户需求的响应速度。物流企业在接到客户订单后，对各类信息进行综合处理，制订各类计划，并组织从各供应商处采购物资。备货工作完成后，通过与物流承运商合作，按照客户要求进行交货。

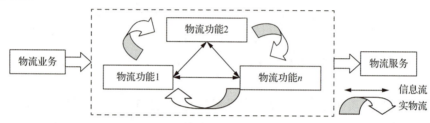

图 4-2　组织内部动态整合模式

（2）多节点资源动态整合模式。互联网信息网络对物流网络的贡献实际上就是把大量的资源分散、"条块分割"的单企业主导的物流网络衔接、整合起来，突破原有个别企业之间信息沟通不畅、客户需求响应速度过慢的瓶颈。对于物流网络而言，信息资源共享可以解决基础信息化建设中的重复投入问题，以合理高效的网络架构、分布并行技术和标准化的接口方法将分散的应用汇集起来，实现协同和交互操作，以最低的成本、最快的速度响应客户需求。同时，互联网信息网络是物流网络活动的基础环境，它既可内通企业信息也可对外服务社会，宏观的监督、管理高效的物流信息服务模式将会成为物流网络发展的主流。物流网络的信息化建设不仅能加快客户响应的速度、提高客户满意度，还将推动物流产业进一步升级发展。

图 4-3（a）是快速响应物流网络的实物流示意图，每个虚线框表示一个单企业快速响应物流网络，这种模式是将 A、B、C 3 个企业自建的以物流技术为基础的单企业物流网络整合在一起，形成大规模复杂的更高效率的快速响应物流网络。图 4-3（b）是快速响应物流网络的信息流示意图，显示了各单企业物流网络通过 Internet 或 Intranet 实现信息沟通，在沟通中实现综合信息系统、评估决策系统和快速储运系统 3 大系统的功能，从而组建成一个高效复杂的快速响应物流网络。

---

① 帕累托最优（Pareto optimality），也称帕累托效率（Pareto efficiency），是指资源分配的一种理想状态，假定固有的一群人和可分配的资源，处于从一种分配状态到另一种状态的变化中，在没有使任何人的境况变坏的前提下，使得至少一个人的境况变得更好。

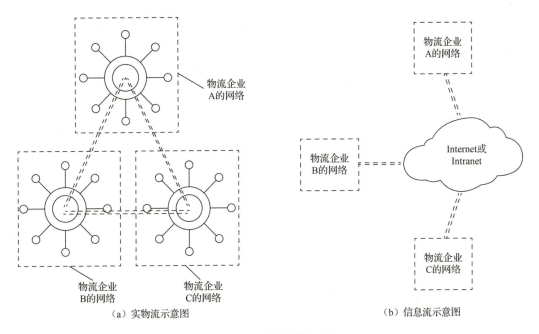

（a）实物流示意图　　　　　　　　　（b）信息流示意图

图4-3　快速响应物流网络

4.3　大数据分析功能

相对于传统的数据库应用，大数据分析具有数据量大、类型多样、价值密度低、处理速度快等特点，对所有数据进行收集、分类、处理和整理，并为企业经营决策提供有应用价值的信息。大数据时代给物流企业信息化带来的最大挑战是如何通过大数据分析提升自身的物流服务水平。物流行业与材料供应商、产品制造商、批发零售商、消费者紧紧地联系在一起，所涉及的数据量极大且具有一定的经济价值，而应用大数据分析恰恰能对这些数据进行快速高效的处理，得到准确的潜在价值信息，对物流行业的发展具有强大的推动作用。

4.3.1　大数据对物流的影响

大数据时代的到来和物联网技术的不断成熟，推动着"大物流"时代的到来，使物流得到全面迅速的发展。通过利用先进的互联网技术和通信手段，集合大数据信息，有效地对市场需求和客户个性化的需要进行快速的响应，有助于企业更好地进行市场细分，根据不同客户群体的特点，对采购、生产计划、运输、仓储、配送、装卸、搬运、加工和报关等各个环节利用大数据进行归纳、分类、整合，提供差异化的服务，对产品和服务进行改进与完善，从而获得市场认可，提升企业的竞争力。大数据对物流行业的影响主要体现在以下几个方面。

（1）降低物流成本、提高配送效率。大数据涵盖许多高新技术，主要包括大数据存储、管理和大数据检索使用（包括数据挖掘和智能分析）等技术。这些技术对物流行业发展的各个环节都有重要的影响。如采集信息端中的识别、定位和感知，传输信息中的移动互联网技术以及数据的应用和开发方面，将会出现越来越多的数据中心。通过在这些环节中对大数据的充分利用，物流企业可有效地管理公司员工，快速制订出高效合理的物流配送方案，确定物流配送的交通工具、最佳线路，进行实时监控，能在很大程度上降低物流配送的成本，大大提高物流配送的效率，为客户提供高效便捷的服务，实现企业与客户的双赢。

（2）帮助物流企业了解行业发展动态。物流企业面对的是一个高度竞争、瞬息万变的市场环境，许多运输空载的问题就是由于物流企业没有通过大数据分析对未来市场做出预判，而是只看到眼前的业务增长就盲目增加运力和仓储面积，当市场出现萎缩、业务量下滑的时候就会产生大量的富余运力和空置仓库，从而导致物流企业的亏损。通过对大数据的分析，物流企业就可以对未来市场和竞争对手的行为做出一定的预测，及时调整发展战略，避免盲目的资产投入，以减少损失。

（3）帮助物流企业增强客户的忠诚度。对于物流企业来说，分析客户的行为习惯可以将他们的市场推广投入、供应链投入和促销投入回报最大化。利用先进的统计方法，物流企业可以通过对用户历史记录的分析来建立模型，预测其未来的行为，进而设计有前瞻性的物流服务方案，整合最佳资源，提高与客户合作的默契程度以避免客户的流失。物流企业不仅可以通过大数据挖掘现有存量客户的价值，还可以通过大数据更高效地获得新客户。大数据技术正革命性地改变着市场推广的游戏规则。通过推动信息交互，推送给客户服务调整、价格变化以及市场变化等信息，不断满足客户的需求变化。在互联网背景下营销将不受时间、地点的限制，也不再只是信息单向流通。更大的不同是，从接触客户、吸引客户、黏住客户，到管理客户、发起促销，再到最终达成销售，整个营销过程都可以在信息交互中实现，通过了解客户行为进行精准营销。

（4）优化物流企业的盈利方式。通过建立物流行业网络平台和社区，可以产生大量有价值的数据，并汇总物流行业客户的消费记录，进而进行高级分析，最终提高物流需求方和物流服务提供方的决策能力。平台的用户数据分析是实时更新的，以确保用户行为预测总是符合实际用户需要；同时，动态地根据这些行为预测来设计一些市场策略，市场扩张的速度将取决于物流行业大数据采集分析发展的速度。建立全国的客户数据库，提供准确和及时的物流信息咨询，将会大幅提高公司的知名度和盈利能力。

 视野拓展

由阿里巴巴旗下菜鸟专注打造的中国智能物流骨干网项目，利用先进的物联网、云计算等各项网络技术，建立开放、透明、共享的数据应用平台，从而为物流公司、电子商务企业、仓储企业、第三方物流服务商、供应链服务商等各类企业提供优质服务，支持物流行业向高附加值领域进一步地发展和升级。此外，菜鸟借助物流云平台推出了多项数据产品与服务，包括分析工具、算法模型、商务分析模型等对历史数据进行挖掘，从而为合作伙伴提供大数据分析、分布式系统、商务智能、人工智能、智能预测等服务，打造数据驱动的智能物流。

菜鸟利用大数据优势启动了"鹰眼项目"，对快递公司所有的"超时异常件"历史数据和实时数据进行分析，锁定到问题网点占比较高的区域，并通过跟快递企业的数据互动来找到原因，同时结合淘宝、天猫前端该区域的消费情况，给予快递公司对应的解决方案和建议。此外，菜鸟推出的电子面单是由菜鸟和快递公司联合向商家提供的一种通过热敏纸打印输出纸质物流面单的物流服务。商家可在淘宝、天猫的卖家中心申请开通服务，菜鸟会把服务申请流转给快递公司，快递公司审核通过后会给商家提供电子面单热敏打印纸，商家再通过发货软件与菜鸟网络系统交互并获得菜鸟生成的面单号（快递面单号段由快递公司提供）等打印信息，通过热敏打印机（打印机由商家自行购买或与网点协商解决）完成电子面单打印并交付快递公司揽收派送。

八大物流大数据应用案例

近年来，全球物流迎来新的变革，移动互联网和大数据成为推动新变革的核心引擎。今天的中国物流，在电子商务和互联网经济的推动下，物流运营也正在从粗放的传统物流管理逐步向数据化、可视化的现代物流转型。本案例全面梳理国外领先的现代物流企业在移动互联网和大数据方面的技术应用案例，对于互联网时代的中国物流企业来说，有着重要的学习和参考价值。

在国外领先的物流企业中，DHL 应用大数据加快了自身反应速度，通过分析客户数据提供精准服务；UPS 通过大数据调整了配送策略，节省了大量燃油成本；Fleet Risk Advisors 可对车队管理做全程监控，甚至能觉察到司机的心理变化。众多欧美物流企业在大数据应用方面都有创新之处，下面汇总了欧美物流领域大数据应用八大案例。

1. DHL

DHL 是全球最大的速递货运公司之一。DHL 的快运卡车特别改装成为 smart truck，并装有摩托罗拉的 XR48ORFIO 阅读器，每当运输车辆装载和卸载货物时，车载计算机会将货物上 RFID 传感器的信息上传至服务器，服务器会在更新数据之后动态计算出最新最优的配送序列和路径。另外，在运送途中，远程信息处理数据库会根据即时交通状况和 GPS 数据实时更新配送路径，做到更精确的取货和交货，对随时接收的订单做出更灵活的反应，以及向客户提供有关取货时间的精确信息。

DHL 通过对末端运营大数据的采集实现全程可视化的监控，实现最优路径的调度，同时精确到每一个运营节点。此外，拥有 Crowd-based 手机应用程序的客户可以实时更新他们的位置或者即将到达的目的地，DHL 的包裹配送人员能够实时收到客户的位置信息，防止配送失败，并且按需更新配送目的地。

2. FedEx

FedEx 是世界上规模较大的快递集团之一，FedEx 甚至可以让包裹主动传递信息。通过灵活的感应器，如 SenseAware，可以实现近乎实时的反馈，包括温度、地点和光照，使得客户在任何时间都能了解到包裹所处的位置和环境。而司机也可在车里直接修改订单物流信息。除此以外，FedEx 正在努力推动更加智能的递送服务，实现在被允许的情况下实时更新和了解客户所处的地理位置，使包裹更快速和精确地送达客户的手中——无论何时何地。

3. UPS

UPS 特有的基于大数据分析的 ORION 系统通过联网配货机动车的远程信息服务系统，可以实时分析车辆、包裹信息、用户喜好和送货路线数据，实时计算最优路线，并且全程通过 GPS 跟踪信息。UPS 通过大数据实现配送末端最优路径的规划，同时提出尽量右转的配送策略，每年节省 5 000 万美元的燃油成本，并增加 35 万个包裹配送。

UPS 最著名的大数据分析案例就是送货卡车不能左转。根据 ORION 系统分析：左转会导致货车在左转道上长时间等待，不但增加油耗，而且发生事故的概率也会上升，所以 UPS 基于城市车流大数据绘制了"连续右转环形行驶"的送货路线图，实现高效配送。2017 年，UPS 旗下的所有司机都参与了该项目。每名司机每日送货路程因此缩短了 1.6 千米，每年可节省 5 000 万美元的燃油成本。ORION 系统也可预测恶劣天气、交通状况，并评估会造成司机送货路线上的行程放缓的其他变数，以提升配送效率。

4. FleetBoard

FleetBoard 是戴姆勒集团旗下子公司，致力于通过大数据处理为物流行业客户提供远程信息化车队管理解决方案，通过大数据解决方案实现数据采集和全程监控，包括司机的驾驶动作、车辆温度、车门打开等细节。

车辆上的终端通过移动通信系统与 FleetBoard 的服务器建立联系，互换数据。物流公司或车队管理者可直接访问 GPS 及其他若干实时数据，如车辆行驶方向、停车/行驶时间和装/卸货等信息。此外，通过收集司机急加速/急刹车的次数、经济转速区行驶时间和急速长短等信息，可以直接地帮助司机发现驾驶过程中的问题并提出改进方法。对于冷链运输的用户，FleetBoard 有专门的数据管理系统实时监测冷藏车的温度、车门是否打开等情况，自动向手机或电子邮箱发送警示信息。

5. Con-way Freight

Con-way Freight 是全球货物运输和物流中的龙头企业，提供零担运输、第三方物流和大宗货物运输等服务，范围覆盖了全美以及 5 大洲的 18 个国家。但是营运过程中产生的海量非结构化数据十分考验公司对于数据的提取速度、分析效率和精确度。

大数据解决方案使得 Con-way Freight 的高管们能够在开会时不管谁提出什么问题，系统总能够集成实时增量数据，根据询问和处理非结构化数据快速得出准确的答案，做出恰当及时的运营决策。

6. Yellow Buses

Yellow Buses 是英国伯恩茅斯的公共交通系统运营商，隶属巴黎大众运输公司。公共交通系统运营商对于大数据的使用同样能够带来奇效。

Yellow Buses 根据对公司现有的历史数据进行分析，并在实时更新数据的基础上进行评估，能够详细地掌控和管理公司旗下每一辆公交车。通过及时获知最需要的数据，如维护成本、故障频率、燃料成本和运行路线等，Yellow Buses 能够将这些数据与乘客数量、票价、发车频率等实时数据一起分析评估，优化公交路线和发车频率，有效地降低成本、提高服务质量、增加利润。

7. C.H.Robinson

C.H.Robinson 是北美最大的第三方物流公司，拥有全美最大的卡车运输网络，却没有一辆货车。它采用轻资产的运营模式，用 1.5 亿美元的固定资产创造了 114 亿美元的收入、4.5 亿美元的利润。它的新生始于 1997 年的商业模式变革，主动放弃了自有货车，建立了专门整合其他运输商的物流系统，通过系统对社会资源进行整合，形成了平台经济体系。C.H.Robinson 的平台模式主要由两部分构成：TMS 平台，用来对接运输商；Navisphere 平台，用来对接客户。

C.H.Robinson 通过系统的两大平台：Navisphere 平台和 TMS 平台通过对接客户群和运输商，沉淀形成的大数据库可支持 C.H.Robinson 的增值服务，如金融支付业务和咨询业务。

8. Fleet Risk Advisors

Fleet Risk Advisors 为运输行业提供预测分析和风险预防或补救解决方案。Fleet Risk Advisors 通过大数据解决方案得出司机工作表现若干预测模型，解决了事故发生率和人员流动等人事部门的问题。如根据司机实时的工作表现波动情况，预测司机疲劳程度和排班安排等，为客户提供合理的解决方案以便提高司机安全系数，此外还能根据司机和机动车的实时状况预测可能发生的风险，并及时提供预防或补救解决方案。

（资料来源：https://www.sohu.com/a/146198604_353595.（2017-06-05）[2024-08-21].）

案例 4-3

神州控股科捷大数据应用平台 KingKooData

神州控股科捷（简称科捷）大数据应用平台 KingKooData，是科捷自主研发的供应链大数据应用平台，依托科捷十余年服务诸多行业的管理经验，并结合大数据与智能算法的应用，基于神州金库云信息系统，搭建了一套完整的金库数据中心，并通过对数据的整合、分析及挖掘，实现了用户画像分析、商品管理分析、仓储管理分析、运输管理分析、财务管理分析、大促作业监控、自定义报表及公众号预警信息推送等，极大地提升了供应链管理能力。科捷凭借包括物联网设备"捷运宝"、供应链电子签单平台"捷云快签"、AI 智能仓"人机共舞"在内的技术成果，KingKooData 入选"2020 年中国物流与供应链信息化优秀案例"。

KingKooData 定位于供应链与物流行业的可视化业务辅助决策平台，旨在应用大数据和云计算技术，对物流各应用场景进行数据分析及挖掘。相比于传统的物流软件/平台，KingKooData 具有极大的优势，具体如下。

优势一：KingKooData 能够进行全链条数据分析。

对订单的接单、仓储、运输、核算等各环节进行全链条监控，实时掌握货物的具体流向，并在产生问题时能够快速追溯问题节点，大大提升客户体验。

优势二：KingKooData 具有丰富的物流报表库。

涵盖供应链各节点下不同维度的业务分析报表，合计 100 多个，满足业务各报表需求，大大提升报表制作效率。

优势三：KingKooData 能够对重点数据模拟预测。

运用人工智能算法模拟预测重点业务下各 SKU 销量，指导分仓、选址及库存分布，使仓库分布更加合理，提升配送效率，间接降低物流成本，提高企业经济效益。

优势四：KingKooData 包含数据微信助手。

能够通过微信端实时互动查询关键数据信息，做到异常信息预警推送、辅助决策，即使出门在外也能轻松查询重要信息。

未来，科捷将继续通过在大数据、人工智能和物联网设备领域的业务实践与技术融合创新，为供应链上各类型企业提供坚实的技术支持和保障。

（资料来源：https://chuangxin.chinadaily.com.cn/a/202011/09/WS5fa8f53fa3101e7ce972e480.html?from=singlemessage.（2020-11-09）[2024-08-21].）

4.3.2　物流行业大数据分析

现代物流系统是一个庞大复杂的系统，包括运输、仓储、配送、搬运、包装和再加工等诸多环节，每个环节的信息流量都很大，产生了巨大的数据流，企业需要对这些数据进行准确、高效的收集和及时处理，以此帮助决策者做出快速、准确的决策，实现对物流过程的控制，降低物流成本。对物流数据加以分析能够帮助物流企业及时、准确地收集和分析客户、市场、销售及整个企业内部的各种信息，对客户的行为及市场趋势进行有效分析，了解客户偏好以及企业内部物流问题的关键所在，从而提高服务质量和物流效率，降低企业物流成本。

物流的覆盖范围很广，从物料计划、采购、仓储到生产计划、配送中心和进出口都离不开物流，因此企业需要有一个对数据进行汇总分析并对运作进行安排的关键部门。

1. 采购环节

原材料是企业生产的基础，好的采购分析能够调整整个生产工作的节奏。

对采购环节的大数据分析可实现供应商信用评价、业务员绩效考核等决策分析，帮助企业为后续生产、销售等环节的顺利进行打下坚实的基础，为最终产品在质量和成本上的定位提供科学的依据。在采购价格上进行数据分析，分析价格波动规律，可以寻找出可能的商机。对采购商进行供应信用等级分析，从交付日期、质量、信用和价格等方面评估供应商的表现。对货物延迟交货情况进行分析，对可能影响整个供应链的因素进行抑制，防止造成更大的损失。对采购项目中某种物料下一阶段的需求进行分析，依据物料长期以来的采购情况，找出规律、进行预测，从而帮助相关决策者做出正确的决策。

2. 运输环节

运输起着消除物流生产地与消费地之间空间错位的作用，运输在物流中通常占用大量的成本，如何更好地改善运输状况，是物流企业考虑最多的问题。大数据为物流企业间搭建起沟通的桥梁，物流车辆行车路径也将被最短化、最优化定制，物流运输效率将得到大幅提高。

建立智能交通系统，通过 GPS 与 GIS 等先进的物流信息技术，对整个运输情况进行跟踪处理，防止运输过程中可能遇到的各种问题。通过 GPS 通信导航，可以为车辆提供及时的路面信息与道路状况，为其选择最佳路线与实时导航，也可以对公司内部所有车辆的运营数据，如 GPS 定位跟踪数据、车辆的行驶时间、行驶距离、完成的公里数进行分析，发现内在规律，从而更有效地进行企业的物流运输规划。

3. 仓储环节

互联网技术和商业模式的改变带来了从生产者直接到客户的供应渠道的改变，从时间和空间两个维度都为物流业创造新价值奠定了很好的基础。

大数据技术可优化库存结构和降低库存存储成本；运用大数据分析商品品类，系统会自动给出用来促销和用来引流的商品；同时，系统会自动根据以往的销售数据进行建模和分析，以此判断当前商品的安全库存，并及时给出预警，而不再是根据往年的销售情况来预测当前的库存状况。总之，使用大数据技术可以降低库存，从而提高资金利用率。

4. 供应链协同管理

随着供应链变得越来越复杂，使用大数据技术可以迅速高效地发挥数据的最大价值，集成企业所有的计划和决策业务，包括需求预测、库存计划、资源配置、设备管理、渠道优化、生产作业计划、物料需求与采购计划等，这将彻底变革企业市场边界、业务组合、商业模式和运作模式等。

案例 4-4

亚马逊的大数据技术应用分析

亚马逊（Amazon）公司是互联网上最早开始经营电子商务的公司之一，如今是美国最大的一家电子商务公司，其总部位于华盛顿州的西雅图。亚马逊成立于 1995 年，一开始只经营在线书籍销售业务，现在则涉及范围相当广的其他产品，在公司旗下，还包括 Alexa、a9、lab126 和互联网电影数据库（internet movie database，IMDB）等子公司。亚马逊坚持走自建物流方向，将集成物流与大数据紧紧地相连。在亚马逊近 30 年的发展历史中，自建物流不但是其发展过程中的关键环节，也与大数据挖掘结合在一起，帮助亚马逊在营销方面实现更大的价值。由亚马逊强大技术支持的智能物流系统是其价值链扩张的重要部分，使其在整条产业链上建立起竞争优势。亚马逊还将"物流免费"作为营销手段，其基础在于对市场的把握和分析。在电子商务经营处于"高天滚滚寒流急"的危难时刻，亚马逊独辟蹊径，三次大胆地将免费送货作为促销手段，并且不断降低免费送货服务的门槛。薄利多销、低价竞争，以物流的代价去占领市场、招揽顾客，扩大市场份额。显然此项策略是正确的，因为抓住了问题的实质。当然，这项策略也是有风险的。亚马逊重视物流集成系统的发展。完善的物流系统是决定电商企业生存与发展的命脉。由于亚马逊有完善、优化的物流系统作为保障，它才能将物流作为促销的手段，并有能力严格地控制物流成本和有效地进行物流过程的组织运作。

1. 亚马逊的大数据业务

亚马逊的业务主要包括 3 个方面：电商平台，包括自有产品的电子商务、第三方卖家及对一些成员的特殊服务；KINDLE、数字内容等；云服务。以电子商务起家的亚马逊，由电子书发家，由云服务推动企业更进一步地发展，以企业云平台闻名于世。

由于大数据技术的日渐成熟，亚马逊慢慢变为大数据行业的排头兵。亚马逊推出过一系列大数据产品，其中包括基于 Hadoop 的 Elastic MapReduce、DynamoDB 大数据数据库，以及能够与 Amazon Web Services 顺利协作的 Redshift 规模化并行数据仓储方案。

2. 亚马逊的大数据平台开发

在亚马逊大数据计算开发的参与人员中，包括消费者、其他进驻卖家和亚马逊公司自身 3 大组成部分。尽管亚马逊属于整合平台的提供商，但亚马逊实际上身兼多职，涵盖价值链的多个环节，同时担任服务商和运输者等多个角色。亚马逊在智能物流方面的创举，对其营销能力的增强起到了辅助作用。

亚马逊凭借着对顾客购买数据的多方位采集和挖掘，能够获得大量关于目标客户的信息。最后，在第三方卖家方面，亚马逊从数据的角度去研究商家需求，并与消费者数据相结合，同物流集成思想相结合，提高平台精准营销的能力。

亚马逊的大数据技术主要分为以下 3 个步骤。

（1）收集用户行为数据。用户使用亚马逊网站过程中发生的所有行为都会被亚马逊记录，如搜索、浏览、打分、点评、购买、使用减价券和退货等。亚马逊根据这些数据，不断勾画出每个用户的特征轮廓和需求，并以此为依据进行精准营销。

（2）整合用户行为数据。亚马逊的强大之处还在于它可以整合用户行为数据和喜好，并挖掘用户的潜在需求，善于用各种形式的活动去获取用户的喜好和需求，比较典型的活动就是投票。一旦用户投票了，其观点、倾向或者兴趣爱好就暴露了，这个用户就被亚马逊打上了"标签"。

（3）个性化推荐营销服务。通过对所获行为信息的分析和理解，亚马逊制定对客户的贴心服务及个性化推荐。这不仅可以提高客户购买的意愿，缩短购买的路径和时间，还可以在恰当的时机捕获客户的最佳购买冲动，避免传统营销方式对客户的无端骚扰。

3. 对亚马逊大数据技术的应用分析

亚马逊最先把大数据引入电商行业，应用大数据技术改变客户的体验，将大数据技术与智能物流、物流集成相结合。

首先，亚马逊经由以云计算为依托的电商开放平台，通过客户数据收集、目标客户甄选、营销组合设计和营销信息推送 4 个步骤来实现精准营销。整个过程的核心在于对目标客户的准确定位，从而在分析客户偏好的基础上有针对性地发布营销信息。其次，有了数据分析系统的支撑，智能物流也得以发展。对于亚马逊这样一家秉承"客户至上"的企业来说，其智能物流方面的创新是其他电商企业难以企及的——物流的精准实现了更高层次的消费者体验的满足。

亚马逊依靠大数据技术及大型的系统运输能力作为支撑，在物流集成方面有以下创新之处。

（1）智能化预估系统。亚马逊的预估系统，在整个物流集成管理中起到了非常关键的作用。应用云计算的设备及管理系统，亚马逊创建了智能化预估系统，对每个物流中心采用非常特别的管理方式，对仓储空间和配送路径进行相当精细的计算。每一个对季节性产品的下单都会左右其预估系统中的数据以及在库存里面的各个物流中心的储备，实时地调节库存，才可能使物流中心的每一个空间都得到最好的利用。亚马逊物流中心的存货，不单单是同品种货物存放在一起，它们通常乱七八糟地摆在一起，货物码放乱，但是乱中有序。亚马逊依据大数据技术可推知客户在购买一样货物时有哪些可能同时购买的关联货物，由此，货物在上架、储存的时候，会按照数据的分配相互交叉地储存，使空间得到最好的利用，同时在拿货的时候，取用最短距离。这使得亚马逊的上架效率极高，空间的利用率也极高。

（2）智能化运输调拨系统。应用大数据技术，亚马逊实行全天候全程实时监控运输网络。通过调拨、干线运输和"最后一公里"运输，进行智能化管理，实现"还未下单货在途"。购买亚马逊的产品，可以在网上看到一个配送时间的估算，这个估算实际上是用大数据跟物流体系进行的连接，这个连接能够让亚马逊知道根据消费者的要求在什么时间送到，这个数据是在即时的情况下，消费者下单的时候做出的核算。亚马逊在美国、加拿大实行的是跨境配送，在中国实行的是全国配送。亚马逊配备了几大物流系统。亚马逊采用智能调拨系统，在库房之间进行调拨，还有干线运输、第三方合作运输等多种方式。

（3）大数据、大系统出货能力。出货时，通过系统进行动态订单的处理，通过信息化智能控制来匹配拣货的路径，提高拣货效率。目前这个信息系统可以达到百分之百的送货率，而库存的准确率可以达到99%以上。应用大数据技术，亚马逊在物流集成方面拥有以下 3 个创新之处。

① 通过智能物流系统，亚马逊可根据线上的销售情况实时记录当前库存，并以客户的偏好为依据，预测下一期的销售目标，从而使库存始终保持在一个较低的水平。

② 除了对自身的物流管理，亚马逊大数据分析也与物流体系进行对接，将仓储物流服务与产品配送结合起来，定时或定点为消费者提供新鲜的产品和及时服务。借助终端 GPS 设备，送货员能够确定最优送货路线，在节省时间和财力的同时也为消费者提供了更优质的服务。

③ 亚马逊物流中心预估和调拨的体系涵盖云计算设备与管理系统。通过大数据的分析，各类存货按照数据分配进行相互交叉的储存，对空间实现最优利用；而根据季节不同，库存系统会自动转移产品，合理利用库房。换句话说，数据分析相关的设施建设和信息挖掘是亚马逊精准营销的前提，而物流配送方面的创新则是对精准营销效果的巩固，从而进一步提升了客户的体验。

（资料来源：网络资料整理。）

4.4　仓配一体化功能

4.4.1　仓配一体化的概念

【仓配一体】

顾名思义，仓配一体化就是"仓储+配送"的整合，区别于单纯的仓储、运输和配送。仓配一体化的服务旨在为客户提供一站式仓储配送服务，通俗的解释就是订单后阶段的一体化解决方案。现代物流的仓配一体化是指在互联网背景下的仓储与配送的无缝结合。原来传统简单的进、销、存管理已经无法满足现代物流服务的需求，单点、单仓也无法满足现代物流的下一步发展。因此，传统的仓储和传统的第三方物流公司都在向仓配一体化的物流运作模式快速转型。

近几年出现的仓配一体化服务是由 B2C 电商快速发展驱动的。以前，电商物流多为卖家自己解决，客户下单后，快递员上门取件。但随着客户对电商物流服务的要求越来越高，为了支持最终消费者订单快速满足的需求，急需实现库存本地化。还有一些借力电商平台渠道发展起来的以买手团队为主的新型企业，没有管理仓库的经验，只能考虑将仓储管理交给电商平台或快递公司，由其完成仓储管理、商品拣选、包装、上门配送，以实现商品的快速交付。

视野拓展

从 2013 年开始，顺丰、中通、圆通、中通等快递公司开始试水仓配一体化业务。2014 年至 2016 年，仓配一体化业务快速发展，同时一大批围绕快消品提供物流服务的网仓企业兴起，仓配一体化渐成物流行业发展趋势。

2013 年菜鸟开始在全国布局电商仓库，并在整合快递公司网络的基础上，提出了云仓的概念，为电商提供一体化服务。云仓引用了云数据概念，是仓配一体化的升级。在多仓接入的基础上，电商平台通过大数据、云计算等信息技术实现商品智能入库、智能化分单、优选派送、物流数据分析等。云仓需要考虑的不仅是仓储本身，其出发点在于仓配结合，从后端作业环节来考虑前端的仓储布局，通过产品数据、销售数据和配送数据等，不断循环优化，提高运营水平。其主要特点是以客户为导向，提高配送和退换货时效，使客户满意度最大化；量出为入，加快快递响应速度，缩短快递配送时间；以成本为导向，分仓布局，降低电商快递费用；以成本为导向，提高配送车辆效率，降低快递运营成本。目前国内云仓运作较好的有顺丰、菜鸟、京东等。

4.4.2　仓配一体化的特点

仓配一体化将收货、仓储、拣选、包装、分拣、配送等功能集成起来，由一家企业完成，服务贯穿整个供应链的始终。比起各环节独立运行的物流服务模式，仓配一体化简化了商品流通过程中的物流环节、缩短了配送周期、提高了物流效率、促进了整个业务流程的无缝对接、实现了货物的实时跟踪与定位、降低了物流作业的差错率。同时，货物周转环节的减少，势必会缩减物流费用，降低货物破损率，可以根据供应链的性质和需求定制服务流程。

4.4.3 互联网物流下的仓配一体化发展趋势

互联网物流的高速发展势必对仓配一体化的发展产生影响。未来仓配一体化的发展趋势体现在以下几个方面。

1. 网络和服务能力

网络和服务能力包括各类中心仓、卫星仓的布局和开仓能力，干线运输调拨能力及柔性，服务标准和服务质量等。目前云仓发展受阻的原因，一方面是仓库建设存在问题，另一方面是连通能力不足，所以干线运输调拨能力及柔性尤为关键。

2. 供应链设计能力

供应链设计能力包括对不同行业客户供应链的掌控与设计能力、客户大数据服务能力、销售预测模型精准程度。供应链设计能力现在还处于初期构建阶段。

3. 物流设施与技术应用能力

物流园区与物流设施的新建和改造水平，以及自动化物流技术的研发和方案定制能力的影响被很多企业低估了。不同的能力水平导致成本不同，客户体验不同。目前出现的物流设施建设的冒进现象，间接反映了其建设标准和模式重复，定制化服务能力不足。

4. 综合 IT 能力

综合 IT 能力包括信息系统的建设能力、OMS/WMS/TMS 系统的建设能力，其中支持多种销售平台管理、为客户提供仓储配送透明化服务、提供 Open API 数据接口的 OMS 系统尤为重要。

顺丰、京东等企业的云仓模式简述

1. 快递行业云仓体系

（1）顺丰云仓——自有仓储+运力。

① 运营模式。

顺丰云仓的网络由信息网、仓储网、干线网、零担网、宅配网 5 张网络组成。顺丰云仓布局基于客户销售大数据支持，为客户提供各大分仓的库存计划。在接收客户订单前，货物已经预先进入智能化分仓，订单进入仓库的 OMS 系统后，货物会在 WMS 的运转下以最快的速度出仓，利用顺丰传统的配送网络优势送达消费者手中。

在退换货的逆向物流上，顺丰利用"云仓+快递协同"模式，当消费者发出退换货申请时，配送人员从仓内取货至消费者处，验明旧货无问题后直接交付新货。

② 运营优势。

a. 网络优势。

顺丰控股 2023 年年报显示，顺丰国内自营及代理的网点和面客点达到 3.6 万个，全国管理的收派员达到 43 万人。运营管理仓库 1 900 余座，面积超过 1 000 万平方米，形成辐射全国的仓储服务网络，可以满足各类电商仓储、生鲜食品冷藏、医药冷藏的发展需求，以及客户对仓间调拨操作的需求。

b. 配送优势。

顺丰在全球运营管理约 10 万辆干支线货车，在国内拥有超 17 万条运输线路，末端收派车辆达 10 万辆；高铁产品开通 1 325 条线路，其中特快班列 4 对 8 列；开通 416 条国际班列线路，覆盖 35 个国家和地区，处理铁运总货量大于 251 万吨；在海运方式中，顺丰目前开通约 2 万条海运线路，触达超 1 000 个港口码头，覆盖 177 个国家和地区，海运发货量达 126 万 TEU（集装箱单位）。

c. 收费优势。

顺丰针对中小规模电商市场，通过自身多网结合，一次性收取从仓到配的打包费用。客户即使不像大型电商平台那样斥巨资投入全国分仓，也可以享受到高品质的仓配一体化服务。

③ 其他服务。

在供应链服务上，顺丰推出"以货质押"的金融服务，满足中小企业在货物流通过程中对资金的需求。

（2）百世云仓——产地总仓、全国分仓。

① 运营模式。

百世云仓采用"总仓+分仓"的运营模式，产地设置总仓，地方设置平行分仓；采用干线运输、分仓备货、区域配送的模式，将单纯的快递成本转化为"干线运输+区域配送"的综合成本。例如，对于服装、食品行业，百世会根据客户的不同运作特点，进行区域分仓、季节性分仓以及活动分仓。

② 云仓优势。

a. 拥有强大 IT 功底跨界而来的百世，强大的云计算能力与优化手段，确保了客户订单处理、仓间调拨获得精益化管理，强大的 WMS 和 TMS 系统可保证发货及时率和准确率。

b. 百世自身具备快递快运资源，派送区域覆盖全国。通过全国网络化分仓，满足派送区域的同时缩短派送时间，并且实现全程透明化跟踪。

③ 网络现状。

截至 2022 年 3 月底，百世供应链拥有自营及加盟云仓共 416 个，总管理面积 304 万平方米。2021 年全年云仓履行订单量达到 4.5 亿单，在行业内保持领先。

2. 电商行业云仓体系

（1）京东云仓——合作建仓。

① 运营模式。

京东云仓采用合作建仓模式，整合国内闲置仓储资源。京东提供云仓平台+WMS+TMS+库内仓储作业规划，而合作方负责提供仓库+仓内运营设备和团队。京东云仓以整合共享为基础，以系统和数据为核心，输出标准化物流运作，赋能商家与合作商，提高商品流通效率。

② 运营优势。

a. 仓储成本日渐升高，仓库建设的成本对于许多中小商家来说都是大问题。建完仓库的工厂同样也面临着资金短缺和库房管理的难题。京东运用自营仓的操作标准，培训合作方库内作业人员，以及专业的操作系统，提供库内规划，解决了不同品类商品的存储难题，提升仓内运作效率。

b. 京东云仓协同京东金融，为云仓合作商以及商家提供融资租赁、仓单质押等金融服务。

③ 网络现状。

京东目前在全国布局了 8 大物流中心，分别位于北京、上海、广州、沈阳、武汉、西安、成都和德州。截至 2024 年 6 月，京东物流运营超过 1 600 个仓库，包含京东物流管理的云仓面积在内，京东物流仓储总面积约 3 200 万平方米。

（2）日日顺云仓——三级云仓。

① 运营模式。

日日顺云仓采用全国共享的三级分布式云仓网络，是利用日日顺物流基地仓、区域仓、服务商仓库的云仓布局。100 个转运中心 TC 分布全国，150 千米~200 千米仓库辐射半径，6 000 个转运网点，可以实现提前备货到仓、次日送达订单。

② 运营优势。

a. 强大的干线集配网络。

截至 2022 年年底，日日顺供应链及其下属子公司在全国拥有 15 个发运基地、136 个智慧物流仓、超过 15 000 条干线线路。日日顺物流已先后在山东青岛、浙江杭州、广东佛山、山东胶州等地建立了众多不同类型的智能仓。大件物流行业首个智能无人仓的启用，实现了从商品入库到出库全过程的无人化作业模式，再次凸显日日顺物流在行业的影响力。

b. 信息化系统。

日日顺仓内的 iWMS 系统可以实现全流程订单及产品可视化追踪，拥有自动接单、订单管理、AGV 自动装载、费用结算等功能。

c. 自动化出入库流程。

产品入库时，日日顺采用车辆与传送带直接接驳的方式，省去货物装卸过程。经过扫描站+人工扫描货物的二次复核，机械手将货物码垛至指定位置。出库时，堆垛机从立体仓中抓取指定货物，配合 AGV 将货物送至备货区，在二次拣选后，AGV 会将货物送至月台装车。

（资料来源：网络资料整理。）

缩短智慧供应链，产地仓布局各显身手

在智慧物流快速发展的过程中，仓储部分变化最大的除了前置仓，还有产地仓。距商品原产地最近的仓库，称为产地仓。产地仓项目是指大的零售和物流企业在供应商/商家产地就近建设仓库，供应商/商家就近送货入仓，从而使物流集约化、规模化，运用企业具备的运输资源，实现从产地仓向分拨中心、转运中心的多频次、小批量的连续补货，优化备货结构，提升现货率，缩短订货前置期，降低双方物流成本，提升紧急订单处理能力，实现共赢。智慧供应链平台如图 4-4 所示。

一般地，产地仓项目可以给供应链上的各方带来诸多巨大好处。对供应商来说，可以缩短账期、简化供应流程、降低物流成本。对商家来说，可以提高补货频率和现货率、优化备货结构、提升销量及改善客户时效体验、简化入库流程、降低物流成本。对企业来说，在物流成本方面，可以降低内部运输成本，增加转运中心的运输收入，增加在途库存，减少库房面积；在库存管理方面，可以提升现货率，提高供应商送货频率，降低库存周转天数；在安全库存集约化管理方面，可以降低安全库存，减少滞销，降低采购成本；在运营管理方面，可以进行多频次、小批量的补货，降低收货难度，预知未来到货量，完善收货计划和提高收货效率，减少仓库与上下游的沟通成本。

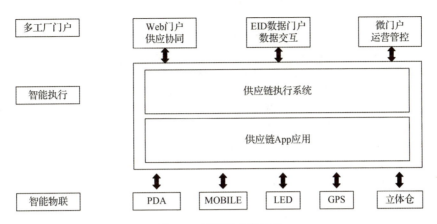

图4-4 智慧供应链平台

以下是菜鸟、京东、苏宁在产地仓的布局情况。

1. 菜鸟

菜鸟产地仓的建设始于2017年。2017年6月1日，菜鸟在广东省茂名市建立第一个产地仓，用以保障当地数万吨荔枝的全程冷链运输。2017年12月26日，菜鸟在江西省瑞金市设立农产品产地仓，保障当地脐橙等农产品的高效流转，同时为革命老区精准扶贫提供广阔的销售和物流平台。2018年4月26日，在陕西省武功县，菜鸟联合天猫宣布启动神农计划。通过这项计划，菜鸟宣布将在全国开设100个原产地生鲜仓库，覆盖全国生鲜主产区，将工业级标准引入生鲜供应链全领域，用算法和黑科技帮助农户卖水果、运水果。截至2021年6月，菜鸟产业供应链已挺进全国30多个制造业产业带和农产品原产地，通过在田间地头和工厂车间附近开设产地仓，让生产者与消费者无缝连接，大大减少了工业品和农产品的销售与流通环节，提高了生产效率。2022年3月24日，菜鸟在江西省寻乌县建成了农产品智能产地仓，落地了全县最先进的脐橙自动化分选、包装系统，帮助当地脐橙在源头分级分选，自动包装发货，直连消费市场。同时，菜鸟在乡村共配中心的自动化系统，也推动了快递加速进村。

2. 京东

京东的产地仓建设不限于生鲜领域，从起步阶段就涉及家电、家纺等制造业品类。

2017年5月，京东在南通建立全国首个家纺产地仓。南通的家纺市场份额约占全国的70%，该项目距离叠石桥家纺城仅有20千米，区位优势明显，一期规划面积5万平方米，预计可容纳近百万件商品。首批入驻商家囊括了罗莱、富安娜、北极绒等多个知名家纺品牌的数万种产品。京东物流还计划在南通设立转运中心，实现以南通转运中心为中心铺货全国，解决商家供应链及库存周转问题。

2017年8月，京东在眉县设立前置分拣中心，将分拣前置到眉县，进行猕猴桃订单集中处理，直接通过干线出港送往北京、上海、广州，减少操作流程。

2018年2月5日，京东与安徽省滁州市人民政府在京东上海"亚洲一号"基地签署了战略合作协议。京东也宣布从2018年开始，在西北5省推进产地仓项目建设，同时，京东·汉中特色农产品对接暨汉中京东云仓开仓招商大会在汉中市城固县举行。京东集团与城固县人民政府签订了城市仓配中心建设项目协议和京东产地仓汉中运营中心落户城固协议。20户企业现场与京东云仓签订了入驻协议，京东将汉中特色农产品带向更远的地方。

2019年4月，京东物流首个家电产地仓在浙江省慈溪市落地。此前，飞龙家电集团有限公司（简称飞龙家电）作为慈溪家电产业的排头兵和京东的重要合作伙伴，已经在产地仓试运营期间将全系列商品入驻其中。从飞龙家电到慈溪产地仓，直线距离只有30多千米，货物入仓的时间和成本大大降低，而在以往，飞龙家电的货物要长途运输300千米，进入京东物流位于江苏省江阴市的大件仓库，才能完成上架存储。

2020年，京东在阜阳、惠州、临沂、遵义等地建了城市仓，其中一些仓的4~6线城市订单占比达到

90%。

2021 年 9 月 16 日，京东物流首个产地智能供应链中心在"西北电商第一县"武功县正式投入运营，这是京东物流首家集果品采购、冷藏、加工、分选、包装、物流配送于一体，链接西北产业带的农产品供应链中心，为西北产地及全国客商提供一体化供应链服务。

在服装行业，京东物流已经与李宁、UR、红豆、百丽、安踏、特步、卡宾、鸿星尔克等著名的服装品牌进行了长期深入的物流合作，对产地仓、销地仓、B2B、B2C 等多个仓库进行整合，统一调拨、统一补货、统一运输、统一配送，提升了整体效率。

3. 苏宁

苏宁物流同苏宁零售业务共同诞生与发展，在长期的发展历程中，苏宁物流在大件物流领域进行了持续的探索和投入，因此，产地仓的建设也以服务大件物流为主。

2017 年，苏宁物流在浙江省金华市投放使用健身器材产地仓，为商家提供仓配一体化服务，用户购买健身器材，直接通过干线出港送往全国各地。

2018 年，苏宁物流在广东省佛山市家装家居建材产地仓正式投入使用。针对家居不同大件客户类型，苏宁物流会提供诸如送装一体和独立安装的定制化服务，并通过集中配送、分类包装，控制商品在送装过程中的破损率。

2019 年，苏宁原产地直采战略加速拓展，在国内网罗了荆州小龙虾、阳澄湖大闸蟹、查干湖胖头鱼、山东苹果等极致生鲜，国外承包了泰国山竹榴梿、越南红白火龙果、智利车厘子、英国面包蟹、大洋洲龙虾、波士顿龙虾、挪威三文鱼、智利帝王蟹、厄瓜多尔白虾等全球好物，并通过专业冷链网络配送到消费者手中，有效提高了人们的生活品质。

2020 年，苏宁拼购推出"66 产地直卖节"，主打直卖苏宁拼购矩阵中的产品。据统计，"6·18"期间，苏宁"拼购村"农产品的销售额超 1.5 亿元，产业带商品销售超过 3.3 亿件，其供应链的优势得以充分发挥。不仅如此，以"6·18 超级秀"为契机，区别于传统的线上卖货，苏宁拼购还为产地直卖带货。例如，作为"拼购村"之一的河南岳沟村 120 万枚鸡蛋，在京东"6·18"当天一上架就立刻售罄，村民人均创收 5 000 余元。

2021 年，苏宁新增潮州、成都、天津、赣州、郑州 5 大专业化家居产地仓，以 7 大枢纽中心协同 40 余座大件区域中心仓，形成一张全国联通的仓网群结构，为家居合作伙伴提供"到仓、到店、到家"的全场景解决方案。

苏宁物流表示，依托全国枢纽城市建立起的大型仓储，苏宁物流要在全国新建多个产地仓，包括生鲜冷链。苏宁要把沿海的新鲜海鲜、内地的特产果品等以新鲜的状态快速运到全国人民的餐桌上，届时，无锡水蜜桃、西安猕猴桃、湛江菠萝、仙居杨梅、盱眙龙虾、阳澄湖大闸蟹等就将以产地仓的形式发往全国。

（资料来源：https://news.chinawutong.com/wlzx/wlzx-wlkx/201806/54971.html.（2018-06-25）[2024-08-22].）

4.5 逆向营销功能

4.5.1 逆向营销的概念及特征

逆向营销是在激烈的市场竞争下相对于传统营销思路和模式的一个重大转变，其根本指导思想是实现由营销战略决定战术向由下而上的营销战略制定方式转变、由营销者主导的推式营销向由消费者和市场主导的拉式营销转变、由竞争导向的营销思维向需求导向的营销思维转变。这对于激烈市场竞争态势下的企业真正面向市场需求转变传统营销模式，实现由需求推动企业营销战略战术的制定有着重要的作用和意义，它也是新形势下企业营销创新的重要思路和领域之一。逆向营销模式的主要表现特征是：由顾客主导一切。逆向营销的特征如下。

1. 逆向产品设计

有越来越多的网站能让顾客能够设计、安排符合自己需求的产品。例如，消费者能够设计自己喜爱的电脑（如戴尔电脑和盖特威电脑可接受顾客的个别订单）、牛仔裤、化妆品、鞋子、汽车，甚至房子。

2. 逆向定价

互联网技术使消费者得以从"价格的接受者"转变成"价格的制定者"。Priceline 网站所开展的业务是一个典型案例。在 Priceline 网站上，消费者可以提出打算为某特定物品（或服务）支付的价格（如搭乘飞机、订房间、抵押贷款和汽车的价格）。以购买汽车为例，在寻找合适的汽车的过程中，Priceline 的消费者可设定价格、车型、选购配备、取车日期及他们愿意驱车前往完成交易的距离。买方提供其本身的融资状况，并让该网站从其信用卡中收取 200 美元的保证金。网站则把此项提议的相关信息转移并传真给所有相关经纪商。Priceline 只从完成的交易中赚取收入，买方一般支付 25 美元，经纪商一般支付 75 美元。Priceline 还计划提供融资和保险服务，让消费者运用类似的报价模式来购买商品。

3. 逆向广告

之前，在传统广告活动中，营销人员一般是将广告"强行"推向消费者；而现在，广告原本的"广播"模式（broadcast model）已逐渐被所谓的"窄播"模式（narrow casting）所取代。在"窄播"模式中，企业运用直接邮件或电话营销的方式来找出对产品或服务感兴趣且具有高度获利力的潜在消费者，现在消费者已经能够要求订阅或停止订阅电子邮件广告。

如今，买方可以主动决定看到自己希望看到的广告，公司在寄发广告之前甚至必须先获得用户的许可。例如，抖音视频信息流广告是在抖音 App 内"推荐"页面内出现的广告，即用户日常"刷"得最多的页面。抖音通过精选优质视频，采用下滑即推荐新视频的展现方式，让用户可以持续在抖音 App 内观看视频。在用户下滑观看新视频时，不定期插入"视频广告"，该广告的制作都比较好（抖音有严格的广告审核机制），不会对用户造成干扰，用户如果对该广告内容感兴趣，可以点击视频进行观看，或者点击下方"蓝条"进行进一步的操作。之后算法将根据该用户历史广告喜好继续推荐类似广告。逆向广告由原本的人工推荐逐步转化为由机器算法推荐。

4. 逆向推广

通过网站等营销中介，用户不仅可以要求厂商寄来折价券和促销品，还可以通过它们要求特定的报价，也可以索取新产品的免费样品，而中介机构则可以在不泄露个人信息的情况下，把用户的要求转交给各公司。逆向推广倡导"许可式"沟通，而不是"干扰式"宣传，因此，逆向推广活动将营销发展成为企业与用户间的互动式对话和交流，用户不再是广告宣传和各类促销形式的被动接受者，他们可以自己决定所希望的广告或拒绝其他广告，甚至可以是推广活动的倡导者和思路提供者。

5. 逆向通路

让消费者能随时获得所需的产品服务，并且将产品运送给消费者的通路有如雨后春笋般不断增加。许多日常用品在杂货店、药店、加油站和自动贩卖机等地方随手可得；多数产品还可通过网站下单，然后由快递员直接发送至消费者家中；音乐、书籍、软件和电影等数字化产品可以从网站上直接下载。总体来说，逆向通路的特征就是把展示间搬到消费者家中，消费者不必跑到企业或经销商的展示间去看。这种方式暗示了企业必须发展和管理更多的通路，定价也会趋于复杂，有时甚至需要为不同的通路推出不同的产品或服务。

6. 逆向细分

互联网让消费者能够通过回答问卷的方式使企业明白自己的喜好及个人特征，企业可运用这种信息来进行市场细分并为不同的细分市场发展出适当的产品和服务。

4.5.2 逆向物流的概念

【逆向物流】

逆向物流是指客户委托第三方物流公司将交寄货物从客户指定所在地送达商家所在地的过程。逆向物流过程由客户推动，物流费用采取客户与第三方物流公司统一集中结算的方式，整个过程需要客户与物流公司双方强大的 ERP 对接系统支持。逆向物流的表现是多样化的，从使用过的包装到经处理过的电脑设备，从已售商品的退货到使用过的机械零件等。简而言之，逆向物流就是从客户手中回收用过的、过时的或者损坏的产品和包装开始，直至最终处理环节的过程。现在普遍接受的观点是，逆向物流是在整个产品生命周期中对产品和物资的完整高效的利用过程的协调。

逆向物流具有如下意义。

1. 提高潜在事故的透明度

逆向物流在促使企业不断改善品质管理体系上具有重要的地位。ISO 10010：2022 将企业的品质管理活动概括为一个闭环式活动：计划、实施、检查、改进，逆向物流恰好处于检查和改进两个环节上，承上启下，作用于两端。企业在退货中暴露出的品质问题，将通过逆向物流信息系统不断传递到管理阶层，提高潜在事故的透明度，管理者可以在事前不断地改进品质管理，以根除产品的不良隐患。

2. 提高客户价值

在当今客户驱动的经济环境下，客户价值是决定企业生存和发展的关键因素。众多企业通过逆向物流提高客户对产品或服务的满意度，赢得客户的信任，从而增加其竞争优势。对于客户来说，逆向物流能够确保不符合订单要求的产品及时退货，有利于消除客户的后顾之忧，增加其对企业的信任感及回头率，扩大企业的市场份额。另外，对于供应链上的企业客户来说，上游企业采取宽松的退货策略，能够减少下游客户的经营风险，改善供需关系，促进企业间战略合作，强化整个供应链的竞争优势。特别是对于过时性风险比较大的产品，退货策略所带来的竞争优势更加明显。

3. 降低物料成本

产品在生产过程中会产生许多的废弃物，如果不加以处理，不仅会影响到生产环境，还会造成资源的浪费。其实，很多产品（如汽车、家电等）经过了一定时期的运行后，就进入报废阶段，而这些报废产品上的某些零部件拆解后也能重新使用。据汽车零部件再制造协会的估计，全世界每年通过再制造而节约的原材料可以装满155 000节车皮。

4. 改善环境

从宏观上看，逆向物流对节约资源、改善环境、实现可持续发展具有非常重要的现实意义。逆向物流的开展为废旧货物的回收和利用架设了桥梁，节省了大量的社会资源，保护了环境，提高了资源的利用率。可以说，发展逆向物流是循环经济实施的主要途径，也是时代发展的必然要求。

4.5.3 "互联网+"战略下的新媒体对逆向物流模式的影响

互联网已成为新媒体营销的主流工具，新媒体营销已经逐渐成为现代营销模式中最重要的部分。网络营销是现代信息通信技术和计算机网络技术及企业营销理论与实践相结合的产物，是建立在电子信息与通信技术基础之上、借助于互联网来实现一定营销目标的现代营销模式。网络营销的产生与发展在很大程度上改变着传统营销的形态和业态，已经成为当今社会营销发展的趋势，并将成为互联网媒体时期的营销利器。

"互联网+"战略下新媒体的涌现和发展必将搭起逆向物流产业与虚拟经济间的桥梁，新媒体战略对逆向物流营销的影响主要体现在营销模式上。逆向物流由供应链上的一个新元素逐渐演变成供应链上不可或缺的重要成员。竞争态势下电商和物流企业利用先进的信息技术集中处理来自消费者的信息和数据，挖掘出消费者的购买特征和行为模式，并以此为依据，调整和优化相关营销活动安排与机制，从而开创自下而上的逆向营销局面。具体而言，在物流配送过程中，通过收集消费者的购买行为数据，分析其购买特征，并基于大数据挖掘等对其进行分析，预测出特定区域的货物需求量，提前将货物存储在最近的仓库，当消费者提出需求时，可以迅速对其进行配送，从而缩短配送时间、提高配送效率、提升用户体验。

案例 4-7

顺丰速运的逆向营销之路

在当前消费升级与电商高退货率并存的背景下，退换货已成为制约服装鞋帽等行业物流效率与客户满意度的关键环节。顺丰速运针对这一行业痛点，主动推动逆向物流系统的重构，通过"科技赋能+网络协同+服务定制"三重路径，打造了高效、智能、绿色的逆向供应链解决方案。

顺丰利用"丰巢智能柜+区块链"技术简化退货流程。消费者可以通过扫码实现自助投递，柜机自动打印面单并垫付运费，整个退货流程仅需3分钟，极大提升了用户体验与操作便捷性。同时，顺丰依托覆盖全国的航空运输运力和智能调度系统，在逆向物流时效上构建差异化优势。部分电商平台可达到"次日达"的退货服务标准。例如，从深圳发往北京的退货商品最快可在 24 小时内完成全流程处理。同时，顺丰积极响应可持续发展战略，推进"绿色退货"理念的落地。如通过推广"丰 BOX"共享循环快递箱，推动包装可回收与减量化，助力构建循环经济型物流体系。数据显示，顺丰在 2023 年通过绿色包装措施，节省了 5 000 多吨纸张和塑料材料，包装成本降低了约 15%。

在 B 端服务方面，顺丰围绕服装鞋帽等高退货率行业，构建了以"三级智能仓网+全链路运配服务+科技系统赋能"为核心的逆向营销方案。例如，针对某知名运动品牌，顺丰提供了"深度返修+品质管理"一体化服务。在其三级仓网结构下，退货商品无需返还总部，而是就近入库并完成质检与后期处理。顺丰还制定了细致的分级分类标准，用来匹配脏污清洁、开胶修复、发霉治理等专业服务流程，由专业质检团队进行二次质量评估，分类规划后续商品去向。

通过逆向营销，顺丰不仅实现了残次品的价值回收与流通效率提升，还帮助品牌方构建了高标准的退货管理体系，强化了其高端品牌形象，实现了逆向物流从"成本中心"向"价值中心"的战略转型。

（资料来源：网络资料整理。）

什么是新媒体

现代营销学之父科特勒曾预言：21 世纪初，市场营销领域大量的电视广告、报纸杂志广告消失，互联网广告兴起成为大趋势。移动电视、微博、微信等一系列在高新科技承载下展现出来的媒体形态，被现代人们称为新媒体。这种形态的新媒体除具有电视、报纸、杂志、无线电广播等传统媒体的功能，还具有便捷、跨时空、低成本、延展与融合等新特征，其传播以互动、参与为特征，人们的交流形式为"多对多"的交互式传播，传播者与受众两个主体的界限不再清晰，传播者与受众都可以制作并传播信息。从媒体和传播的角度来看，互联网等新媒体的功能，已经日益由原来的分享和传播信息演变成组织和行动的支柱，成为社会与经济不可或缺的重要一环。

本 章 小 结

本章主要阐述了物流的基本功能，包括包装、装卸搬运、流通加工、运输、仓储和配送，以及互联网环境下产生的新功能，如信息服务功能、资源整合功能、大数据分析功能和逆向营销功能。

知识巩固与技能训练

一、名词解释

物流信息服务、物流信息化、物流资源整合、物流信息系统、集约式管理、大数据分析、逆向营销、逆向物流、仓配一体化。

二、单项选择题

1. 物流信息服务的载体基本单元是各企业的（　　）。
   A. 物流信息系统　　B. 物流数据系统　　C. 物流信息平台　　D. 信息系统

2. （　　）就是优化资源配置的决策。
   A. 资源整合　　B. 人力整合　　C. 信息整合　　D. 系统集约

3. （　　）起着消除物流生产地与消费地之间空间错位的作用。
   A. 物流交通　　B. 末端配送　　C. 运输　　D. 快递

4. （　　）是指商家客户委托第三方物流公司将交寄物品从客户指定所在地送达商家所在地的过程。
   A. 正向物流　　B. 逆向物流　　C. 物流服务　　D. 物流运输

5. 网络营销是（　　）和计算机网络技术与企业营销理论与实践相结合的产物。
   A. 信息技术　　B. 大数据技术　　C. 人工智能技术　　D. 现代信息通信技术

6. （　　）的服务旨在为客户提供一站式仓储配送服务。
   A. 资源整合　　B. 仓配一体化　　C. 仓库整合　　D. "最后一公里"配送

7. 通过调整优化内外部物流资源，强化（　　）与生产经营活动的协调性和一致性。
   A. 逆向营销　　B. 生产活动　　C. 物流技术　　D. 物流活动

8. 在互联网技术的支持下，物流网络实现网络资源的（　　）整合。
   A. 完全　　B. 静态　　C. 动态　　D. 部分

9. 对（　　）加以分析能够帮助物流企业提高服务质量和物流效率，降低企业物流成本。
   A. 仓储数据　　B. 快递数据　　C. 用户数据　　D. 物流数据

10. （　　）是物流网络活动的基础环境。
    A. 互联网信息网络　　B. 线下交易环境　　C. 线上O2O环境　　D. 物流信息平台

三、多项选择题

1. 物流信息平台可与（　　）等配合使用。
   A. 物流企业终端　　B. 用户终端　　C. 移动手机终端　　D. 车载终端

2. 物流信息服务涉及（　　）3个主要角色。
   A. 物流货物提供商　　B. 物流服务提供者　　C. 物流服务消费者　　D. 服务注册中心

3. 物流资源整合的目的是将（　　）连接起来。
   A. 制造商　　B. 生产商　　C. 供应商　　D. 消费者

4. 广义的物流资源整合强调（　　）物流资源的统筹规划。
   A. 跨企业　　B. 跨行业　　C. 跨平台　　D. 跨地区

5. 物流网络的动态整合模式分为（　　）。
   A. 静态整合模式　　B. 外部动态管理模式
   C. 组织内部动态管理模式　　D. 多节点资源动态整合模式

四、复习思考题

1. 简述传统物流的基本功能，以及互联网物流的新功能。
2. 分析大数据在物流行业中的应用。
3. 说明互联网物流整合资源的方式，并分析其内部整合模式。
4. 说明"互联网+"战略下的新媒体对逆向物流模式的影响。
5. 分析现代物流系统涉及的环节，以及每个环节发挥的作用。

第 **5** 章
互联网物流的业务体系与作业流程

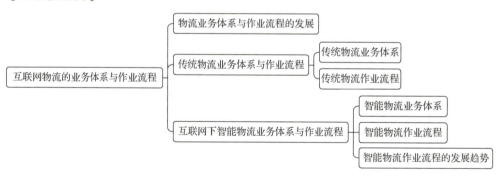
【学习目标】

1. 了解传统物流业务体系和作业流程。
2. 掌握互联网下智能物流业务体系和作业流程的特点。
3. 理解互联网下智能物流业务体系架构，理解它们的目标、作用和方法。

【能力目标】

1. 掌握完成物流业务体系框架搭建和作业流程设计的基本知识。
2. 了解如何运用物联网技术和大数据等方法辅助物流作业。

　　随着信息技术的不断发展，物流的理论、模式、功能也在不断延伸并发展变化，物流的业务体系与作业流程也在逐步改变其形态和内涵。了解传统物流业务体系与作业流程，有助于读者掌握物流业务体系与作业流程的形态及其内涵，还可以帮助读者更加深入地理解互联网背景下智能物流业务体系与作业流程的特点，把握未来的发展趋势。

5.1　物流业务体系与作业流程的发展

　　物流起源于 20 世纪初的美国，而后在欧洲一些国家和日本得到迅速发展，物流技术和理论经过一个世纪的发展，已在全世界各个国家和地区得到了广泛的应用，并成为推动世界经济发展的重要动力。物流的发展是一个连续的过程，从物流组织方式和服务模式的特点来看，可以把物流的发展过程分为 4 个阶段（图 5-1）：物流产生阶段、传统物流管理理论的形成阶段、物流理论变革阶段和物流理论全面创新阶段。

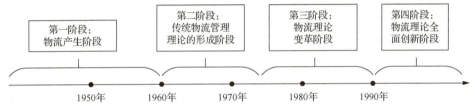

图 5-1　物流理论的发展过程

　　每个阶段都有不同的经济背景、技术背景和理论背景，这些背景驱使形成新的物流组织方式和服务模式，同时形成新的业务体系与流程。物流业务体系及流程的发展过程如表 5-1 所示。

表 5-1　物流业务体系及流程的发展过程

特征阶段	时间	背景	业务体系	业务流程
第一阶段：物流产生阶段	20 世纪初至 20 世纪 50 年代末期	①对物流价值开始有所认识；②军事后勤的技术和理论发展迅速；③优化技术在货运领域的应用	仓储、库存、运输等物流基本业务	①被动的推动式物流流程；②物流过程的优化
第二阶段：传统物流管理理论的形成阶段	20 世纪 60 年代初期至 20 世纪 70 年代初期	①买方市场的形成；②营销时代的来临	运输、仓储、包装、装卸、加工（包括生产加工和流通加工）、物流信息等基本业务	①基于客户需求的拉动式物流流程；②物流基本业务的流程；③物流管理技术的基本流程
第三阶段：物流理论变革阶段	20 世纪 70 年代中期至 20 世纪 80 年代末期	①供应链管理理论形成；②物流流程整合需求；③企业物流业务外包；④出现物流中心	①传统物流 7 大业务；②基于供应链管理的物流业务；③基于物流中心的物流业务	①基于供应链管理的物流业务流程；②DRP、LRP、ERP 等技术的操作流程

续表

特征阶段	时间	背景	业务体系	业务流程
第四阶段：物流理论全面创新阶段	20 世纪 90 年代初期至今	①网络信息技术的发展与应用；②互联网的普及；③自动化技术、GPS 技术等的应用	①传统的物流体系；②新增信息集成业务、大量增值业务、基于活动范围的业务	①技术带来了流程的革命；②新增的服务模式丰富了业务流程的内容

5.2 传统物流业务体系与作业流程

5.2.1 传统物流业务体系

传统物流业务体系以运输、仓储、配送、控制、包装、流通加工和装卸搬运 7 项业务为核心内容，并以其支撑物流业务运行的所有相关因素，在它们的有机结合下完成高效低耗的物流活动，其框架如图 5-2 所示。该体系由物流业务层次划分和支撑条件两部分构成。根据各项物流业务在整个物流活动中的重要程度及作用，可将物流业务划分为 4 个层次：辅助业务层、核心业务层、增值业务层和应用业务层。其中，核心业务层由物流活动中最关键的业务构成，包括运输、仓储、配送和控制 4 项业务；辅助业务层为核心业务层中的物流业务提供辅助支持，保证核心业务的运行；增值业务层是在完成核心业务与辅助业务的基础上延伸的物流增值服务业务；应用业务层的作用是有机综合核心业务层、辅助业务层和增值业务层中的各项物流业务，利用专用设施、设备实现物流业务的应用价值。物流业务体系中的支撑条件为各层物流业务的正常运作提供保证，包括内部支撑和外部支撑两部分。

5.2.2 传统物流作业流程

传统物流作业流程是物流系统为实现特定的物流目标而进行的一系列有序物流活动的整体，它直接反映了物流系统运行过程中物料流动、设备工作及资源消耗情况。根据不同的业态，物流的作业流程具有不同的形式，主要包括生产领域的物流作业流程和流通领域的物流作业流程。其中，流通领域的物流作业流程又可分为批发领域的物流作业流程、零售领域的物流作业流程和生活领域的物流作业流程。各个物流作业流程具有许多相似之处，本书阐述的物流作业流程主要指批发领域的物流作业流程。

传统物流作业的目的是将客户所订货物送到客户手中，其流程主要包括进货、检验、分拣、存放、拣选、包装、分类、组配、装货及配送等。企业根据市场运作情况（主要是客户订单等）进行相应的库存管理操作，如有原材料的缺货，则需要进行采购，从制造商、供应商处进行采购并进行相应的进货及验收工作，然后进入储存管理环节，包括分拣、存放、拣选，再根据订单信息进行出货管理，包括包装、分类、组配、装货及配送等。这些活动同时伴随着财务管理活动。传统的物流作业流程如图 5-3 所示。

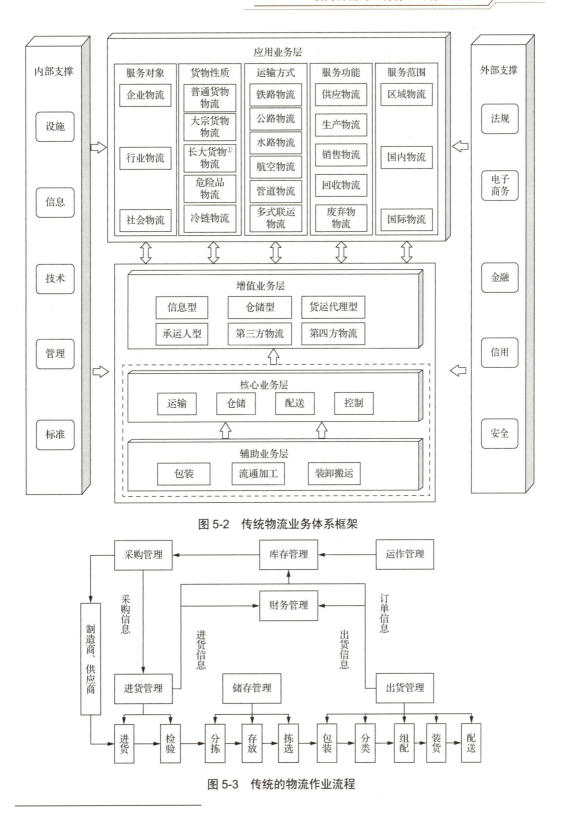

图 5-2 传统物流业务体系框架

图 5-3 传统的物流作业流程

① 重大件货物，又称笨重或长大货物。

5.3　互联网下智能物流业务体系与作业流程

物流作业流程是物流系统为实现特定的物流目标而进行的一系列有序物流活动的整体，它直接反映了物流系统运行过程中物料的流动、设备的工作及资源的消耗情况。物流体系是物品从供应地向接受地的实体流动过程中，将运输、存放、装卸、搬运、包装、流通加工、配送、信息处理等基本功能实现有机结合而形成的一个整体。如果其各方面配置合理，将会使物流达到最优。

【国内快递物流的运作过程】

5.3.1　智能物流业务体系

1. 智能物流业务体系架构

现有的物流业务体系因所涉及的物流信息采集和交互能力有限，实现物流过程中对货物的实时监测与控制比较困难。在互联网环境与物联网环境的共同作用下，各项物流业务的智能化水平显著提高，增值业务的服务范围得以进一步扩展。互联网下智能物流业务体系框架如图5-4所示。

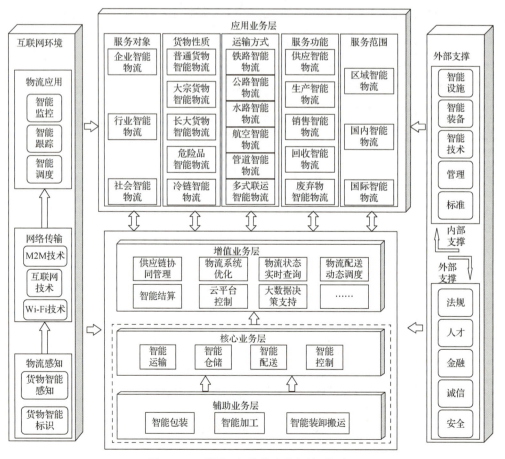

图 5-4　互联网下智能物流业务体系框架

2. 互联网技术对物流业务体系的影响

互联网技术对物流业务体系的影响表现为以下几个方面。

（1）提升物流的智能化水平。现代物流体系的目标是将互联网和物联网技术引入物流领域，从而提升物流的智能化水平，进而改变现有物流作业流程，丰富物流业务体系，极大地提高现有业务体系的核心业务、辅助业务、增值业务和应用业务的智能化水平，形成一系列智能化信息服务模式和智能化控制服务模式。

（2）扩展物流增值业务。除了物流的 7 项基本业务，还通过引入"互联网+"思维，利用物联网等技术改变物流工作组织方式，实现整个物流体系的成本节约或盈利增加的衍生业务。例如，通过一系列的信息采集服务，衍生出系统优化、状态实时查询、配送路径动态调度等服务，形成新的基于互联网技术的物流增值业务体系，从而完善物流服务功能，实现从传统人工控制物流向依托信息技术和互联网思维的智能物流的转变。

（3）支撑业务的变化。在内部支撑体系中，物流设施通过传感器及其他感知手段实现全方位、大规模的信息采集；物流装备进行升级和感知与控制功能扩展；物联网在物流行业的应用将直接融入现有物流技术体系中，感知技术与网络技术则作为物联网在物流行业应用的底层技术支持；同时随着互联网技术在物流行业的应用，相关的管理理论和行业标准也会发生相应的变化。

在外部支撑体系中，由于互联网思维商流和物流将进一步的融合，从而实现商流对物流的智能化和自动化控制，物流信息的采集和分析也将为电子商务的商流和决策提供准确、快速、即时的信息支持。通过把金融支付应用到物流的财务管理中，实现物流智能结算，并将结算系统与金融信息系统对接，完成智能支付。

5.3.2　智能物流作业流程

1. 智能物流作业流程架构

基于物联网的智能物流作业流程是在现有物流作业流程的基础上，结合物联网技术和物流业务新体系，对各作业流

【Newamstar 智能物流系统】

程的操作进行智能化改造，将作业流程中涉及的物流货物信息和物流资源信息通过感知进行智能化的记录，并以此为基础，为客户和运营商提供内外部服务，以此实现物流作业流程服务的全程优化整合。互联网下智能物流作业流程如图 5-5 所示。

2. 互联网技术对物流作业流程的影响

现代物流的本质是以信息技术为核心，通过对实体货物流动信息的有效监管和协同，实现供应链资源整合和物流全流程的优化。因此现代物流是最能发挥物联网优势的应用领域。通过互联网和物联网技术在物流作业各个环节的推广与应用，传统的物流作业流程将面临局部改良或彻底重组，物流作业的效率会得到极大的提升。

（1）运输环节。运输环节是物流系统中比较重要的一个环节，涉及的因素有员工、货物、运输路线、装载环境和运输工具等，现阶段，物流行业缺乏对这些因素的监控。如果不能实时有效地对运输和存储过程中的一些隐患因素进行及时处理，将会给企业带来巨大的损失。

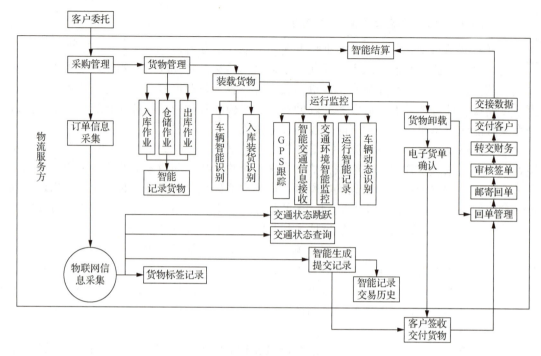

图 5-5　互联网下智能物流作业流程

互联网技术可以通过在运输车辆上嵌入射频标签、摄像头等物联网技术合理解决运输过程中的调度问题。在运输途中，货物的相关信息能够实时传送到数据中心。同时，数据中心实时分析获取相关信息，并根据货物运输的实际情况向货车司机及时地反馈各种信息，从而保障企业减少不必要的损失。

（2）仓储环节。仓储环节涉及供应链的各个环节，由于商品的特殊性，商品对保管和储存的要求是不同的。例如，药品的储存与保管对温度和湿度的要求比较苛刻。如果在储存这些商品的仓库中使用物联网技术，就可以通过数据感应识别系统将商品的储存环境及商品自身的品质信息实时传输给互联网数据中心，数据中心及时对反馈回来的信息进行综合分析和处理，然后将相关保管和储存的改进建议反馈给仓库。在保管过程中，这种智能化的管理只有通过互联网和物联网技术才能实现，可以给企业带来可观的经济效益。

（3）搬运装卸环节。在搬运装卸环节，RFID 标签可以识别货物的种类，从而实现货物搬运装卸过程中井然有序。物联网的智能化技术能够记录货物移动的相关内容，这些内容反馈到数据管理中心，管理者就很容易掌握货物的库存量变化情况，借此提高库存管理效率。在搬运设备上安装一些自动识别传感设备，能够在搬运过程中自动识别、搬运和存放货物，这种自动化的搬运装卸，不仅能够减少一些人力和物力，也避免了一些人为原因造成的错误。

（4）包装和流通加工环节。在包装、流通加工环节，由于商品种类的不同，包装与加工的要求也不同。例如，药品对环境有着较高的要求，易爆、易燃货物在流通加工和包装过程中容易造成安全隐患。但在引入物联网技术后，可以智能地提醒商品的包装及加工要求，这样既省时省力又安全可靠。

（5）配送环节。在配送环节，主要根据用户下达的出库订单将货物下架、分拣和理货。在物联网环境下，将等待装配的货物信息实时录入物流信息平台，后台运算处理中心进行快速配送规划运算后将指令下达给调度员，调度员再根据指令处理货物分配明细和匹配的运输车辆以完成配货与装车的调度任务。每辆车的送货员根据信息平台下达的配送路线图在规定的时间内将货物准时送达用户。在整个配送作业流程中要想快捷且经济地完成配送任务，最为关键的一环是根据配送任务和配送资源制订最优化的运输计划，而这正是物联网环境下物流信息平台的优势之一。这一优势可以充分保证数据中心实时读取货物信息，合理匹配货物和车辆，更加准确、高效地将货物送达目的地。

（6）信息服务环节。数据中心包括库存信息、存储信息和销售信息，数据中心综合处理这些信息之后，制造商、零售商和消费者都可以登录数据中心来查询销售与存储信息，制造商可以借此及时规划生产进度，零售商可以借此实时调整进货计划，消费者可以通过货物上的标签，登录数据中心追溯产品的生产和物流信息。

5.3.3　智能物流作业流程的发展趋势

在互联网背景下，物联网技术在物流领域的广泛应用，对物流的营运管理和业务体系产生了很大的影响。物流业务体系的核心业务和辅助业务内容发生变化，增值业务的服务范围进一步得以拓展，主要体现在以下几点。

1. 终端物流和终端交易的组合

在移动互联网出现之前，物流在整个互联网行业的发展中扮演着配角。移动互联网产生与普及之后，物流基本形态的两个要素是：移动端交易和移动端递送。商品线上下单、线下送达的场景都需要依靠物流来实现，其中为消费者送货的人负主要责任，这使得物流由过去的配角更多地转变成主角，这是物流的变革。

【亚马逊机器人智能化
处理货物流程】

2. 物流业务智能化

随着移动互联网技术的成熟，顺应"互联网+物流"趋势崛起的新兴服务平台已经能够实现车货智能匹配、货物状态实时跟踪、精准货物推荐等服务功能，向着生态化、智能化产业链的目标发展。同时，由于大数据技术的充分应用，物流路线、选址及仓储等，都有望得到进一步优化，从而达到即时服务的终极目标。

（1）运输业务智能化。通过互联网集成各种运输方式，应用自动获取数据技术（条形码技术、RFID 技术等）、自动跟踪技术（GIS、GPS）、数据管理技术等，进行实时运输路线追踪、车辆调度管理和货物在途状态控制等一系列运输作业，可以有效缩减运输时间和降低空驶率。将附有车辆与货物信息的 RFID 标签附着于车辆与货物上，利用先进的物流信息技术实时查询车辆与货物的运输状况，借助车辆实时配送、可视化在线调度与管理系统，从而实现运输作业流程的标准化与优化、运输作业信息的透明化。运用大数据主动判断拥堵道路，通过信息采集、存储、传输、大数据分析与预测、交通控制策略智能化自动生成、终端控制等多个环节，最大限度降低货物运输成本，提高货物运输的安全性和智能性。

（2）仓储业务智能化。在互联网环境下，利用信息采集与识别技术、电子数据交换技术，以及自动搬运设备如自动穿梭车货架、堆垛机的自动控制和自动仓库管理系统等先进的技术和设备，可以实时采集产品信息和仓储信息，及时掌握仓储活动状态，进而实现实时响应和动态应对。通过仓库与商品的三维体积匹配、商品售卖频率、AGV仓内智能机器人的路线规划等多个维度的数据，对入仓货物的存储进行自动化调度管理，实现全面无纸化运作，保障仓库的运作效率。

（3）配送业务智能化。利用互联网的网络化信息技术、智能化的作业设备及现代化的管理手段，自动识别跟踪货品，实现智能出入库管理、分类拣货、补货以及产品销售情况分析，解决目前物流仓储配送数据采集不精确、数据利用率不高等问题，精确快速地实施物流配送业务、控制物流配送流程、支持物流配送决策，降低货品库存积压率，在提高配送效率的同时提高服务品质。

3. 物流信息同步化

通过物流信息技术对物流信息的全面感知、安全传输和智能控制可实现从物流信息管理到物流信息控制的飞跃。建立物流公共信息平台与共享物流信息平台，使得物流信息的收集实现数据库化和代码化，物流信息处理实现电子化和标准化，物流信息传递实现网络化和实时化，实现物流行业与其他行业的糅合，充分发挥各个行业的辐射作用，进一步提高整个物流行业的反应速度和准确度，降低物流成本和物流营运风险。

4. 物流设备自动化

利用计算机网络控制系统，将输送工具、工业机器人、仓储设施等自动化的设施和设备组成有机的具有特定功能的整体系统，受控设备可以完全自动化顺序作业，实现运输、包装、分拣、识别等作业过程的自动化，提高物流管理水平和物流作业效率。

5. 物流管理集成化

随着下游行业竞争日益激烈，越来越多的第三方物流公司开始加入客户更多的业务环节，服务范围逐渐扩展，从合同物流走向物流金融、虚拟生产等拓展环节。未来，信息和规划有望成为供应链公司两大新增盈利点。

6. 单证标准数据化

在智能物流体系发展的背景下，物流单证的电子化与标准化成为推动物流与金融融合的关键。电子提单、仓单、运单等逐步实现统一格式和接口标准，提升了业务协同效率与自动化水平。电子单证具有数字化、结构化和可追溯的特点，能为企业提供质押融资、信用担保等金融服务，增强供应链资产的流动性和可信度。通过物流与金融系统的深度融合，企业能够实时掌握运输状态和库存变化，提高风险管控能力。同时，围绕电子单证的金融服务生态有助于解决中小企业的融资难题，推动物流、金融、信息等要素协同发展，增强供应链韧性，提高供应链的整体效率。

德国爱马仕全自动化物流退货系统

爱马仕配送公司（Hermes Fulfilment）是德国多渠道零售商 OTTO 集团的成员之一，总部位于德国汉堡，其核心业务是面向集团内外的客户开展物流服务。其位于哈尔登斯莱本的物流中心是欧洲最具现代化的配送中心之一，每天的高峰时段处理订单多达 25 万个。Hermes Fulfilment 在不来梅市附近建立了一个的物流配送中心，于 2020 年 10 月开始运营，每天可处理 5 万件以上的货物。

Hermes Fulfilment 的核心竞争力是其高效的退货管理作业。哈尔登斯莱本的物流中心以 KNAPP 的 OSR 穿梭技术为核心建设了高效率的退货处理系统，大大提升了退货处理能力。

1. Hermes Fulfilment 退货管理项目

Hermes Fulfilment 负责全权处理用户的退货，包括退货收货、退货整理和重新包装并发货。

原有退货系统：全部退货经过检验合格后由人工储在分拣库房里，收到新订单后再采用拣货小车进行拣选。

升级后退货系统：为了进一步优化退货管理，Hermes Fulfilment 决定采用 KNAPP 的 OSR 穿梭技术对哈尔登斯莱本物流中心的退货操作进行自动化管理。同时由于分拣库房内既有新货又有退货，因此用于重新销售的退货必须与新货进行同步处理，两个系统之间必须实现自动衔接。

2. Hermes Fulfilment 自动化退货系统

Hermes Fulfilment 自动化退货系统的核心是 KNAPP 的 OSR 穿梭系统。该系统有 17.6 万个存储货位，分布在 30 个货架阵列内，可存储 100 万件商品，每小时可以将混装了多个品类商品的 2 000 个退货周转箱从收货处直接送入存储货位。OSR 系统设计了两层共 30 个分拣工位，在分拣的高峰时段每小时可以处理 1.5 万个订单。自动化退货系统设计理念的创新，主要体现在高度灵活的 OSR 穿梭技术，以及基于 KiDesign 原则的分拣工位设计。Hermes Fulfilment 的 OSR 穿梭系统如图 5-6 所示。

图 5-6　Hermes Fulfilment 的 OSR 穿梭系统

（1）高度灵活的 OSR 穿梭技术。KNAPP 的 OSR 穿梭系统是一个半自动化订单分拣系统，采用货到人的设计原则，利用货架存储周转箱，每层货架之间都有穿梭小车进行货物的存取，并通过垂直升降系统将货物送到操作工位，进行人工拣选。Hermes Fulfilment 的 OSR 穿梭技术示意图如图 5-7 所示。

图5-7　Hermes Fulfilment 的 OSR 穿梭技术示意图

该技术适合商品种类繁多、存储密度大、订单数量大、单个订单批量小的业务，具备以下优点。

① 单一技术，系统稳定性、可维护性高。

② 模块化设计，省略了传统设计方案的大量输送线，节省了空间。

③ 货位数量、工位数量、存储空间等可以根据业务需要进行灵活调整。

（2）基于 KiDesign 原则的分拣工位设计。KiDesign 是 KNAPP 基于人体工程学原理打造的多功能智能货到人解决方案，所有的货到人工位和拣货平台都是根据拣货特点进行定制的，因此退货处理效率大大提高。Hermes Fulfilment 基于人体工程学的分拣工位设计如图5-8所示。

图5-8　Hermes Fulfilment 基于人体工程学的分拣工位设计

退货处理系统采用符合人体工程学设计的分拣工位，符合 Hermes Fulfilment 的批量订单结构特征。

3. Hermes Fulfilment 的退货流程

Hermes Fulfilment 的退货流程主要包括以下 4 个环节。

（1）退货的收货。

① 退货的整理（包含从纸箱中取出、验货、重新包装）。

② 退货混装在周转箱中送达库房。

③ 退货周转箱被拆垛系统自动拆开后放入输送线。

④ 经过系统自动复核，周转箱被存入 OSR 穿梭系统中。

（2）混装货物的存储。

退货周转箱按照 KNAPP 的随机优化存储管理原则被自动放入合适的存储货位。Hermes Fulfilment 的自动化退货系统可以配合订单需求进行快速分拣和发货，提高了退货收货和发货之间的处理效率。所以，大部分退货商品只在仓储系统中停留几个小时。

（3）订单处理。

① 时效性：所有订单最迟发货时间不会超过3天。

② 发货方式：可以根据订单的轻重缓急程度采用更加经济的发货方式。

③ 分拣灵活性：OSR 穿梭系统有多条货架巷道，每条巷道都有多达 5 880 个货位，充足的货位为分拣提供了很大的灵活性。

④ 退货进行的分拣与新货的分拣同步进行，缓冲了订单结构变化带来的作业冲击。

（4）拣货。

① 拣货货位设计：自动化退货系统采用符合人体工程学设计的分拣工位，每个工位包括两层，上面一层停放两个存货周转箱，下面一层停放5个发货周转箱。值得注意的是，其中一个货位可以灵活定义到适合工人的位置，可以使操作工人方便地拣货。

② 拣货信息确认：拣货人员可以通过中央触摸屏接收拣货信息，也可以要求系统显示商品照片，以便对照确认应该拣取的货物。同时也可以通过扫描进行确认，并可以对商品重新贴标签以利于下一步的处理。

③ 系统允许从混装的周转箱内拣货。通过采用混装周转箱拣货，提高了存储密度和拣货效率。

④ 特殊的分拣操作如抽检、清除过期存货等，都可以整合到 OSR 穿梭系统的操作之中。

本 章 小 结

本章阐述了传统物流的业务体系和作业流程，从物流组织方式和服务模式的特点来看，物流的发展经历了4个阶段。在互联网环境下，物流业务体系和作业流程变得标准化、信息化、智能化和集约化。通过对本章的学习，读者能够了解智能物流业务体系和作业流程的架构，以及互联网技术对物流业务体系和作业流程的影响。

知识巩固与技能训练

一、名词解释

物流组织方式、传统物流管理理论、物流业务体系、物流作业流程、物流业务体系架构、终端物流、物流业务智能化、运输业务智能化、物流管理集成化、物流信息同步化。

二、单项选择题

1. 现代物流的本质是以（　　）为核心。

　A. 信息技术　　　　B. 网络安全　　　　C. 大数据技术　　　　D. 计算机技术

2. 在搬运设备上安装一些（　　），能够在搬运过程中自动识别、搬运和存放物品。

　A. 安防设备　　　　B. 摄像头　　　　C. 无线射频设备　　　　D. 自动识别传感设备

3. 对于（　　）的充分应用，物流路线、选址及仓储等有望得到进一步优化。

A. 物联网技术　　　　B. 通信技术　　　　C. 5G 技术　　　　D. 大数据技术

4.（　　）的作用是有机综合核心业务层、辅助业务层和增值业务层中的各项物流业务，利用专用设施、设备实现物流业务的应用价值。

A. 核心业务层　　　　B. 应用业务层　　　　C. 辅助业务层　　　　D. 增值业务层

5.（　　）由物流活动中最关键的业务构成，包括运输、仓储、配送和信息 4 项业务。

A. 增值业务层　　　　B. 辅助业务层　　　　C. 核心业务层　　　　D. 应用业务层

6. 物流设施通过（　　）及其他感知手段实现全方位、大规模的信息采集。

A. 通信设备　　　　B. 传感器　　　　C. 摄像头　　　　D. 大数据技术

7. 互联网技术可以通过在运输车辆上嵌入 RFID 标签、摄像头等（　　）合理安排运输过程中的调度问题。

A. 大数据技术　　　　B. 物联网技术　　　　C. 通信技术　　　　D. 传感器设备

8. 在搬运装卸环节，（　　）可以识别物品的种类，保证物品搬运装卸的井然有序。

A. 传感器　　　　B. RFID 标签　　　　C. 摄像头　　　　D. 5G 技术

9. 对于（　　）的充分应用，物流路线、选址及仓储等有望达到即时服务的终极目标。

A. K-means 算法　　　　B. 区块链技术　　　　C. 通信技术　　　　D. 大数据技术

10.（　　）和规划有望成为供应链公司两大新增盈利点。

A. 信息　　　　B. 大数据　　　　C. 技术　　　　D. 通信

三、多项选择题

1. 物流的作业流程具有不同的形式，主要包括（　　）的物流作业和（　　）的物流作业。

A. 生产领域　　　　B. 物流领域　　　　C. 流通领域　　　　D. 快递领域

2. 现代物流体系的目标是将（　　）和（　　）引入物流领域，提升物流的智能化水平。

A. 无线射频技术　　　　B. 互联网技术　　　　C. 物联网技术　　　　D. 通信技术

3.（　　）与（　　）作为物联网在物流行业应用的底层技术支持。

A. 网络技术　　　　B. 感知技术　　　　C. 计算机技术　　　　D. 区块链技术

4. 传统物流企业数据中心包括（　　）、（　　）和（　　）。

A. 销售信息　　　　B. 存储信息　　　　C. 库存信息　　　　D. 用户信息

5. 移动互联网产生与普及之后，物流基本形态的两个要素是（　　）和（　　）。

A. 移动端交易　　　　B. 移动端递送　　　　C. 配送末端交易　　　　D. 配送末端递送

四、复习思考题

1. 简述物流的发展历程，并画出智能物流业务体系的架构。

2. 随着物联网技术在物流领域的广泛应用，其对物流的营运管理和业务体系产生了哪些影响。

3. 论述物联网技术对物流业务体系中核心业务和辅助业务的影响。

4. 简述物流作业流程的主要形式及其主要作业流程。

5. 简述智能物流业务体系和作业流程的基本架构。

下篇　应用篇

第 **6** 章
互联网物流信息技术

【知识框架图】

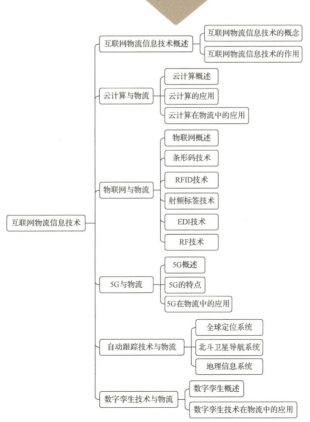

【学习目标】
1. 掌握互联网物流信息技术的种类、概念。
2. 了解互联网物流信息技术在物流行业中的应用。
3. 掌握智能物流技术的类型、应用。

【能力目标】
1. 初步具备分析云计算对物流行业发展作用的能力。
2. 了解云计算对物流行业发展的作用，初步具备说明 5G 应用的能力；

6.1 互联网物流信息技术概述

作为物流技术中发展最快的领域，物流信息技术建立在计算机、网络通信平台之上，是现代信息技术在物流各个作业环节中的综合应用，也是现代物流区别于传统物流的根本标志。在物流领域中，这些技术包括硬件技术，如通信网络技术、自动识别技术（条形码技术、RFID 技术）、空间信息技术（全球定位系统、地理信息系统）、物流系统自动化技术（自动化仓库系统、自动分拣系统）等，还包括在这些技术手段支撑下的数据库技术和面向行业的管理信息系统等软件技术。物流信息技术为现代物流发展更大范围的信息共享与交互提供了基础平台。

6.1.1 互联网物流信息技术的概念

作为现代信息技术的重要组成部分，互联网物流信息技术本质上属于信息技术范畴，可以分为以下 4 个层次。

（1）物流信息基础技术。即有关元器件的制造技术，它是整个信息技术的基础，如微电子技术、光电子技术等。

（2）物流信息系统技术。即有关物流信息的获取、传输、处理、存储的设备和系统的技术，它是建立在信息基础技术之上的，是整个信息技术的核心，其内容主要包括物流信息获取技术、物流信息传输技术、物流信息处理技术及物流信息存储技术。

（3）物流信息应用技术。即基于管理信息系统（management information system，MIS）技术、优化技术和计算机集成制造系统技术而设计出的各种物流自动化设备和物流信息管理系统，如自动化分拣与传输设备、AGV、集装箱自动装卸设备、仓储管理系统、运输管理系统、配送优化系统、全球定位系统、地理信息系统等。

【全球定位系统】

（4）物流信息安全技术。即确保物流信息安全的技术，主要包括密码技术、防火墙技术、病毒防治技术、身份鉴别技术、访问控制技术、备份与恢复技术和数据库安全技术等。

6.1.2　互联网物流信息技术的作用

互联网物流信息技术是现代物流的核心，是物流现代化的标志。随着电子商务的发展，物流系统的信息化要求日益迫切，与电子商务相配套的物流信息系统建设必须加大力度。现代物流企业正朝着智能化物流方向发展，这是互联网物流发展的必然要求。将信息技术应用于传统物流行业中，可以实现物流的可控化、智能化、信息化，给现代物流企业带来更高价值的同时，还可以提高资源利用率和附加值。因此，用现代化的信息技术支撑现代物流活动具有重要的意义。

互联网物流信息技术通过切入物流企业的业务流程来实现对物流企业各要素的合理组织与高效利用，可以有效降低经营成本，提高经济效益。它最大限度地将原有的在物资空间位移中割裂的运输、仓储、包装、装卸、加工及配送等多个环节整合在一起，以突出表现现代物流的整合化特征。离开了信息技术的支持，就无法形成现代意义上的综合物流活动。同时，随着物流信息技术的不断发展，一系列新的物流理念和物流经营方式推进了物流的变革。在传统的物流模式下，企业所从事的仅仅是供应链中的一个功能，甚至是一个功能中的一种方式。而在现代物流模式下，企业所从事的则是供应链中的某个功能的多种方式，甚至是多个功能。

6.2　云计算与物流

物流行业的发展离不开物流信息及其相关技术，尤其是在现代化的物流系统中，物流信息起到了引领物流行业发展的作用。运用云计算分类的方法，物流行业中的行业云即"物流云"，是一个开放资源的物流信息共享平台。正确认识"物流云"的相关概念与"云"的相关技术，有利于物流行业的发展与相关应用的普及。

6.2.1　云计算概述

1. 云计算的基本概念

关于云计算（cloud computing）的定义有多种说法，现阶段广为接受的是美国国家标准与技术研究院（NIST）给出的定义：云计算是一种按使用量付费的模式，这种模式提供可用的、便捷的、按需的网络访问，当进入可配置的计算资源共享池（资源包括网络、服务器、存储空间、应用软件、服务等），只需投入很少的管理工作或与服务供应商进行很少的交互，这些资源就能够被快速提供。

2. 云计算的特点

无论是广义云计算还是狭义云计算，都具有快速部署资源或获得服务、按需扩展和使用、按使用量付费、超大规模、高可靠性等特点。

（1）快速部署资源或获得服务。云计算是一种通过网络向用户提供资源、数据、应用的模式，提供资源的网络被称为"云"。用户在本地计算机通过网络发送一个需求信息，在"云"端，就会有很多计算机为用户提供需要的资源，并将结果返回到本地计算机。

（2）按需扩展和使用。"云"中的资源在使用者看来是可以无限扩展的，并且可以随时获取、按需使用，是可以像水、电一样使用的信息技术基础设施。就像用水不需要在家建立水厂、用电不需要家家装备发电机，可以直接从水厂、电力公司购买一样。

（3）按使用量付费。在云计算模式中，用户按需获取资源，并只为这部分付费。

（4）超大规模。"云"有相当的规模，企业私有云一般拥有数百或上千台服务器。"云"能赋予用户前所未有的计算能力。

（5）高可靠性。"云"使用了数据多副本容错、计算节点同构可互换等措施来保障服务的高可靠性，使用云计算比使用本地计算机可靠。

3. 云计算的服务层次

云计算主要包括基础设施即服务（infrastructure as a service，IaaS）、软件即服务（software as a service，SaaS）和平台即服务（platform as a service，PaaS）。

（1）基础设施即服务。基础设施即服务提供给客户的服务是对所有设施的利用，包括处理、存储、网络和其他基本的计算资源。客户能够部署和运行任意软件，包括操作系统和应用程序。客户不需要管理或控制任何云计算基础设施，但能控制操作系统的选择、储存空间、部署的应用，也有可能获得有限制的网络组件（如防火墙、负载均衡器等）的控制。

（2）软件即服务。软件即服务是一种通过互联网提供软件的模式，用户无须购买软件，而是向提供商租用基于 Web 的软件进行企业管理经营活动。

（3）平台即服务。平台即服务是将一个完整的部署和配置平台（platform）作为资源提供给用户。在该层次上，用户利用平台支持的某种编程模型开发自己的应用程序，并将其部署到云计算基础设施上。该模式下，服务商可以根据用户的需求为应用程序分配、管理和释放运行所需的底层资源，而用户只需要简单设置就可以完成部署。

4. 云计算中"云"的分类

云计算可分为私有云、混合云、公共云等。这种分类方法是以"云"服务提供者和服务对象来区分的。

1）私有云

终端用户自己出资建设云端，并拥有全部的所有权和使用权，即为私有云。云端的所在位置没有要求，可以在单位内部，也可以在别人的机房，如将服务器托管在电信机房。云端的管理没有严格限制，可以自己维护，也可以外包给第三方维护。

私有云可分为家庭私有云和企业私有云。家庭私有云可以说是最小的云端。用一台配置好的计算机充当云端。客厅、书房、卧室等地方可以各放一些终端（如手机、平板电脑、电视等）。企业私有云用终端替换办公计算机，程序和数据全部放在云端，并为每个员工创建一个登录云端的账号，相比传统计算机有如下好处：员工可实现移动办公；有利于保护公司文档资料；维护方便，只需维护云端；成本较低；稳定性高。

2）混合云

几个单位联合出资共同建设云端，互相分享云端使用权且满足各个单位的终端用户需要，即为混合云。具有业务相关性或隶属关系的单位组建混合云的可能性更大，不仅能够降低各自的费用，还能共享信息。

3）公共云

同一台终端可以同时接入多个相同类型的云，也可以同时接入多个不同类型的云，如同时接入私有 PaaS 云、公共 SaaS 云等。

终端用户只租用云端计算资源，但对云端没有所有权，云端公司负责组建和管理云端并对外出租，这种云端对于用户来说就是公共云（如 Amazon Web Services、Microsoft Azure、腾讯云、华为云、阿里云等）。公共云的管理比私有云复杂得多，还涉及租户管理、结算管理、更高要求的安全管理等。

6.2.2　云计算的应用

从 1983 年太阳计算机系统有限公司提出"网络就是计算机"，到 2006 年亚马逊推出弹性计算云（elastic compute cloud，EC2）服务，直到今天，云计算仍然显示出了广阔的应用前景。

（1）计算能力的汇集。云计算最主要的应用，也是它最初提出的概念应用就是计算能力的汇集。例如，工作中需要计算特别大的数据，受制于计算机配置，工作人员就可以向云计算平台发出申请，通过云平台调度各种空闲的运算资源，调度后得到结果反馈，并根据所用的计算资源付费。

（2）数据检索服务。人们在互联网上进行检索的时候，实际上使用了互联网上的检索服务，该服务是由网络服务器收集了海量的网络信息，并通过多台检索计算机用特定的算法分析出所需要的信息。

（3）信息系统软件能力的交付。在云计算出现以前需要购买全部的系统软硬件。在云计算时代，企业可以不去购置软件，只需找到云计算服务公司，由这些专业公司来提供相关服务，同样能达到管理好企业的目的。通过相关服务，企业不只可以获得软件，相关的硬件也可以通过在平台上购买来获得。

（4）云安全。云安全（cloud security）是从云计算演变而来的新名词。云安全的策略构想是：使用者越多，每个使用者就越安全，因为如此庞大的用户群足以覆盖互联网的每个角落，只要某个网站被恶意程序攻击或出现某个新木马病毒，就会立刻被截获。云安全通过网状的大量客户端对网络中软件的异常行为进行监测，获取互联网中木马、恶意程序的最新信息，推送到服务端进行自动分析和处理，再把解决方案分发到每一个客户端。

（5）云存储。云存储（cloud storage）是在云计算基础上延伸和发展出来的新概念，是指通过集群应用、网络技术或分布式文件系统等功能，将网络中大量的、不同类型的存储设备通过应用软件集合起来协同工作，共同对外提供数据存储和业务访问功能的一个系统。云存储是一个以数据存储和管理为核心的云计算系统。

从现有实践看，云计算应用中存在的主要问题是隐私问题。云计算要求大量用户参与，从而获取用户的某些数据，这就引发了用户对数据安全的担忧，不可避免地出现了隐私安全问题。参与的用户越多，其隐私被厂商收集并扩散的可能性就越大。虽然在加入云计算的时候，很多厂商都承诺尽量避免收集用户隐私信息，即使收集到了也不会泄露或使用。但泄露事件时有发生，使用户可能会怀疑厂商的承诺不实。如果泄露事件不能通过制度层面加以有效防控，将会大大影响云计算的应用前景。

6.2.3　云计算在物流中的应用

物流行业的发展离不开物流信息及其相关技术，尤其是在现代化的物流系统中，物流信息技术起到了引领物流行业发展的作用。云计算是物流系统中的一种关键技术，在充分发展以后，云计算在信息技术的支持下，会为各个层面提供信息，把各个物流功能模块中的信息集中起来，进行全方位、大范围的物流信息共享，并作用于物流运行的控制与指挥，成为物流系统的中枢神经。此外，"物流云"对物流行业的各个层面提供支持，它不仅对微观层面提供支持，如为快递行业提供数据共享服务，而且也对其他层面提供支持，如在管理层面进行相关的统计和控制。"物流云"的应用范围会随着物流行业的发展而不断扩大。

1. 云计算在整个物流行业的应用

物流从经济层面上可以分为宏观物流和微观物流。宏观物流通常是指物流范围较广、工程量较大、具有带动经济作用的物流活动。宏观物流方式会影响社会流通方式，也会影响国民经济。相对于宏观物流而言，微观物流主要是指局部的、小范围的物流作业。除此之外，还有社会物流、企业物流、国际物流、区域物流和特殊物流等不同的分类。

物流活动包含包装、装卸、运输、存储、流通加工、配送和物流信息等活动，提高物流效率就是提高上述各个活动的效率。当一家企业承担物流的全部功能时，实际上是承担了所有的物流活动。第三方及第四方物流出现以后，对物流活动进行重新组合即业务重构，通过对物流活动进行细分，实现物流作业专业化，提高物流活动效率。

2. 云计算可以为供应链上不同环节的企业提供服务

物流云平台可以将趋于分散的物流资源和能力进行集中，封装成提供不同服务的"物流云"，通过统一、集中、标准、智能化的经营管理，为供应商、生产商、经销商、零售商、司机和消费者等供应链不同环节的上下游用户提供包括仓储、运输、包装、配送、装卸在内的单一或综合的物流服务项目。物流云平台既可以为用户提供全方位、一整套的物流服务，又可供用户按照自己的实际需求对不同服务进行任意组合，获取个性化服务，使得物流效益最大化。

3. 云计算可以对信息资源进行有效整理

利用云计算的功能，可以对物流企业的系统信息进行整合，加强企业对物流信息系统的利用，可以在一定程度上提高企业的效率。例如，通过云计算企业可以对客户的信息进行统计，制订物流运行线路，完成对工作人员的业绩考核。此外，云计算还能分析当前地区客户的物流喜好和物流需求,物流公司可以根据云计算得出的结论设计特殊的物流配送路线,提高物流配送效率。采用云计算的方法来整合资源,可以减少人员、设备的支出,减少在软件方面的投入,极大地降低成本。

4. 云计算提供"云存储"

数据安全对于物流行业来说是至关重要的。云计算给物流行业带来了巨大的发展空间。云计算在物流行业的应用带来的直接效果就是降低物流成本,提高物流行业的社会效益。云存储为物流企业提供远程数据备份和容灾。大量的客户资源、平台资源、应用资源、管理资源、服务资源、人力资源不仅需要有足够的容量空间去存储,还要保证当发生重大灾难时,可通过远程备份或远程容灾系统快速恢复。

6.3 物联网与物流

如何通过物流信息技术实现物流信息资源的共享、整合和优化利用,以达到社会物流资源的优化配置、降低社会物流成本、提升物流业整体水平,从而推动经济结构的重大调整是当前我国现代物流体系建设亟待解决的问题。物联网技术在物流行业内的应用,将会大大推动这一过程,加快物流行业向现代化、智能化迈进的步伐。

6.3.1 物联网概述

1. 物联网的基本概念

【红外体积测量】

物联网(Internet of Things,IoT)是指通过 RFID 标签、红外感应器、激光扫描器等信息传感设备,按照约定的协议,把任何物品与互联网连接起来,进行信息的交换和通信,以实现智能识别、定位、跟踪、监控和管理的一种网络。物联网包含传感层、机器通信层、电信网络及网络层、互联网管理层、应用层共 5 个方面。物联网能够提供以下几类服务。

(1)联网类服务:货物标识、通信和定位。

(2)信息类服务:信息采集、存储和查询。

(3)操作类服务:远程配置、监测、远程操作和控制。

(4)安全类服务:用户管理、访问控制、事件报警、入侵检测、攻击防御。

(5)管理类服务:故障诊断、性能优化、系统升级、计费管理服务。

物联网在互联网基础上建立起人与物的充分沟通,它把信息网络技术、传感器技术等应用于各个行业、各个产业,组成一个庞大的网络,在现代综合技术层面上实现人与物的智能化交流,使人们能够通过互联网监控处于庞大网络中的物的运行情况,从而实现对物的智能化、精确化管理与操作。物联网技术是继计算机、互联网和移动通信网技术后,信息领域又一次重大的革命性创新技术。从物联网的应用发展来看,我国物联网产业处于起步阶段，市场潜力巨大。同时，物联网还将催生新兴产业和职业门类，具有非常重大而深远的意义。

2. 物联网的发展趋势

物联网将是下一个推动世界高速发展的"重要生产力"，是继通信网之后的另一个万亿级市场。一方面，物联网可以提高经济效益、降低成本；另一方面，物联网可以为全球经济的复苏提供技术动力。美国、欧盟等都在投入巨资深入研究探索物联网。

货物物联网拥有业界最完整的专业物联产品系列，覆盖从传感器、控制器到云计算的各种应用。在产品服务智能家居、交通物流、环境保护、公共安全、智能消防、工业监测、个人健康等各个领域，构建了"质量好、技术优、专业性强、成本低、满足客户需求"的综合优势，可以持续为客户提供有竞争力的产品和服务。此外，物联网的普及将促使用于动物、植物、物品的传感器与射频标签及配套的接口装置的数量大大超过手机的数量。物联网的推广，将会成为推进经济发展的又一个驱动力，为产业开拓又一个潜力无穷的发展机会。按照社会对物联网的需求，需要以亿计的传感器和射频标签，这将极大推进信息技术元件的生产，同时增加大量的就业机会。我国也高度关注、重视物联网的研究，中华人民共和国工业和信息化部（简称工业和信息化部）会同有关部门在新一代信息技术方面开展研究，以形成支持新一代信息技术发展的政策措施。

3. 物联网在物流中的应用

物流业多环节、多领域、多主体和网络化的作业特点决定了其对信息技术的依赖程度较高，物联网的感知、智能处理和控制反馈等技术特征与物流业的作业特点具有良好的匹配性。目前，物流是物联网技术集成应用程度较高、应用范围较广的领域。物联网技术在我国物流领域的推广与应用正在快速推进，并给我国物流业的发展带来了新的机遇。物联网是重构人、货、场的基础，是推动智慧物流发展的重要驱动力。将物流企业运行环节的货物、车辆、货柜、人员、仓库等产生的数据纳入云平台中，通过数据分析与挖掘，生成更加有用、更加科学的信息或决策，实现物联网与物流企业的深度融合。通过提升物流企业的效率、改善客户的体验、提高客户的忠诚度，不仅可以帮助物流企业实现跨越式发展，也将实现更大的社会效益。

 视野拓展

以智能物联网为代表的信息通信技术深刻改变着传统的产业形态和社会生活，催生了大量的新技术、新产品、新模式，推动着全球数字经济高速发展。全球物联网市场进入稳步增长阶段，产业物联网进入纵深发展阶段，以低功耗、广覆盖为代表的蜂窝无线通信技术应用场景不断扩展，智慧城市、智能家居和智慧工业等垂直行业应用规模不断扩大，国际主流电信运营商逐步选择混合组网模式以满足物联网碎片化需求。在我国，各级政府部门持续推出物联网发展政策，设备提供商、终端厂商、网络及业务运营企业协力共同推进物联网网络部署，逐步突破终端发展瓶颈，并积极推进物联网系列标准，工业互联网和车联网开始大范围商用，物联网产业呈现健康有序发展的态势。

2020 年，《中共中央 国务院关于构建更加完善的要素市场化配置体制机制的意见》指出，提升社会数据资源价值，培育数字经济新产业、新业态和新模式，推动人工智能、可穿戴设备、车联网、物联网等领域数据采集标准化。据全球移动通信系统协会（global system for mobile communications association，GSMA）统计，截至 2020 年年底，全球授权物联网络连接规模接近 19 亿个，同比增长 10%。2022 年第一季度全球对物联网公司的风险投资增加至创纪录的 12 亿美元，而 2021 年第一季度仅为 2.66 亿美元，尽管融资轮次减少，但数额总量十分庞大。数字化物联网公司目前的商业情绪仍然呈现积极态势。

6.3.2　条形码技术

1. 条形码技术的概念

条形码是由一组排列的条、空及其对应的字符组成的标记，用于表示一定的信息。"条"是指对光线反射率比较低的部分；"空"是指对光线反射较高的部分，这些条和空组成的数据表达一定的信息，能够被条形码识读设备识读，并转换为与计算机相兼容的二进制和十进制信息。一个完整的条形码是由两侧的静区、起始字符、数据字符、校验字符和终止字符组成的，如图 6-1 所示。

左侧静区	起始字符	数据字符	校验字符	终止字符	右侧静区

图 6-1　条形码的结构

（1）静区：位于条形码两侧，没有任何印刷字符或条形码信息，通常是空白的，提醒识读器条形码的分界线。静区也称空白区。

（2）起始字符：条形码的第一位字符是起始字符，它的特殊条空结构用于识别一个条形码的开始。识读器都是首先确认此字符的存在，然后处理扫描器能够获得的一系列脉冲。

（3）数据字符：由条形码字符组成，用于代表一定的原始数据信息。

（4）校验字符：有些码制的校验字符是必需的，有些码制的校验字符是可选的。校验字符是通过对数据字符进行一种数学运算得到的。当符号中的各个字符被解码时，译码器将对其进行同一种数学运算，并将其与校验字符比较，如果一致，则说明读入的信息正确。

（5）终止字符：条形码的最后一位字符是终止字符，它的特殊条空结构用于识别一个条形码的结束。识读器读到终止字符，便知道条形码符号已经扫描完成。终止字符的存在避免了不完整数据的输入。采用校验字符时，终止字符还可指示识读器对字符进行校验操作。

图 6-2 所示是 EAN-13 码示例。

2. 条形码技术的说明

（1）条形码系统的工作原理。条形码系统是由条形码设计、制作及扫描识读组成的自动识别系统。

（2）条形码的设计。条形码的设计一般是通过专业的条形码设计软件来完成的，这些软件已经具有成熟方便的设计界面和工具，支持各种码制的条形码设计。人们也可以按照条形码生成的规则自己来画条形码。

图 6-2　EAN-13 码示例

（3）条形码的打印。条形码设计完毕后，是通过条形码打印机或其他打印机打印生成的。

（4）条形码的识读。条形码的识读装置是条形码系统最基本的装置，它的功能是译读条形码，即把条形码条幅的宽度、间隔等信号转换成不同时间长短的输出信号，并将信号转换为计算机可识别的二进制代码输入计算机。识读装置由扫描器和译码器组成。扫描器又称光电读写器，它装有照亮条形码的光束元件，主要有红光、激光两种，照亮后扫描器就可接收反射光，然后产生模拟信号，经放大后送给译码器处理。译码器根据不同的码制方案，将输入的模拟信号翻译成数字信号，然后通过数据线送交计算机处理。

3. 条形码的分类

（1）一维条形码。一维条形码自问世以来得到了迅速的普及和广泛的应用。由于一维条形码信息容量小，只能作为产品的标识来使用，更多的产品信息只能依赖于后台数据库的支持。离开了数据库，一维条形码的使用价值将会大打折扣，因而它的发展也受到了一定的限制。一维条形码包括 EAN 码、UPC 码、128 码、93 码、39 码、交叉 25 码及 Coda bar（库德巴码）等。

（2）二维条形码。二维条形码是在一维条形码的基础上发展而来的。除了具有一维条形码的特性，二维条形码还具有信息容量大、可靠性高、保密防伪性强等特点，被称为"便携式数据文件"。由于信息容量比一维条形码明显提高，二维条形码可以部分地脱离数据库工作，它能很好地描述被描述物品的属性信息，因此二维条形码的应用也得到了广泛的应用和发展。二维条形码分为行排式二维条形码和矩阵式二维条形码两种。

① 行排式二维条形码。行排式二维条形码是建立在一维条形码基础上的二维条形码，其原理类似于一维条形码，只是将一维条形码堆积成二行或多行。最具代表性的行排式二维条形码是由美国著名的 Symbol 公司提出的 PDF417 码，如图 6-3 所示。PDF417 码是至今使用最为广泛的二维条形码。其他行排式二维条形码还有 Code16K、Code49 等。

图6-3　PDF417 码

② 矩阵式二维条形码。矩阵式二维条形码是在一个矩形空间通过黑、白像素在矩阵中的不同分布进行的编码。在矩阵相应元素位置上，用点的出现表示 1，点的不出现表示 0，点的排列组合确定了矩阵式二维条形码所代表的意义。矩阵式二维条形码是建立在计算机图像技术、组合编码原理等基础上的一种新型的码制。最具代表性的矩阵式二维条形码有 DATA Matrix、QR 码，中国自主研发的龙贝码也属于矩阵式二维条形码。如图 6-4 所示就是 QR 码，它是由日本研制的矩阵二维条形码，目前已经得到广泛的应用。如图 6-5 所示是中国自主研发的龙贝码，它是具有国际领先水平的新码制，具有多向编码/译码功能、极强的抗畸变性能、可对任意大小及长宽比的二维条形码进行编码和译码等优异的特性。

图6-4　QR 码

图6-5　龙贝码

（3）EAN/UCC 系统条形码。EAN/UCC 系统是全球统一的标识系统。EAN/UCC 系统是在商品条形码的基础上发展而来的，由标准的编码系统、应用标识符和相应的条形码符号系统组成，通过对产品和服务等全面的跟踪描述，简化了电子商务过程，通过改善供应链管理和其他商务处理流程，降低成本，为产品和服务增值。EAN/UCC 系统的条形码符号体系主要由 EAN-13、EAN-8、UPC-A、UPC-E、UCC/EAN-128 和 ITF-14 6 种条形码组成。

其中，UCC/EAN-128 条形码适用于企业的物流领域。商品条形码和储运条形码都属于不携带信息的标识码。在物流配送过程中，如果需要将生产日期、有效日期、运输包装号、重量、体积等信息包含在条形码中，以实现后续环节的扫描识别，就需要用到 UCC/EAN-128 条形码。UCC/EAN-128 条形码是 Code 128 码的子集，Code 128 码无固定的数据结构，UCC/EAN-128 条形码是通过格式化 Code 128 码来定义数据的，用于开放的物流供应链管理。图 6-6 所示为 UCC/EAN-128 条形码的示例。

图6-6　UCC/EAN-128 条形码的示例

UCC/EAN-128 条形码的长度是可变的，可根据需要增加或减少条形码的信息含量。应用标识符（01）表示条形码符合全球贸易项目代码（global trade item number，GTIN）规范。指示符 9 表示非零售变量贸易项目。7 位的厂商识别代码在我国由中国货物编码中心分配，每家企业都拥有全球唯一的厂商识别代码。5 位的商品项目代码由厂商自行定义，用于标志商品的种类，5 位编码功能标志 10 万种不同的商品。厂商对项目编码遵循"唯一性、永久性、无含义、全数字型"的原则。校验码是通过固定公式生成的。附加应用标识符可从我国国家标准《商品条码 应用标识符》（GB/T 16986—2018）来获取，例如，如果选择标志重量，选取 310；如果选择标志保质期，应选 15。选定附加应用标识符后相应的度量单位也就确定了，小数点的位置由标识符的最后一位数字来确定。如图 6-6 所示条形码表示重量，单位为千克，重量为 212.4 千克。

图 6-7 所示为 UCC/EAN-128 条形码的组成。

应用标识符	指示符	厂商识别代码	商品项目代码	校验码	附加应用标识符	量度	其他
(01)	9	$X_{13}X_{12}X_{11}X_{10}X_9X_8X_7$	$X_6X_5X_4X_3X_2$	X_1	(AI)	$N_1N_2N_3N_4N_5N_6$	…

图 6-7　UCC/EAN-128 条形码的组成

6.3.3　RFID 技术

【RFID 技术】

1. RFID 技术的概念

RFID 技术是一种非接触式的自动识别技术，它通过射频信号自动识别目标对象并获取相关数据，识别工作无须人工干预，可工作于各种恶劣环境。RFID 技术可识别高速运动物体并可同时识别多种标签，操作方便快捷。

2. RFID 技术的应用领域

RFID 技术应用的领域非常广泛，除了物流管理、医疗领域、货物和危险品的监控追踪管理、民航的行李托运及路桥的不停车收费等，图书馆、洗衣房、各种票务机构、邮政包裹识别、行李识别、动物身份标识、电子门票、门禁控制识别、企事业单位员工识别等各行各业的发展都离不开 RFID 技术。

3. RFID 技术的组成

图 6-8 所示为 RFID 系统架构。

（1）RFID 标签。RFID 标签俗称射频标签，也称应答器，根据工作方式可分为主动式和被动式两大类，目前在物流中应用较多的是被动式射频标签。被动式射频标签由标签芯片和标签天线或线圈组成，利用电感耦合或电磁反向散射耦合原理实现与读写器之间的通信。射频标签中存储一个唯一编码，通常为 64bit、96bit，甚至更大，其地址空间远大于条形码所能提供的空间，因此可以实现单品级的货物编码。

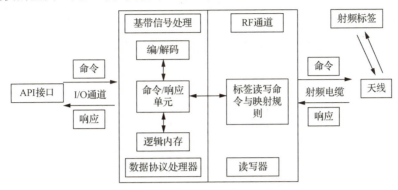

图 6-8　RFID 系统架构

（2）读写器。读写器也称阅读器，是对射频标签进行读写操作的设备，通常由耦合模块、收发模块、控制模块和接口单元组成。读写器是 RFID 系统中最重要的基础设施。一方面，射频标签返回的微弱电磁信号先通过天线进入读写器的射频模块中并转换为数字信号，再经过读写器的数字信号处理单元对其进行必要的加工整形，最后从中解调出返回的信息，完成对射频标签的识别或读写操作；另一方面，上层中间件及应用软件与读写器进行交互，实现操作指令的执行和数据汇总上传。目前读写器呈现出智能化、小型化和集成化发展趋势，未来还将具备更加强大的前端控制功能。在物联网中，读写器将成为同时具有通信、控制和计算功能的核心设备。

（3）天线。天线是射频标签和读写器之间实现射频信号空间传播及建立无线通信连接的设备。RFID 系统中包含两类天线：一类是射频标签上的天线，另一类是读写器上的天线。天线既可以内置于读写器中，也可以通过同轴电缆与读写器的射频输出端口相连。目前的天线产品多采用收发分离技术来实现发射和接收功能的集成。

4. RFID 技术的基本工作原理

RFID 技术的基本工作原理并不复杂。射频标签进入磁场后，接收解读器发出的射频信号，凭借感应电流所获得的能量发送出存储在芯片中的产品信息（无源标签或被动标签），或者由标签主动发送某一频率的信号（有源标签或主动标签），解读器读取信息并解码后，送至中央信息系统进行有关数据的处理。

一套完整的 RFID 系统由阅读器与射频标签及应用软件系统 3 个部分组成，其工作原理是阅读器发射特定频率的无线电波能量，用以驱动电路将内部的数据送出，此时阅读器便依序接收解读数据，送给应用程序做相应的处理。

从 RFID 卡片阅读器及射频标签之间的通信及能量感应方式来看，大致上可以分为感应耦合和后向散射耦合两种。一般低频的 RFID 大都采用第一种方式，而较高频的 RFID 大多采用第二种方式。阅读器和应答器之间一般采用半双工通信方式进行信息交换，同时阅读器通过耦合给无源应答器提供能量和时序。在实际应用中，可进一步通过 Ethernet 或

WLAN 等实现对物体识别信息的采集、处理及远程传送等管理功能。应答器是 RFID 系统的信息载体，应答器大多是由耦合元件（线圈、微带天线等）和微芯片组成的无源单元。

5. RFID 技术的特点

RFID 技术是一项易于操控、简单实用且特别适合用于自动化控制的灵活性应用技术，可自由工作在各种恶劣环境下。短距离射频产品可以抵抗油渍、灰尘污染等恶劣的环境，可以替代条形码，如用在工厂的流水线上跟踪物体；长距离射频产品多用于交通领域，识别距离可达几十米，如自动收费或识别车辆身份等。RFID 系统主要有如下优势。

（1）读取方便快捷。数据的读取无须光源，甚至可以透过外包装来进行。有效识别距离大，采用自带电池的主动标签时，有效识别距离可达到 30 米以上。

（2）识别速度快。射频标签一进入磁场，解读器就可以即时读取其中的信息，而且能够同时处理多个标签，实现批量识别。

（3）数据容量大。数据容量最大的二维条形码（PDF417）最多也只能存储 2 725 个数字，若包含字母，存储量则会更小；射频标签则可以根据用户的需要扩充到 10 000 个数字。

（4）使用寿命长，应用范围广。无线电通信方式使 RFID 技术可以应用于粉尘、油污等高污染环境和放射性环境，而且封闭式包装使其寿命大大超过印刷的条形码。

（5）射频标签数据可动态更改。利用编程器可以向射频标签写入数据，从而赋予 RFID 标签交互式便携数据文件的功能，而且写入时间相比打印条形码更快捷。

（6）安全性能高。不仅可以嵌入或附着在不同形状、类型的产品上，而且可以为射频标签数据的读写设置密码保护，从而具有更高的安全性能。

（7）动态实时通信。射频标签以每秒 50～100 次的频率与解读器进行通信，当 RFID 标签所附着的物体出现在解读器的有效识别范围内时，就可以对其位置进行动态追踪和监控。

6.3.4 射频标签技术

1. 射频标签技术的概念

射频标签技术是计算机串行通信技术、远程数据显示技术在配送中心应用的典型高新技术。利用小型化的数据显示与交互终端，消除配送中心分拣作业点与计算机主机系统之间的距离，使信息快速、准确地传递到作业点，并及时反馈作业结果，实现作业的无纸化，大大提高作业效率和准确性，降低作业强度。配送中心采用射频标签技术，具有如下优越性。

（1）加快拣货速度，可以缩短 30%～50%的时间。

（2）具备控制拣货流程的功能，拣货正确率约为 99.98%。

（3）免除表单作业，实现无纸化，提高工作效率 50%以上。

（4）人员训练容易且标准化。

（5）能提高管理水平。现场信息透明化，协助管理人员快速反应，可使公司业绩提高 40%左右。

2. 射频标签系统的组成与工作原理

射频标签系统由主机系统、中继器、射频标签、供电系统等组成。主机系统安装有射频标签系统驱动软件，负责与上位系统对接，接收指令并反馈系统执行结果。中继器是主机系统与射频标签的联系桥梁，通过中继器将主机有限的资源进行扩展，一般一个中继器可以对接 255 个射频标签。

当配送中心采用寻拣方式时，用区域指示器指示作业人员拣选作业点的位置，使操作者迅速、准确地到达。射频标签安装在货位上，接收主机拣货数量等指令信息，并显示在LED 上，作业人员按显示数量拣选，完成后按确认键，将执行结果反馈给主机系统。在某些配送中心，需要用订单显示器告诉作业人员目前处理的订单编号。当所有的任务指令都处理完后，系统利用完成指示器提醒调度人员作业已经完成。

3. 射频标签技术的发展趋势

随着行业应用的需要，射频标签技术的发展趋势主要表现在以下几个方面。

（1）作用距离更远。由于无源射频标签系统的作用距离主要取决于电磁波束给射频标签的能量供电能力，随着低功耗 IC 设计技术的发展，射频标签的工作电压进一步降低，这使得无源系统的作用距离进一步加大，在某些应用场合可以达到几十米。

（2）无线可读写性能更强。不同的应用系统对射频标签的读写性能和作用距离有不同的要求。为适应需要多次改写标签数据的场合，需要进一步完善射频标签的读写性能，使误码率和抗干扰性能达到可以接受的程度。

（3）适合高速移动物体的识别。针对高速移动的物体（如火车、地铁列车、高速公路上行驶的汽车等）的需要，射频标签与读写器之间的通信速率提高，可以识别高速移动物体。

（4）快速多标签读/写功能。在物流领域，由于涉及大量的货物需要同时识别，因此必须采用适合物流应用的通信协议，实现快速多标签读/写功能。

（5）一致性更好。随着加工工艺的提高，射频标签的一致性将得到提高。

（6）强磁场下的自保护功能更加完善。射频标签处于读写器发射的电磁辐射场中，有可能距离读写器很远，也可能距离读写器很近，这时射频标签处在非常强的能量场中，收到的电磁能量很强，会产生较高的电压，因此必须加强射频标签在强磁场下的自保护功能。

（7）智能性更强，加密特性更加完善。对某些安全性要求较高的应用领域，需要对射频标签的数据进行严格的加密，并对通信过程进行加密。这就需要智能性更强和加密特性更好的射频标签。

（8）带有传感器功能的射频标签。将射频标签与传感器相连，将大大扩展射频标签的功能和应用领域。

（9）带有其他功能的射频标签。在某些领域，需要准确寻找某一个射频标签时，如果射频标签具有附属功能，如蜂鸣器或指示灯，在向特定射频标签发送指令时，射频标签会发出声光指示，可以在大量的目标中寻找到特定功能的射频标签。

（10）具有销毁功能的射频标签。为了保护隐私，在射频标签的设计寿命到期或需要中止射频标签的使用时，读写器会发送命令激活射频标签内部的自毁机制。

（11）印制成本极低。为降低天线的生产成本，有公司开始研制新的天线印制技术，其中导电墨水的研制是新的发展方向。通过导电墨水，可以将射频标签以接近零成本的方法印制到产品包装上。

（12）体积更小。由于实际应用的需要，一般射频标签的体积比被标记的商品小。例如，日立公司生产出带有内置天线的最小 RFID 芯片，其最小厚度仅有 0.1 毫米左右，可以嵌入纸币中。

6.3.5　EDI 技术

1. EDI 技术的概念

电子数据交换（electronic data interchange，EDI）技术是指将信息（主要指商业信息）以标准格式，通过计算机通信网络在计算机系统之间进行自动化传递，实现数据的交接与处理。EDI 技术是一种信息管理或处理的有效手段，它是对供应链上的信息流进行运作的有效方法。使用 EDI 技术的目的是充分利用现有计算机及通信网络资源，提高贸易伙伴间通信的效益，降低成本。

EDI 技术不是用户之间简单的数据交换。使用 EDI 技术的用户需要按照国际通用的格式发送信息，接收方也需要按国际统一规定的语法规则对信息进行处理，并引起其他相关系统的 EDI 综合处理。由于 EDI 技术的使用代替了传统的纸张文件的交换，因此，有人称它为"无纸贸易"或"电子贸易"。使用 EDI 技术的主要优点有以下几个方面。

（1）减少纸张文件的消费。

（2）减少重复劳动、提高工作效率。

（3）使得贸易双方能够以更迅速、更有效的方式开展交易，简化订货及存货过程，使双方能及时、充分地应用人力资源和物力资源。

（4）改善贸易双方的关系。厂商可以准确地估计日后商品的需求量，货运代理商可以简化大量的出口文书工作，商业用户可以提高存货的效率，增强自身竞争能力。

2. EDI 系统的构成

构成 EDI 系统的 3 个要素是 EDI 软件、EDI 标准和 EDI 通信网络。首先，一个部门或一家企业若要成功使用 EDI，首先，要有一套计算机数据处理系统；其次，为使本企业内部数据能够比较容易地转换为 EDI 标准格式，需要采用 EDI 标准；最后，通信环境的优劣也是关系到企业能否成功使用 EDI 的重要因素之一。

（1）EDI 软件。EDI 软件的作用是将组织内部非结构化格式的信息（数据）翻译成结构化的 EDI 标准格式文件，然后传送 EDI 报文。这是针对"信息发送方"而言的。对"信息接收方"来说，则需要把所接收到的标准 EDI 报文翻译成在该部门内部使用的非结构化格式的信息。根据这样的要求，EDI 软件应具有 3 个方面的基本功能：数据转换、数据格式化和报文通信。

（2）EDI 标准。在 EDI 技术构成中，EDI 标准起着核心的作用。EDI 标准可分成两大类：一类是表述信息含义的语言，称为 EDI 语言标准，主要用于描述结构化信息；另一类是载运信息语言的规则，称为 EDI 通信标准，它的作用是负责将数据从一台计算机传输到另一台计算机。一般来说，EDI 技术对其载体所使用的通信标准并无限制，但对语言标准却有严格的限定。目前广泛应用的 EDI 语言标准有两大系列：国际标准的 EDIFACT 语言标准和美国的 ANSIX.R 语言标准。EDIFACT 语言标准作为联合国与国际标准化组织联合制定的国际标准，正在被越来越多的国家所接受。

（3）EDI 通信网络。EDI 通信网络可以通过网络把 EDI 数据传送到目的地。在传统的商务活动中，贸易单证票据的传递通常由邮政系统或专业快递公司来完成。使用 EDI 技术，在商务活动中能够用电子的手段来生成、处理和传递各类贸易单证。因此，通信网络是 EDI 系统必不可少的组成部分之一。从 EDI 技术所依托的计算机网络通信技术的发展演变来看，最初是点到点方式，随后是增值网络方式，进而是电子邮件（E-mail）方式，以及到现在的 Internet 模式，这一变化趋势使得 EDI 技术的推广应用范围变得更加广阔。

Internet 模式的 EDI 技术适用于利用先进的国际互联网、服务器等电子系统和电子商业软件运作的全部商业活动，包括利用电子邮件提供的通信手段在网上进行交易。Internet 模式的 EDI 技术大大方便了那些中小型企业，它们不用购买和维护 EDI 软件，不用进行 EDI 单证和程序接口 API 的开发，只需利用浏览软件即可应用，而有关表格制作和单证翻译的工作由 EDI 中心或商业伙伴完成。图 6-9 所示为 EDI 技术的组成。

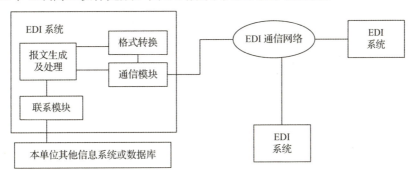

图 6-9　EDI 技术的组成

3. EDI 技术的实现过程

EDI 技术具体的实现过程是：首先，用户在现有的计算机应用系统上进行信息的编辑处理；其次，用户通过 EDI 转换软件（如 Mapper）将原始单据格式转换为中间文件（flat file），中间文件是用户原始资料格式与 EDI 标准格式之间的对照性文件，它符合翻译软件的输入格式，通过翻译软件变成 EDI 标准格式文件；最后，在文件外层加上通信交换信封，通过通信软件传至增值网络、Internet 或直接传给对方用户。对方用户则进行 EDI 的处理过程，使其成为用户应用系统能够接受的文件格式并对其进行收阅处理。

6.3.6　RF 技术

1. RF 技术的概念

无线射频（radio frequency，RF）技术是一种无线计算机网络技术。利用 RF 技术，可以在配送中心内部构建无线局域网。无线局域网技术是一种柔性的数据交换系统，是对普通局域网技术的延伸和补充。通过采用无线通信技术，无线局域网技术无须在计算机之间连线就可以发送和接收数据，实现数据、资源的共享。

（1）无线局域网技术的特点。无线局域网与普通局域网相比具有以下几个特点。

① 灵活移动性。无线局域网安装简单、快速。无线局域网可为用户提供实时的移动性网络资源共享。这是普通局域网无法做到的。

② 运行成本低廉。尽管初期投资比普通局域网要高，但整体的安装成本、运行成本及使用寿命都得到了巨大的改善。尤其是在用户经常移动的工作环境下，运行费用很低。

③ 可扩展性强。无线局域网可以配置成各种网络拓扑结构来满足多种应用和部署需要。从点对点的小型网络，到拥有数千台节点的网络系统，以及某一范围内实现漫游功能的大型网络均不需要更改任何硬件设施。

（2）RF 技术在配送中心的应用。从目前应用的情况来看，无线局域网技术是对普通局域网技术的一种延伸。它为移动办公的用户和网络之间提供实时连接的手段，现已在许多行业成功应用。配送中心可以广泛采用 RF 技术，包括以下业务。

① 入库、出库及储存保管作业。

② 信息导引拣货作业。

③ 货架巡补盘点作业。

④ 信息收集及核查作业。

⑤ 其他与信息显示、信息采集有关的作业。

（3）配送中心应用 RF 技术的优越性。在配送中心应用 RF 技术，具有如下优越性。

① 不需要网络连接线。

② 能在任何时间、任何地点操作。

③ 实时收集和传输信息提高了工作效率。

④ 方便的管理模式，准确快捷的信息交流。

⑤ 交互式信息交换，指示、确认与错误更正一体化。

⑥ 提高在库商品资料的准确性。

⑦ 减少文件处理工作。

⑧ 具有友好的界面。

⑨ 提高效率。

2. 无线局域网的工作原理

无线局域网通过采用无线电波传输信息，无线电波将信号从发送者传送给远方的接收者，要发送的数据信号经过调制叠加到无线载波信号中，调制后的电波占据一定的频率带宽。在典型的无线局域网配置中，发送和接收设备被称为登录点，又称无线网桥。登录点用来接收、暂存、发送数据，一个登录点可以管理一组用户，并在一定的范围内起作用。图 6-10 所示为 RF 技术的工作原理。

图 6-10　RF 技术的工作原理

普通计算机用户与登录点进行通信的设备是无线局域网适配器，笔记本产品接入无线局域网的设备是 PCMCIA 标准卡，其他掌上产品（如 RF 数据终端）可以采用集成内置式无线设备。无线手持 RF 数据终端是典型的配送中心设备，它与无线技术、移动计算技术、条形码数据采集技术相结合，广泛应用于物流领域的仓储出入库管理、货物检验、运输及工业生产线管理等各个环节。配送中心在组建无线局域网时，往往根据配送中心面积及建筑结构采用多个登录点，在各个作业区配备数个 RF 数据终端。

6.4　5G 与物流

第五代移动通信技术（5th generation mobile communication technology）简称 5G 或 5G 技术，是最新一代蜂窝移动通信技术，也是继 4G（LTE-A、WiMax）、3G（UMTS、LTE）和 2G（GSM）系统之后的延伸。5G 的性能目标是提高数据传输速率、减少延迟、节省能源、降低成本、提高系统容量和大规模设备连接。5G 是 4G 的升级，它不是一个单一的无线接入技术，也不是全新的无线接入技术，而是新的无线接入技术和现有无线接入技术的高度融合。

6.4.1　5G 概述

5G 网络是数字蜂窝网络，供应商覆盖的服务区域被划分为许多称为蜂窝的小地理区域。表示声音和图像的模拟信号在手机中被数字化，由模数转换器转换并作为比特流传输。蜂窝中的所有 5G 无线设备通过无线电波与蜂窝中的本地天线阵和低功率自动收发器（发射机和接收机）进行通信。

6.4.2　5G 的特点

1. 高速度

5G 的首要特点是高速度（高带宽）。用户的体验与感受很大程度上取决于网络速度，只有提升网络速度用户使用体验才会有较大提升。因此，对网络速度要求很高的业务才能被广泛推广和使用。对于 5G 的基站理论峰值速率应达到 20Gbit/s，这个速度是峰值速度，不代表每一个用户的体验速度。随着新技术的使用，这样的高速度给未来对速度有很高要求的业务提供了更多机会和可能。

2. 泛在网

随着业务需求的增长，网络业务的覆盖范围越来越广，这样才能支持更多的业务需求，才能在复杂的场景中使用。泛在网有两个层面的含义：一是广泛覆盖；二是纵深覆盖。

广泛覆盖是指人们社会生活的各个地方需要网络覆盖，如果能覆盖 5G 网络，就可以大量部署传感器，从而进行环境、空气质量，甚至地貌变化、地震的监测。纵深覆盖是指人们生活中虽然已经有网络部署，但是需要进入更高品质的深度覆盖，5G 可以在以前网络品质不好的卫生间、地下停车库等场景下进行网络纵深覆盖。

3. 低功耗

5G 要支持大规模物联网应用，就必须要有功耗的要求。这些年，可穿戴设备有一定发展，但是所有物联网产品都需要通信与能源，虽然通信可以通过多种手段实现，但是能源的供应只能依靠电池。通信过程若消耗大量的能量，就很难让物联网产品被用户广泛接受。如果能把功耗降下来，就能大大改善用户体验，促进物联网产品的快速普及。

eMTC 基于 LTE 协议演进而来，但是为了更加适合物与物之间的通信，也为了更低的成本，eMTC 对 LTE 协议进行了裁剪和优化。eMTC 基于蜂窝网络进行部署，其用户设备通过支持 1.4MHz 的射频和基带带宽，可以直接接入现有的 LTE 网络。eMTC 支持上下行最大 1Mbit/s 的峰值速率。而 NB-IoT 构建于蜂窝网络，只消耗大约 180kHz 的带宽，可直接部署于 GSM 网络、UMTS 网络或 LTE 网络，以降低部署成本、实现平滑升级。

4. 低时延

5G 的一个新场景是无人驾驶、工业自动化的高可靠连接。无人驾驶、工业自动化场景必须实现低时延、高效率。LTE 中的一个传输时间间隔是 1 毫秒，而 5G 是通过对帧结构的优化设计，将每个子帧在时域上进行缩短，从而在物理层上进行时延。

以无人驾驶汽车为例，车辆需要了解周边的道路参与者和障碍物，且无人驾驶汽车需要中央控制中心与汽车进行互联，车与车之间也应进行互联，在高速度行动中，一个制动需要瞬间把信息送到车上做出反应，100 毫秒左右的时间，车就会有几十米的行驶距离，需要在最短的时延中把信息送达，进行制动与车控反应。

自动驾驶车往往安装多个先进传感器，包括摄像机、雷达，甚至激光雷达来感知周边的物体。但是传感器只能检测到视距范围内的物体，并且对气候条件也比较敏感，例如雾霾天气下摄像机和激光雷达就会失效。利用 5G 通信技术，可以将车辆感知范围扩大到视距之外，如前后若干车辆的位置，甚至它们紧急刹车的状态信息，进而可以提前对道路状况进行判断，及早采取规避措施避免追尾事故的发生。同时，车辆还可以从道路基础设施那里获得诸如信号灯和路口内行人等信息，形成完整的对道路环境的感知。

5. 万物互联（广连接）

在传统通信中，终端是非常有限的：固定电话时代，电话是以人群为定义的；手机时代，终端数量有了巨大爆发，手机是按个人应用来定义的。而到了 5G 时代，终端不是按人来定义的，因为每个人或每个家庭就可能拥有数个终端。

截至 2024 年年底，我国移动物联网（蜂窝）终端用户数量超过 26.56 亿。而通信业对 5G 的愿景是每一平方千米可以支撑 100 万个移动终端。通过 5G 接入网络，人们的家庭可以成为智慧家庭，社会生活中大量以前不可能联网的设备也会进行联网工作，如井盖、电线杆、垃圾桶等公共设施，5G 可以让这些设备都成为智能设备，便于管理。

6. 重构安全

传统的互联网要解决的是信息速度、无障碍的传输，自由、开放、共享是互联网的基本精神，但是在 5G 基础上建立的是智能互联网。智能互联网不仅要实现信息传输，还要建立起一个社会和生活的新机制与新体系。智能互联网的基本精神是安全、管理、高效、方便。安全是 5G 及之后的智能互联网第一位的要求。

案例 6-1

中国移动完成业界首个 5G 车联网规模技术验证

2023 年 12 月，中国移动研究院组织召开了 5G 车联网新技术试验总结研讨会，中国信通院、广汽等 16 家合作伙伴参会，共同分享和讨论本次技术试验的成果及经验，并对车联网产业发展趋势及后续合作规划展开了深入探讨，标志着业界首个面向车联网典型业务的 5G 网络性能规模验证圆满完成。

前期，中国移动联合合作伙伴在上海、广东、江苏、重庆等地启动 5G 车联网新技术试验，历时 7 个月，系统性验证了基于车联网典型业务的 5G 现网网络性能、新技术方案及业务性能。

在网络性能验证方面，完成了首个基于 5G 现网的多地、多厂商车联网网络性能验证。测试结果表明单向时延小于 25 毫秒的占比超过 99%，5G 现网网络时延、可靠性及速率可满足所选取的 23 个车联网典型业务的指标要求。测试结果有效支撑了业界首批支持高级别自动驾驶的 5G 车联网网络性能和规划建设验收团体标准的制定。

在新技术方案验证方面，中国移动打造了业界首个基于全 Uu 架构的 5G 通感一体化（通信感知一体化）技术体系，基于视野阻碍协助场景完成了端到端验证。测试结果表明 5G 空口环回时延小于 20 毫秒，业务端到端时延小于 70 毫秒，可以为低时延且有一定算力需求的车联网业务提供稳定可靠的网络保障。

在业务性能验证方面，中国移动基于真实的端到端测试环境，验证了 UPF 下沉到基站级的 5G Uu 方案具有与 LTE PC5 方案相仿的业务时延性能，能够满足网联辅助驾驶对网络性能的要求，有条件地满足网联自动驾驶对网络性能的要求。

（资料来源：https://news.zol.com.cn/848/8480203.html.（2023-12-22）[2024-07-09].）

6.4.3　5G 在物流中的应用

【京东物流 5G 应用】

随着 5G 成为人们关注的焦点，5G 智慧物流也被更广泛地提及。2021 年，《5G 应用"扬帆"行动计划（2021—2023 年）》中提到，加强 5G 在园区、仓库、社区等场所的物流应用创新，推动 5G 在无人车快递运输、智能分拣、无人仓储、智能佩戴、智能识别等场景应用落地。加速基于 5G 的物流物联网数据接入、计算和应用平台建设，推进端边云协同的物流自动化智能装备和基础设施建设，助力实现物流行业自动化运输、智能仓储和全流程监控。

1. 5G 推动物流仓储智能化

在物流仓储环节，5G 与人工智能技术的结合让仓储环节逐渐智能化和自动化。5G 的可靠性、高速度让智能机器人设备更好地被用于物流仓储，可实现自动化物流分拣、自动化货物传输以及自动化出入库等。同时 5G 也让很多智能终端设备发挥积极的作用，如无人机、穿梭车、可穿戴设备以及分拣设备等，不仅可以实现人员的定位管理，还可以实时感知仓内生产区拥挤程度，及时进行资源优化调度，提高生产效率，让仓储的安全性以及出入库的效率都得到前所未有的提升。5G 的发展推动着物流仓储设备向智能化更进一步，无论是 AGV，还是机器视觉识别、VR/AR 应用等，都开始逐渐发生变化。

首先，在机器人云化的过程中，需要无线通信网络具备极低时延和高可靠的特征，而 5G 网络是云机器人理想的通信网络，是云机器人的关键。5G 网络切片能够为云机器人应用提供端到端定制化的网络支持。其次，在嵌入智能设备的仓储物流设施中，高速分拣设备、机器人、智能叉车等设备未来能够实现远程集中操作、监控、预防性维护保养。最后，在运营流程实现网络化、远程操控及可视化的基础上，云仓模式将会得到进一步的发展与落实。在此基础上，企业在对物流园区以及场站进行管理的过程中，能够通过智能设备来实现智慧物流园区的建设和管理。

2. 5G 推动物流跟踪智慧化

目前的物流追踪大多具有延迟性，而且并非全程无缝。随着业务的发展和用户需求的提升，企业对货物的追踪可视化将有更大的需求。而 5G 将在深度覆盖、低功耗和低成本等方面显露优势。5G 提供的改进包括在广泛产业中优化物流，提升人员效率，确保人员安全和提高商品、货物的定位与跟踪效率，从而帮助企业最大化节约成本，实现实时动态跟踪。

在 5G 时代，各类物流仓库和场站分布着数以亿万计的摄像头，它们将在 5G 的赋能下从简单的监控回溯设施升级为智能感知设备组成的云监控网络，帮助管理人员实现智能化的物流管理。基于云计算，融入大数据、人工智能等新技术的低成本视频监控解决方案，可将视频监控画面精准可视化展现，并实时进行监控、计算、分析和预警，为物流运输保驾护航。

随着在线购物数量的增加，资产跟踪将变得更加重要。5G 还能够提高资产定位与跟踪效率，从而最小化成本。通过扩展能力可实现动态跟踪更广泛的在途商品。

3. 5G 推动物流配送无人化

5G 作为新一代高效性能的移动通信技术，可以使得物流运输使用的车辆突破非视距感知、数据信息即时共享等技术的智慧化进程瓶颈，助力实现物流运输全自动化的局面。5G 能够让强大的机器视觉能力变得像人眼一样方便。抗干扰特性能够让高楼密集、电磁环境复杂的城市场景不再是飞行禁区。同时，5G 基站的信号辐射范围相比 4G 更加立体，能够对 300 米以下的空域全覆盖。因此，每一个 5G 基站，包括宏站和微站，都可以成为未来低空空域管理的必要基础设施载体，成为低空的"道路"和"信号灯"。

此外，5G 的高带宽、低时延和抗干扰，可以为无人物流机器人的实时通信提供强大支撑，通过实时控制可以使无人设备运行得更加安全可靠，提供更流畅的服务体验。目前，菜鸟、京东、顺丰、苏宁等企业都在试用无人车进行运营，摸索及积累无人车的运营经验、模式，而 5G 将让这些尝试变成大规模应用。

案例 6-2

中国移动"5G 无人车家族"上岗助力复工复产

在新冠疫情期间，医院医护人员、物流快递人员等都坚守岗位。中国移动"5G 无人车家族"正式上岗，这些无人驾驶小车忙碌在医院、街道、小区等场景中，为防疫零接触作出了贡献，有效替代医生、护士、快递小哥等战"疫"一线勇士前行。"5G 无人配送车"通过 5G 网络、高精度定位网络获得厘米级定位能力，不仅可以直接在小区门口接收快递员送来的快件并送到户主单元门口，还能协助物业工作人员为隔离人员运送生活物资，降低由于接触带来的传染风险。图 6-11 所示为无人送餐车应用场景。

图 6-11　无人送餐车应用场景

应用无人送餐车进行送餐，实现了工作人员"无接触式"作业，每日定时进行货物补充以及车辆消毒维护，做到送餐过程全程无接触，且保证了人员、车辆以及运送货物的安全。疫情防控期间，线上下单生鲜、果蔬等生活物资已成为市民减少外出的居家新方式。在湖北武汉，"无人物流车"沿着街道一路前行，灵巧地躲避着车辆和行人，顺利将医疗物资送到了武汉第九医院。中国移动联合京东物流推出“5G 无人配送车”，并正式在成都市武侯区中粮祥云小区和武汉京东仁和物流站启用，实现全程“无接触配送”，让疫情防控时期的购物更安心。此外，在北京海淀医院战“疫”前线，中国移动联合新石器投入 5G 无人送餐车服务，支援一线医护人员无接触配送。每天为战“疫”前线送去 100 份午餐，解决一线核心医护人员的就餐问题，准时且安全地将午餐送至隔离区。

4. 5G 推动智能物流园区发展

5G 技术具有 3 大特征：超高带宽、超低时延、超大容量。作为人、物、车、建筑、设备高度协同化的综合体，供应链物流园区是最合适的 5G 应用目标对象。

智能物流园在技术上领先于传统物流园，5G 智能物流园依托 5G 技术打造的智能物流园将充分发挥自动化、无人驾驶技术、实时监控技术，实现人、车、货高效匹配，便捷调动而且管理方便、全程可控。在安全方面，人、车、货的状态完全数字化，司机的工作时长和疲劳状态、货物的存储安全异常、卡车的轮胎状况等情况都可以实时监控和预警。

在 5G 智能物流园区中，借助 5G 高带宽+低时延+广连接的特点，通过 5G+高清摄像头，不仅可以实现人员的定位管理，还可以实时感知仓内生产区拥挤程度，及时进行资源优化调度，极大提高生产效率；5G 与物联网的结合，可以帮助对园区内的人员、资源、设备进行管理与协同；5G 还可帮助园区智能识别车辆，并导引货车前往系统推荐的月台进行作业，让园区内的车辆运行更加高效、有序。基于 5G 的高智能、自决策和一体化等智慧的物流装备、系统和平台等，与上下游供应链企业形成纵向的基于逻辑和基于物理的完备智慧连接链条，实现产、供、销、融税和回收等资源与园区资源高效率准时化精准匹配，实现原本难以标准化的货品、终端、设备、流程和运营管理的标准化。

总的来说，5G 对物流行业起到非常大的推动作用，一是设备和设施智能化应用的普及，无人车、无人机、仓储机器人等更多地得到应用，把人从低端劳动中解放出来；二是人与车、货、仓的互联互通互动，物联网和 AI 技术将让车、货、仓拟人化，并与人沟通联动，实现更高效的互动；三是服务的动态化、透明化和智能化。例如，在供应链金融服务中，过去做静态的仓单质押，但 5G 时代可对一些高附加值商品实现在途运单质押等。5G 带来的是向数字化物流和供应链服务的全面转型。

案例 6-3

国内首个 5G 碳中和智能物流园区亮相首届全球可持续交通高峰论坛

2023 年 9 月 25—26 日，首届全球可持续交通高峰论坛在京举行，本次论坛由交通运输部主办，以“可持续交通：携手合作助力全球发展”为主题，来自全球各界的交通人士齐聚一堂。论坛期间还将举办第 15 届世界国际交通技术和设备展览会，京东物流作为全球合作伙伴，与数十家企业共同参展，分享发展经验，共商可持续交通发展大计。

在本届展会上，京东物流以"创新驱动，持续发展"为主题，现场搭建了智能物流、韧性物流与绿色物流三大主题板块，全面展示了其在现代物流领域的技术设备和最新创新成果，引来参观嘉宾的连连赞叹，成为众多参会者的最佳"打卡地"。

在智能物流展区，京东物流现场展示了基于 5G、人工智能及物联网等技术建成的中国首个"5G 碳中和智能物流园区"沙盘。事实上，京东物流在智能物流园区方面已探索深耕多年，中国首个"5G 碳中和智能物流园区"项目集成了"5G、碳中和、智能"3 大要素，其技术基础是京东物流依托大量实践和数字技术编织的 5G 一张网和碳能一张网。一方面，京东物流通过 5G 一张网，实现 100%设备联网，并通过边缘计算降低设备计算能耗，携同数字化应用平台实现高效数字孪生交互；另一方面，京东物流通过供应链碳管理平台——SCEMP，构筑以碳排放为导向的能源管理一张网，通过建立能耗模型和碳中和模型，搭建园区全生命周期的碳能监测、报告、审核管理体系。

此外，京东物流还在现场展示了完全自主研发的无人配送、智能分拣、数字化智能决策体系等技术产品及解决方案，通过打造规模化应用的机器人与自动化、智能快递车等来提升物流作业的效率，并进一步夯实物联网、大数据、云计算、区块链等数据底盘技术，帮助物流行业打通链条、实现协同，持续引领物流行业数字化转型升级。

近年来，我国可持续交通发展步伐加快，下一步将从着力提升服务品质和效率、大力发展智慧交通和智慧物流、推动交通绿色低碳转型等方面继续发力。这正符合党的二十大报告中提出的推动制造业高端化、智能化、绿色化发展的要求。作为国内首个设立科学碳目标的供应链物流企业，也是首批交通强国试点企业，京东物流也将继续发挥一体化供应链服务的优势，积极贯彻落实《交通强国建设纲要》，投身实体经济更广阔的空间，构建绿色可持续的供应链体系，有效助力产业链、供应链的稳步发展，为全力推进可持续交通高质量发展贡献自己的力量。这正符合党的二十大报告中提到的发展绿色低碳产业的要求。

（资料来源：https://baijiahao.baidu.com/s?id=1778079955164908492&wfr=spider&for=pc.
（2023-09-26）[2024-07-09].）

6.5 自动跟踪技术与物流

在物流作业中，往往需要对运输中的货物进行实时跟踪或者对作业车辆进行实时调度，其中主要采用的是全球定位系统和地理信息系统等自动跟踪技术。自动跟踪技术可以帮助管理者对物流作业进程进行有效的把控和监管，在物流行业的发展中起到了非常重要的作用。

6.5.1 全球定位系统

目前，全球定位系统（GPS）包括我国的北斗、美国的 GPS、俄罗斯的 GLONASS 和欧盟的 Galileo。其中 GPS 在物流中的应用最为广泛。GPS 是 20 世纪 70 年代由美国陆海空三军联合研制的新一代空间卫星导航定位系统。GPS 最初是为军方提供精确定位而研制的，具有全天候、高精度和全球的覆盖能力。

GPS 的构成

完整的 GPS 由以下 3 部分构成。

（1）空间部分。GPS 的空间部分由 24 颗工作卫星和 3 颗有源备份卫星组成，它们位于距地表 20 200 千米的上空，均匀分布在 6 个轨道面上（每个轨道面 4 颗），轨道倾角为 55°。这些卫星的分布使得在全球任何地方、任何时间都可以观测到 4 颗以上的卫星，并能获取在卫星中预存的导航信息。

（2）地面控制系统。地面控制系统由监测站（monitor station）、主控制站（master control station）、地面天线（ground antenna）组成。监测站均装配有精密的铯钟和能够连续测量所有可见卫星的接收机。监测站将取得的卫星观测数据，包括电离层和气象数据，经过初步处理后，传送到主控制站。

（3）用户设备部分。用户设备部分即 GPS 信号接收机，其主要功能是捕获按一定卫星截止角所选择的待测卫星，并跟踪这些卫星的运行轨迹。当接收机捕获到跟踪的卫星信号后，就可测量出接收天线至卫星的伪距离和距离的变化率，解调出卫星轨道参数等数据。

GPS 在物流领域中的应用主要体现在运输和配送管理中，具体包括以下几个方面。

（1）车辆定位与跟踪调度。GPS 在配送和运输中常用于车辆定位、跟踪调度和陆地救援，常见形式是车载 GPS。汽车导航系统是在 GPS 的基础上发展起来的一门新型技术。汽车导航系统由 GPS 导航、自律导航、微处理机、车速传感器、陀螺仪传感器、CD-ROM 驱动器、LCD 显示器组成。GPS 导航系统与电子地图、无线电通信网络、计算机车辆管理信息系统相结合，可以实现车辆跟踪和交通管理等许多功能。

（2）铁路运输管理。我国铁路管理部门将 GPS 应用于铁路运输管理，开发了一套基于 GPS 的计算机管理信息系统。这套系统可以通过 GPS 和计算机网络实时收集全路列车、机车、车辆、集装箱及所运货物的动态信息，实现对列车和货物的追踪管理。一般来说，使用者只需要知道货车的车种、车型、车号，就能从铁路网上流动着的几十万辆货车中找到目标货车，得知这辆货车现在在何处运行或停在何处，以及所有的车载货物发货信息。

（3）航空运输管理。在航空运输管理上，GPS 主要用于空中交通管理、精密进场着陆、航路导航和监视。国际民航组织提出，21 世纪将实现未来空中导航系统（future air navigation system，FANS）取代现行航行系统。FANS 是一个以卫星技术为基础的航空通信、导航、监控（communication，navigation，surveillance，CNS）和空中交通管理（air traffic management，ATM）系统，它利用全球导航卫星系统（global navigation satellite system，GNSS）实现飞机航路、终端和进场导航。

（4）水路运输管理。在水路运输管理方面，GPS 主要用于内河及远洋船队的最佳航程和安全航线的测定、航向的实时调度、监测及水上救援。

6.5.2 北斗卫星导航系统

北斗卫星导航系统是我国自主研发且具有自主知识产权的导航系统，该系统的技术打破了国外的卫星导航技术壁垒，成为我国展现给世界的一张亮丽的"名片"。北斗卫星导航系统在物流行业的民用化应用，可升级物流行业流程，提升物流行业整体的服务水平，加速智慧物流建设。目前，我国最大的自营式电商京东已在业内率先大规模地使用北斗卫星导航系统，极大地推动了物流运营进程。

1. 北斗卫星导航系统概述

（1）北斗卫星导航系统的概念。

北斗卫星导航系统是中国着眼于国家安全和经济社会发展需要，自主建设、独立运行的卫星导航系统，是为全球用户提供全天候、全天时、高精度的定位、导航和授时服务的国家重要空间基础设施。它由空间段、地面段和用户段 3 部分组成，具备短报文通信能力，并已经初步具备区域导航、定位和授时能力，定位精度为分米、厘米级别，测速精度为 0.2 米/秒，授时精度为 10 纳秒。

（2）北斗卫星导航系统的特点。

北斗卫星导航系统的建设实践，实现了在区域快速形成服务能力、逐步扩展为全球服务的发展路径，丰富了世界卫星导航事业的发展模式。北斗卫星导航系统主要具有以下 3 个特点。

① 北斗卫星导航系统空间段采用 3 种轨道卫星组成的混合星座，与其他卫星导航系统相比高轨卫星更多，抗遮挡能力强，尤其低纬度地区性能特点更为明显。

② 北斗卫星导航系统提供多个频点的导航信号，能够通过多频信号组合使用等方式提高服务精度。

③ 北斗卫星导航系统创新融合了导航与通信能力，具有实时导航、快速定位、精确授时、位置报告和短报文通信服务 5 大功能。

（3）北斗卫星导航系统的组成。

北斗卫星导航系统由导航卫星星座、地面监控系统和用户定位设备 3 个部分组成。该系统是一个庞大的系统工程，其工程建设由 8 大系统组成，分别是卫星系统、运载火箭系统、发射场系统、测控系统、通信和数据传输系统、运控系统、地面应用系统和其他系统。

① 卫星系统，即导航卫星。这个系统可以保证在任意时刻、地球上任意一点都可以同时观测到 4 颗卫星，以保证可以采集到该观测点的经纬度和高度，以便实现导航、定位、授时等功能。这项技术可以用来引导飞机、船舶、车辆以及个人，安全、准确地沿着选定的路线，准时到达目的地。

② 运载火箭系统。它是把导航卫星送离地球表面，并到达预定星座的轨道高度和一定速度的运载工具。

③ 发射场系统。它为运载火箭、飞船有效载荷提供满足技术要求的转载、总装、测试及运输设施。

④ 测控系统。它是指对运行中的人造地球卫星进行跟踪、测量和控制的大型电子系统。

⑤ 通信和数据传输系统。它作为各种电子设备和通信网络的中间设备，沟通各个系统之间的信息，以实现指挥调度。各种地面系统分别安装在适当地理位置的若干测控站（包括必要的测量船和测控飞机）和一个测控中心内，通过通信网络相互连接而构成整体的航天测控系统。

⑥ 运控系统。运控系统是卫星导航系统的重要组成部分。它的任务是负责整个系统的运行控制，主要业务包括导航卫星的精密定轨和它的轨道参数预报、卫星钟差的测定和预报以及电离层的监测和预报、完好性的监测与处理。地面段通过观测卫星并计算其星历，生成导航电文注入卫星，用户就根据所收到的这些信息，以及它对卫星观测得到的伪距进行高精度定位和定时处理。运控系统主要分为主控站、注入站和监测站。主控站主要收集所有监测站获得的观测信息，对它进行各种各样的业务处理，判断地面设备和卫星设备的工况。将主控站处理得到的结果发到注入站，由注入站经射频链路上行注入相应卫星的存储系统，最后由卫星转发参数向服务区的用户广播。

⑦ 地面应用系统。它是利用卫星播发的导航信号开展应用研究的系统，只有通过地面应用系统的研究，才能真正把导航观测数据转化为应用，推动空间科学的发展。对这些从空间接收过来的科学数据进行存储、管理和发布，组织科学家进行科学数据分析、数据产品生产、科学数据应用等研究。

⑧ 其他系统。跟踪测量系统，跟踪航天器，测定其弹道或轨道；遥测系统，测量和传送航天器内部的工程参数和用敏感器测得的空间物理参数；遥控系统，通过无线电对航天器的姿态、轨道和其他状态进行控制；计算系统，用于弹道、轨道和姿态的确定及实时控制中的计算；时间统一系统，为整个测控系统提供标准时刻和时标；显示记录系统，显示航天器遥测、弹道、轨道和其他参数及其变化情况，必要时予以打印记录。

2. 北斗卫星导航系统在物流中的应用

北斗卫星导航系统目前已在交通运输、农林渔业、水文监测、气象测报、通信授时、电力调度、救灾减灾、公共安全等领域得到了广泛应用。其主要服务于国家重要基础设施，产生了显著的经济效益和社会效益。基于北斗卫星导航系统的导航服务已被电子商务、移动智能终端制造、位置服务等厂商采用，已经广泛进入中国大众消费、共享经济和民生领域，应用的新模式、新业态、新经济不断涌现，深刻改变着人们的生产生活方式。在物流行业，北斗卫星导航系统的应用主要包括以下几个方面。

（1）铁路智能交通运输。采用北斗卫星导航系统可以有效地提高铁路运输效率，从而为实现传统运输方式的升级与转型提供保障。例如，在铁路智能交通领域，采用北斗卫星导航系统将极大缩短其间隔时间，进而使运输成本降低，最终可以提高运输效率。

（2）交通管理。在车辆上安装北斗卫星导航系统，将有助于改善交通拥堵情况，提高道路交通管理水平。例如，在车辆上安装卫星导航系统，可以指示车辆走畅通道路，避免出现拥堵。如果车辆在行驶的过程中发生交通事故，则可通过安装的卫星导航系统记录发生事故时车辆的行驶速度、行驶位置及行驶时间等信息，从而判断车辆是否存在违章行为。

（3）航空运输。北斗卫星导航系统具有精准定位及测速等优势，通过这些优势能够实时对飞机的位置进行监测，同时可以有效地缩短飞机与飞机之间的安全距离，最终提高机场的运营效率。若北斗卫星导航系统和其他系统结合，则可以为航空运输提供更多的安全保障。

（4）水路运输。目前水路运输的各类船舶很多都已安装北斗卫星导航设备，使运输更加安全和高效。甚至在极端天气下，北斗卫星导航系统也可以为船舶提供精确定位和安全保障。

（5）贵重或危险货物运输。贵重或危险货物的运输是现代物流业的新应用。通过北斗卫星导航系统，可以全面实时地监控贵重或危险货物运输车驾驶员的驾驶状态。例如，驾驶员是否饮酒或者是否按照规定的路线行驶等，发现危险情况时会立刻报警。

案例 6-4

北斗卫星导航系统在疫情防控期间的应用

面对新冠疫情，大国重器精锐尽出，创新技术各显神通。随着"北斗三号"系统的全面建设和服务性能的不断提高，北斗产业生态体系进一步丰富，国家各行各业应用北斗卫星导航系统的信心倍增。在此次疫情防控期间，北斗卫星导航系统快速响应国家号召，全面融入疫情防控的主战场：智能监测把控抗疫主阵地、精准引导全程护航物资投送、巡防结合阻断疫情传播，坚定不移地履行"北斗服务人民"的忠实承诺，为疫情防控提供了有力的技术支撑。

1. 北斗智能监测，把控抗疫主阵地

（1）北斗测绘助力医院建设。

2019 年年末，武汉成为抗疫主阵地，党和政府决策建设火神山医院和雷神山医院，集中收治新型冠状病毒感染的肺炎患者。取得精确、可靠的地理信息数据是启动医院建设的基础。北斗卫星导航系统的实时动态（Real-Time Kinematic，RTK）测量设备紧急支援武汉。

RTK 测量设备具有如下优势。一是体积小、便于携带且操作简便，能够实时迅速获取医院建设待测点的精确坐标。二是由于北斗导航组网和测量的独特设计，已经实现了针对树林和建筑群等环境复杂场地的厘米级精确定位与标绘，确保了工地大部分放线测量一次性完成。三是"千寻位置网络"，这是基于北斗卫星导航系统的 RTK 技术，结合云计算和数据技术的位置服务云平台。它接收到原始观测值后，通过互联网下播用户所在大致位置的差分数据，两者结合进行解算，实现纠偏，还允许多个账号同时访问同一地点的定位数据，给团队共同规划建设带来便利。四是北斗开辟的同步数据传输链路能够实时回传测绘信息，卫星的通信功能也支持测绘者进行实时沟通，精进工作成果。五是由于北斗 RTK 坐标直接支持 CGCS 2000 大地坐标系国家标准，为坐标转换和精确度修正等节约了大量时间。六是利用以地理空间为基础，采用地理模型分析方法以及为地理研究和地理决策服务的 GIS 技术，分析和处理北斗卫星导航系统获取实时、动态的高精度地理数据后，能够挖掘出对医院建设科学决策具有指导意义的信息，大幅提高外业作业效率，并为解决复杂的地学应用问题争取了宝贵时间。

（2）北斗医疗有效实现智慧管理。

近年来，北斗产业积极构建以融合为特征的"北斗+互联网+其他行业"的新模式，推进高精度应用的多样化发展。在医疗管理领域，北斗智能可穿戴设备和北斗医疗终端设备配套使用在此次抗疫中发挥了重要作用。北斗智能可穿戴设备和北斗医疗终端设备实现了"芯片平台+高精度定位服务+算法软件"的技术应用。在浙江省的部分医院里，医生通过北斗医疗终端设备对患者的可穿戴设备进行扫码，可以监测患者病情并获取患者的实时位置，有效实现对患者的"智慧管理"，减少医院人力成本的投入。

2. 北斗精准引导，全程护航物资投送

（1）北斗车载终端保障陆运畅通。

在公路运输方面，接入全国道路货运车辆公共监管与服务平台的北斗车载终端发挥了重要的引导作用。一方面，北斗卫星导航系统对入网的重型载货车进行高精度定位，每隔 2 秒至 30 秒就将车辆的运行数据上传至货运平台，并为行业主管部门提供途经疫区的车辆信息，实现对货车的实时监管和高效调配，保障驾驶安全；另一方面，交通运输部也借助这一平台，综合运用北斗卫星导航系统的通信、授时功能和高精度电子地图，向 600 余万辆重型载货车持续推送疫情信息、防疫物资运输信息和道路运输服务信息，保障了道路运输的有序协调。在部分省、市封路的情况下，货运平台运用"北斗+大数据"分析工具，向司机推荐了经验线路和应急物资中转站信息，并提供了 14 天行车轨迹查询服务，提高了疫情防控的检查效率，也大大提高了运输效率和安全系数。

（2）"北斗+无人设备"智能精准送达。

在无人设备运输方面，基于北斗高精度定位的无人机和基于北斗物流科技的智能配送机器人也在战"疫"中大显身手。2020 年 2 月初，上百架无人机集结于我国重点抗疫防疫区域，根据指令开展"疫情区应急作业"。它们在北斗卫星导航系统的引导下，快速、精准地将应急物资免接触投送至一线医护人员手中。京东智能配送机器人是基于北斗物流科技的抗疫"轻骑兵"，它们形体小巧，行动快捷灵敏，可自动规避车辆和行人，借助北斗电子地图和高精度导航定位自主规划路线，将各地送达的医疗物资快速送往医院隔离区，并支持全天候多频次往返，搭建起武汉医院与配送站点之间的"物资生命线"。

3. 北斗应急预警，巡防结合阻断疫情传播

（1）"北斗+"信息终端追踪患者轨迹。

北斗与互联网、云计算、大数据等技术综合应用形成了"北斗+"信息终端，成功实现了对感染者行动轨迹的精准定位。这些数据通过移动互联网通信公布，辅助政府部门提高对防控地区流动人口行程轨迹信息的核验效率，也向社会大众提供了自查自检的预警提示，避免风险进一步扩散。"北斗+"信息终端为各基层社区工作人员组织摸底排查、封控传染源提供了关键的数据支撑，为解决好服务群众的"最后一公里"问题节约了资源和时间。

（2）北斗无人机巡防结合开展防疫作业。

隔离是切断病毒传播的关键举措。为确保居民真正隔离，北斗无人机成为街道、小区、乡镇各处的监督能手。操作人员依据北斗电子地图操控无人机升空、盘旋及自主巡航，在高清航拍视角下开展全覆盖、立体式的巡防工作，清查各类集聚行动。为了覆盖巡查区域，北斗卫星导航系统还根据地图规划出 S 形的喊话路径，实现了高效、便捷、零接触的防疫监督。"人防+技防"成为阻断疫情传播的巡查新模式。

防疫消杀工作是阻断疫情传播的关键一招。相比传统人工地面喷洒消毒，采用北斗无人机向公共区域喷洒消毒液既能提高消杀效率，还能避免人员密集接触。北斗卫星导航系统可为携带消毒液的无人机精准规划飞行航线，避免因操作失误而出现飞行故障。此外，无人机每小时喷洒面积广阔，还能通过自带的下压风场控制药液落地方向，并随着气流逐步扩散到整个公共区域。在国内疫情高峰期，负责北斗高精度数据运维的千寻位置网络有限公司，实现了支持上万架无人机按照系统生成的航点以及飞行路径执行厘米级精度的飞行，完成精准喷洒的防疫作业。

（3）北斗物流终端无接触供应配送。

物流公司应用北斗卫星导航系统终端，实时跟踪与监管配送，保障居家人员吃穿用住的物资稳定供应。

疫情防控期间，网购行为呈几何级数增长。为保证快递物流的高效供应，各大物流公司纷纷推进基于北斗卫星导航系统终端的应用，为居民的日常快递物流提供服务，推动城市、农村共同配送的发展，以信息化助力智慧物流。各物流公司对北斗卫星导航系统提供的地理位置数据进行数据分析和挖掘，据此定制仓储和站点位置，以确定最便捷高效的物流中转区。数十万台北斗卫星导航系统终端为出仓的快递打上标签，目的地的位置服务信息即刻一目了然。北斗卫星导航系统还为快递员定制服务线路，提高物流效率，管控运输成本，同时提高了信息透明度，让买家可随时查看配送路线。为了防止配送中可能出现的人员接触感染，部分物流公司还采用了基于北斗卫星导航系统高精度定位的配送机器人，实现了精准停靠、配送到户，让居民足不出户就能保障基本生活。

6.5.3　地理信息系统

自 20 世纪 60 年代初加拿大建成世界上第一个地理信息系统——加拿大地理信息系统（Canada geographic information system，CGIS）以后，虽然出现过许多名词术语，但地理信息系统（geographic information system，GIS）这一术语在各种文献中是使用最多的。尽管学者对其定义众说纷纭，但普遍认为 GIS 是在计算机软硬件的支持下，运用系统工程和信息科学的理论和方法，综合地、动态地获取、存储、传输、管理、分析和利用地理信息的空间信息系统，可以对地球上存在的东西和发生的事件进行成图与分析。通俗地讲，它是整个地球或部分区域的资源、环境在计算机中的缩影。图 6-12 所示为 GIS 概念图。

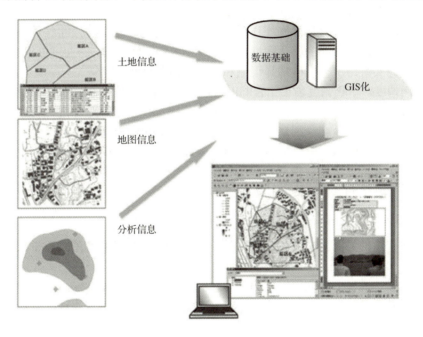

图 6-12　GIS 概念图

1. GIS 的特征

GIS 作为获取、存储、分析和管理地理空间数据的重要工具、技术和学科，近年来得到了广泛的关注并取得迅猛发展。随着信息技术的发展，理论上讲，GIS 可以运用于现阶段任何行业，在电子商务物流中的应用尤为成熟。GIS 技术将地图这种独特的视觉化效果和地理分析功能与一般的数据库操作（如查询和统计分析等）集成在一起。它具有以下 3 个方面的特征。

（1）具有采集、管理、分析和输出多种地理信息的能力，具有空间性和动态性。

（2）由计算机系统支持进行空间地理数据管理，并由计算机程序模拟常规的或专门的地理分析方法，作用于空间数据，产生有用信息，完成人类难以完成的任务。

（3）计算机系统的支持是 GIS 的重要特征，因而使得 GIS 能快速、精确、综合地对复杂的地理系统进行空间定位和过程动态分析。电子商务的发展必须依托传统物流，但随着两者的结合，人们对电子商务物流的要求也越来越高：供应商、生产商需要全面、准确、动态地掌握散布于全国的各个中转仓库的库存现状，经销商、零售商需要了解各个物流环节的产品流通状况等。而这些都存在着不同的地域和空间问题，GIS 的引入则能有效地解决这些问题。

2. GIS 的应用

GIS 在物流领域中的应用主要体现在以下几个方面。

（1）机构设施的选址。对于供应商、经销商、配送中心和客户而言，需求和供给、服务和销售难免会存在空间分布上的差异。利用 GIS，相关企业可以更科学地选择机构设施的地理位置，决定机构设施的分布密度，客观评价并合理优化现有设施的地理位置，寻找距离最小化和利润最大化之间的平衡点。

（2）交通路线的选择。运输和配送是物流的两大功能要素，交通路线是否合理将直接关系到运送成本和运送时间的优化程度。利用 GIS 进行空间管理，企业可以根据几何距离、经验时间、道路实时路况等准确选择运输和配送的最佳路线。

（3）车辆调度。车辆调度需要结合 GPS 的应用。GIS 可以接收 GPS 的数据，使调度人员和货主能实时了解运输与配送的状态，以便对货物进行全程跟踪和定位管理，降低车辆的空驶率、空载率，减少交通拥堵，最大限度地实现对物资流通的动态管理。

GIS 可以有效协调物流运作的多个环节，管理企业信息，促进协同商务发展，有利于打造数字物流企业，提高企业信息化程度，提升企业运作效率和企业形象，更好地维护与客户的关系，更好地满足电子商务物流的发展要求。

3. 基于 GIS 的物流配送系统的功能

以某一城市中的物流配送过程为例，基于 GIS 的物流配送系统的功能主要集中在以下几个方面。

（1）通过客户提供的详细地址，确定客户的地理位置和车辆路线。

（2）通过基于 GIS 的查询、地图表现的辅助决策，实现对车辆路线的合理编辑和对客户配送的准确排序。

（3）用特定的地图符号显示客户的地理位置，用不同的符号表示不同类型的客户。

（4）通过 GIS 的查询功能或在地图上单击客户符号，可以显示此客户符号的属性信息，并可以编辑属性。

（5）在地图上查询客户的位置以及客户周围的环境以发现潜在客户。

（6）通过业务系统调用 GIS，以图形方式显示业务系统的各种相关操作结果的数值信息。

（7）基于综合评估模型和 GIS 的查询，实现对配送区域的拆分与合并。

6.6 数字孪生技术与物流

数字孪生智慧物流系统解决方案，以物流为载体，将预测技术、决策工具等与数字孪生技术相结合，构建物流全要素 1：1 数字化模型，再叠加现有的多源异构数据，复现真实工作场景，实现全过程实时可视与协同，通过仿真模拟动态做出全局优化预测和决策方案。突破传统物流供应链的响应速度和成本瓶颈，通过数字化精细管理和智能决策提升物流供应链的效率，降低物流成本。

6.6.1　数字孪生概述

1. 数字孪生的起源

2003 年前后，关于数字孪生（digital twin）的设想首次出现于 Grieves 教授在美国密歇根大学的产品全生命周期管理课程上。但是，当时"digital twin"一词还没有被正式提出，Grieves 教授将这一设想称为"conceptual ideal for PLM（product lifecycle management）"。尽管如此，在该设想中数字孪生的基本思想已经有所体现，即在虚拟空间构建的数字模型与物理实体交互映射，忠实地描述物理实体全生命周期的运行轨迹。

2. 数字孪生的概念

数字孪生是充分利用物理模型、传感器更新、运行历史等数据，集成多学科、多物理量、多尺度、多概率的仿真过程，在虚拟空间中完成映射，从而反映相对应的实体装备的全生命周期过程。数字孪生是一种超越现实的概念，可以视为一个或多个重要的、彼此依赖的装备系统的数字映射系统。从根本上讲，数字孪生可以定义为有助于优化业务绩效的物理对象或过程的历史和当前行为的不断发展的数字资料。数字孪生模型基于跨一系列维度的大规模、累积、实时、真实世界的数据测量。

3. 数字孪生的特点

近年来，数字孪生得到越来越广泛的传播。同时，得益于物联网、大数据、云计算、人工智能等新一代信息技术的发展，数字孪生的实施已逐渐成为可能。现阶段，除了航空航天领域，数字孪生还被应用于电力、船舶、城市管理、农业、建筑、制造、石油、天然气、健康医疗、环境保护等行业，特别是在智能制造领域，数字孪生被认为是一种实现制造信息世界与物理世界交互融合的有效手段。许多著名企业（如空客、洛克希德·马丁、西门子等）与组织（如 Gartner、德勤、中国科协智能制造学会联合体）对数字孪生给予了高度重视，并且开始探索基于数字孪生的智能生产新模式。可以看出，数字孪生具有以下5 个典型特点。

（1）互操作性。数字孪生中的物理对象和数字空间能够双向映射、动态交互和实时连接，因此数字孪生具备以多样的数字模型映射物理实体的能力，具有能够在不同数字模型之间转换、合并和建立"表达"的等同性。

（2）可扩展性。数字孪生技术具备集成、添加和替换数字模型的能力，能够针对多尺度、多物理、多层级的模型内容进行扩展。

（3）实时性。数字孪生技术要求数字化，即以一种计算机可识别和处理的方式管理数据，以对随时间轴变化的物理实体进行表征。表征的对象包括外观、状态、属性、内在机理，形成物理实体实时状态的数字虚体映射。

（4）保真性。数字孪生的保真性指描述数字虚体模型和物理实体的接近性。要求虚体和实体不仅要保持几何结构的高度仿真，在状态、相态和时态上也要仿真。值得一提的是，在不同的数字孪生场景下，同一数字虚体的仿真程度可能不同。例如，工况场景中可能只要求描述虚体的物理性质，并不需要关注化学结构细节。

（5）闭环性。数字孪生中的数字虚体，用于描述物理实体的可视化模型和内在机理，以便于对物理实体的状态数据进行监视、分析推理、优化工艺参数和运行参数，实现决策功能，即赋予数字虚体和物理实体一个"大脑"。因此，数字孪生具有闭环性。

【顺丰数字孪生应用】

6.6.2　数字孪生技术在物流中的应用

数字孪生智慧物流系统的主要功能模块包括仓储管理、物流枢纽管理、安防管理、运输车队管理、订单实时跟踪管理等。

1. 仓储管理

（1）仓库管理。数字孪生智慧物流系统对接仓储管理系统，从仓储管理系统获取实时生产数据，用三维可视化的方式实时、直观展示库存水位、拣货热力、上架热力等仓内各类生产实况，提升仓储管理者监控、分析和决策效率。

（2）库存分布管理。数字孪生智慧物流系统基于在线库存，采用数字孪生技术进行1∶1 数字化建模，在虚拟空间进行模拟仿真，能够针对具体业务场景，上承宏观层面网络仿真及预测，下接物流运营层面仿真优化，管理物流网络上应当如何布局货物、布局多少货物，解决物流操作的库存分布优化问题。

（3）拣选管理。数字孪生智慧物流系统的拣选管理模块，能够基于实际仓库数字化建模的地图，以及历史任务分配和拣选路径执行策略，结合优化算法，在数字孪生智慧物流系统对任务分配、人员排班、人员调度、人员拣选路径等方面进行综合策略优化，并动态作用到实际仓库。特别是针对面积较大、人员流动较为频繁，或者货品变化频繁、货品差异较难辨认的仓库，拣选员通过佩戴 AR（augmented reality）眼镜等可穿戴设备，可以和数字孪生仓储管理系统进行实时交互，实时获得仓库货物的识别信息，并快速到达正确的拣选位置。对拣选环节进行优化，可以起到明显的降本增效作用。

2. 物流枢纽管理

（1）物流园区管理。数字孪生智慧物流系统中的物流园区管理模块可实现园区车道闸、大屏、月台摄像头、车辆预约系统的协同。当车道闸智能识别到"合规"车辆时，自动放行车辆。然后，通过在交互终端显示数字化建模的园区地图和车辆的规划路径，将车辆自动导引到操作月台。

（2）月台管理。数字孪生智慧物流系统中的月台管理模块，对月台和作业车辆进行状态建模与关联，首先通过 5G+边缘计算等方式获取月台摄像头视频回传；接着对视频数据进行实时计算机视觉计算，识别车辆的抵达、驶离、作业车辆类型和车牌，从而自动化闭环触发车辆作业，降低人工干预的同时，提升月台的利用率。

（3）分拣管理。数字孪生智慧物流系统的分拣管理模块，根据分拣业务，对分拣作业场景进行拆解和建模，以及对分拣运输环节进行产能规划。自动分拣设备数字孪生仿真系统，支持对现实使用的不同生产厂家、不同型号、不同大小、不同类型的分拣机进行三维仿真，再综合导入现实以及预期的自动分拣设备的机械参数、流向格口绑定关系、集包人员排班与调度等数据，实现对分拣机的分拣流程进行仿真，可以高效并准确地评估设备的产能和错包率，为分拣中心的规划和日常运营提供数据与指导。

3. 安防管理

数字孪生智慧物流系统的安防管理模块，允许摄像头通过 5G 和物联网等方式灵活接入视频平台。在数字空间，构建异常行为模型，以及部署智能识别算法。而后基于现有的摄像头 24 小时不间断的动态视频数据采集，进行异常行为的实时识别和报警。数字安防使用技术代替人工，有效提升了仓库的异常识别率，同时减少了仓库对人员的需求量，从而达到生产安全保障以及降本增效的目的。

4. 运输车队管理

数字孪生智慧物流系统的运输车队管理模块，基于 5G、物联网、区块链、北斗定位、图像处理、人脸识别、大数据等技术和人工智能算法，搭建运输和终端配送场景的数字孪生体，可以随时掌握车辆实时位置、货物实时情况、司机驾驶安全等，帮助规划和运营在控制成本的条件下，通过提升满载率和人员效率等手段来满足业务实际需求。

在运输方面，基于数字孪生技术可以对运输运营情况进行实时观测，并在孪生体上调整线路开通标准、线路设计等关键因素，模拟并评估整体策略的影响，从而导出理想的现实运输决策。在配送方面，考虑各类影响履约效率及成本的运营模式（全部或者部分由路区配送员兼职揽收，或多个配送员配合完成揽派工作，或安排专职人员揽收等），借助揽派数字孪生模型对站点覆盖区域的系统仿真建模和策略支持，可以提前预估当前模式下的履约成本和效益，减少人工试错的成本，提高站点的人效，支持终端做出更精准的规划和运营组织决策。

5. 订单实时跟踪管理

数字孪生智慧物流系统通过 5G 等高质量网络精准采集货物关联的仓库与车载相关的视频监控画面、传感数据，在数字空间构建订单的数字孪生模型和孪生订单经过的仓储、运输、配送等各环节的孪生体，并经过区块链和通用开放接口等技术进行有效串联，可以快速协同仓储、分拣枢纽、配送站点及运输车队，快速传导整个流程中的任何改变，并做出及时的响应调整，从而对订单全程进行监控、计算、分析和预警，为物流时效和质量保驾护航、提升物流履约能力和客户体验。

本 章 小 结

　　本章介绍了互联网物流使用的一些信息技术的理论知识及其应用，包括大数据、云计算、物联网、自动跟踪技术、数字孪生技术等。这些技术是物流现代化的重要标志，也是物流技术中发展最快的领域，从数据采集的条形码系统，到办公自动化系统中的计算机、互联网，各种终端设备等硬件以及计算机软件都在发生着日新月异的变化。同时，随着物流信息技术的不断发展，产生了一系列新的物流理念和物流经营方式，推进了物流技术的变革，这些技术帮助企业利用信息技术来提高供应链活动的效率，增强了整个供应链的经营决策能力。

知识巩固与技能训练

一、名词解释

　　通信网络技术、自动识别技术、条形码技术、IC 卡技术、RFID 技术、GPS、GIS、物流系统自动化技术、云计算、射频标签技术、数字孪生。

二、单项选择题

1. 云计算是一种按（　　）付费的模式，该模式提供可用的、便捷的、按需的网络访问。

　　A. 使用时长　　　　　　B. 使用次数　　　　　　C. 使用人数　　　　　　D. 使用量

2.（　　）通常是指物流范围较广、工程量较大、具有带动经济作用的物流活动。

　　A. 宏观物流　　　　　　B. 社会物流　　　　　　C. 企业物流　　　　　　D. 国际物流

3.（　　）是重构人、货、场的基础，是推动智慧物流发展的重要驱动力。

　　A. 区块链　　　　　　　B. 物联网　　　　　　　C. 云计算技术　　　　　D. GIS

4.（　　）是建立在一维条形码基础上的二维条形码。

　　A. 行排式二维条形码　　　　　　　　　　B. 一维条形码

　　C. 矩阵式二维条形码　　　　　　　　　　D. 二维条形码

5.（　　）适用于企业的物流领域。

　　A. EAN-13 条形码　　　　　　　　　　　B. UCC/EAN-128 条形码

　　C. EAN-8 条形码　　　　　　　　　　　　D. UPC-A 条形码

6.（　　）可识别高速运动物体并可同时识别多种标签，操作快捷方便。

　　A. EDI 技术　　　　　　B. 射频标签技术　　　　C. RF 技术　　　　　　D. RFID 技术

7.（　　）是计算机串行通信技术、远程数据显示技术在配送中心应用的典型高新技术。

　　A. 物联网技术　　　　　B. 射频标签技术　　　　C. EDI 技术　　　　　　D. 5G 通信技术

8.（　　）是指将信息（主要指商业信息）以标准格式，通过计算机通信网络在计算机系统之间进行的自动化传递，实现数据的交接与处理。

　　A. 云计算技术　　　　　B. 射频标签技术　　　　C. 条形码技术　　　　　D. EDI 技术

9. 第五代移动通信技术是（　　）。

    A. 一种特殊的无线接入技术

    B. 新的无线接入技术和现有无线接入技术的高度融合

    C. 全新的无线接入技术

    D. 单一的无线接入技术

10. （　　）可以帮助管理者对物流作业进程进行有效的把控和监管，在物流行业中起到了非常重要的作用。

    A. 物联网技术　　　　B. 二维码技术　　　　C. 大数据技术　　　　D. 自动跟踪技术

三、多项选择题

1. 物流信息技术包含以下层次，分别是（　　）。

    A. 物流信息基础技术　　　　　　　　B. 物流信息系统技术

    C. 物流信息应用技术　　　　　　　　D. 物流信息安全技术

2. 云计算主要包括（　　）。

    A. 基础设施即服务　　B. 软件即服务　　C. 平台即服务　　D. 用户服务

3. 数字孪生具有（　　）等典型特点。

    A. 保真性　　　　　　B. 实时性　　　　C. 可扩展性　　　　D. 互操作性

4. 完整的 GPS 由（　　）部分构成。

    A. 用户设备部分　　　B. 空间部分　　　C. 地面控制系统　　D. 地理信息系统

5. 北斗卫星导航系统由（　　）3 个部分组成。

    A. 智能信息系统　　　B. 用户定位设备　　C. 地面监控系统　　D. 导航卫星星座

四、复习思考题

1. 物流信息技术在物流业应用的重要意义是什么？

2. 互联网技术的发展给物流行业带来的机遇与挑战有哪些？

3. 简要说明云计算的主要应用领域和发展前景。

4. 论述大数据如何影响到物流企业的各个环节。

5. 简述 GPS 技术主要应用在物流领域中的哪些方面。

第**7**章
大数据与物流

【知识框架图】

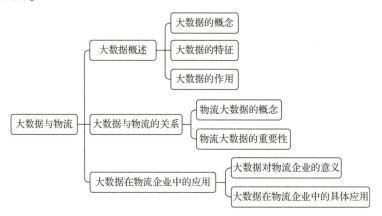

【学习目标】
1. 明确大数据的基本概念和主要内容。
2. 了解物流大数据的主要特征和重要性。
3. 理解物流大数据给企业带来的变革以及在企业中的具体应用。

【能力目标】
1. 能够说明物流大数据的基本内涵以及学习本课程的必要性。
2. 能够清晰说明大数据在物流企业运营管理中所涉及的基本内容。

7.1 大数据概述

随着信息技术和互联网的蓬勃发展，各种计算机硬件和软件都在飞速升级，各行各业涌现出海量数据。大数据时代来临之后，物流企业之间的竞争愈演愈烈。如何应对大数据时代带来的机遇和挑战，成为物流企业普遍关注的焦点。互联网打破了原有线下空间与时间的壁垒，让使用方得到更便捷的服务，但是其基础支撑点是使用方对于产品本身的熟悉性及认知度，运用大数据技术能够更有效地帮助企业规划发展模式、定制市场方案。"大数据"这一名词最早出现在 1980 年的美国，著名的未来学家托夫勒在《第三次浪潮》中，将大数据热情地称颂为"第三次浪潮的华彩乐章"。2009 年，大数据开始成为互联网技术行业中的热门词汇。大数据发展至今，在 IT、医疗、民生、金融、学术等多个领域炙手可热，国家和企业都对此保持高度的重视。第三次科学技术革命的蓬勃发展，为大数据时代的到来奠定了良好的基础。互联网的普及、信息技术和云计算的发展以及遍布的智能终端等，无时无刻不记录着人类产生的"数据足迹"，使每个人都能成为数据的提供者。冠有量词属性的"大数据"早已成为一种引人注目的新思潮，成为人们认识事物、分析事物、探索新发现及追求创新的新范畴。

7.1.1 大数据的概念

大数据是指在信息爆炸时代产生的巨量数据或海量数据，以及由此引发的一系列技术及认知观念的变革。受限于科学技术发展，过去人们难以处理过于庞大的数据量，随着使用信息化系统的人越来越多，数据积累的速度越来越快，数据价值越来越大，传统数据库无论是在技术上还是在功能上都难以为继，于是大数据应运而生。狭义上讲，大数据是当前的技术环境难以处理的一种数据集。宏观上目前没有一种可量化的理解。许多研究机构和学者普遍从数据的规模，以及对于数据的处理方式上来定义大数据。

"大数据"又称海量数据，一般是指所含的数据规模巨大，传统软件工具无法在合理的时间内完成采集存储、分析管理的数据信息，其本质是数量庞大的结构化的和非结构化的数据。它不仅是一种数据分析、管理以及处理方式，更是一种逻辑，通过将事物量化成数据，对事物进行数据化研究分析。大数据具有客观性、可靠性，使得其既是一种认识事物的新途径，又是一种创新发现的新方法。总体而言，大数据指使用新型的信息处理方式对大量的信息进行高速、及时的整理和分析，以促成更强的决策能力、洞察力与最优化处理。

大数据技术是指从各种类型的数据中快速获得有价值信息的能力。适用于大数据的技术，包括大规模并行处理数据库、数据挖掘、分布式文件系统、分布式数据库、云计算平台、互联网和可扩展的存储系统。

7.1.2　大数据的特征

对于大数据特征的全面理解应从数据特征、技术特征和应用特征 3 个方面进行。当前较为流行的是由互联网数据中心（Internet Data Center，IDC）定义的"4V"特征，主要考虑了数据类型多样（variety）、速度快（velocity）、体量大（volume）、数据价值高（value）4 个方面。庞大具体表现为数据体量庞大、数据种类繁多、数据价值密度低、数据处理与流动速度快。

1. 数据体量庞大

大数据的第一个特征是数据量大，其中采集、存储和计算的数据量都非常大。随着信息化技术的高速发展，数据开始爆发性增长。大数据中的数据不再以 GB 或 TB 为单位来衡量，而是以 PB（1 024TB）、EB（1 024PB）或 ZB（1 024EB）为计量单位，甚至今后会出现更高级别的数据量级别，人类社会的数据规模正在不断地刷新一个又一个级别。数据体量庞大是大数据的基本属性。互联网、物联网、社交网络、科学研究等源源不断产生的数据使得数据的规模呈现爆炸式的增长。

2. 数据种类繁多

大数据的第二个特征是数据种类和来源多样化，其数据来源于不同的应用系统和不同的设备。数据的种类大体可以分为 3 类：一是结构化数据，如财务系统数据、信息管理系统数据、医疗系统数据等；二是半结构化数据，如 HTML 文档、邮件、网页等；三是非结构化数据，如视频、图片、音频等。随着物联网、智能终端以及移动互联网的飞速发展，各类组织中的数据也变得更加复杂，不仅包含传统的关系型数据，还包含来自网页、互联网日志文件（包括点击流量数据）、搜索索引、社交媒体论坛、电子邮件文档、主动和被动系统的传感器数据等。数据格式的多样化与数据来源的多元化给人类处理这些数据带来了极大的不便。大数据时代所引领的数据处理技术，不仅为挖掘这些数据背后的巨大价值提供了方法，也为处理不同来源、不同格式的多元化数据提供了可能。

知识卡片

结构化数据通常以固定字段驻留在一个记录或文件内，它事先被人为组织过，也依赖于一种确保数据如何存储处理和访问的模型。结构化查询语言通常用于管理在数据库的结构化数据表。

半结构化数据是跨结构化和非结构化的数据，它并不符合关系型数据库或其他数据表的形式关联起来的数据模型结构，但包含相关标记，用来分隔语义元素以及对记录和字段进行分层。因此，它也被称为自描述的结构。

非结构化数据是数据结构不规则或不完整，没有预定义的数据模型，不方便用数据库二维逻辑表来表现的数据。非结构化数据其格式非常多样，标准也是多样性的，而且在技术上非结构化信息比结构化信息更难标准化和理解。所以存储、检索、发布以及利用需要更加智能化的 IT 技术，如海量存储、智能检索、知识挖掘、内容保护、信息的增值开发利用等。

3. 数据价值密度低

大数据的第三个特征是数据价值密度相对较低。大数据的数据价值密度低是指相对于特定的应用，有效的信息相对于整体数据是偏少的。信息有效与否也是相对的，对于某些应用是无效的信息，对于另外一些应用则可能成为关键的信息，数据的价值也是相对的，有时一条微不足道的细节数据可能产生巨大的影响。因此尽管大数据具有海量信息，但实际上只有一小部分数据是可用的，且只有通过数据分析才能实现大数据从数据到价值的转换。从海量的数据中筛选这一小部分数据工作量很大，因此大数据分析通常与云计算相关联。此外，数据采集的不及时、样本的不全面、数据的不连续、数据失真等问题都是导致大数据价值密度低的原因。如何结合业务逻辑并通过强大的机器算法来挖掘有用的数据价值，是大数据时代需要解决的重要问题。

4. 数据处理与流动速度快

大数据的第四个特征是数据增长速度快，对时效性要求高。例如，搜索引擎要求几分钟前的新闻就能够被用户查询到，个性化推荐算法尽可能要求实时完成推荐。这是大数据区别于传统数据挖掘的显著特征。随着智能终端、物联网、移动互联网的普遍运用，个人所产生的数据呈现爆炸式的增长。新数据不断涌现，旧数据快速消失，都对数据处理提供了硬性的标准。只有做到加快数据的处理速度甚至是超越大数据的产生速度，才能使得大量的数据得到有效的利用，否则不断增加的数据不但不能给解决问题带来优势，反而会成为快速解决问题的负担。

7.1.3　大数据的作用

大数据本身需要同云计算结合起来看，它是一种信息处理的手段，与以往不同的是，大数据处理技术实现了飞跃性的发展，它的基本点不再是零碎地处理信息，而是对海量信息的集群式、规模化的统一调度。对于一般的企业而言，大数据可以帮助其设定价格或在市场环境中工作，它的作用主要表现在两个方面，分别是数据的分析使用与进行二次开发。不同类型的数据收集和分析使用可以更好地鸟瞰企业在市场中的表现。对数据进行二次开发在网络服务项目中运用得较多，通过对相关信息进行分析与总结，制订出符合客户需要的个性化方案。

大数据的作用如下。

1. 促进新一代信息技术的应用

移动互联网、物联网、社交网络、数字家庭、电子商务等是新一代信息技术的应用形态，这些应用将不断产生大量的数据。电子商务行业是最早使用大数据进行精确营销的行业之一。商家根据消费者的习惯提前生产并进行物流运输。随着电子商务的规模逐渐增大，行业中的数据量变得越来越多。在未来的发展中，大数据可以为电子商务提供包括预测趋势、消费趋势、区域消费特征、客户消费习惯、消费者行为、消费热点以及影响消费因素在内的功能支持。

2. 推动相应产业的发展升级

面向大数据市场的新技术、新产品、新服务和新业态不断涌现。在硬件与集成设备领域，大数据将对芯片、存储产业产生重要的影响，还将催生一体化数据存储处理服务器、内存计算等市场。在软件与服务领域，大数据将引发数据快速处理分析、数据挖掘技术和软件产品的发展。

3. 大数据利用将成为提高核心竞争力的关键因素

各行各业的决策正在从"业务驱动"向"数据驱动"转变。在电商领域，通过对大数据的分析，有助于零售商实时掌握市场动态并迅速做出应对，也可以为商家制定更加精准、有效的营销策略提供决策支持；可以帮助企业为消费者提供更加及时和个性化的服务。在医疗领域，可以提高对患者的诊断准确性和药物的有效性。在公共事业领域，大数据也开始发挥促进经济发展、维护社会稳定等方面的重要作用。

 视野拓展

2019 年以来，大数据已经运用于应急管理、民生改善、产业发展等方面，以"数智化"提高城市治理水平，是越来越多的大城市加强延展性和魅力的迫切选择。而城市的"聪慧"要以需求为本，它不单是简单的管理智能化系统，更应该是服务智能化系统。2021 年，《"十四五"数字经济发展规划》《"十四五"大数据产业发展规划》等相关政策文件的出台更是将加速布局智慧城市建设，推动大数据发展，完善数字化进程作为主要发展目标。2022 年，为落实《"十四五"大数据产业发展规划》，工业和信息化部公布了2022 年大数据产业发展试点示范项目名单，积极推动试点示范项目应用推广，进行大数据运用的经验总结与交流。

7.2　大数据与物流的关系

大数据技术可以通过构建数据中心挖掘出隐藏在数据背后的信息价值，为企业提供有益的帮助，给企业带来利润。随着大数据时代的到来，面对海量数据，物流企业在不断增加大数据方面投入的同时，不能仅仅把大数据看作一种数据挖掘、数据分析的信息技术，而应该把大数据看作一项战略资源，充分发挥大数据给物流企业带来的发展优势，在战略规划、商业模式和人力资本等方面做出全方位的部署。

 视野拓展

消费升级导致居民需求变化，为物流业发展提供了新机遇，物流行业正迈向高质量发展阶段。一方面，物流行业正在经历数字化转型，从劳动密集型向知识密集型、信息密集型、资本密集型转变，物流生产作业效率、物流服务时效和运输资源整合效率均得到大幅提高；另一方面，现代信息技术、交通运输技术与商贸流通领域的紧密结合和融合互动发展，使得流通体系日益趋于扁平化，生产、研发、销售环节对市场需求的响应速度加快，降低了制造业和市场之间的信息成本与交易成本，成为促进实体经济创新发展的重要因素。2020 年 3 月，国家发展改革委表示要促进物联网、大数据、云计算、5G、人工智能等新一代信息技术智能化设施设备与物流活动的深度融合，充分发挥智慧物流在提高应急物流保障能力等方面的重要作用。2021 年，上海、广东等地发布相关政策推动各领域数据集成，提供大数据智能物流服务，打造国际物流信息交换枢纽。2022 年，中国物流与采购联合会举办了"2022 全球物流技术大会"，会议指出物流的数字化、供应链的数字化离不开物流的技术和物流装备的智能化、智慧化发展。通过物流与供应链的数字化，实现产业之间的链接与融合，创造新价值。大数据与物流发展息息相关，相关技术为推进物流业降本增效和高质量发展提供有力的支撑。

7.2.1　物流大数据的概念

在物流活动过程中，各种相关数据会以大数据的形式出现，反映整个物流行业的业态。通过大数据分析不仅能对运输与配送的效率一目了然，对公司的营收情况有清晰的认知，为企业客户的物流业务提供专业化的管理服务，还能对降低物流成本提出新的解决方案，给出一些新的运作思路。

物流大数据的运用需要满足 3 个条件：一是获取数据，二是数据的应用模型，三是数据的分析处理。获取数据需要依靠移动互联的相关传感设备和移动通信网络；数据的应用模型需要依靠大数据分析的专家，如数学、经济学等领域的专家；数据的分析处理则需要依靠云计算等先进技术和设施。通过将所有货物流通的数据有效结合，可以形成一个巨大的即时大数据信息平台，从而实现快速、高效、经济的物流管理。大数据信息平台不是简单地为企业客户的物流活动提供管理服务，而是通过对企业客户所处供应链的整个系统或行业物流的整个系统进行详细分析后，提出具有指导意义的解决方案。物流大数据交易模式采用利益交换的模式——用服务去换取管理，即各个利益主体通过交换的方式，一方将信息的管理权交给另一方，另一方将信息整合起来后形成服务再回馈给对方，以消费者、商家、物流企业的数据为依托，为商家、物流企业提供预警预测分析，帮助物流企业提前获取这些信息，从而提前对物流资源进行一定的配置和整合。

7.2.2　物流大数据的重要性

在这个信息爆炸的时代，物流企业每天都会产生海量的数据，特别是全程物流，包括运输、仓储、搬运、配送、包装和再加工等环节，每个环节中的信息流量都十分庞大，使物流企业很难对这些数据进行及时、准确的处理。随着大数据时代的到来，大数据技术能够通过构建数据中心，挖掘出隐藏在数据背后的信息价值，从而为企业提供有益的帮助。目前，大数据已经成为众多企业重点发展的新兴技术，相应的大数据分析部门或团队已成立，主要进行大数据分析、研究、应用布局，未来将加强对物流及商流数据的收集、分析与业务应用。

【用大数据推动物流产业升级】

1. 物流大数据为企业决策提供信息依据

在物流决策中，大数据技术的应用涉及竞争环境的分析、物流供需的匹配以及物流资源的优化与分配。在分析竞争环境时，为了最大化收益，有必要对竞争者进行全面分析并预测其行为和趋势。在物流供需匹配方面，有必要对特定时期、特定区域内的物流供需情况进行分析。物流市场是充满活力和随机的，必须实时分析市场变化，从海量数据中提取当前的物流需求信息，并优化已配置和将要配置的资源，才能实现合理的物流资源利用。

2. 物流大数据有助于物流管理精细化

物流大数据平台能够实时反映物流企业的运行状况，并对短中期的运营做出预判，能够帮助企业在运输、仓储、配送等各个环节进行分析，实现全流程一体化管理。在供应链运作管理的过程中，灵活利用大数据技术将每一个供应链节点中的关键功能与技术紧密结合，可以在提升企业工作效率的基础上，最大限度地降低管理风险。通过对企业资源进行调配，如通过对消费者数据的分析，提前在离消费者最近的仓库进行备货，可实现实时线路优化，指导车辆采用最佳线路进行跨城运输与同城配送等，提升整体运行效率；还可以通过物联网的应用，在设备上安装芯片，实现设备运行数据的实时监控，并通过大数据分析做到预先维护，延长设备使用寿命。大数据对员工的选择、评价、培训管理等都能发挥精细化的作用，这点同样适用于对物流人才的管理。目前已有物流企业为属下车辆安装远程信息控制系统，获取司机驾驶时间、燃油、驾驶习惯、事故频率、行驶路线、当前位置，甚至还包括司机情绪等数据，了解司机在途工作状态信息，从而对司机的工作绩效做出正确判断，为进一步制订培训计划提供依据。

3. 物流大数据有助于大幅提高物流运输效率

物流大数据可以为物流企业间搭建起沟通的桥梁，通过实现物流车辆行车路径最短化、最优化定制来提高物流运输效率。此外，物流大数据技术可以通过优化库存结构和降低库存存储成本来提高物流效率。运用大数据分析商品品类，系统自动分析促销和引流的商品，根据以往的销售数据进行建模和分析，以此判断当前商品的安全库存，及时给出预警，降低存货率，提高资金利用率，进而提高物流效率。

4. 物流大数据可以提高车货匹配效率

通过对运力池进行大数据分析，公共运力的标准化和专业运力的个性化需求之间可以产生良好的匹配，同时，企业的信息系统也会全面整合与优化。通过对货主、司机和任务的精准画像，可实现智能化定价、为司机智能推荐任务和根据任务要求指派配送司机等。从客户的角度，大数据应用会根据任务要求，如车型、配送里程、配送预计时长、附加服务等自动计算运力价格并匹配最符合要求的司机，司机接到任务后会按照客户的要求提供高质量的服务；从司机的角度，大数据应用可以根据司机的个人情况、服务质量、空闲时间为其自动匹配合适的任务，并进行智能化定价。因此，基于大数据实现车货高效匹配，不仅能减少空驶带来的损耗，还能有效减少污染。

总之，大数据已经渗透到物流企业的各个环节。面对大数据带来的这一机遇，物流企业的高层管理者需给予高度的重视和支持，正视企业应用大数据时存在的问题。

　　随着大数据、互联网等众多新兴科技逐渐脱离构想蓝图、走入商业应用领域，科技深刻变革了快递物流中仓储、运输与配送的各个环节，成为物流行业降本增效的关键利器。智慧物流已经成为物流发展的新趋势，据相关研究院发布的《中国智能物流行业市场需求预测与投资战略规划分析报告》以及中国物流与采购联合会统计数据，当前物流企业对智慧物流的需求主要包括物流数据、物流云、物流设备三大领域。2016—2020年我国智慧物流市场规模增速均保持在两位数以上。2021年和2022年，我国智慧物流市场规模分别为6 477亿元和6 995亿元。随着物流业与互联网融合的进一步深化，我国智慧物流市场规模不断增长，2025年年底我国智慧物流市场规模将突破万亿元。

案例 7-1

物流的智慧大脑——大数据

　　物流大数据是通过海量的物流数据，即运输、仓储、搬运装卸、包装及流通加工等物流环节中涉及的数据，挖掘出新的增值价值，通过大数据分析可以提高运输与配送效率、降低物流成本，有效满足客户降本增效的服务需求。大数据在现代物流中的作用不言而喻，它是现代物流行业力争不败之地、强化市场资源的有力法宝，下面以蜘点物流科技有限公司（以下简称蜘点物流）为例，介绍大数据在现代物流体系中的作用。

　　1. 提高物流的智能化水平

　　物流大数据的应用可以帮助物流企业做出智能化的决策和建议。蜘点物流通过对物流数据的跟踪和分析，提高物流的智能化水平。在物流决策中，大数据技术的应用涉及竞争环境分析、物流供给与需求匹配、物流资源优化与配置等。

　　2. 降低物流成本

　　由于交通运输、仓储设施、货物包装、流通加工和搬运等环节对信息交互和共享的要求比较高，蜘点网络货运平台利用大数据技术来优化配送路线和仓库储位，从而大大降低了物流成本，提高了物流效率。

　　3. 提高用户服务水平

　　物流企业可通过物流大数据的挖掘和分析，以及合理地运用这些分析结果，深入了解用户习惯，为客户提供更好的服务，同时还可以提供物流业务运作过程中商品配送的所有信息，从而进一步巩固和客户之间的关系，增加客户的信赖感，培养客户的黏性，避免客户流失。

　　针对物流行业的特性，大数据应用主要体现在车货匹配、运输路线优化、库存预测、供应链协同管理等方面，而在这些方面，蜘点物流大数据能运用自身沉淀客户的数据信息，进行路径、车辆、库存等方面的有效管理。

　　4. 车货匹配

　　蜘点物流大数据通过对运力进行大数据分析，公共运力的标准化和专业运力的个性化需求之间可以产生良好的匹配，同时，结合企业的信息系统也会全面整合与优化。通过对货主、司机和任务的精准画像，可实现智能化定价、为司机智能推荐任务和根据任务要求指派配送司机等。

　　5. 供应链协同管理

　　随着供应链变得越来越复杂，使用蜘点物流的大数据技术可以高效地发挥数据的最大价值，集成企业所有的计划和决策业务，包括需求预测、库存计划、资源配置、渠道优化等环节，实现供应链体系建设中的各个环节的最优化。

蜘点物流的网络货运平台，利用新科技手段赋能传统物流运输行业，尤其是在大数据运用方面，充分发挥平台优势，积累沉淀信息，形成用户画像，精准匹配当前物流运输行业的业态，为车主、承运商、货主方等提供精准的数据资料，让处于整条产业链终端用户都能享受到数字化、数据化工具带来的便捷，同时，从物流运输行业的角度出发，大数据也是企业进行数字化管理升级的优势所在，更是大势所趋的时代方向。

（资料来源：https://m.sohu.com/a/591488125_100280840/.（2022-10-10）[2024-07-09].）

7.3 大数据在物流企业中的应用

物流是现代经济的核心之一，物流业的良性发展建立在提高物流效率、降低物流成本的基础上。在大数据时代背景下，物流行业也必须重视高效统计数据带来的降本增效的效应。

物流大数据可以划分为 3 个层面：一是微观层面，包括运输、仓储、配送、包装、流通加工方面的数据；二是中观层面，即供应链、采购物流、生产物流的数据；三是宏观层面，基于商品管理，把商品分成不同的类型做数据分析。其中，微观层面及中观层面的数据一般掌握在物流企业内部，但此类数据尚未进行处理分析；整合、处理、分析"源数据"得到的具有新价值的数据，即宏观层面，指导物流企业经营管理的各个方面，因此，未来物流大数据交易的主要需求为宏观层面。

7.3.1 大数据对物流企业的意义

大数据技术对物流行业最显著的影响是横向流程延拓、纵向流程压缩简化。从供需平衡的角度出发，为供方（物流企业）提供最大化利润，为需方提供最佳服务。

1. 有利于掌握企业运作、物流管理相关信息

在当前网络购物的增长趋势下，物流数据量非常庞大。传统的数据收集、分析和处理方法已无法满足物流企业每个节点的信息需求。大数据可以协助收集和整合每个节点的数据，通过数据中心的分析和处理将其转化为有价值的信息，从而掌握物流企业的整体运作情况，为我国物流运输、仓储和配送提供智能指导，为物流业的升级和优化提供必要条件。

2. 提供依据，帮助物流企业正确决策

传统的根据市场调研和个人经验来进行决策的方法已经不能适应这个数据化的时代，只有真实的、海量的数据才能真正反映市场的需求变化。通过对市场数据的收集、分析和处理，物流企业可以了解到具体的业务运作情况，能够清楚地判断出哪些业务带来的利润率高、增长速度较快等，将主要精力放在真正能够给企业带来高额利润的业务上。同时，通过对数据的实时掌控，物流企业还可以随时对业务进行调整，确保每项业务都可以带来盈利，从而实现高效运营。

3. 提高客户服务质量

随着人们消费观念的不断变化，网购客户越来越重视物流服务的体验，他们希望物流企业能够提供最好的服务，甚至希望掌控物流业务运作过程中商品配送的所有信息。这就需要物流企业以数据中心为支撑，通过对数据的挖掘和分析，合理地运用这些分析成果，进一步巩固自身与客户之间的关系，提高客户服务质量。

4. 提高物流的智能化水平

应用大数据可以根据情况为物流企业提供智能化的决策和建议，对物流数据进行跟踪和分析。物流市场有很强的动态性和随机性，需要实时分析市场变化情况，从海量的数据中提取当前的物流需求信息，同时对已配置和将要配置的资源进行优化，从而实现对物流资源的合理利用。加快引进大数据、云计算等技术，有利于物流企业提升服务价值，让企业更有竞争力。

5. 降低物流成本

由于交通运输、仓储设施、货物包装、流通加工和搬运等环节对信息的交互与共享要求比较高，因此可以利用大数据技术优化配送路线、合理选择物流中心地址、优化仓库储位，从而大大降低物流成本，提高物流效率。

6. 促进供应链协同管理

使用大数据技术可以迅速高效地发挥数据的最大价值，集成企业所有的计划和决策业务，包括需求预测、库存计划、资源配置、设备管理、渠道优化、生产作业计划、物料需求与采购计划等，这将彻底变革企业的市场边界、业务组合、商业模式和运作模式等。良好的供应商关系是消灭供应商与制造商间不信任的关键。双方库存与需求信息的交互，将降低由于缺货造成的生产损失。通过将资源数据、交易数据、供应商数据、质量数据等存储起来用于跟踪和分析供应链在执行过程中的效率、成本，能够控制产品质量；通过运用数学模型、优化和模拟技术综合平衡订单、产能、调度、库存和成本之间的关系，找到优化解决方案，能够保证生产过程的有序与匀速，最终达到最佳的物料供应分解和生产订单的拆分。

7. 实现库存预测

互联网技术和商业模式的改变带来了从生产者直接到客户的供应渠道的改变。这样的改变，从时间和空间两个维度为物流业创造新价值奠定了良好的基础。大数据技术可优化库存结构和降低库存存储成本。运用大数据分析商品品类，系统会自动分解用来促销和用来引流的商品；同时，系统会自动根据以往的销售数据进行建模和分析，以此判断当前商品的安全库存，并及时给出预警，而不再是根据往年的销售情况来预测当前的库存状况。总之，使用大数据技术可以降低库存存货，从而提高资金利用率。

对于物流企业，面对竞争激烈的市场，如何快速适应变化多端的市场环境、利用智能筛选分析技术挖掘隐藏在海量数据中的信息价值来支撑和创新业务模式，将成为物流行业转型升级的关键所在。

7.3.2　大数据在物流企业中的具体应用

【大数据测算从容应对快递高峰】

物流企业正在进入数据化发展阶段，物流企业间的竞争正逐渐演变成数据间的竞争。大数据能够让物流企业有的放矢，可以做到为每一个用户量身定制符合他们需求的服务，甚至颠覆整个物流业的运作模式。大数据在物流企业中的应用主要包括以下几个方面。

1. 市场库存预测

使用大数据技术可以减少库存，从而提高资本利用率。在产品库存预测方面，使用大数据分析产品类别，同时根据过去的销售数据自动进行建模和分析，可以确定产品的当前安全库存并及时预警；在用户画像方面，大数据能够帮助企业完全勾勒出用户的行为和需求信息，通过真实而有效的数据反映市场的需求变化，从而对产品进入市场后的各个阶段做出预测，进而合理地控制物流企业库存并安排运输方案。

2. 物流中心的选址

物流中心选址要求物流企业在充分考虑自身的经营特点、商品特点和交通状况等因素的基础上，使配送成本和固定成本之和达到最小。针对这一问题，可以利用大数据中分类树的方法来解决。不仅如此，大数据还能帮助物流企业分析市场货量、交通网络、辐射区域、竞争对手市场占有率等情况，协助物流企业根据这些因素做出正确有效的选址决策。

3. 优化配送线路

物流企业运用大数据来分析商品的特性和规格、用户的不同需求（时间和金钱），从而用最快的速度对这些影响配送计划的因素做出反应（如选择哪种运输方案、哪种运输线路等），制订最合理的配送线路。物流企业还可以通过配送过程中实时产生的数据，快速地分析出配送路线的交通状况，对事故多发路段做出提前预警，精确分析整个配送过程的信息，使物流的配送管理智能化，提高物流企业的信息化水平和可预见性。通过大数据等技术可以实现车货高效匹配、减少空驶损耗、优化运输线路、减少污染、打造绿色物流；同时可以帮助企业提高服务能力，进而提升用户的体验感。因此，在末端配送环节，大数据在路径规划方面给企业提升的效益是不容忽视的。

4. 仓库储位优化

合理地安排商品储存位置对于提高仓库利用率和搬运分拣的效率有着极为重要的意义。对于商品数量多、出货频率快的物流中心，储位优化意味着工作效率和效益的提高。利用大数据的高效性、及时性等特点，可以进一步提高仓储管理效率，实时获取信息并进行相应的规划，从而判断哪些货物放在一起可以提高分拣率，哪些货物储存的时间较短。

例如，通过大数据的关联模式法分析出各商品数据间的相互关系，合理安排仓库位置。利用大数据和机器学习，仓库系统可以根据商品的历史出库数据和储位数据情况来进行自我学习，对具有相似属性的订单进行地理位置上的分类，将局部区域的订单集中在一起，用算法取代人脑规划库房的最优拣货路径，用代码协助拣货员进行操作，从而节省拣货行走时间，提高仓库的运转效率。利用大数据也可以突破现有仓库不同商品、不同作业模式的限制，大数据驱动的策略引擎可以根据当前的订单结构和仓库产能，自主地调控对不同订单、不同业务流程的作业模式，从而解决全领域、全业务形态、全品类商品的同仓生产问题。大数据为仓储物流的精细化作业、智能化作业提供了无限畅想的空间。

5. 物流决策

在物流决策中，大数据技术应用涉及竞争环境的分析与决策、物流供给与需求匹配、物流资源优化与配置等。在分析竞争环境的时候，为了实现利益的最大化，需要与合适的物流或电商企业合作，对竞争对手进行全面的分析，预测其行为和动向，从而了解在某个区域或在某个特殊时期应该选择的相应的合作伙伴。物流的供给与需求匹配方面，需要分析特定时期、特定区域的物流供给与需求情况，从而进行合理的配送管理。供需情况分析也需要采用大数据技术，可以从大量的半结构化网络数据或企业已有的结构化数据（二维表类型的数据）中获得。物流资源的配置与优化方面，主要涉及运输资源、存储资源等的优化与配置。物流市场有很强的动态性和随机性，需要实时分析市场变化情况，从海量的数据中提取当前的物流需求信息，同时对已配置和将要配置的资源进行优化，从而实现对物流资源的合理利用。

6. 供应链管理

随着供应链复杂程度的提高，大数据技术因可以迅速高效地发挥数据的最大价值而体现出强大的优越性。

7. 物流企业行政管理

在物流企业行政管理中也同样可以应用大数据相关技术。例如，在人力资源方面，在招聘人才时，需要选择合适的人才，通过采集相关数据并进行处理，对人才进行个性分析、行为分析、岗位匹配度分析；对在职人员需要进行忠诚度、工作满意度等分析，以实现更为合理的人员调度、任务分配和人力资源管理。

8. 物流客户管理

大数据在物流客户管理中的应用主要表现在现有客户对物流服务的满意度分析、老客户的忠诚度分析、客户的需求分析、潜在客户分析、客户的评价与反馈分析等方面。还应积极争取新的可发展客户，通过大数据分析，有针对性地对客户需求进行管理，最终目的是提升客户体验，保证企业长期稳定运营。

9. 物流智能预警

物流业务具有突发性、随机性、不均衡性等特点，通过大数据分析，可以有效了解消费者偏好，预判消费者的消费可能，提前做好货品调配，合理规划物流路线方案等，从而提高物流高峰期间的物流运送效率。

案例 7-2

京东物流空间大数据应用案例

【数智技术赋能供应链】

作为一门融合了计算机科学、地理学和地图学的综合性学科，地理信息系统具有强大的采集、管理、存储、分析、处理、输出空间数据的能力，被广泛用于空间信息的可视化和辅助决策。在物流的相关环节中，每时每刻都有海量的物流数据产生，而这些数据无不具有空间尺度和空间特征的性质。据统计，物流信息中大约80%的信息与空间位置有关，而运输、仓储和配送等环节涉及的信息几乎全部与空间位置有着直接的关系。

为了给用户提供多功能、一体化的综合性服务，物流将运输、仓储、装卸搬运、加工、配送、信息处理等环节进行有机结合，形成完整的供应链。面对海量的空间数据，如何利用GIS相关技术和手段，整合空间数据信息，探索和挖掘空间数据价值，已成为物流企业在构建智慧物流过程中亟待解决的问题。

一、物流行业中的空间大数据

不同于其他行业中的大数据，物流涉及运输、仓储、配送等多个环节，其空间大数据带有很强的行业属性和特色。具体来说，物流空间大数据具有海量性、稀疏性、复杂性和丰富性的特点。

1. 数据的海量性

物流车辆作为物流行业的业务承载主体，其数量巨大、分布广泛，在运输、配送等环节发挥着至关重要的作用。在货物的运输和配送过程中，物流车辆一般以10~30秒的时间间隔向数据中心发送当前位置信息，全国各地路网中的物流车辆每天生成的定位数据都达到了GB甚至TB级的规模，并且还在不断增长中。这既是发展数据挖掘的驱动力，也是数据挖掘面临的难题。

2. 数据的稀疏性

物流空间数据的稀疏性主要体现在两个方面：一方面，在物流运输过程中，虽然轨迹数据规模庞大，但由于地理因素、天气因素、设备故障等原因，并不能保证每一个路段都有完整的定位信息，甚至有些是错误的定位信息；另一方面，由于用户的分布不均匀，容易出现大城市数据量大、小城市数据量小，住宅区、商业区数据量大，工业区数据量小等情况。这些都造成了物流数据在质量和分布上存在一定的稀疏性。

3. 数据的复杂性

物流车辆在实际行驶过程中受各方面主客观因素影响，每个司机都有自己的驾驶习惯，即使同一个司机在驾驶过程中也会针对不同客观条件改变自己的驾驶行为，这些人为的改变无疑增加了轨迹数据挖掘的复杂性。此外，物流数据还受到包括经济发展、需求变化等各种因素的影响，其流向具有一定的不确定性，也使得物流空间大数据更为复杂。物流空间大数据难以简单地通过某个模型或者理论来进行评估和预测。

4. 数据的丰富性

在海量的物流运输轨迹数据背后隐藏着全国实时路况信息、物流运输状态信息和我国不同区域经济发展水平以及供需关系的变化信息，并且物流运输承载的货物种类十分丰富，每种货物都具有多种附加属性信息。这些数据一起构建了多级别、多层次、多维度的物流大数据，对我国道路基础建设、交通路径规划、物流车辆调度、经济指标预测等有着积极意义。

二、空间大数据在京东物流中的应用

京东作为中国最大的自营式电商企业，拥有完整覆盖采购、售卖到配送、客服等环节的全电商流程，以及中国电商领域最完整、最精准、价值链最长的物流配送网络。在京东的仓储、运输和配送环节,每天都产生数以亿万计的空间数据。在仓储、运输和配送等各个环节,GIS 技术发挥了至关重要的作用,成为京东智慧物流建设的重要技术基础。随着京东物流业务的发展,原有的经验和行业知识已经不能完全支持业务发展的需要,需要把基于深度学习的大数据技术与 GIS 技术、人工智能技术相结合,在保证配送时效、服务质量的前提下,进一步提高配送业务的科学性、精确性和系统性,实现精细化管理的目标。

1. 货物分拣

每天面对数以百万计的订单,如何根据用户的收货地址对订单货物进行高效的分拣,快速精准地将订单商品准确地发送到库房、中转仓和配送站,是京东能够持续提供一流配送服务的前提。在货物分拣方面,京东在过往运营过程中积累的海量订单数据发挥了至关重要的作用。京东已经积累了超过 10 亿条的地址数据,并利用这些数据建立了完善的地址库。基于此,京东建立了一套精准完善的 GIS 预分拣系统,利用该系统,管理人员可以非常方便地根据配送站点的数量和规模变化可视化地进行配送范围的调整。通过反向地理编码技术,GIS 预分拣系统可以直接将用户下单地址转化为经纬度坐标,并通过将下单地址和配送站配送区域进行比较,直接将订单分配到用户所属的配送站点。随着配送大数据不断丰富,京东不断完善配送范围估算模型,使得越来越多的用户能够享受到包括"211"和"京准达"在内的高质量京东购物配送体验。基于 GIS 的车辆调度系统如图 7-1 所示。

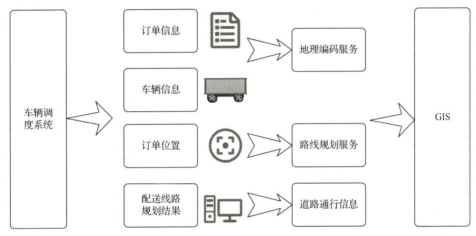

图 7-1　基于 GIS 的车辆调度系统

2. 配送路线优化

配送环节是整个京东物流体系最为重要的组成部分,也是京东物流中最为重要的环节。为了保持京东物流配送环节的高效性与准确性,利用 GIS 技术,京东建立起了完善的物流配送网络,这在大件商品的配送中发挥了极为关键的作用。利用 GIS 技术,大件商品调度系统根据用户送货地址计算出每一笔订单的行驶里程和所需的运输时间,并对所有的待配送大件商品订单运输的时间成本进行测算,在保证商品按照用户约定的时间范围内送达的前提下,给出最合理的大件商品配送线路。随着道路通行数据和交通数据的不断累积,利用机器学习技术,系统对于每一条线路在不同时刻通行时间的计算和预测愈发精准,使京东大件商品的配送成本不断降低,履约效率不断提升。

3. 订单实时跟踪

为了能给京东用户提供最佳的配送体验,京东物流针对每一笔订单提供了完善详尽的订单跟踪信息。除了常见的文字跟踪信息,京东还在业界率先提供了基于地图的可视化物流跟踪系统,而这套系统的核心就是 GIS 技术。京东的每一台物流配送车辆都安装了卫星定位设备 GPS。通过 GPS,每秒都有上千台传站车辆和上万台快递车辆将其实时位置数据传送回数据中心。为了实现每秒上万条坐标数据的存储、读取和查询,京东建立了 HDFS 标准的分布式存储系统,通过对数据进行包括过滤、验证和抽稀等一系列处理,推送给前台用户进行订单轨迹的展示。

4. 基于地理位置的用户画像

通过多年的运营，京东已经为上千万的用户提供了优质的购物体验，积累了亿万级的用户购物数据，而其中的每一条购物数据都包含了位置信息。通过对这些购物位置大数据进行处理和分析，京东构建了业界最为完整、最富有价值的用户画像数据库。通过分析这些精准的用户画像数据，京东不仅可以对单个用户的购物习惯和商品购买喜好进行分析，而且能够利用这些数据所携带的位置信息，对这些数据进行小区、街道级别的分析，从而建立起多个区域级别的用户画像数据。这些画像数据对库房商品的备货、线下促销选址提供了有力的决策支持。特别地，依据基于大数据的位置用户画像数据，京东推出了一系列特色服务，如一小时极速配送服务，通过分析特定区域用户对于特定商品的购买偏好，京东提前将特定商品直接投放到目标用户附近的配送站点，使用户在下单后一个小时内就可以收到配送的商品，极大地提升了用户购物体验。基于地理位置的用户画像如图 7-2 所示。

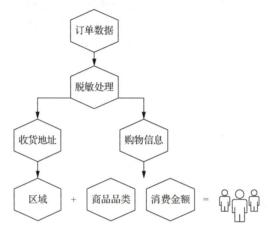

图 7-2　基于地理位置的用户画像

从物流运输到货物分拣，从站点配送到用户画像，空间大数据的相关研究和应用涵盖了物流行业的全部链条，满足了物流企业各个环节的发展需求。GIS 技术以其对位置数据处理的高效性和空间分析的多样性，在处理与地理位置相关的空间数据方面具有得天独厚的优势。利用 GIS 技术和手段进行企业空间大数据的分析和可视化，优化物流各个环节，必将有力地提升物流运输效率、降低物流管理成本，极大地促进企业智慧物流的建设和发展。

（资料来源：https://www.iyiou.com/p/38206.html.（2017-01-24）[2024-09-11].）

案例 7-3

百世物流——强覆盖物流网络打造一流服务提供商

百世物流是由信息技术和供应链资深专家联合组建的创新型综合物流供应链服务提供商，目前主要提供仓配一体化服务，在全国建立了 100 多个运作中心和超过 200 万平方米的仓储与转运中心。公司现阶段拥有 7 大事业部，分别为百世供应链、百世快递、百世快运、百世云、百世国际、百世金融和百世优货。

百世物流供应链的服务主要基于百世云仓和百世快运展开。目前资本运作主要为轻资产模式，采用自营、加盟和合作的形式进行。通过人工智能和大数据分析，其可以实现对云仓内每个品类的货物进行最优路径的摆放，在 B2B 和 B2C 订单同仓并行作业条件下，实现 99.99% 的库存存位准确率以及发货准确率。

由于其云仓可以随时按需扩展,尤其适用于应对物流波峰情况。百世优送则主要帮客户预约送货到各电商平台,利用全国三网(快递、快运和供应链网络)资源,实现一站式仓干配管理服务。在"最初一公里",主要是送平台,从卖家仓库/工厂到配送中心或电商平台,实现产品的运输和入仓物流;在"最后一公里"主要是送门店,提供门店配送、门店调拨以及门店退货一站式物流服务,实现从快递中心快速越库到门店的物流服务。

百世综合供应链主要服务3个领域,即服装内衣行业、食品美妆行业和3C数码行业。其供应链优化主要采用总仓+分仓的模式,针对服装内衣行业提供区域分仓、季节性分仓和活动分仓3种解决方案;针对食品美妆行业则通过将总仓设立在产地、分仓覆盖全国的方式来保证时效;针对3C数码行业则采用的是网络化的平行分仓模式,通过严格的出库序列号管理,协助客户监控精密数码产品流通的所有过程。大数据推动百世快递物流系统集群发展以信息流指导物流、以创新提升效率,这是百世快递的兴趣所在。百世快递有着400多人顶尖的互联网背景技术团队,自主研发日处理交易千万级的系统集群,互联网应用技术能力一直领先行业。例如,自动分拣系统的分拣效率比人工提升了整整3倍,错误率几近于零;招财进宝App,是专为百世快递站点管理员打造的办公App,方便管理者随时随地查询跟踪寄件情况和站点运营数据等信息,极大地提高了办公效率。百世物流供应链服务如图7-3所示。

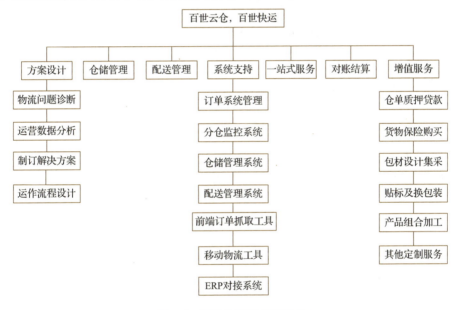

图7-3　百世物流供应链服务

(资料来源:www.acqiche.com/archives/14334.html.(2017-02-14)[2024-09-11].)

本 章 小 结

本章介绍了大数据的基本概念、大数据的主要特征以及大数据带给各行各业的价值和作用。大数据与物流行业的关系非常密切,物流大数据助力物流企业提高竞争力。大数据在物流行业应用非常广泛,对于物流企业的发展意义重大,可以说在信息时代,大数据给物流行业带来了一场巨大变革。

知识巩固与技能训练

一、名词解释

大数据、结构化数据、非结构化数据、物流大数据、库存预测、物流管理精细化、智慧物流。

二、单项选择题

1. 大数据指在信息爆炸时代产生的（　　　　），并由此引发的一系列技术及认知观念的变革。

    A. 信息   B. 巨量数据或海量数据

    C. 技术   D. 海量价值

2. 大数据不仅是一种数据分析、管理以及处理方式，更是一种（　　　　），通过将事物量化成数据，对事物进行数据化研究分析。

    A. 逻辑   B. 方法   C. 技术   D. 概念

3. 大数据技术是指从各种类型的数据中快速获得有（　　　　）的能力。

    A. 数据   B. 冗余信息   C. 价值信息   D. 所有信息

4. 在电商领域，通过对（　　　　）的分析，有助于零售商实时掌握市场动态并迅速做出应对。

    A. 大数据   B. 订单销量   C. 营销额   D. 商品信息

5. 2019年以来，大规模的数据运用在应急管理、民生改善、产业发展等方面，以（　　　　）提高城市治理水平。

    A. "智能化"   B. "商业化"   C. "数智化"   D. "产品化"

6. 物流大数据交易模式采用（　　　　）的模式——用服务去换取管理。

    A. 服务转型   B. 信息交换   C. 技术融合   D. 利益交换

7. 在供应链运作管理过程中，灵活利用大数据技术将每一个（　　　　）中的关键功能与技术进行紧密结合。

    A. 供应链路线   B. 供应链服务   C. 供应链订单   D. 供应链节点

8. 智慧物流的基础源于（　　　　）和物联网。

    A. 数据库   B. 区块链   C. 大数据   D. 算法

9. 大数据技术对物流行业最显著的影响是横向流程延拓，纵向流程（　　　　）。

    A. 拓展   B. 压缩

10. 大数据技术的战略意义在于对已掌握信息的专业化处理和（　　　　），并分析市场中长期发展等。

    A. 存储   B. 数据分析   C. 价值挖掘   D. 统计

三、多项选择题

1. 大数据的特征有（　　　　）。

    A. 数据体量庞大   B. 数据种类繁多

    C. 数据价值密度低   D. 数据处理与流动速度快

2. 物流大数据需要的条件是（　　　　）。

    A. 获取数据   B. 数据应用的模型

    C. 数据的分析处理   D. 物流的调度计划

3. 大数据通过（　　）改变了企业的经营模式。

    A. 整合企业内的数据资源　　　　　　B. 调度生产

    C. 收集异常数据　　　　　　　　　　D. 预测不可抗因素风险

4. 物流大数据可以划分为（　　）。

    A. 微观层面　　　　　B. 中观层面　　　　　C. 宏观层面　　　　　D. 顶层层面

四、复习思考题

1. 分别简述大数据和物流大数据的主要特征。

2. 简要说明大数据是如何影响物流企业发展的。

3. 大数据的概念是什么？大数据与物流大数据的区别有哪些？

4. 说明物流大数据的概念以及物流大数据的重要性。

5. 为什么说大数据可以帮助企业提高客户的忠诚度？

6. 对大数据在物流企业中的具体应用进行举例说明。

第 **8** 章
区块链与物流

【知识框架图】

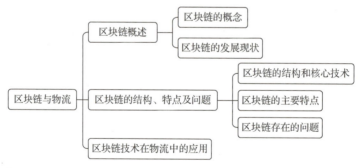

【学习目标】

1. 掌握区块链的基本概念，了解区块链的发展现状。
2. 掌握区块链的结构和技术原理。
3. 了解区块链技术在物流中的应用。

【能力目标】

1. 初步具备对"区块链+物流"模式的分析和构建能力。
2. 初步具备说明和分析区块链技术的能力。

8.1　区块链概述

8.1.1　区块链的概念

区块链是一种按照时间顺序将数据区块以顺序相连的方式组合成的链式数据结构，也是一种以密码学方式保证的不可篡改和不可伪造的分布式账本。

区块链技术是利用链式数据结构来验证与存储数据、利用分布式节点共识算法来生成和更新数据、利用密码学的方式保证数据传输和访问的安全、利用由自动化脚本代码组成的智能合约来编程和操作数据的一种全新的分布式基础架构与计算方式。

【区块链】

区块链分为 3 类：公有区块链、行业区块链和私有区块链。

1. 公有区块链

公有区块链是指世界上任何个体或者团体都可以发送交易信息，且交易能够获得区块链的有效确认，任何人都可以参与其共识过程。公有区块链是最早的区块链，也是应用最广泛的区块链，各大比特币系列的虚拟数字货币均基于公有区块链。公有区块链有 3 个主要特点：第一，由于公有区块链中的程序开发者不能干涉用户，因而公有区块链中的用户权益可以得到有效保护；第二，公有区块链开放性强，任何用户都可以在其上开发应用并产生效应；第三，公有区块链上的数据完全公开透明，每个参与者都能够看到所有账户的交易活动，同时由于具有匿名性，参与者可以很好地隐藏自己在现实生活中的身份。

2. 行业区块链

行业区块链由某个群体内部指定多个预选的节点为记账人，每个块的生成由所有的预选节点共同决定（预选节点参与共识过程），其他接入节点可以参与交易但不过问记账过程，任何人都可以通过该区块链开放的 API 进行限定查询。

3. 私有区块链

私有区块链仅仅使用区块链的总账技术进行记账，由公司或者个人独享该区块链的写入权限，该类区块链与其他的分布式存储方案没有太大区别。私有区块链主要有以下 4 个特点。第一，交易速度快。私有区块链的交易速度远远超过其他类型的区块链，主要原因是在交易过程中不需要对每个节点都进行验证，只需少量的节点就可以完成验证。第二，隐私保护效果好。由于读取数据的权限受限，任何节点参与者都难以获得数据链上面的数据。第三，节点连接方便。私有区块链中的节点连接是很方便的。第四，交易成本较低。对于每一笔交易，只需要对算力较好以及信任度高的几个节点进行验证即可，大大降低了交易成本。

知识卡片

区块链技术是对现有加密技术的一种补充，其在现有的加密技术的基础上利用分布式账本和共识机制形成一种在数据流转过程中防篡改的机制障碍，从而构建了一种低成本互信机制。区块链实现了以计算机语言而非法律语言记录的智能合约。智能合约构建了一套满足条件即自动执行的计算机程序，使得单独一方无法操纵合约，有效降低了签约成本、执行成本和合规成本，还可以节省日常交易成本。

8.1.2　区块链的发展现状

区块链是比特币的底层技术，比特币是区块链技术的第一个应用。从应用角度来看，区块链技术的发展可以分为 3 个阶段：第一个阶段是比特币，即一套账本体系和货币发行机制，不支持其他应用开发；第二个阶段是以太坊，以太坊在改进比特币区块的基础上加入了智能合约机制，每个人都可以在上面开发应用程序，其本质上是一种健壮和安全的分布式状态机制，典型的技术构成包括共识算法、P2P 通信、密码学、数据库技术和虚拟机；第三个阶段是类似以太坊的扩展阶段，利用区块链完成价值交换。

近年来，各国政府机构、国际货币基金组织以及标准、开源组织和产业联盟等纷纷投入区块链产业的应用中去。随着区块链的产业价值被逐渐确定，区块链迅速成为一场全球参与竞逐的"军备"大赛，我国也开始从国家层面设计区块链的发展道路。从我国围绕区块链产业成立的公司数量的变化情况来看，2014 年该领域的公司数量开始增多，到 2016 年新成立的公司数量明显增加，是 2015 年的 3 倍多，超过 100 家。2018 年，我国以区块链业务为主营业务的区块链公司数量达到 456 家，产业初步形成规模。2019 年，我国与区块链研究相关的机构数量已达 97 家，在加强区块链技术研发方面参与的高校已有 24 所。2020 年，我国区块链政策持续利好、标准规范更加完善、产业规模持续增长、技术持续创新发展、重点领域应用示范效应加速显现。2021 年，在政策与市场的双轮驱动以及元宇宙及数字藏品等热门领域的带动下，我国区块链产业加速发展，产业规模不断攀升。2022 年，《国务院办公厅关于进一步规范行政裁量权基准制定和管理工作的意见》提出，要推进行政执法裁量规范化、标准化、信息化建设，充分运用人工智能、大数据、云计算、区块链等技术手段，将行政裁量权基准内容嵌入行政执法信息系统，为行政执法人员提供精准指引，有效规范行政裁量权行使。我国区块链产业正处于高速发展阶段，创业者和资本不断涌入，区块链应用加快落地，助推传统产业高质量发展，加速产业转型升级。2024 年，我国数字经济核心产业增加值占国内生产总值比重约为 10%。此外，区块链技术正在衍生为新业态，成为发展的新动力，正推动着新一轮商业模式变革，成为打造诚信社会体系的重要支撑。区块链与人工智能、物联网等新技术融合，不断拓展技术应用新空间。

视野拓展

区块链及相关行业加速发展，我国将领跑全球进入"区块链可信数字经济社会"，人们正面临区块链的重大产业机遇。2017 年，我国区块链技术收入达到 0.29 亿元，增长率达到 163.6%；随着区块链行业的快速发展，百度、阿里巴巴、腾讯和京东等互联网巨头企业正在以各种方式探索区块链技术应用。2019 年，我国区块链产业规模稳步增长，产业规模约为 12 亿元。2020 年，我国区块链产业规模增长至 5.61 亿美元，年均复合增长率为 87.58%。2021 年，我国区块链产业规模增长至 65 亿元。2023 年全国区块链产业规模约 60 亿元，同比下滑 10.5%，市场开始进入理性调整期，整体产业规模略有下降，产业格局逐渐成型。

1. 区块链成为全球技术发展的前沿阵地

当前的区块链技术生态系统已初具规模，从产业布局的角度来看，呈现出上下游产业一体化发展的趋势。上游产业专注于构建基本的区块链平台、技术研发和区块链硬件设备的创建。在下游产业中，"区块链+金融""区块链+教育"等多领域发展模式逐渐形成。区块链可以有效解决金融领域中结算和信用报告问题，并在国际舞台上拥有丰富的成功经验。此外，许多企业正在尝试将区块链与产品生产结合起来，利用其可追溯性来提高产品的安全性。在整个区块链生态系统中，已经出现了一些相关的服务行业，助力加速区块链上下游产业融合。

2. 企业应用是区块链的主战场，联盟链/私有链将成为主流方向

目前，企业对区块链技术的实际应用集中在数字货币领域，属于虚拟经济范畴。接下来，区块链应用将脱虚向实，更多传统企业会使用区块链技术来降本增效，激发实体经济增长。与公有链不同，在企业级实际应用中，更关注区块链的管控、监管合规、性能、安全等因素。联盟链和私有链这种强管理的区块链部署模式，更适合企业在应用落地中使用，是企业级应用的主流技术方向。

3. 区块链技术融合拓展应用新空间

区块链有去中心化、点对点传输、透明、可追踪、不可篡改、数据安全等特点，可以用来解决现有业务的一些"痛点"，并在一定程度上保证价值传输过程中的完整性、真实性、唯一性，实现业务模式创新。随着物联网和人工智能技术的发展，区块链融合物联网技术和人工智能技术，可以在很大程度上提升上链信息的可信性，确保线下实物准确向线上映射，在总体上提升系统的可信性，进而在更多场景实现落地。

4. 区块链技术将在实体经济中广泛应用

随着我国区块链产业生态的迅猛发展，越来越多项目将实际落地。未来，区块链技术将与实体经济产业深度融合，继续加快其在产业场景中的广泛应用，形成一批"产业区块链"项目。随着区块链开始改变市场结构，企业将会关注到随之而来的商业变革，带有智能合约技术的新生态系统会被整合到现有行业中，新型的商业模式和监管服务模式将不断涌现。

8.2 区块链的结构、特点及问题

8.2.1 区块链的结构和核心技术

1. 区块链的结构

区块链是通过互连区块形成的链式存储结构。块是链式存储结构中的数据元素。第一区块称为创始块。一般区块包括区块头和区块体。区块头包含每个块的标识信息，如版本号、哈希值、时间戳、块高等信息；区块体主要包含特定的交易数据。目前主流的区块链技术包括比特币、以太坊、Ripple 等。其中比特币是最早的真正意义上的去中心化区块链技术；以太坊则配备功能强大的图灵完整智能合约虚拟机，因此它可以成为所有区块链项目的母平台；Ripple 是世界上第一个开放的支付网络，是基于点对点（P2P）的全球支付网络。

在区块链网络中，既没有中心化的硬件与管理机构，也没有中心服务器和路由器。区块链网络中的所有节点既可以当成客户端使用，也可以当成服务器端使用。其中，每个单独的节点都保存着区块链的全部数据信息，可以使数据信息在拥有大量备份的同时有效避免数据信息因为损毁、丢失而出现偏差。同时，在区块链网络中，数据信息的备份数量受到参与数据传输、储存节点数量的影响，即参与节点的数量越多，数据信息备份的数量就越多。在区块链网络中，每个节点保存的数据信息都相同，参与数据存储的节点之间能够相互监督和管理，这不仅能够有效降低数据信息被篡改的可能性，对提高网络的稳定性也极为有利。

【区块链技术】

2. 区块链的核心技术

区块链是集成了多方面研究成果的一种综合性技术系统，主要包含 3 项核心技术：共识机制、密码学原理和分布式数据存储。

1）共识机制。

共识机制是指一段时间内对事物的前后顺序达成共识的一种算法，通俗来讲，就是一个群体达成和维护共识的方式。区块链具有去中心化的特点，没有了中心来指挥和协调区块链网络，但要完成整个网络的协同合作与信息传递，就必须要有共识机制。共识机制是区块链的灵魂，它维系着区块链世界的正常运转。常用的共识机制有如下 3 种。

（1）工作量证明机制：在实际的工作中，由于监测过程的工作难度较大，工作量一般通过结果来证明。区块链系统里的每个节点为系统提供计算服务，系统通过评估节点工作量来决定节点获得记账权的概率，工作量越大，获得此次记账机会的概率就越大。计算工作完成最出色的节点获得系统的奖励，即获得信息公示权与相应的虚拟货币奖励。

（2）权益证明机制：用户通过交易、转让等方式获得加密货币，系统根据用户所持有货币的数量和时间分配相应的利息。类似于股权凭证和投票系统，因此也称"股权证明算法"，由持有最多权益的人来公示最终信息。

（3）拜占庭共识算法：该算法参考了兰伯特（L. Lamport）提出的拜占庭将军问题，是一种采用投票制来选举领导者并进行记账的共识机制。它以计算为基础，没有代币奖励，由链上所有人参与投票，少于（N-1）/3个节点反对时就获得公示信息的权利。

达成共识需要50%以上的节点同意，篡改数据需要极大的成本，或者无法完成（节点数量非常多）。共识机制确保了信息的唯一性，使数据不可被篡改，利用这一特点，区块链技术可被应用于智能化合约和社会中的无形资产管理，如知识产权保护、域名管理等领域。

2）密码学原理。

密码学原理主要包括哈希算法和非对称加密算法两种。

（1）哈希算法是一类加密算法的统称，是信息领域中一项非常基础也非常重要的技术。输入任意长度的字符串，哈希算法可以产生固定大小的输出。通俗地说，可以将哈希算法的输出即哈希值理解为区块链世界中的"家庭地址"。如同物理世界中总可以用一个特定且唯一的地址来标识一样，在区块链网络世界中可以用哈希值特定且唯一地标识一个区块。如果不同区块的哈希值总是不同的，那么称这类哈希函数具有"碰撞阻力"，这是对哈希函数的基本要求。一般情况下无法从"家庭地址"倒推出房屋结构、家庭成员等内部信息，因此，同样也无法从哈希值反推出区块的具体内容，即哈希值具有隐秘性。

（2）非对称加密算法是指加密和解密使用不同密钥的加密算法。非对称加密也称公私钥加密。在区块链网络中，每个节点都拥有唯一一对私钥和公钥。公钥是密钥对中公开的部分，就像银行的账户可以被公开；私钥是密钥中非公开的部分，类似账户密码。在区块链中，信息的传播采用公钥、私钥这种非对称数字加密技术实现交易双方的互相信任。公钥（长且随机生成的数字字符串）是区块链上的用户地址，通过网络发送的比特币记录关联于该地址。私钥就像密码，它的所有者可以访问他们的比特币或其他数字资产，将数据存储在区块上。根据公开的密钥无法测算出不公开的密钥（私钥），非对称加密算法较好地保证了数据的安全和用户的隐私。

3）分布式数据存储。

分布式数据存储是一种数据存储技术，可以通过网络使用每台机器上的磁盘空间，并使这些分散的存储资源构成一个虚拟的存储设备，把数据分散地存储在网络中的各个角落。因此，分布式数据存储技术并不是在每台计算机里都存放完整的数据，而是把数据切割后存放在不同的计算机里。区块链的分布式数据存储特性体现在两个方面：一方面，区块链的每个节点都按照块链式结构存储完整的数据；另一方面，区块链每个节点存储都是独立且地位等同的，依靠共识机制保证存储的一致性，不存在集中化的信息供黑客破坏，数以百万计的计算机同时托管，其数据可供互联网上任何人使用。分布式数据存储能提高系统的可靠性、可用性和存取效率，而且易于拓展，在区块链领域中应用非常广泛。

8.2.2　区块链的主要特点

区块链作为一种去中心化、去信任的分布式共享数据库技术，其特点包括去中心化、合约执行自动化、可追溯性和公开透明化等。

1. 去中心化

在传统的中心化网络中，一个中心节点受到攻击整个系统就有可能遭到破坏；而在区块链技术中，去中心化的网络采用分布式记录、分布式存储和点对点通信，任意节点的权利和义务都是均等的，所有节点共同维护系统中的数据块。去中心化在一定程度上避免了系统被个人或机构操纵，任一节点遭受攻击或停止工作，都不会影响整个系统的运行。

2. 合约执行自动化

传统的合约，一般需要双方签署合同进行执行，还需要法律的保护等，传统合约一旦出现问题，需要多个机构来介入仲裁。而基于区块链技术的合约，由完全无须第三方信任的代码进行构建，用户也能参与合约的构建过程。此种情况下的智能合约可让很多不同类型的程序和操作自动化执行，其中最常见的是支付环节的操作。现实生活中，智能合约自动化应用出现在很多场景下，如人们常用的信用卡代扣和水电气代扣业务，就是一些典型的智能合约例子，只要银行卡上余额足够就能实现自动扣款。从本质上讲，智能合约就是能够以计算机指令的方式实现传统合约的自动化处理程序。

3. 可追溯性

简单来讲，区块链是一个分散的数据库，由一个个节点存储数据，并把数据分散至网络链接的各台计算机，使得数据不受中心化服务器控制。由于日常生活中产生的任何数据都能被区块链所记录，并具备唯一性，因此信息可以被查询追溯，便于相关机构或部门进行管理。

4. 公开透明化

基于区块链的信息系统高度透明，除了被加密的用户私人信息不可访问，用户可以通过相关数据接口访问区块链的任何数据信息而不受限制。

8.2.3 区块链存在的问题

区块链作为一门新技术，也存在一些问题，如无隐私性、安全性问题、数据确认的延迟性等。

1. 无隐私性

在区块链公有链中，每一个参与者都能够获得完整的数据备份，所有交易数据都是公开透明的（无隐私性）。用户可以获得一些商业机构的账户和交易信息，而这些信息对该商业机构来说，可能是其重要资产和商业机密等。

2. 安全性问题

区块链技术的一大特点就是不可逆、不可伪造，但前提是私钥是安全的。私钥是用户生成并保管的，没有第三方参与。私钥一旦丢失，便无法对账户的资产做任何操作。随着量子计算机等新计算技术的发展，未来非对称加密算法具有一定的破解可能性，这也是区块链技术面临的潜在安全隐患。

3. 数据确认的延迟性

在金融区块链中，数据确认的时间相对较长。以比特币为例，由于当前产生的交易有效性受网络传输影响，比特币交易每次的确认时长约为 10 分钟，则 6 次确认需要约一个小时，区块链的交易数据具有延迟性。

8.3　区块链技术在物流中的应用

区块链的防篡改架构和完整的透明度使其成为处理供应链的完美工具。物流链通常包含许多步骤和数百个地理位置，使得人们越来越难以追踪整个链条中的事件，如验证正在运输的货物并迅速对不可预见的情况做出反应。此外，由于缺乏透明度，调查沿线发生的非法活动也有难度。区块链技术具有解决上述问题的潜力。作为一个透明的公共分类账户，它将为客户和审计人员提供简单而有效的工具，用于跟踪货物在到达目的地之前的整个过程。

【物流链如何嵌入区块链】

1. 保障货物安全

尽管我国的物流行业在近几年成长迅速，但依然存在一些问题没有得到有效解决，如时常出现的丢包爆仓、错领误领、信息泄露，以及由于物流业务链条长导致资源没有得到充分利用等问题。通过区块链记录货物从发出到接收过程中的所有步骤，货物的运输流程可以清晰地记录到链上，装载、运输、取件整个流程清晰可见，确保了信息的可追溯性，从而避免丢包、错误认领等事件发生。对于快件签收情况，只需查询区块链即可，杜绝了快递员通过伪造签名冒领包裹等问题，也可促进物流实名制的落实。同时企业也可以掌握货物的物流动态，防止窜货，利于打假，保证线下各级经销商的利益。依靠区块链技术，物流行业可以真实可靠地记录和传递资金流、物流、信息流，优化资源利用率、压缩中间环节、提升行业整体效率。

2. 优化集装箱运输路线和日程安排

将区块链用于集装箱的智能化运输是区块链技术用于大型物流运输领域的实例。把集装箱信息存储在数据库里，区块链的存储解决方案可以自主决定集装箱的运输路线和日程安排。这些智能集装箱还可对过往的运输经验进行分析，不断更新运输路线和日程设计技能，使运输效率不断提高。对于收货人而言，不但能从货物离港到货物到达目的港全程跟踪其物流信息，还能随时修改和优化货物运输的日程安排。

在运输距离更远、运输时间更长的国际物流运输中，结构更为繁杂，涉及部门众多，物流效率低下。为解决这一问题，相关部门和组织可以采用区块链技术将多个组织链条关联起来，收到的信息会在第一时间被区块链所记录，并向客户、海关、银行展示，以此提高供应链信息的透明度，增强物流信息的可信度，帮助海关部门实施全面管理，提高物流效率。

3. 解决中小微物流企业的融资难问题

区块链技术还可以帮助解决物流供应链上的中小微企业的融资难问题。近年来，我国物流供应链行业处于持续快速发展阶段，一批具备较强供应链管理能力的物流企业迅速崛起。然而，物流供应链上的企业大多数是中小微企业，供应链金融机构往往无法获得足够多的真实数据来分析和评估出其综合信用贷款额度，导致很多企业没有得到信用评级，难以获得银行或金融机构的融资贷款服务。区块链技术在物流行业的应用，使得物流商品具备了资产化的特征，有助于解决上述问题。由于区块链所记录的资产不可更改、不可伪造，一旦固定了商品的唯一所有权，就可以使得所有物流链条中的商品可追溯、可证伪、不可篡改，实现物流商品的资产化。此外，利用区块链基础平台，可使资金快速、有效地接入物流行业，从而改善中小微企业的营商环境。

【华为云物流区块链应用】

4. 利于物流行业信息共享

区块链就像一个无法更改的、去中心化的加密账本，有利于物流企业间实现信息共享、互相监督。基于区块链技术和已经建立的区块链联盟，所有的企业将自己待解决的难题、业务规则等上传到平台，可以简化行业信息结构、统一公共服务标准，同时保证平台信息不被篡改、随时回溯，保障商业机密和上下游获得可信度，为整个公共服务体系提供强有力的支撑。

区块链是一种分布式多节点数据库，一个在多个位置或是节点保存数据的数据副本，每个区块包含详细信息，如卖方、买方、价格、合约条款以及相关的任何详细信息。通过双方以及多方独有的签名进行全网验证，如果全网加密记录一致，则数据有效，进而可以上传网络进行信息共享且能够保证信息的绝对安全。因此，系统中的每个人都可以记账，这不但使整个系统获得了极大的安全性，而且保障了账本记录的公开透明，同时去除了人工信息、纸质信息等流程，可以大大降低成本、提高效率。例如，可以将每个公司的从业人员黑名单记录在链上，其他公司也可以查询，而且数据不可以被修改，能够追溯到该人员不恰当行为的详细信息。

5. 实时跟踪货物信息

全球航运业涉及 50 000 多家商船和多个海关监管货运通道。从东非到欧洲冷藏货物的简单运输会经过几十个组织的检查，这些利益方之间有 200 多种不同的交互和通信方式，大多数会通过数据和纸质文件来进行，这极大地降低了跟踪货物来源和货物在物流中的状态的效率。区块链可以通过把单据所必需的细节存储在不可篡改的链上，货物的运输流程清晰地记录到链上，装载、运输、取件整个流程都能清晰可见，允许各个利益相关方查询货物运输进度和了解货物位置，进而代替大量纸质文件的交互，优化资源利用、压缩中间环节，在一定程度上统一多个利益方的沟通方式。

 **案例 8-1**

重庆：区块链技术助力西部陆海新通道实现"通江达海"

2024 年 1 月 27 日，重庆果园港码头，货车运进、运出，整个港口繁忙有序。不久前，一列装载着 950 吨进口矿产的西部陆海新通道班列驶入鱼嘴铁路货运站。"得益于区块链技术的运用，我们实现了'一单制'数字提单，有效缩短了单证处理和流转时效，让西部陆海新通道'通江达海'更便捷。"陆海新通道运营有限公司相关负责人说。

据悉，为推进信息共享与数据标准化，陆海新通道运营有限公司基于自主可控的区块链服务网络建设了"陆海链"数字提单平台，通过"一单制"数字提单加快单证流转。该负责人介绍，在"陆海链"平台上签发数字提单，提单信息可及时流转至发货人、收货人、金融机构。收货人可凭借数字提单完成取货，客户也可以第一时间在陆海链平台上对提单进行核验、查询、流转。与传统模式相比，"一单制"数字提单的签发不仅缩短了单证处理和流转时间，还解决了纸质提单传递效率低、易篡改等问题。

"为提升金融机构的审查效率，我们还与多家银行合作，引导银行在企业融资、结算场景中使用数字提单快速办理业务，进而助力高水平建设西部陆海新通道。"该负责人说。据了解，陆海新通道"一单制"数字提单案例已成功入选第三届"一带一路"国际合作高峰论坛数字经济高级别论坛发布的《航运贸易数字化与"一带一路"合作创新白皮书》。

目前，陆海新通道运营有限公司数字提单签发已从铁海联运班列延伸至中越、中老跨境铁路班列，并成功完成了中新跨境贸易数字提单合作项目一阶段测试。截至 2023 年年底，"一单制"数字提单共计签发流转 960 单，货值 1.22 万美金。

接下来，陆海新通道"陆海链"服务平台将依托多式联运物流通道及跨区域运营平台优势，通过"一单制"数字提单，把订单、提单、仓单串起来，推广数字单证的应用，并通过与金融机构的系统互联，进一步提升通道服务能力。

（资料来源：http://cq.news.cn/20240127/8a9fee903a2046f1a9a05180fbb7df10/c.html.
（2024-01-27）[2024-07-09]. ）

本 章 小 结

本章介绍了区块链的概念和发展现状，区块链技术可以被简单描述为一种分布式记账技术，它的特点是去中心化、公开透明，每个用户都可以参与数据库建立，同时数据不可篡改。区块链具有去中心化、稳定性、可靠性和可用性、公开透明和集体维护性等优点，开始在物流领域中被广泛应用，尤其在保障货物安全、物流行业信息共享以及实时跟踪货物信息等环节。因此，区块链技术在一定程度上能够提升物流行业的整体效率，实现降本增效，有助于节约社会资源，开启物流行业智能化管理时代。

知识巩固与技能训练

一、名词解释

公有区块链、行业区块链、私有区块链、共识机制、密码学原理、分布式数据存储、去中心化。

二、单项选择题

1. 区块链是一种按照时间顺序将数据区块以顺序相连的方式组合成的一种（　　）数据结构。

　　A. 链式　　　　　　B. 顺序　　　　　　C. 单一　　　　　　D. 多类型

2. 世界上任何个体或者团体都可以发送交易信息，且交易能够获得区块链的有效确认，（　　）可以参与其共识过程。

　　A. 任何人　　　　　B. 团体中成员　　　C. 权限高的成员　　D. 管理者

3. 行业区块链由某个群体内部指定多个预选的节点为记账人，每个块的生成由（　　）预选节点决定（预选节点参与共识过程）。

  A. 单独的   B. 特定的   C. 所有的   D. 指定

4. 私有区块链使用区块链的总账技术进行记账，由公司或者个人（　　）该区块链的写入权限。

  A. 申请使用   B. 指定   C. 共享   D. 独享

5. 目前，企业对区块链技术的实际应用集中在（　　）领域，属于虚拟经济范畴。

  A. 交易   B. 数字货币   C. 硬件设施   D. 软件

6. 区块链是通过互连区块形成的（　　）式存储结构。

  A. 表   B. 链

7. 块是链存储结构中的数据元素。第一区块称为创始块。一般区块包括区块头和区块体。区块头包含每个块的（　　）。

  A. 全部信息   B. 数据信息   C. 状态信息   D. 标识信息

8. 目前主流的区块链技术包括比特币、以太坊、Ripple 等。其中（　　）是最早的真正意义上的去中心化区块链技术。

  A. Ripple   B. 以太坊   C. 比特币

9. 共识机制是指一段时间内对事物的前后顺序达成共识的一种（　　）。

  A. 策略   B. 机制   C. 算法   D. 模型

10. 分布式数据存储是一种数据存储技术，可以通过（　　）使用每台机器上的磁盘空间，并将这些分散的存储资源构成一个虚拟的存储设备，把数据分散地存储在各个角落。

  A. 硬件连接   B. 网络   C. 操作人员   D. 数据交互

三、多项选择题

1. 区块链分为（　　）。

  A. 公有区块链   B. 行业区块链   C. 专用区块链   D. 私有区块链

2. 区块链技术包括（　　）。

  A. Ripple   B. 比特币   C. 以太坊   D. 类似以太坊的扩展

3. 区块是链存储结构中的数据元素，第一区块称为创始块，一般区块包括区块头和区块体。区块头包含每个块的标识信息，标识信息有（　　）。

  A. 版本号   B. 哈希值   C. 时间戳   D. 块高

4. 区块链技术是集成了多方面研究成果的综合性技术系统，包含（　　）3 项核心技术。

  A. P2P   B. 共识机制   C. 密码学原理   D. 分布式数据存储

四、复习思考题

1. 区块链是什么？

2. 区块链的基本结构是什么？

3. 区块链的主要特点有哪些？

4. 区块链在物流领域的主要应用有哪些？举例说明。

5. 区块链分为哪几类？

6. 公有区块链的 3 个主要特点分别是什么？

第 9 章
人工智能与物流

【知识框架图】

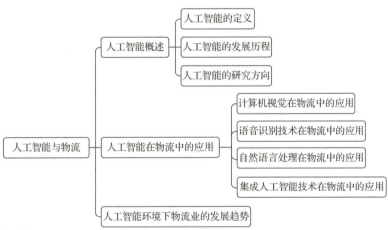

【学习目标】

1. 了解并初步掌握人工智能的基本原理和发展历程。
2. 理解并初步掌握人工智能在物流业中的实施途径。
3. 明确人工智能环境下物流业的发展趋势。

【能力目标】

1. 能够说明人工智能的基本内涵以及学习本课程的必要性。
2. 能够明确人工智能在物流业中所涉及的基本内容。

9.1 人工智能概述

人工智能（artificial intelligence，AI）从 20 世纪 50 年代中期开始兴起，是计算机科学中涉及研究、设计和应用智能机器的一个分支，是计算机科学、控制论、信息论、自动化、仿生学、生物学、语言学、神经生理学、心理学、数学、医学和哲学等多种学科相互渗透而发展起来的综合性的交叉学科与边缘学科。

 视野拓展

自从"人工智能"这一概念被提出后，人工智能技术已经经过了半个多世纪的发展，在提升社会劳动生产率，特别是在有效降低劳动成本、优化产品和服务、创造就业和新市场等方面给人类的生产与生活带来了革命性转变。据普华永道预测，到 2030 年人工智能将为全球 GDP 带来额外 14% 的提升，相当于 15.7 万亿美元的增长。全球范围内越来越多的政府和企业逐渐认识到人工智能的重要性，开始在国家战略和商业活动上涉足人工智能。

9.1.1 人工智能的定义

人工智能由麦卡锡（J. McCarthy）于 1956 年在达特茅斯会议上正式提出，其作为计算机学科的一个重要分支，被人们称为世界三大尖端技术之一。人工智能的本质是对人类思维的模拟。它的特点是对人脑思维信息过程进行模拟，如在计算机中，CPU 内部复杂的数据处理过程就是一种对人脑的分析和综合机能的认识过程，是人工智能技术相当成功的运用。

人工智能未有明确定义，各国学者对人工智能也有着不同的理解。1980 年，美国哲学家瑟尔（J. Searle）提出"强人工智能"（Strong AI）和"弱人工智能"（Weak AI）两种概念分类。"强人工智能"是指人工思考智能，大胆假设计算机能具有与人相同程度的思考能力；"弱人工智能"就是人工模拟智能，即机器只能具有模拟思维，而不是真的懂得思考。由此牵涉到对"思维"与"模拟思维"认识的争辩。除此之外，还有很多关于人工智能的定义，至今尚未统一，但均反映了人工智能学科的基本思想和基本内容，总体而言，可以将人工智能概括为研究人类智能活动的规律，构造具有一定智能行为的人工系统。

9.1.2 人工智能的发展历程

人工智能的发展经历了漫长的过程，因其革命性的技术特点在学术和工程领域都引起过高度关注，也曾因高投入低产出跌入低谷。

1. 人工智能的诞生

1950 年，明斯基（M. L. Minsky）与埃德蒙（D. Edmund）一起建造了世界上第一台神经网络计算机，这也被认为人工智能的一个起点。同年，被称为"计算机之父"的图灵（A. M. Turing）提出了一个想法——图灵测试。按照图灵的设想：如果一台机器能够与人类开展对话而不能被辨别出机器身份，那么这台机器就具有智能。同年，图灵还大胆预言了真正具备智能机器的可行性。

2. 人工智能的黄金时代

麦卡锡等人于 1956 年 8 月发起达特茅斯会议，旨在召集志同道合的人共同讨论"人工智能"。这场会议持续了一个月，以大范围的集思广益为主。这次会议催生了后来人所共知的人工智能革命，掀起了人工智能的第一次高潮。

3. 人工智能的低谷

从 1974 年开始，人工智能发展初期的突破性进展大大提升了人们对人工智能的期望，人们开始尝试更具挑战性的任务，并提出了一些不切实际的研发目标。人们渐渐发现，虽然机器拥有逻辑推理能力，但它们仍然停留在玩具阶段，远远不能实现真正的人工智能，许多机构也减少了对人工智能研究的资助，人工智能开始走向低谷。

4. 人工智能的繁荣期

1980 年，卡耐基梅隆大学为 DEC 公司设计了一个专家系统，能够自动为购买计算机软件的用户匹配对应的芯片、驱动、数据线、接口，不但比销售人员的效率高，每年还能为 DEC 公司节省几千万美元。许多公司纷纷效仿，人工智能研究迎来了新一轮高潮。

5. 人工智能的冬天

"AI 之冬"一词是由经历过 1974 年经费削减的研究者们创造出来的。他们注意到了人们对专家系统的狂热追捧，预计不久后人们将转向失望。事实被他们不幸言中，专家系统的实用性仅仅局限于某些特定情景。20 世纪 80 年代末，美国国防部高级研究计划局的新任领导认为人工智能并非"下一个浪潮"，拨款倾向于那些看起来更容易出成果的项目。

6. 人工智能真正的春天

1993 年，随着计算机性能的高速发展、海量数据的累积和人工智能研究者的不懈努力，人工智能领域不断取得突破，迎来第三次高潮。

1997 年，IBM 的国际象棋机器人"深蓝"战胜国际象棋世界冠军卡斯帕罗夫（G. Kasparov）。2006 年，辛顿（G. E. Hinton）提出深度学习的算法。借助这种算法，科学家不断在语音识别、计算机视觉等很多领域取得突破。2011 年起，随着大数据、云计算、互联网、物联网等信息技术的发展，感知数据和图形处理器等计算平台推动以深度神经网络为代表的人工智能技术飞速发展，大幅跨越了科学与应用之间的"技术鸿沟"，诸如图像分类、语音识别、知识问答、人机对弈、无人驾驶等人工智能技术实现了从"不能用、不

互联网物流（第 2 版）

好用"到"可以用"的技术突破，迎来爆发式增长的新高潮。2017 年，卡耐基梅隆大学的人工智能系统 Libratus 打败 4 名世界顶级德州扑克选手，赢得 177 万美元的筹码。2017 年 5 月，在我国乌镇围棋峰会上，谷歌旗下 DeepMind 公司的阿尔法围棋与世界围棋冠军柯洁对战，以 3 比 0 的总比分获胜。2017 年 7 月，国务院发布了《新一代人工智能发展规划》，表明了人工智能正式升级成为国家战略。作为新一轮产业变革的核心驱动力，人工智能将进一步推动科技革命和产业变革，并创造新的强大引擎，重构生产、分配、交换、消费等经济活动的各个环节，形成从宏观到微观各领域的智能化新需求，催生出新技术、新产品、新产业、新业态、新模式，从而改变人类生产生活方式。到 2020 年，我国人工智能独角兽企业位居世界第一，人工智能专利申请数世界第一，建立了 50 多家人工智能学院、研究院或交叉研究中心。在人工智能如此火热的背景下，独角兽企业层出不穷，短板不断补齐，人才体系逐渐完善，未来人工智能将带动技术向更高层次发展。随着相关科技成果不断落地，应用场景更加丰富，人工智能技术与实体经济加速融合，助推传统产业转型升级，为高质量发展注入了强劲动力。

7. 人工智能 2.0 的到来

2022 年 11 月，OpenAI 发布 ChatGPT，其基于 GPT-3.5 的自然对话能力引发全球关注，人工智能生成内容（Artificial Intelligence Generated Content，AIGC）时代开启，标志着人工智能 2.0 的到来。2023 年，GPT-4 首次支持文本和图像的多模态输入，可解析图表、图像并生成对应内容，如用户上传手绘草图即可输出网页代码。阿里云 Qwen2-72B 在权威测评中超越美国开源模型 Llama3-70B，成为全球下载量最大的中文模型；百度的文心一言、讯飞的星火认知、阿里云的通义千问、腾讯的混元大模型、字节跳动的豆包等相继面世，开启"百模大战"。2023 年，我国语言大模型市场规模达 132.3 亿元，同比增长 110%。2024 年，多模态大模型进入医疗、教育等垂直领域。GPT-4V 通过分析 X 光片和病历辅助医生诊断肺癌，DeepSeek-VL 在医学影像标注中达到 44% 的准确率，接近商用模型水平。中国人工智能产业规模突破 2 697 亿元，AI 与制造业、金融、交通等实体经济深度融合，催生智能质检、无人驾驶等新业态。2025 年，通用人工智能（Artificial General Intelligence，AGI）成为新的研究焦点，我国在自然语言处理和多模态生成领域取得突破，DeepSeek-V3 的开源模型与国际上的闭源模型不分伯仲。

9.1.3 人工智能的研究方向

1. 计算机视觉

计算机视觉（computer vision）是指用摄像机和计算机模拟人类视觉对目标进行识别、跟踪、测量等的机器视觉技术，并通过识别和分析做进一步的图形处理，使电脑处理成为更适合人眼观察或传送给仪器检测的图像。这门技术对于建立能够从图像或多维数据中获取信息的人工智能系统起着很大的作用。利用计算机视觉，可以对客观世界的三维场景进行感知、识别和理解。机器之所以能够完成需要用上人类智能的任务和特定功能，很大部分是依靠计算机系统中的计算机视觉，如视觉感知、图像识别、人脸识别、目标定位等。

知识卡片

在人工智能中，视觉信息比听觉、触觉重要得多。人类大脑皮层70%的活动都在处理视觉信息，人工智能旨在让机器可以像人那样思考和处理事情，因此计算机视觉技术发挥了很大作用。计算机视觉有很多分支，分别为图像分类、目标检测、目标跟踪、语义分割和实例分割等。

（1）图像分类。给定一组各自被标记为单一类别的图像，对一组新的测试图像的类别进行预测，并测量预测的准确性。

（2）目标检测。识别图像中的对象，通常会涉及为各个对象输出边界框和标签，这不仅仅是对各主体对象进行分类和定位。在实际对象检测中，只有2种对象分类类别，即对象边界框和非对象边界框。例如，在汽车检测中，必须使用边界框检测给定图像中的所有汽车。

（3）目标跟踪。目标跟踪是指在特定场景跟踪某一个或多个特定对象的过程，类似于传统应用中视频和真实世界的交互，在检测到初始对象后进行观察。目前，目标跟踪已经应用在无人驾驶领域。

（4）语义分割。计算机视觉的核心是分割，它将整个图像分成一个个像素组，然后对其进行标记和分类。语义分割试图在语义上理解图像中每个像素的角色，如识别该图像是汽车、摩托车或者是其他类别。除了对每个物体正确分类，还必须确定每个物体的边界。

（5）实例分割。实例分割将不同类型的实例进行分类，如用5种不同的颜色来标记5辆汽车。分类任务通常来说就是识别出包含单个对象的图像是什么，但在分割实例时，需要执行更复杂的任务。对多个重叠物体和不同背景的复杂对象进行分类，并确定对象的边界、差异和彼此之间的关系。

2. 语音识别

语音识别（speech recognition）是以语音为研究对象，通过语音信号处理和模式识别让机器自动识别与理解人类口述语言。语音识别是一门涉及面很广的交叉学科，它与声学、语音学、语言学、信息理论、模式识别理论及神经生物学等学科都有非常密切的关系。语音识别的目的是让机器"听懂"人类口述的语言，主要包括两方面的含义：其一是逐字逐句听懂并转化成书面语言文字；其二是对口述语言中所包含的要求或询问加以理解，做出正确响应，而不拘泥于所有词语的正确转换。

语音识别技术是指通过机器识别和理解，把语音信号转变为相应的文本或命令的高级技术。语音识别技术正逐步成为计算机信息处理技术中的关键技术。语音识别系统本质上是一种模式识别系统，包括特征提取、模式匹配、参考模式库3个基本单元。

3. 自然语言处理

自然语言处理（natural language processing，NLP）是用计算机来处理、理解及运用人类语言的一种技术，属于人工智能的一个分支，是计算机科学与语言学的交叉学科，又被称为计算语言学。

从研究内容来看，自然语言处理包括语法分析、语义分析、篇章理解等。从应用角度来看，自然语言处理具有广泛的应用前景。特别是在信息时代，自然语言处理的应用包罗万象，如机器翻译、手写体和印刷体字符识别、语音识别及文语转换、信息检索、信息抽取与过滤、文本分类与聚类、舆情分析和观点挖掘等，它涉及与语言处理相关的数据挖掘、机器学习、知识获取、知识工程、人工智能研究和与语言计算相关的语言学研究等。

自然语言是人类区别于其他动物的根本标志。没有语言，人类的思维也就无从谈起，所以自然语言处理体现了人工智能的最高任务与境界，也就是说，只有当计算机具备了处理自然语言的能力时，机器才算实现真正的智能。

4. 机器学习

机器学习是研究如何打造可以根据经验自动改善的计算机程序。机器学习是实现人工智能的一个途径，它经过30多年的发展已成为一门多领域交叉学科，涉及概率论、统计学、逼近论、凸分析、计算复杂性理论等多门学科。机器学习的研究产物主要是算法，可以基于经验进行自动改善。这些算法可以在各个行业中广泛应用，包括计算机视觉、人工智能和数据挖掘。

机器学习算法是一类从数据中自动分析获得规律，并利用规律对未知数据进行预测的算法。因为该算法涉及大量的统计学理论，机器学习与推断统计学联系尤为密切，故也被称为统计学习理论。

5. 人工智能生成内容

AIGC 是通过算法模型自动创造文本、图像、音频、视频等内容的技术，属于生成式人工智能的核心研究领域。其目标是让机器在理解人类创意需求的基础上，独立或辅助完成内容创作，实现从"数据处理"到"内容生产"的跨越。AIGC 的研究内容涵盖多模态生成技术、可控性创作算法及领域适配模型。

在应用层面，AIGC 已渗透到传媒、教育、设计、娱乐等多个领域：在文本生成领域，可自动撰写新闻稿件、学术摘要、营销文案；在图像生成领域，能根据文字描述生成插画、设计草图甚至电影概念图；在音视频领域，可以支持音乐作曲、短视频生成及虚拟主播驱动。

9.2 人工智能在物流中的应用

【ChatGPT 在物流产业中的应用】

物流是融合了运输业、仓储业、货代业和信息业的复合型服务产业，作为国民经济的重要组成部分，将受到人工智能技术的深刻影响。同时，物流行业中人工智能的应用也将反过来对人工智能技术的发展起到一定的推动作用。在技术赋能的加持下，人工智能在物流领域的应用将逐渐体现其技术优势，无人仓、无人车、无人机等各类基于人工智能的机器都将进一步提升整个行业的发展效能，推动我国物流行业实现跨越式发展。

9.2.1 计算机视觉在物流中的应用

计算机视觉在物流领域被广泛应用。无人仓、无人车、无人机和视频识别系统等高科技物流设备的应用，有助于提高物流作业的质量和效率。

1. 无人仓、无人车和无人机

计算机视觉作为人工智能目前最前沿的领域之一，可以实时处理图像。应用在自动化设备（无人仓、无人车和无人机）上的视觉系统可以辨别目标对象、躲避障碍物、探寻路径等。

2. 智能仓库管理

具有摄像技术支持和学习能力的算法在仓库管理的优化中起着很大的支持与帮助作用。在仓库的一排排货架之间，机器人视频识别系统可以拍摄货架中的每一个存储物资，然后利用人工智能识别系统识别出产品类别、产品编号、库存量、存储位置等。视频识别系统还可以识别库存物资的质量状况，如包装是否受损、是否有其他需要记录的质量缺陷等。

3. 智能物流运输控制

利用工厂和车间里的摄像头可以将拍摄到的连续运行的图像传送到该企业的中央控制室。人工智能技术可以通过对摄像头传回图像的实时分析，将整理好的数据和信息反馈给控制中心的物流运输控制系统。一旦货车上的物资松动、掉落或遗留，系统通过自动检测后，会触发报警机制，从而提高物流运输的物资吞吐量，避免堵车风险，有利于在短时间内完成更多货物的装卸。

4. 人脸识别

通过计算机的人脸自动识别技术可以刷脸支付；也可以安全快捷地进行身份认证、快递签收；还可以采集驾驶员面部信息，判定和抓取驾驶员不良驾驶行为及状态，进行疲劳驾驶预警；企业员工纳入人脸识别系统之后，可以辨识公司内部人员，省去钥匙和应答器等装备。

人脸识别系统通常包括 4 个过程：人脸图像采集、关键点提取、人脸规整（图像处理）和人脸识别比对。

（1）人脸图像采集。不同类型的人脸图像都能通过摄像头采集下来，包括静态图像、动态图像、不同的位置、不同表情等都可以得到很好的采集。当用户在采集设备的拍摄范围内时，采集设备会自动搜索并拍摄用户的人脸图像。

（2）关键点提取，又称特征提取。人脸识别系统可使用的特征通常分为视觉特征、像素统计特征、人脸图像变换系数特征、人脸图像代数特征等。人脸特征提取是针对人脸的某些特征进行的。人脸特征提取，也称人脸表征，它是对人脸进行特征建模的过程。人脸特征提取的方法归纳起来分为两大类：一类是基于知识的表征方法，另一类是基于代数特征或统计学的表征方法。

（3）人脸规整，又称预处理。人脸的图像预处理是基于采集到的人脸图像进行处理并最终服务于特征提取的过程。系统获取的原始图像由于受到各种条件的限制和随机干扰，往往不能直接使用，必须在图像处理的早期阶段对它进行灰度校正、噪声过滤等图像预处理。对于人脸图像而言，其预处理过程主要包括人脸图像的光线补偿、灰度变换、直方图均衡化、归一化、几何校正、滤波及锐化等。

（4）人脸识别比对，又称匹配与识别。将所提取的人脸图像特征数据与数据库中存储的特征模板进行搜索匹配，通过设定一个阈值，当相似度超过这一阈值时，便把匹配得到的结果输出。人脸识别比对就是将待识别的人脸特征与已得到的人脸特征模板进行比较，根据相似程度对人脸的身份信息进行判断。可分为 1∶1、1∶N 属性识别。其中 1∶1 是将 2 张人脸对应的特征值向量进行比对，1∶N 是将 1 张人脸照片的特征值向量和另外 N 张人脸对应的特征值向量进行比对，输出相似度高或者相似度排名前 X 的人脸。

"刷脸取件"让快递更方便

"刷脸取货，一扫即开"，取快递也玩出了新花样。物流平台菜鸟网络宣布，菜鸟智能快递柜已全部开通"刷脸取件"功能。除此之外，丰巢智能快递柜开始试点应用"刷脸取件"。人脸识别技术的应用不仅方便了消费者，也节省了快递员的工作时间，成为物流行业取得长足进步的重要推动力。

在生活中的许多场景，"刷脸"已谈不上是一项新技术。移动支付、高铁进站、酒店登记，人脸识别在身份验证领域的广泛应用已为人们所熟悉。如今，在下单、发货、取快递一整条网购产业链中，"刷脸"正成为主角。

据了解，自 2017 年 9 月起，菜鸟网络就已开始在"刷脸取件"上布局，至今已产生超百万次的刷脸记录。消费者如果是首次使用人脸识别功能，需要在智能快递柜上绑定手机号码、录入人脸，完成后即可选择"刷脸取件"。与此同时，针对有消费者担心应用人脸识别就无法请他人代取快递的问题，菜鸟智能快递柜（菜鸟驿站）在应用新技术之外，依旧保留此前所使用的输入取件码等取件方式，打消了消费者的顾虑。

在"刷脸取件"的技术设计中，应用了多种安全机制，以确保用户安全取件。技术提供方曾测试使用照片、视频等方法试图"骗过"人脸识别，但均告失败。除此之外，现在的"刷脸取件"系统设置了语音助手，通过沟通收件人可以自主选择是否把货物存放于智能快递柜中。菜鸟智能快递柜高级工程师赵德山说，根据早前试点应用的百万次"刷脸取件"记录来看，尚未发现误识导致误取包裹的情况，由此可以看出该技术已较为成熟。人脸识别取件示意图如图 9-1 所示。

2018 年 1 月，国际消费电子展在美国拉斯维加斯正式拉开帷幕。在展会上，中邮速递易推出的全新智能快递柜——人脸识别智能快递柜首次惊艳亮相，向世界展现中国智能快递柜行业的最新进展和前沿的技术。中邮速递易此次展出的人脸识别智能快递柜搭载了 ZOLOZ 人脸识别技术。ZOLOZ 是蚂蚁金服推出的全球可信身份平台，具有全球领先的生物识别技术，定位金融级的人脸识别，准确度极高，错误率仅为百万分之一。同时，这种技术具有极高安全性，活体和眼纹技术能防止照片、视频、3D 软件等伪造冒用。另外，基于蚂蚁金融云架构，ZOLOZ 人脸识别技术还使用了高可用、动态扩展的服务框架体系。因此，中邮速递易人脸识别智能快递柜能够快速实现数据比对，为用户提供更安全、更智能的物流末端一体化解决方案。同时，随着人工智能等技术的应用，中邮速递易人脸识别智能快递柜也宣告了新的物流革命的到来。

图9-1　人脸识别取件示意

伴随着人工智能技术的深入发展，AI 深度学习模型能够提供越来越精细的图像分析结果，人脸识别的众多应用场景正在被一一激活。

（资料来源：https://mp.weixin.qq.com/s/UoH3VtqnVrI52bGpzPcIyw.（2018-01-12）[2024-09-11].）

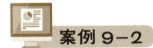

案例 9-2

京东物流智能快递车通过功能型无人车行业标准测试

2022 年上半年，中国智能网联汽车产业创新联盟（以下简称 CAICV）功能型无人车专项工作组（以下简称工作组）启动全国首批功能型无人车行业标准测试。日前，京东物流第五代智能快递车在功能型无人车联合实验室与测试中心的见证下顺利通过检验，京东物流成为全国首批通过功能型无人车行业标准测试的功能型无人车企业。

该测试基于中国汽车工程学会标准 T/CSAE 285-2022《功能型无人车　自动驾驶功能场地试验方法及要求》，涵盖功能型无人车自动驾驶功能、云控平台、功能任务、联网通信等多方面产品技术验证。

作为国内首家将自动驾驶应用到物流实际场景中的企业，京东物流从 2016 年开始致力于智能快递车的研发，历经了"五年五代"的更新迭代，第五代智能快递车最大可载重 200 千克，可续航 100 千米，集成了高精地图生产、融合感知、行为预测、仿真、智能网联等十大核心技术，可以实现 L4 级别自动驾驶，提供物流"最后一公里"的基础运力服务。

凭借无接触配送的优势，京东物流智能快递车在抗疫保供等关键场景中也发挥了重要作用。2020 年年初武汉新冠疫情暴发后，京东物流依托 L4 级别自动驾驶技术和北斗卫星定位系统，迅速在武汉投用智能快递车，让无接触配送成为疫情防控期间的一大安全保障，其中服务武汉第九医院的一辆智能快递车已被国家博物馆收藏。

除了抗疫保供，京东物流还持续探索无人配送在新零售业务、园区多业务融合场景下的应用。在苏州高铁新城开放园区，京东物流探索无人移动送餐配送模式，通过整合园区末端配送运力以及商品零售资源，利用无人车配送，解决了数万用户用餐"最后一公里"难题。此外，在北京首钢园区，京东物流也在同步开展无人售卖与无人配送应用场景示范，炎热天气下，从随见随停的智能零售车里取出一瓶冰镇饮料，方便快捷，体验十分友好。

目前，京东物流共投用近 400 辆智能快递车，分布在全国超 25 个城市，并实现对城市社区、商业园区、办公楼宇、公寓住宅、酒店、校园、商超、门店等场景的覆盖，满足消费者的多元需求。京东物流也将继续携手更多合作伙伴，充分发挥在技术升级、场景探索、标准沉淀等方面的作用，深入末端配送领域进行深度开发和运营探索，助力无人配送行业高质协同发展。京东无人车如图 9-2 所示。

图 9-2　京东无人车

（资料来源：https://www.jdl.com/news/2427/content00822?type=0.（2022-09-14）[2024-09-11].）

案例 9-3

灵动科技推出人机协作 AMR 解决方案

灵动科技针对制造业用工荒、招工难问题，正式推出人机协作 AMR 解决方案，该方案涉及物料搬运、尾料回收两个应用场景，在全套 AMR 解决方案的帮助下，客户工作效率可获得成倍提升。同时，该解决方案还具备快速上手的优势，3 小时内可完成新员工上手操作，节省培训成本，助力人工完成复杂的生产流程。

这种依托于计算机视觉的智能机器人，不仅可以实现全面自主移动，而且可以让预部署时间缩短到 1 天以内，几乎无须任何铺设和环境改造。AMR 的主要传感器是 3 个普通的 RGB 摄像头，不需要依赖地面二维码、磁条等预设装置。AMR 能基于计算机视觉技术实现定位与环境理解，并根据下达的任务指令，实现全自主导航，还能在规划高效行进路径的同时实现自主避障，大大优化了仓储效率。

在灵动科技看来，有计算机视觉等人工智能认知能力的、可自主移动工作的机器人，将会成为仓储行业劳动力的中坚力量。换言之，灵动科技的 AMR（图 9-3）可以作为仓储协作中"无所不在的传送带"，可以弹性部署，让物流企业从容应对行业用工荒和周期性业务调整。

图 9-3　灵动科技的 AMR

（资料来源：https://www.sohu.com/a/392521506_99914782.（2020-05-01）[2024-09-11].）

9.2.2　语音识别技术在物流中的应用

语音识别技术在物流企业中的应用主要体现在智能客服方面，采用语音指令可以提高物流系统的控制效率，从而减轻物流人工客服的压力。

1. 智能客服

物流语音客服能有效提高客服效率，它可以提供全天 24 小时不间断服务，从而大幅降低一线客服人员的工作强度，有效降低企业人力成本。智能语音客服系统还可以收集语音信息，进行自主学习和优化，提升服务质量。

2. 语音控制

语音识别技术能够识别每个人独特的声音，并支持不同语种、不同方言和不同口音的识别，还可以将人的语音与周边的噪声区分开来，如叉车声、货盘掉落的声音、冷藏库的噪声及混杂的对话声，对于最大限度地提高员工工作效率和准确性至关重要。

语音识别技术可以将库存管理系统发出的指令文件转化为语音指令，通过移动装置指示提醒工作人员，与工作人员直接对话，告知其具体取货位置、取货数量、是否补货等。与 RFID 技术相比，语音识别在拣货环节的速度提高了 35%。当工作完成后会生成工作日志，保存到系统。因此通过语音识别技术实现自动化库存操作可以提高仓储速度，释放工作人员的双手和双眼压力，有利于实时跟踪货物信息。

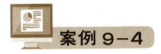

案例 9-4

霍尼韦尔 Vocollect 仓储语音解决方案

霍尼韦尔国际（Honeywell International）（以下简称霍尼韦尔）是一家多元化高科技和制造企业，而 Vocollect 仓储语音解决方案是霍尼韦尔为仓库和配送中心定制设计的创新工作流程绩效技术。

霍尼韦尔 Vocollect 仓储语音解决方案，能实时从后台任务管理系统中获取任务，通过无线网络，将任务传送到工人随身携带的语音终端上，员工从耳机中接收到作业指令，跟随语音指引，逐步完成作业，并用语音反馈作业结果。通过语音播报可以精确地指引员工找到货位、拣对货品、拿够数量，而员工仅需说话就能完成与系统的交互，并且还能更好地完成实际商品的拣选，进而提高拣选效率，防止商品掉落，减少商品损坏。

2019 年 9 月，物美集团与霍尼韦尔合作，在其北京南皋配送中心进行语音拣货实操，数据表明，采用 Vocollect 仓储语音解决方案可以有效提高作业效率、提高工作准确率、减少对员工的培训时间，Vocollect 仓储语音解决方案与仓库实际作业需求进行了有机结合，实现了对商超配送业务的有效支撑，客户满意度得到提升。

（资料来源：https://www.prnasia.com/story/266915-1.shtml.（2019-12-04）[2024-09-11].）

会话精灵+顺丰，打造快递全场景智能语音机器人

作为直面消费者的行业，客户服务的智能、高效与高质越来越受快递企业的重视。有机构对顺丰、"三通一达"等6家快递企业的智能语音客服系统进行测试后发现：在客服机器人语义理解和识别方面，实测的6家快递企业智能客服均可实现下单、查询等基本功能；而当询问"无人机是否可以寄到北京"这一不在"标准答案库"的具体问题时，只有顺丰客服机器人在识别到问题不能自主解答后，第一时间自动转接人工服务，客户体验更流畅自然。

顺丰的这一智能客服系统是由思必驰会话精灵团队基于物流快递行业服务过程中复杂、多样的对话语义需求量身打造的。

顺丰全场景智能语音机器人是思必驰针对快递服务过程中复杂、多样的对话语义需求，基于思必驰全链路智能语音语言技术，融合大规模预训练语言模型、数据增强和知识库等技术方法建立的快递物流全场景智能客服系统。

它拥有快递物流行业全场景语义体系，能够捕捉更加精细的语义变化，包含上百个对话变量、数十个客服任务场景，具备多轮交互能力，可快速实现150多种快递全场景意图理解，意图理解准确率超过95%，在下单、查单等关键任务场景的任务成功率接近80%。

基于对抗学习的语义槽位标注任务的语音识别错误自适应算法，可以把口语对话中的语义槽位理解错误率降低15%以上。利用对话中的隐式反馈和对话上下文等信息，实现在对话过程中主动纠正用户口误、自动补全信息等复杂功能；基于行业垂直知识和上下文融合的语义纠错技术，能够把地址、运单号、电话号码等信息的语音交互成功率相对于传统方式提高60%以上。

另外，思必驰会话精灵团队针对该场景在语音识别技术方面也做出了很大优化。

（1）创新性地提出基于深度卷积神经网络的语音建模方法，并应用于包括语音识别、语音抗噪等多个领域，大幅度提高语音识别的准确率。

（2）创新性地提出基于链接时序模型的语音识别高效解码方案，语音识别速度提高了10倍以上，有效地减少了对计算资源的消耗。

除此之外，思必驰特有的语音、语言联合优化算法，能够将上下文特征和通用语音识别、语义理解深度融合，动态优化对话效果，并能够支持多种方言、口音的语音识别和语义理解，提供上百种客服合成音色，能与真人对话体验相媲美。

据悉，顺丰全场景智能语音机器人已推广至北京、上海、广州、深圳等核心城市，覆盖下单、查件、催件、查网点、查运费/时效、改地址/电话等20多个自助处理场景，95338热线渠道超60%的话务都将由全场景智能语音机器人自助处理完成。

除了快递全场景智能语音机器人，思必驰会话精灵团队还打造了快递服务质检员、物流数字陪练师、智能语音快递柜等智慧物流解决方案，助力智慧物流服务升级，打通快递物流配送"最后一公里"。

（资料来源：https://zhuanlan.zhihu.com/p/386699041.（2021-07-05）[2024-09-11].）

9.2.3　自然语言处理在物流中的应用

在物流企业中有很多文本数据具有宝贵的价值，可以通过用户评论改进产品和服务，也可以通过关键信息提取制订合理的物流计划。自然语言处理在物流领域中的应用有问答机器人、用户情感分析和货物关键信息提取等。

1. 问答机器人

在传统物流领域，每天都有大量的用户咨询问题，而且人工客服投入的成本较高、劳动力弹性较低。通过采用自然语言处理技术，可以分析客户对话的意图，把关键信息抽取出来，还可以根据用户问答的历史信息、用户的个人信息和购买记录等各种信息来为用户提供更具有针对性的解答，提高用户体验和问题处理效率，也可以节省企业成本。

2. 用户情感分析

物流企业向海量的用户提供服务，客户对物流服务的评价是物流企业非常关注的指标，但是面对海量的用户反馈信息，依靠人工很难及时做出正确的统计，可以通过用户对电商平台等渠道留下的物流相关评论进行情感分析，得到评价是正向、负向还是中性的结论，进而评估用户对物流服务质量的满意度（如配送的及时性、对工作人员的服务态度满意度等），发现物流服务中存在的问题并及时做出相应的调整，以此来提高物流企业的服务质量。

3. 货物关键信息提取

许多货物标签包含大量的文字信息，如货物名称、种类、重量等，这些信息可能对物流作业提供帮助，如易碎品、防潮、防晒、摆放方向等都是物流作业极其重视的信息，通过这些信息来对货物合理分类，进而为货物合理安排存放位置、存放环境，制订相应的物流计划。

案例 9-6

百度大脑助力快递行业，让快递下单高效便捷

极兔速递是东南亚首家以互联网配送为核心业务的科技型快递公司。以往用户在快递寄件时存在着信息录入复杂易错的问题，主要存在以下几个难点。

（1）客户收到的地址信息是图片，需要人工提取并手动输入地址信息。

（2）快递寄件时，需要将用户姓名、地址、电话等按照规定格式填写在指定位置。

（3）用户输入的地址信息中有大量填写错误的内容，需要进行人工校正。整个寄件过程信息录入工作量大且烦琐，从而导致下单效率低、用户体验差的问题。

解决方案如下。

极兔速递在其小程序中接入百度大脑 OCR 技术，用户下单时仅需上传包含地址信息的图片，即可完成对图片文字信息的识别；再通过百度大脑自然语言处理的地址识别能力，方便对 OCR 识别后的文本信息或用户填写的文本信息进行姓名、电话、地址的信息提取，并按省、区、市、街道、详细地址的格式结构化输出，以及针对地址信息中用户填错的省、区、市、街道等字段内容进行辅助纠正，还可以结合百度地图 POI 数据，帮助补全用户在地址填写步骤中缺失的地理位置信息，极大提高了地址信息处理效率，提升了用户体验。

（资料来源：https://ai.baidu.com/customer/jitusudi.[2024-09-11].）

9.2.4　AIGC 在物流中的应用

AIGC 作为人工智能的重要分支，其核心能力在于通过大模型对文本、图像、语音等内容的生成与理解，促使物流在多个环节提升效率、降低成本、优化体验，推动物流行业向智能化、自动化转型。

1. 智能客服与交互优化

AIGC 能够通过自然语言生成技术提供高质量的自动应答服务，实现 24 小时智能客服支持。它不仅能理解用户的物流查询意图，还能自动生成个性化、情感化的回复，减轻人工客服压力，提高客户满意度。此外，通过多轮对话建模，AIGC 还能辅助用户完成复杂的物流业务处理，如改签、投诉和退货等操作，显著提升服务流程的自动化水平。

2. 物流文档自动生成与处理

AIGC 可用于自动撰写运单、发票、清关单据等结构化与非结构化文本。通过训练物流语料，系统可以根据订单信息自动生成规范文本，减少人工录入错误，并支持多语言内容生成，满足跨境物流需求。同时，AIGC 还能结合 OCR 与语义识别，对扫描的纸质单据进行内容解析与结构重构，提高信息处理效率和准确性。

3. 供应链预测与调度辅助

AIGC 通过大模型对历史物流数据进行语言建模与多模态关联，可生成多种调度方案、库存预警提示及供应链风险分析文本。这些自动生成的内容可以辅助调度人员快速理解复杂场景，并做出更具前瞻性的决策。同时，AIGC 还能根据运营策略自动生成报告或总结，提升供应链管理的透明度与响应能力。

4. 物流营销与品牌传播

AIGC 能够根据目标用户画像与市场热点，自动生成多语言的推广文案、广告脚本和社交媒体内容，实现高频次、低成本的内容产出。尤其在节假日、活动期或新品上线时，AIGC 可快速生成大量创意方案供运营人员筛选使用。同时，通过对用户互动数据的持续学习，系统可不断优化语言风格与传播策略，使营销内容可以更加精准地匹配受众需求，从而增强品牌影响力与用户粘性。

案例 9-7

顺丰丰语大模型

【丰语大语言模型】

2024 年 9 月 8 日，顺丰科技发布丰语大语言模型（以下简称丰语），该模型在顺丰市场营销、客服、收派、国际关务等业务板块的 20 多个场景落地应用。

在训练数据方面，丰语约有 20% 的训练数据是顺丰和物流供应链领域的垂域数据。通过继续预训练、监督微调、基于人工反馈的强化学习的大模型训练方法，使丰语变得更懂物流、更可靠。同时，顺丰还建立了物流领域大语言模型的测评体系，对其通用能力和物流垂域能力进行详尽的测评。

在客服方面，顺丰通过丰语可以帮助客服快速提取客户对话关键信息、形成服务摘要等。数据显示，丰语形成摘要的准确率已超过 95%，这使得客服人员与客户对话后的处理平均时长缩短了 30%。

在关务场景方面，丰语在面对多国条款与各类语言时，可以快速判断物品是否符合相关国家的海关清关标准，同时可以将报关品名依据相关要求进行规范，还能通过高拍仪快速判定相关寄送物品是否可以过关，协助客户及相关工作人员进行判断的同时，提升了通关时效。

丰语在物流行业的应用场景丰富，可以针对物流行业各个岗位进行高效赋能。

（资料来源：https://blog.csdn.net/m0_64752471/article/details/142253190.（2024-09-14）[2025-05-01].）

案例 9-8

京东言犀大模型

京东言犀大模型是基于京东云的高性能计算集群，是采用 Megatron+Deep Speed 的分布式训练框架训练的 Decoder-Only 架构模型。

在通用知识获取方面，言犀大模型添加了约 30% 的京东域自身的产业数据，并通过构建高质量的指令数据，帮助模型具备更强的产业属性。除了模型训练本身，京东言犀大模型还在模型的转换层和服务层进行了自研算法的深耕，提升了大模型的推理速度和部署性能，让大模型的能力能够充分的下沉到业务端，并通过集成平台能力打造真正的模型及服务。

京东物流言犀基于大模型搭建运力智能机器人"运力小智"，定位是一个集知识问答、数据分析功能于一体的便携式知识百科信息问答平台。它以运力平台日常工作所涉及的内容为核心，涵盖常见系统问题、操作手册、实时类信息咨询（天气、安全）、报表查询、数据分析等多项内容，致力于帮助用户更便捷、高效地获取有效信息，并为用户提供个性化的推荐和良好的用户体验，降低用户获取知识的成本。

京东物流整合大模型、数字孪生等技术，专注于供应链全链路的降本增效，涵盖智能规划、智能仓储、智能运配、智能客服、智能营销等全环节应用场景，实现辅助决策，运营优化和商业增值等全面智能化。其中"与图"数智时空平台、"京慧"一体化智能供应链平台，在助力客户供应链数智化转型升级中创造了独特价值。

（资料来源：https://news.qq.com/rain/a/20230714A04EO400.（2023-07-14）[2025-05-01].）

【5G 大件智慧物流园区】

9.2.5　集成人工智能技术在物流中的应用

人工智能技术在物流企业中的实际应用通常并不是单独的某一项技术，而是多种技术的集成。如动态库存管理、自动化仓储和智能物流调度等，这些都是集成人工智能技术在物流中的应用。

1. 动态库存管理

传统库存使用纸本管理，对物料库龄、库位（存放位置）、信息出入库时间等信息缺乏实时可靠的管理，比较依赖经验丰富的员工。在库存管理中采用人工智能技术，可以搭建高效的库存管理系统，并联网库位、运用可视化定位导引技术和强大的生产数据运算能力，构建出高效智能、实时可靠的仓储管理系统，通过分析历史库存信息和出入库数据，动态调整库存量，保障企业存货的物流畅通，在不影响企业正常生产和客户满意度的同时，降低企业库存量和生产物流成本，为企业提供高质量的库存服务。

2. 自动化仓储

智能仓库中多采用机器人技术，如搬运机器人、分拣机器人和货架穿梭车等，是人工智能提升物流行业运转效能的最佳体现。机器人之间可以进行有条不紊的作业配合，大大提升仓储作业的搬运速度、拣选精度以及存储的密度。据数据统计，使用机器人进行仓库小件商品的拣选，不仅可以达到99.99%以上的准确率，而且机器人的拣选效率还是人工拣选效率的 3 倍以上。

3. 智能物流调度

现代化的物流运输对物流效率的要求越来越高，物流企业迫切需要高智能的路径优化，可以实时调整路线，借助路径优化算法、调度算法等智能算法获得最快路径。

在配送方面，智能物流车将使物流配送更为高效。首先，智能物流车接收到订单信息，仓库会根据订单的内容进行自动配货，通过传送带传送到相应的物流车，并能够装运到物流配送车上；然后，智能物流车会根据每一件货物编号来分析运送地点，自动运算出将整车货物送完的最优路线，驾驶员不需要对运输路线进行规划，直接开启导航即可。物流车的装备与普通运输车辆有所不同，为解决传统人力装运耗时耗力的问题，后车厢配备有全自动的装运系统，后车门与装载商品的货架一体，装货时后车门和货架可以一同取下，装载完毕后再一起送上车。

4. 多式联运智能平台

多式联运，是指由两种及以上的交通工具相互衔接和转运共同完成的运输过程。例如，百度云与太原铁路局合作共同打造了"智慧物流云平台"来解决多式联运问题。百度云通过人工智能、云计算、大数据、物联网等技术，帮助太原铁路局率先实现集铁路、公路、航空"三位一体"的智慧多式联运。太原铁路局依托铁路网络和实体物流园区，充分利用百度云在云计算、大数据、物联网、人工智能等领域的技术优势，构建了"物流+互联网+大数据"的一体化产业生态平台，为上、中、下游企业提供集中服务，为物流组织、市场营销、经营管理提供智能化大数据分析决策支持，为线上线下物流运输、仓储配送、商品交易、金融服务、物流诚信等业务提供一站式、全方位服务，形成覆盖线上、线下的物流生态系统。

5. 销量和库存预测

机器学习技术可以用来分析物流企业积累的历史信息，从而进行销量和库存预测、辅助仓库选址，提高配送效率和仓库选址的合理性。根据历史销售信息和用户在电商平台的点击率来预估商品销量与商品配送区域，可以提前配置货物，设置前置仓，提高库存利用率和配送效率。

6. 仓库智能选址

仓库智能选址一般是通过地图和地理数据进行的，需要借助地理信息系统软件和对地理模型的理解，选址模型多选用距离衰减模型。但是在我国，部分地理数据获取难度大，对分析建模产生了障碍。机器学习可以突破现实环境的种种约束，对生产者、供应商和客户的地理位置、运输量、物流成本等进行大数据方面的提取和分析，进行更完善的学习和优化，最终建造出最优解决方案的选址模型，使选址结果更加客观和精准。

案例 9-9

Magna 与 Cartken 就自动送货机器人达成战略合作

全球出行科技公司 Magna 与自动机器人公司 Cartken 达成战略合作协议，根据合作协议，Magna 将负责生产 Cartken 的自动送货机器人，以满足日益增长的"最后一公里"配送需求。

Cartken 自动送货机器人的生产已经在 Magna 位于美国密歇根州的一家工厂启动。而随着后续合作的深入，双方计划针对不同的应用场景以及机器人即服务（RaaS）的商业模式，利用同一个平台生产更多型号的自动送货机器人。根据 Cartken 的计划，在本次合作期间，Magna 将为其生产数千台自动送货机器人。

Cartken 的自动送货机器人可以在室内和室外运行，通过配备的远程监控和无线操作系统，必要时能够第一时间切换为人工控制模式，从而确保提供高品质的服务。Cartken 自动送货机器人上装有多个摄像头，整合了机器学习、实时定位、基于 SLAM 映射的导航算法等技术，能够实时应对各种情况。Cartken 的自动送货机器人车队现已投入商业运营，并且广泛应用于全球许多商场、酒店、大学，以及一些零售场所。

（资料来源：https://baijiahao.baidu.com/s?id=17434560994772676966&wfr=spider&for=pc.
（2024-01-27）[2024-09-11].）

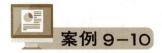

Shippo 使物流运输更方便快捷

Shippo 公司打算通过其交互式网络平台为企业提供更廉价的运输业务。Shippo 公司最近推出了一项新的工作流程功能，该功能依赖于机器学习中的创新方法，以帮助客户优化自己的运输方式，从而减少在选择物流上花费的时间。

Shippo 公司通过研究其数据库，找出了帮助客户完成冗余任务的可能性。例如，企业可以有数百种方式将包裹从 A 点运送到 B 点，Shippo 公司可以帮助客户处理重复的任务，如包裹类型、所需的服务级别、确认收货等。Shippo 公司还引入了一个多用户账户功能，当一项业务在不同地点的环境中运行，数据可以通过不同的账户输入到平台上，账户主要用户可以通过电子邮件邀请其他用户到共享的 Shippo 账户，使用他们自己的可识别信息，这创建了跨团队的无缝交付体验。该特性消除了主用户共享凭据的需要，允许财务、市场营销或运营等不同团队的人员在不共享相同的登录账户和密码的情况下查看发货情况。

（资料来源：https://mp.weixin.qq.com/s/i-vCIHRGwP0Rfu0aglNI9w.（2018-06-01）[2024-09-11].）

菜鸟人工智能物流

在物联网、人工智能、边缘计算等领域，菜鸟已成为国内运用相关技术最多的物流企业，并实现了园区的智能化管理和自动化生产。

菜鸟无锡未来园区设立了 700 个智能机器人来完成拣选、补货、合流等多种作业模式，调度超过 200 个仓库。据介绍，这一整套自动化的解决方案被命名为柔性自动化解决方案，其特征主要体现在利用人工智能快速部署机器人作业，各个仓库根据业务要求进行拆解，部署单个或者多个作业模式。传统刚性自动化部署周期在 3 个月左右，而柔性自动化解决方案部署周期通常只要一个月。

不仅如此，机器人与每小时可分拣 400～500 个包裹的传统人工相比，能使整个仓内的人均生产效率提高至少 2 倍，同时减少了人工错误识别之后产生的回溯成本。在菜鸟联手圆通打造的杭州超级机器人分拨中心内，高效调度机器人一天可分拣约 50 万个包裹。

在仓库拣选环节，菜鸟已经将人工智能技术、分析整合订单技术向全行业开放，累计优化超过 5 亿个包裹，相当于节省 1.15 亿个邮政 6 号纸箱，减少的碳排放超过 1.5 万吨。在配送环节，应用车辆路径规划算法，菜鸟零售同城配送业务的订单配送成本下降了 10.3%，同时，算法也带动了仓库货物流转效率的提升，仓库集货周转时间缩短了 57%。菜鸟联盟自动化仓库的自动化流程如图 9-4 所示。

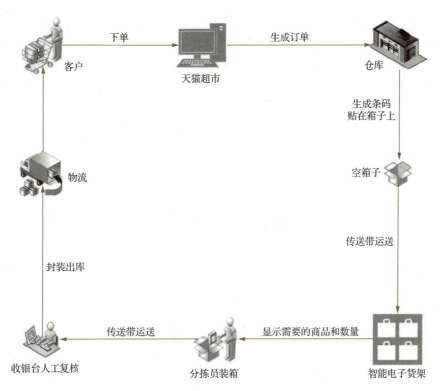

图9-4　菜鸟联盟自动化仓库的自动化流程

（资料来源：http://www.bbtnews.com.cn/2019/1018/322270.shtml.（2019-10-18）[2024-09-11].）

案例 9-12

格力电器——"智慧化"工厂引领行业标杆

　　珠海格力高端智能电器（高栏）产业园项目于 2020 年 3 月正式动工，占地面积约 158.6 万平方米，总建筑面积约 196 万平方米，共分为两期建设，计划总投资 150 亿元。项目一期建筑面积约 110 万平方米，其中生产区建筑面积约 90 万平方米，配套生活区建筑面积约 20 万平方米（包含地下工程），项目二期建筑面积约 86 万平方米。据了解，该产业园主要生产家用系列空调产品，项目建成后年产能约 1 230 万台（套）产品，预计可实现年产值约 181 亿元。产业园优越的地理位置、便利的运输条件，使其成为格力全球化战略布局的重要一环。该园区紧邻珠海西站，周边有珠海港、珠海机场和高栏港高速公路，兼具海陆空三维运输优势，可满足快速下单、快速生产、快速发货的用户体验。

　　格力电器是珠海本土成长起来的世界 500 强企业，其在平沙投资建设高端智能电器产业园项目，意义重大。据介绍，项目建成后将打造集自动化、信息化、智能化、柔性化、精益化、绿色化、定制化、敏捷化于一身的"智慧工厂"，通过自动化生产设备、智能物流配送模式及绿色项目设计等，打造行业一流标杆工厂。

　　在硬件规划方面，产业园中的园区物流以"物料不落地"为原则，将空中循环式输送线体与各生产车间的智能立体仓库结合，形成"六面"立体物流路线。生产车间以自动化、智能化为原则，产线和岗位自动化一个流布局，实现"黑灯生产"。生产工位主要采用自主研发的自动化生产设备，结合 5G 和工业互联网平台让生产变得更加高效、智能。

在软件规划方面，生产过程动态信息、自动智能设备联动（监测和控制）信息、健康环保及能源监测动态信息、园区智慧安全消防动态信息等，通过集控指挥中心及虚拟工厂的形式，实现集中管理、远程指挥管理，最终打造一个数字孪生化的智能工厂，未来将实现所有物理层（生产设备、非生产设备等）设备的信息自动智能感知。

（资料来源：https://baijiahao.baidu.com/s?id=1726285334457911965&wfr=spider&for=pc.
（2022-03-03）[2024-09-11].）

9.3　人工智能环境下物流业的发展趋势

【物联网+AI 概念推动
新型智慧物流成为风口】

人工智能正颠覆物流业运营模式和管理理念，对物流业的发展产生了深远影响，我国物流业还有很多方面可以提高。

1. 健全物流信息标准化

目前，我国物流业的管理机制还没有打破部门分割局面，仍然存在信息孤岛现象。虽然有很多企业已经使用物联网技术构建智能物流系统，但由于缺乏健全的物流信息体系标准，不同企业之间的信息沟通依然存在障碍，较难实现信息交换和共享。

因此，应成立专门的智慧物流职能部门，负责协调各部门的物流资源，确保物流信息畅通。另外，构建物流信息标准，使物流信息编码、数据接口、文件格式、软件格式和流程等方面都有统一的标准，既有利于企业自身信息化建设的完善，又可以破除不同企业间的信息交流障碍，使整个供应链系统在物流网络兼容、数据交换和信息共享方面能够畅通无阻。

2. 充分储备物流基础数据

智能物流的一个重要基础就是物流基础数据。很多企业忽视对物流基础数据的收集。物流企业自身如果不能及时地收集和分析所有的基础物流数据并迅速做出响应，就没有办法搭建智能物流系统的基础框架。阿里巴巴之所以发展菜鸟物流，也是为了获取最基础的物流数据，为其完善电子商务的数据生态圈奠定根基。为了能使智能物流有效发挥作用，势必需要充分储备基础物流数据，高度重视物联网的投入和应用。

3. 发展物流大数据技术

大数据技术是构建智能化物流的基础。基于"大数据+人工智能"的系统平台具有一定的开发难度，而且需要大量数据的持续更新才能形成预期的服务能力，物流企业成长阶段需要持续投入进而实现由人工向人工智能的逐步过渡。大数据技术的应用有 4 个层面：第一个层面是大数据的架构，即基础物流数据的收集与展示；第二个层面是利用大数据对物流业务进行有效评估，对业绩改善很有效；第三个层面是大数据应用的核心，对生产量或物流量进行预测；第四个层面是利用大数据帮助领导者进行智能决策。

4. 培养智能化物流人才

现有的物流人才不能满足智能物流发展的需要。物流企业要发展人工智能，需要大量既懂物流技术，又精通计算机信息技术、网络技术、通信技术等相关专业知识的高层次复合型人才。在物流人才培养方面，一方面企业要对现有员工进行智能物流技术的培训，使员工能够胜任智能物流业务的岗位；另一方面各高校应该与时俱进，合理调整培养方案，使学生毕业之后能够满足人才市场对智能化物流人才的需求。

本 章 小 结

本章介绍了人工智能的基本概念，以及人工智能的发展历程和人工智能的主要研究方向。人工智能已经广泛应用于各行各业，并取得了巨大的成就。在物流领域，人工智能技术也发挥了巨大的作用，计算机视觉、语音识别和自然语言处理等关键技术提高了物流企业的竞争力与企业物流效率。在人工智能环境下，物流行业需要从人才培养、技术和制度建设等方面来转变发展方式，以更加积极的姿态拥抱新技术。

知识巩固与技能训练

一、名词解释

人工智能、计算机视觉、图像分类、目标检测、实例分割、语音识别、自然语言处理、机器学习、智能仓库管理、人脸识别、自动化仓储、智能物流调度、多式联运智能平台。

二、单项选择题

1. 人工智能的本质是对（　　）的模拟。

A. 人类思维　　　　B. 信息　　　　C. 现实世界　　　　D. 语言

2. 在计算机中，（　　）内部复杂的数据处理过程就是一种对人脑的分析和综合机能认识的过程，是人工智能技术相当成功的运用。

A. 软件　　　　B. 存储器　　　　C. CPU　　　　D. 系统

3. 计算机视觉是指用摄像机和计算机模拟（　　）对目标进行识别、跟踪、测量等的机器视觉技术。

A. 雷达　　　　B. 双目相机　　　　C. 单目相机　　　　D. 人类视觉

4. 计算机视觉对于建立能够从图像或（　　）中获取信息的人工智能系统起着很大的作用。

A. 雷达图　　　　B. 多维数据　　　　C. 摄像机　　　　D. 传感器

5. 图像分类是给定一组各自被标记为单一类别的图像，对一组新的测试图像的类别进行预测，并测量预测的（　　）。

A. 准确性　　　　B. 波动　　　　C. 稳定性　　　　D. 具体值

6. 计算机视觉的核心是分割，它将整个图像分成一个个（　　），然后对其进行标记和分类。

    A. 块　　　　　　　　B. 区域　　　　　　　　C. 类别　　　　　　　　D. 像素组

7. 自然语言处理就是用计算机来处理、理解以及运用人类语言，属于（　　）的一个分支，是计算机科学与语言学的交叉学科。

    A. 逻辑学　　　　　　B. 机器学习　　　　　　C. 人工智能　　　　　　D. 语言学

8. 机器学习是研究如何打造可以根据（　　）自动改善的计算机程序。

    A. 逻辑　　　　　　　B. 经验　　　　　　　　C. 需求　　　　　　　　D. 实际需要

9. 利用工厂和车间里的摄像头，将拍摄到的连续运行的图像传送到该企业的中央控制室。（　　）技术可以通过对摄像头传回图像的实时分析，将整理好的数据和信息反馈给控制中心的物流运输控制系统。

    A. 大数据　　　　　　B. 人脸识别　　　　　　C. 机器学习　　　　　　D. 人工智能

三、多项选择题

1. 人工智能是 20 世纪 50 年代中期兴起的一门边缘学科，是计算机科学中涉及研究、设计和应用智能机器的一个分支，是（　　）等多种学科相互渗透而发展起来的综合性的交叉学科。

    A. 计算机科学、控制论　　　　　　　　B. 信息论

    C. 自动化　　　　　　　　　　　　　　D. 仿生学

2. 机器之所以能够完成需要用上人类智能的任务和特定功能，很大部分是依靠计算机系统中的计算机视觉，如（　　）等。

    A. 视觉感知　　　　　B. 图像识别　　　　　　C. 人脸识别　　　　　　D. 目标定位

3. 语音识别系统本质上是一种模式识别系统，包括（　　）等基本单元。

    A. 特征提取　　　　　B. 信息存储　　　　　　C. 模式匹配　　　　　　D. 参考模式库

4. 机器学习是研究如何打造可以根据经验自动改善的计算机程序。机器学习的研究产物主要是算法，可以基于经验进行自动改善。这些算法可以在各个行业中广泛应用，包括（　　）。

    A. 计算机系统　　　　B. 计算机视觉　　　　　C. 人工智能　　　　　　D. 数据挖掘

四、复习思考题

1. 什么是人工智能？

2. 人工智能的主要研究方向有哪些？

3. 人工智能在物流中的主要应用有哪些？

4. 人工智能背景下，物流行业如何更好更快地发展？

第 **10** 章
互联网物流业务应用

【知识框架图】

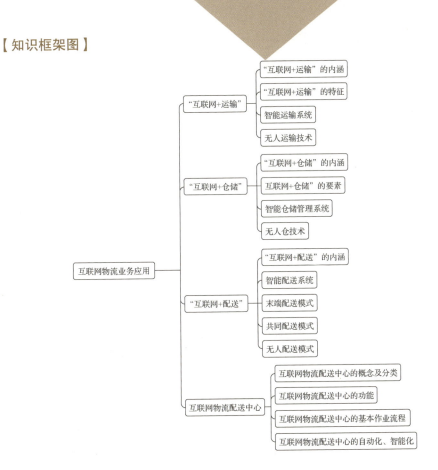

```
                                            ┌─────────────────────┐
                                        ┌───┤ "互联网+运输" 的内涵  │
                                        │   └─────────────────────┘
                                        │   ┌─────────────────────┐
                        ┌────────────┐  ├───┤ "互联网+运输" 的特征  │
                    ┌───┤ "互联网+运输"├──┤   └─────────────────────┘
                    │   └────────────┘  │   ┌─────────────────────┐
                    │                   ├───┤ 智能运输系统          │
                    │                   │   └─────────────────────┘
                    │                   │   ┌─────────────────────┐
                    │                   └───┤ 无人运输技术          │
                    │                       └─────────────────────┘
                    │                       ┌─────────────────────┐
                    │                   ┌───┤ "互联网+仓储" 的内涵  │
                    │                   │   └─────────────────────┘
                    │   ┌────────────┐  │   ┌─────────────────────┐
                    ├───┤ "互联网+仓储"├──┤───┤ "互联网+仓储" 的要素  │
                    │   └────────────┘  │   └─────────────────────┘
                    │                   │   ┌─────────────────────┐
                    │                   ├───┤ 智能仓储管理系统      │
                    │                   │   └─────────────────────┘
                    │                   │   ┌─────────────────────┐
                    │                   └───┤ 无人仓技术            │
┌──────────────┐    │                       └─────────────────────┘
│ 互联网物流业务│────┤                       ┌─────────────────────┐
│ 应用          │    │                   ┌───┤ "互联网+配送" 的内涵  │
└──────────────┘    │                   │   └─────────────────────┘
                    │                   │   ┌─────────────────────┐
                    │                   ├───┤ 智能配送系统          │
                    │   ┌────────────┐  │   └─────────────────────┘
                    ├───┤ "互联网+配送"├──┤   ┌─────────────────────┐
                    │   └────────────┘  ├───┤ 末端配送模式          │
                    │                   │   └─────────────────────┘
                    │                   │   ┌─────────────────────┐
                    │                   ├───┤ 共同配送模式          │
                    │                   │   └─────────────────────┘
                    │                   │   ┌─────────────────────┐
                    │                   └───┤ 无人配送模式          │
                    │                       └─────────────────────┘
                    │                       ┌───────────────────────────┐
                    │                   ┌───┤ 互联网物流配送中心的概念及分类│
                    │                   │   └───────────────────────────┘
                    │                   │   ┌───────────────────────────┐
                    │   ┌──────────────┐├───┤ 互联网物流配送中心的功能     │
                    └───┤互联网物流配送中心├─┤   └───────────────────────────┘
                        └──────────────┘│   ┌──────────────────────────────┐
                                        ├───┤ 互联网物流配送中心的基本作业流程│
                                        │   └──────────────────────────────┘
                                        │   ┌────────────────────────────────┐
                                        └───┤ 互联网物流配送中心的自动化、智能化│
                                            └────────────────────────────────┘
```

【学习目标】
1. 理解"互联网+运输"模式的内涵和特征。
2. 了解智能运输系统和无人运输技术的应用。
3. 理解"互联网+仓储"模式的内涵和要素。

【能力目标】
1. 具备分析"互联网+仓储"管理的能力。
2. 初步具备分析末端配送管理的能力。

10.1 "互联网+运输"

随着互联网时代的到来，"互联网+"的思维推动了以服务为核心的运输方式的创新和业务流程的再造。"互联网+运输"生态圈的构建，给传统运输行业的商业模式、资本构成、盈利模式、技术手段带来极大冲击。下面介绍"互联网+运输"的内涵、特征以及智能运输系统和无人运输技术。

10.1.1 "互联网+运输"的内涵

"互联网+运输"是指基于互联网尤其是移动互联网技术，以智慧物流、智慧出行为引领，通过运输服务产业链的重构和生态圈的再造，在不断创新变革中形成"主动感知需求，按需提供服务"的全新价值链及与之相适应的运输服务组织和管理体系。

10.1.2 "互联网+运输"的特征

1. 需求拉动

传统大众化、标准化的运输需求不再是主流，移动互联网时代下人们的出行和物流需求不断碎片化，个性化、多样化、高品质的客货运输服务市场空间被不断放大。因此，运输服务需要通过借力"互联网+"实现开放共享、跨界融合，逐步打破要素流动壁垒，使其市场潜力得到充分释放，产业面貌焕然一新。

2. 服务导向

过去供给不足是主要矛盾，而现在传统运输服务能力结构性过剩的问题初显，需求碎片化趋势倒逼运输服务加快从供给主导型向服务主导型转变，"互联网+运输"呈现专业化、一体化、柔性化、智能化的服务模式新特征。

3. 技术引领

以移动互联网为代表的新一代信息技术不断普及，呈现出集群突破和加速扩散的特点，为多业联动、产业协同、跨界融合创造条件，传统企业基于资源垄断的优势日渐式微，技术平民化发挥的作用更加凸显，万物互联、全面感知、及时交互、开放共享更加便利，将加快破除联程联运的技术、组织和信息阻隔。

4. 产业重构

移动互联网的无障碍信息交互优势，不仅促进了人、车、路、货等各种交通运输要素的高度融合，而且可以充分调度一些曾经无法利用的社会资源。通过对时空协同和共享经济模式进行整合利用，使资源配置更加集约高效，催生出许多基于 O2O 的新兴运输服务业态。同时，智慧出行、智慧物流在智能运输装备、智慧客运 App 产品等领域衍生出新的产业经济增长点。

5. 市场驱动

移动互联网对经济社会的变革是自下而上的，利用社会力量和市场机制快速推进，加快资源整合配置从政府主导向市场主导转变。在市场驱动下，各种交通运输需求和存量资源被深度挖掘，促进大众创业、万众创新，把"草根原创"迸发出的新元素、新模式汇集成驱动运输服务模式创新的新动力。

6. 改革创新

交通运输行业加快转变发展方式，坚持理念创新、科技创新、政策创新、制度创新和体制机制创新，促进政府治理体系和治理能力现代化，充分发挥科技进步和信息化的引领作用，以创新驱动转型发展、提质增效和服务升级。

 **案例 10-1**

安能物流：零担快运网络型平台

上海安能聚创供应链管理有限公司（简称安能物流）立足国内公路零担快运业务，通过整合传统物流专线、零担快运网络和信息技术平台，打造中国最大的零担快运加盟网络。

安能物流的经营特点主要有两个。一是"中心直营+网点加盟"制。虽然安能物流的经营模式是加盟制，但并非普通的加盟制，而是终端网点特许加盟，即终端网点（门店）采取加盟制，成本低、投入少、运营费用低，可以激励创业者。二是产品定位简洁明了。安能物流按照不同的服务标准把产品分成两种：高品质的"定时达"产品和比"定时达"慢1~2天的普通零担运输。公司的王牌产品"定时达"，在保证服务时效与航空运输类似的前提下，价格只有航空运输的1/3左右，业务主要面向航空货代和快递市场；此外，普通零担主要收取用于填充卡车货量分摊成本的货物，面向合同物流市场。

安能物流拥有极具竞争力的庞大运营网络，这张网络在分拨中心和骨干车线网的链接、调配和管理下，高效率有序运行，形成了庞大的市场规模和优质的品牌效应。货量高速增长的背后是成本的降低及运营效率的提高，在目前的体量下，安能物流规模效应持续强化，单位成本业内领先。

安能物流在全国各地升级建设分拨中心，还在一些省际交界的重要物流枢纽城市和专业货运市场设立中转分拨，目的就是要拉直线路，提高运输时效，让当地网点降低交接件运输成本，提升在当地市场的竞争力。在发展过程中，尽管受到外部环境动荡叠加行业竞争格局演变等不利影响，安能物流坚持效率驱动，致力于提升运营能力，利用遍布全国的网络，精准把握不同终端客户偏好，提供综合和多元化的产品服务。

安能物流加强自营车队投入，实现了大部分双边干线线路运输的自营，并推出整车运输业务，将自营车队用于单边线路，充分利用单边回程的运力。安能物流的整车运输可提供直接的点对点服务，大大提升了运营效率。

与此同时，面对中国的零担市场高度分散、效率低下的现状，安能物流紧抓机遇，凭借其行业领先优势对低效且分散的零担市场进行有效整合，并积极赋能，拓展安能平台网络，使其成为中国新商业体系的基础设施。安能物流给自己设立了"五最"发展目标，即成本最优、品质最好、时效最稳、服务响应最快、网络覆盖最密。在"五最"发展目标指引下，安能物流对自身产品进行了深刻变革。首先推出"3300"产品，该产品专注于质量为 3～300 千克货物的物流运输服务，不仅面向电商客户，还广泛服务于中小企业、经销商及个人用户；其次提出"9996"时效标准，对产品时效进行全程提速，优化触达客户的服务感知。数据显示，2024 年上半年的平均运单时长较 2023 年同期缩短了 5.8%，缩短至 68 小时以内，这意味着安能物流在保障货物准时送达方面取得了实质性进步。这些变革都凸显了公司长期发展向好、产品及服务质量不断提升，在更好服务终端客户的同时不断扩大业务覆盖范围。

安能物流中心"直营+网点"加盟模式如图 10-1 所示。

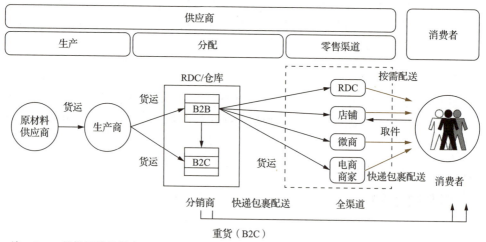

注：RDC 是指区域分拨中心。

图 10-1　安能物流中心"直营+网点"加盟模式

（资料来源：网络资料整理。）

10.1.3　智能运输系统

1. 智能运输系统的概念

智能运输系统（intelligent transportation system，ITS）广义上讲是一种人工智能系统，它主要利用交通类的传感器、带有交通知识的中央处理器和能执行交通功能的执行机构来模拟人的各器官的活动，以达到交通智能化的目的。

 **知识卡片**

智能运输系统是运用各种高新技术，特别是电子信息技术来提高交通效率，提升交通安全性和改善环境的技术经济系统。因此，智能运输系统是在较完善的交通基础设施之上，将先进的信息技术、通信技术、

控制技术、传感器技术和系统综合技术有效集成并应用于地面交通系统,从而在大范围内发挥作用的实时、准确、高效的交通运输系统。

2. 智能运输系统的体系框架

体系框架是一种规格说明,它决定系统如何构成,功能模块以及模块间进行通信和协同的协议与接口如何确定。智能运输系统体系框架开发主要包括 3 个部分:服务领域、逻辑框架和物理框架。

(1)服务领域。智能运输系统的主要目标是为用户提供良好高效的服务,所以体系结构中一个重要的组成部分就是服务领域,即确定能为用户提供哪几类服务。在体系框架中,通过分析用户需求来确定服务领域,主要有公众和系统管理者两类用户,分别对应系统层次的需求和普通用户需求。

我国的 ITS 体系框架共分为八大服务领域,其中包含 34 项服务功能,这些服务功能又被细化为 137 个子服务功能。其中,八大服务领域包括:交通管理与规划、电子收费、出行者信息、车辆安全与辅助驾驶、紧急事件和安全、运营管理、综合运输、自动公路。

美国 ITS 的服务领域包括:智能化的交通信号控制系统、高速公路管理系统、公共交通管理系统、事件和事故管理系统、收费系统、电子支付系统、铁路平交道口系统、商用车辆管理系统、出行信息服务系统。

日本 ITS 的服务领域包括:先进的导航系统、电子收费系统、安全驾驶辅助、道路交通的优化管理、提高道路管理的效率、公共交通支持、提高商用车辆运营效益、行人援助、紧急车辆运营。

欧洲 ITS 的主要服务领域包括:需求管理、交通和旅行信息系统、城市综合交通管理、城市间综合交通管理、辅助驾驶、货运和车队管理。

(2)逻辑框架。逻辑框架用来描述用户服务、系统功能和信息流程,用结构化数据流图表和过程规范组织不同功能间的逻辑关系。逻辑框架中包含的相关文件有功能层次表(功能域、功能、过程划分)、功能规范文件(功能域、功能、过程描述)、数据流图文件(描述各功能域、功能、过程间的逻辑关系)。

(3)物理框架。物理框架是将逻辑框架中的功能实体化、模型化,把功能结构相近的实体(物理模型)确定为可以设计的物理系统和物理子系统。其基本实现过程是先将功能分配到物理子系统中,然后确定实现功能的物理实体或结构,最后确定子系统的输入和输出终端。

物理框架中包含的相关文件有物理系统层次表,系统、子系统、系统模块描述文件,以及物理框架流图文件。

3. 智能运输系统的关键技术

(1)计算机技术。智能运输系统可以有效运行的关键因素之一是实现广泛的信息交换与共享。智能运输系统中大量的信息交换需要依靠计算机网络加以实现。利用计算机数据库技术可以建立相关的数据库、知识库和方法库。目前,在智能运输系统广泛应用的管理信息系统(management information system,MIS)、决策支持系统(decision support system,DSS)、GIS 等中,无一不以计算机技术为基础。

（2）通信技术。在智能运输系统中，通信技术是极其重要的共用技术，是信息传输的媒介。它能保证信息在采集、加工处理、反馈和发布的各个环节准确、快速传递。多种通信方式和通信技术都可以应用于智能运输系统，主要包括无线通信和有线通信。其中，无线通信技术主要有全球移动通信系统、码分多址技术、蜂窝式数字分组数据等陆基移动通信技术及卫星通信技术；有线通信技术主要有综合业务数字网、异步传输模式、光纤分布式数据接口等。

（3）信息技术。智能运输系统的核心是交通的信息化，在智能运输系统中各类信息系统的重要性不言而喻。例如，利用管理信息系统对道路信息、交通状态信息、交通管制信息和交通事故信息加以管理与控制；应用决策支持系统可以通过各种城市路网信息、地名信息、公安业务信息等静态信息和报警信息、交通路况信息、超前控制的决策信息等动态信息对城市道路交通实施超前计划与控制。其他信息技术还有 GPS、GIS 和北斗卫星导航系统。GPS 主要应用于车辆调度、目标跟踪、车辆导航和动态交通流数据的采集等领域；GIS 可以用于交通地理信息的可视化管理、交通地理信息的动态显示等，还可以用于车辆定位与导航、交通监控、交通控制指挥、公交智能化调度和综合物流等系统的专用电子地图。

（4）多媒体技术。多媒体技术主要是通过计算机和通信等技术相结合来实现的，它将信息以文字、声音、图像等多种方式呈现出来。与智能运输系统相关的多媒体技术主要有多媒体图像采集技术、多媒体图像数据压缩技术、多媒体通信技术等，可被广泛应用于智能运输系统中的现代交通监控系统、智能化的电子收费系统、违章识别管理系统、车型分类系统等。

（5）传感器与控制技术。智能运输系统中的交通检测、监视和控制可以有效提高交通运输系统的运行效率和交通安全水平。其中，准确检测实时交通状态的各类传感器是检测与监控的前提。因此，在智能运输系统中广泛应用高灵敏度、高精度的智能化、集成化的新型传感器，可以有效提高交通监测与监控的运行效率。

洛杉矶市自动交通监测和控制中心

洛杉矶市自动交通监测和控制（automated traffic surveillance and control，ATSAC）中心于 1984 年洛杉矶奥运会之前开始兴建，最初仅限于奥运会主会场——洛杉矶纪念体育场地区，后来逐步扩展到全市。

在 ATSAC 中心内，计算机交通控制系统可以监控全市的交通状况和系统性能。道路上埋设的感应圈可以监测车辆的通过、车速、流量，并且及时修改数据。除此之外，全市还安装了大约 150 个闭路电视摄像机。另外，ATSAC 中心可以通过增加软件来扩充系统，从而对其他交通工具，如轻轨铁路进行监控。ATSAC 中心建造了自适应车流控制系统，根据车流量大小来调整信号时间，使道路的通行能力得到有效利用。

洛杉矶市公共汽车信号优先技术应用智能交通运输系统技术来提高公共汽车运行速度，使公共汽车更加准时。其主要的方法是，在交叉口红灯时，对晚点的公共汽车提前给予绿灯，同时延长绿灯时间使其有足够的时间通过。一般来说，对于准点的公共汽车不给予信号优先。公共汽车信号优先技术的关键是要确保公共汽车和交叉口信号机之间有无线通信。公共汽车信号优先的过程包括以下 4 个阶段。

（1）确定公共汽车位置。确定公共汽车到达的地点，以确定交叉口是否需要进行信号优先。这一功能也可以提供位置数据给公共汽车上的处理器以确定汽车是否晚点。

（2）公共汽车向交叉口的信号机提出信号优先请求。这主要由公共汽车上的处理器来执行，对汽车到达设定点后是否需要提供信号优先作出决定。

（3）交叉口的信号机同意公共汽车提出的信号优先请求。是否给予信号优先取决于许多因素，如当地的交通状况、信号机的状况等。这一过程一般在交叉口执行，但有时也可能要由市交通局的公共交通规划管理人员同意公共汽车提出的信号优先请求。

（4）实施信号优先。根据公共汽车和前方交叉口的相对位置，通过信号机调整信号时间，使信号灯提前变绿灯或延长绿灯时间，以便公共汽车能够顺利地通过前方交叉口。

（资料来源：网络资料整理。）

10.1.4　无人运输技术

无人运输技术是指搭载任务载荷完成特定任务的自主航行运载器系统，常见的应用无人运输技术的设备有无人运输机、无人运输车、无人运输船等。

【无人运输】

1. 无人运输机

无人运输机（简称无人机）利用飞行控制、导航和通信技术，实现自主飞行和货物运输。随着人工智能、传感器和无线通信技术的发展，无人机技术不断成熟，已经具备自主避障和精准投递的能力。无人机在物流快递、医疗急救和偏远地区供应等场景中表现出色。例如，亚马逊的 Prime Air 服务、京东的无人机配送服务，以及 Zipline 用于疫苗和药品的无人机配送服务。

2. 无人运输车

无人运输车通过自动驾驶技术实现自主行驶。基于传感器融合、高精度地图和人工智能算法，目前，无人驾驶技术已经在许多城市中进行了测试和应用，Nuro 的无人送货车和图森未来的无人驾驶卡车在实际应用中均取得了显著成效。国际汽车工程师学会将自动驾驶技术划分为 6 个等级（从 L0 至 L5）。由于篇幅限制，以下仅对 L4 和 L5 这两个等级做简要的介绍。

L4：自动驾驶技术在某些环境和特定条件下，能够完成驾驶任务并监控驾驶环境。在这个等级下，在自动驾驶可以运行的范围内，与驾驶相关的所有任务和驾乘人已经没有关系。但驾驶舱仍然必不可少，不能完全取消掉人为控制的操作部件。

L5：自动驾驶技术在任何条件下都能完成全部驾驶任务。在这个等级下，人可以只当乘客，方向盘、油门、刹车等都可以取消掉。当然，为了安全起见，应有紧急停止按钮或者操作，其他部分的操作都由车辆来完成。

3. 无人运输船

无人运输船依靠自动导航、远程操控和自动避障技术，实现自主航行。随着卫星导航、雷达和人工智能技术的进步，无人运输船已经从概念阶段进入实际应用。Yara Birkeland 是世界上首艘无人驾驶、纯电力推进集装箱船，劳斯莱斯也在开发用于近海区域的无人驾驶货船。

2020年，亚马逊发布了一项新的专利——无人送货系统。该项专利显示，通过自动驾驶汽车和无人机的协调，这套系统能将包裹运送至客户门口或社区。2024年5月，美国联邦航空管理局正式批准了Prime Air无人机进行超视距飞行，在这之后亚马逊的工作人员能够通过远程操作进行送货服务。这一许可允许亚马逊的Prime Air无人机在飞行员视线范围外飞行，大大扩展了无人机的飞行范围，同时也提升了送货服务的灵活性、提高了送货的效率。

顺丰大型干线无人运输机

随着新技术的不断落地，高新科技逐渐融入人们的生产和生活，无人机运输技术在物流行业的应用日益娴熟。这主要得益于无人机技术的飞速发展和市场需求的增长。无人机运输因其速度快、成本低、灵活性高等优势，特别受到快递行业的青睐。顺丰通过不断升级无人机运输技术，结合自身的运输节奏，应用于急、难、险、贵等运输场景，使无人机运输逐步登上舞台。

顺丰无人机自2017年成立以来，积累了丰富的研发经验，并在寄递场景中实现了扎实的落地。顺丰无人机作为顺丰集团旗下的大型无人机技术和服务提供商，致力于运用智能航空技术，提供高效的物流服务。通过自主研发和对外合作，顺丰打造了载重从150千克至3吨的中大型无人机生态，实现了与顺丰航空物流网络的干支对接，助力构建"干线大型有人运输机+支线大型无人机+末端小型无人机"的三段式航空运输网络，达到36小时快递通达全国的目标。顺丰大型无人机（图10-2），载重1.2吨，巡航速度可达250千米/小时，航程可达3000千米，升限6千米。

图10-2　顺丰大型无人机

除了服务物流市场，顺丰无人机还为政府和企业客户提供应急救灾、环境监测、巡检作业等综合应用服务。2022年1月，顺丰无人机获得中国民航局颁发的全球首张大型支线物流无人机商业试运行牌照。这标志着顺丰无人机在发展支线物流运输业务上取得了重要突破，可以在特殊的物流运输场景中发挥关键作用。顺丰通过三段式航空运输网络，提高了快递通达的效率和覆盖范围。

依托顺丰快递业务场景，借助顺丰网络及航空运行能力，顺丰无人机迅速成为行业引领者。顺丰向外输出中大型无人机运行经验与核心技术，运用科技赋能航空基础设施，打造"产品+软件+服务"的 SaaS 解决方案，助力通航产业降低成本和提高效率。

快递行业的高速发展对配送效率提出了更高要求，无人机运输成为解决"最后一公里"配送难题的有效手段。无人机不受地面交通限制，能够迅速、准确地完成配送任务，显著提高了物流效率。顺丰充分发挥无人机运输的优势，在急、难、险、贵等各种运输场景中探索无人机运输的潜能。未来，顺丰将继续用无人机运输技术引领行业迈向更加高效、智能的新天地。

通过持续的技术创新和运营优化，顺丰无人机将进一步提升物流服务的效率和质量，为客户提供更加快捷、可靠的配送解决方案。顺丰的无人机运输技术不仅在国内市场取得了显著成果，也将在全球市场上展现其独特的竞争优势和发展潜力。随着技术的不断进步和市场需求的增长，顺丰无人机将在物流行业中发挥越来越重要的作用，推动行业的持续发展和变革。

（资料来源：https://news.yongzhou.gov.cn/mixmedia/content/WS666aa3e2e4b0f691e907d2f1.html.（2024-06-13）[2024-07-09].）

智慧物流运输快线

2020 年 4 月，智慧物流运输快线正式运营暨茂名试验区"村村通"项目在化州市新安镇启动，广东省物流行业协会为智慧物流运输快线发布了团体标准。

智慧物流运输快线依托架设的低空静止索道形成空中"高速路"，供无人驾驶穿梭机器人运载小批量货物。中保斯通集团建成智慧物流"新安镇—新塘村"快线，机器人为沿线 34 个自然村 8 600 多位村民提供服务。智慧物流快线茂名试验区"村村通"项目启动后，率先在化州市建设第一期工程，覆盖"一个县级中心、两个镇级基站和 15 个行政村点"，实现"县—镇—村"三级贯通的局域网络。智慧物流运输快线解决的是农村物流"最后一公里"的问题。无人驾驶穿梭机器人将快件从新安镇运输到新塘基站，新塘、榕树两村村民在村里收取自己的快递，免去了到将近 10 千米的镇上取件的麻烦。

（资料来源：https://m.thepaper.cn/baijiahao_7004065.（2020-04-16）[2024-12-06].）

【美团无人机】

无人机快递

2022 年 5 月 25 日，沃尔玛宣布将增加在美国的无人机送货到家服务。据悉，沃尔玛的无人机送货到家服务开启于 2021 年 11 月，当时仅有阿肯色州的一个城镇作为试点。

沃尔玛作为全球最大的零售百货公司之一，始终占领龙头地位，试

【无人机在物流领域的应用】

图通过无人机与人工智能改变零售业的规则。此次扩大无人机送货服务范围，主要依靠 Flytrex、Zipline 和 DroneUp 3 家运营商提供技术支持，在 37 家提供服务的门店中，DroneUp 负责了其中的 34 家。用户通过网站下单所需的物品之后，由运营商将订单信息发送至门店，再由门店统一配货。只要是可供选择的物品，几乎都能购买，如牙膏、电池、零食等，但重量不得超过 10 磅（4.536 千克），且每次的配送费为 3.99 美元。其中每一份订单都是在商店挑选、包装和装载，然后由一名认证飞行员远程控制无人机运送到客户的院子或车道上，无人机上的爪子再慢慢地将包裹放低。

除了投资自动机器人，沃尔玛还与更大规模的自动驾驶汽车公司合作，专注于"最后一公里"的配送业务，并在菲尼克斯和迈阿密等城市开展了试点项目。

可以看出，一向注重新技术和新程序的沃尔玛，正希望借助技术的力量让其"最后一公里"交付的优势变得更强大。

（资料来源：https://www.163.com/dy/article/HBHLU13A0538J3XI.html.（2022-07-05）[2024-12-06].）

10.2　"互联网+仓储"

互联网技术涌入传统仓储业，给传统仓储业带来巨大冲击的同时，也创造了一种新的"互联网+仓储"的物流生态。未来，传统仓储业将朝着智能化、自动化的方向发展。下面将介绍"互联网+仓储"的内涵和要素，以及智能仓储管理系统的相关知识。

10.2.1　"互联网+仓储"的内涵

"互联网+仓储"是指利用物联网技术实现仓储设施与互联网的连接，它通过云计算技术实现对联网的仓储设施和仓储作业的运筹与管理，通过大数据技术对仓储资源进行优化和智能分析，通过移动互联网技术实现在移动端完成实时监控、分析、控制和管理仓储物联网系统的操作。

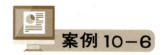

迷你仓：开启"互联网+仓储"时代

从微仓储行业现状来看，美国的 Public Storage 在全美拥有 2 200 家分店，市值将近 320 亿美元；英国的 Safestore 在当地拥有 121 家分店，市值 6 亿英镑。微仓储行业像其他地产行业一样，是一个具有规模和连锁复制性的产业。目前我国的微仓储行业发展势头强劲。

对存储用户来说，传统存储存在诸多问题：申请及续租流程烦琐、钥匙卡或钥匙可能会丢失、进出记录不明确导致使用灵活度较低、难以找到合适大小的空间……互联网让存储有了更多的可能，只需一部手机，就能实现查询仓位、手机选仓、在线支付等全网上流程操作。迷你仓是不折不扣的"舶来"生活方式，随着迷你仓在我国市场的普及，越来越多的人因它而改变了既有的生活方式：告别传统仓储模式，进入"手机＋仓储"时代；最大限度节约空间成本，完成资源最大化利用；不再为"仓储"所困，让"仓储"变得便捷化和节能化。艾媒咨询发布的《2023—2024 年中国迷你仓行业发展现状及企业案例分析报告》显示，2023 年我国迷你仓市场规模为 19 亿元，随着迷你仓行业需求和观念上两大难点的逐步解决，我国迷你仓行业的红利将逐步释放。

其中，CBD 迷你仓是国内首家拥有外资背景及国际管理水准的迷你仓营运商，同时也是一家全球首创智能迷你仓的公司。在引进微仓储国际化管理、服务模式与管理标准的同时，独创微信开锁技术、无人化管理系统、远程管理系统与可变形迷你仓技术。微信开锁技术可以实现一按即开、异地授权，实现远程监控电量、锁体主动报警等。

（资料来源：https://mp.weixin.qq.com/s?__biz=MjM5NDU4NzcwMw==&mid=208507316&idx=3&sn=c88be9f2be2ec5adc9a2ebd5b4638521&chksm=2f1c44ec186bcdfabb9cfccb21dc87e6a1e965a696e28817ac8ba52875c1813ef05046c152e7&scene=27.（2020-04-16）[2024-12-06]. ）

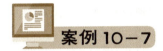

案例 10－7

"互联网+智能仓储"实现客户即需即用

物联云仓是一种平台型共享仓，是国内率先推出的在线订仓和在线管理的弹性云仓储服务。与传统用仓模式相比，物联云仓具有 5 个显著特点：在线订仓、在线管理、单元计费、一月起租、专属客服。

物联云仓作为"互联网+智能仓储"的实际应用，具有以下优势。

1. 平台模式：以"互联网+SaaS 系统"联结供需双方，打造极致体验

物联云仓希望通过 SaaS 系统"联结"各种资源与服务能力，构建无限、共享的数字仓配网络和开放式、数字化、智能物联的仓储产业生态网络。经过多年的仓储行业深耕，物联云仓已成为国内领先的仓储产业综合服务平台。数据显示，物联云仓平台新增通用仓储需求面积约占全国年度新增仓储需求面积的1/3，通过与各仓储物流伙伴合作，物联云仓搭建了遍布全国的互联网云仓服务网络，并沉淀了专业的仓配运营标准流程。

2. 重服务体验：让用仓像网购一样简单，降本增效

需求方不必再费劲地翻找各大租仓渠道，仅需登录物联云仓平台，多维度条件筛选自己需要的仓库下单即可，并根据自身业务变化，调整用仓时间、面积和位置变化。从实际操作的角度来看，用仓极为方便简单：需求方仅需参与"在线订仓""送货入库""在线发货"3 个步骤，后端运营均由物联云仓提供的一站式服务完成。需求方按月、按单元支付仓储费，按实际发生的业务支付发货服务费即可。弹性计费方式能有效为需求方降低租仓费用，成本高度可控。同时，需求方通过"商家工作台"可实时查看用仓容量、库存情况，监管订单交付流程。依托物联云仓自研订单管理系统和仓储管理系统对接货品出入库，货品配送时效和质量也得以保障。

3. 供给方效益：盘活闲置资源，提升服务质量

反观仓库出租方，加盟物联云仓共享仓项目可快速导入物联云仓的海量客户资源及配套服务，进而盘活闲置资源，降低仓储闲置率，提高盈利水平。另外，需求方直接与物联云仓交易，不与仓库出租方接触，因此减轻了仓库方的客户服务负担。从另外一个维度来说，仓库方通过全方面引入物联云仓的 SaaS 系统与标准仓配运营培训，仓储运营效率得以提高，进而可以提升议价能力，提高市场竞争力。

（资料来源：https://www.163.com/ad/article/F85R66L2000189DG.html.（2020-03-20）[2024-12-06]. ）

10.2.2 "互联网+仓储"的要素

【新一代仓储自动化解决方案】

物联网技术是仓储互联网的基础，自动识别领域是物联网技术的发源地。基于 RFID/EPC、条码自动识别技术和各类传感器的感知技术，可以实现对仓储系统信息的实时采集和物与物自动通信，从而使仓储系统物理世界的"地网"能够与虚拟世界互联网的"天网"实现对接与融合。

互联网与移动互联网是仓储互联网的中枢系统，是仓储系统实体世界的神经传输系统。仓储信息在互联网中集合、运算、分析、优化、运筹，再分布到整个物流系统，实现对仓储系统的管理、计划与控制。

大数据、云计算作为仓储互联网的数据处理系统，既是仓储互联网的核心，又是物流信息系统的计算与分析中心。其计算与分析模式是分布式和网格式的云计算模式。

人工智能应用于仓储互联网的分析优化系统，作为仓储互联网的"大脑"，可以帮助仓储机器人找到最有效的选择产品的途径。它还可以用于根据产品的类型、数量、尺寸和重量确定货件的最佳箱型。有些仓库甚至能够利用人工智能以最节省空间的方式包装产品，帮助仓库大幅降低运营成本（人工成本）。据 Cerasis 估计，到 2030 年，英国 30%的工作岗位将实现自动化，这在很大程度上归功于人工智能的使用。

智能仓储技术装备是仓储互联网的根本，仓储互联网的实体运作与应用要通过各类智能设备来完成。智能设备是指嵌入了物联网技术产品的物流机械化和自动化的设备，智能设备的核心在于这些设备与技术产品实时接入互联网。例如，嵌入了智能控制与通信模块的物流机器人、仓储自动化设备，嵌入了 RFID 标签的托盘与周转箱，安装了视频及 RFID 系统的货架系统等。

智能仓储管理系统是所有智能技术的基础。智能仓储管理系统解决方案有许多用途，如收集有价值的数据、帮助用户管理仓储流程、跟踪仓库日常运营效率等。大多数智能仓储管理系统解决方案可以实时更新手机数据并创建可视化报告，有助于管理人员发现流程中的缺陷。

10.2.3 智能仓储管理系统

1. 智能仓储管理系统的概念

如今，随着管理手段与管理水平的不断提升，仓储环境监控的研究也更普遍、更深入、更精细。从纵向来看，仓储的发展经历了人工和机械化仓储、自动化仓储和智能化仓储 3 个阶段。智能化仓储主要通过多种自动化和互联技术实现。

智能仓储管理系统基于自动识别技术对仓储各环节实施全过程的流程管理，以提高仓库管理人员对货物的入库、盘点、环境监控和出库操作作业的规范化，实现对货物货位、批次、保质期等信息的射频标签管理，对仓库流程和空间进行有效管理，实现批次管理、快速出入库和动态盘点，以提高仓库的仓储能力和仓库存储空间的利用率，降低库存成本，提升市场竞争力。

随着我国物流业的迅猛发展，市场需求变得非常广阔，这不仅增加了对仓储空间的需求，同时也对仓储的信息化和智能化提出了更高的要求，智能仓储管理系统的应用已经非常广泛。

京东智能仓储

京东在上海市嘉定区打造了全球首个全流程无人仓库，其在无人化、信息化方面非常领先，无论是扫描、贴标签、打包还是分拣运送，全流程无人操作，场内自动化设备覆盖率达到 100%。在京东无人仓的整个流程中，应用了多种不同功能和特性的智能设备，如自动分拣机调控、AGV 搬运调度、RFID 的信息处理等。经过 3 年的实践与应用，京东日处理订单的能力超过 20 万单。这个无人仓已成为京东物流在华东地区的中流砥柱，有效缓解了京东 "6·18""双十一" 订单量暴涨带来的压力。

自动化立体仓储的实现场景如下。

1. 机器人移载物料

机器人沿规定的导引路径行驶，启运料箱，因其具备自动避障功能，在仓库中可自动完成各种货物的移载。

2. RFID 门禁读取数据

机器人通过 RFID 门禁，以无线电信号识别特定目标上装载的 RFID 芯片，读写相关数据。这样工作人员可远距离读取料箱信息，知道每个料箱里的料件种类、下游客户、存放位置等，实现货物信息 "互联互通"。

3. 拆拣货物

机械手接受指令、精确定位，根据 RFID 芯片信息，将货物进行拆垛、码垛及拣选，准确率达到 99.99%。

4. 智能摆放

堆垛机智能摆放和取出物料，并根据指令将物料送往下游的生产工厂。堆垛机能非常有效地提高仓库的空间利用率，与传统平库（没有立体货架的平面仓库）相比，仓库可节省 30% 的空间。

京东无人仓运作模式如图 10-3 所示。

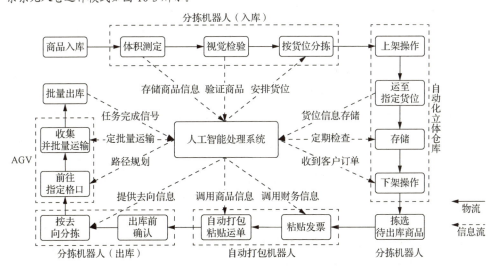

图 10-3 京东无人仓运作模式

2. 智能仓储管理系统的关键技术原理

仓库作业流程包括审核入库、在库盘点、环境监控和订单出库等环节，企业根据各个环节的信息制订仓储计划。本系统将采用 RFID 技术、ZigBee 无线传感技术等对仓库系统实施全过程的流程管理，其关键设备和技术如下。

（1）RFID 智能出入库管理系统。顾名思义，RFID 智能出入库管理系统就是对出入库的货物进行有效的智能管制，其实现意图和实现逻辑几乎与入库员手工输入一样，利用 RFID 标签、RFID 读写器、自动控制、计算机和网络通信等先进的技术与设备，可以实现 RFID 技术与货物出入库管理的有效结合，能够提供更加方便、更加灵活、更加高效、功能更加强大的仓库管理手段。RFID 智能出入库管理系统原理如图 10-4 所示。

图 10-4　RFID 智能出入库管理系统原理

RFID 智能出入库管理系统主要分为以下 3 个模块。

① 感知模块。RFID 标签作为整个仓储内部环节的信息传递载体，将货物与包装箱进行绑定。

② 信息读取模块。高频或者超高频 RFID 读写器能够获取包装箱上的货物携带信息，并通过网络传输至整个系统的应用层面，供上层应用者进行管理与应用。

③ 控制模块。带有仓库管理系统平台软件的主机将底层获取的信息进行整合与管理，从而对入库货物的存储、转移、盘点和出库作业进行业务层次的合理规划与调节。

RFID 智能出入库管理系统的整体工作原理是，货物到达仓储部门等待入库之前，赋予货物包装唯一的 RFID 标识，并建立货物与 RFID 标签的唯一绑定。在货物入库审核环节，系统通过射频信号使入库过程中的货物上的 RFID 标签与 RFID 读写器之间进行信息交换。当 RFID 读写器从 RFID 标签中获取信息后，RFID 读写器通过网络进行信息通信传输到主控系统。主控系统便可以获取货物包装的唯一身份标识。在整个仓储系统从入库审核到出库审核之间的所有仓储作业中，RFID 标签一直与货物进行唯一绑定，以保证在仓储系统中能实现对该货物全生命周期的追溯。智能仓储管理系统软件平台以动态饼形图的方式显示每个货架上的货物数量，实现货物在仓库内的透明化管理。出库审核完成以后，RFID 标签信息将会与下一阶段的运输配送信息进行绑定和衔接。RFID 标签则被摘下回收，做到仓储内的循环利用。货物本身将继续沿用自己的条码进行信息标识。

RFID 阅读系统通过托盘上货物的 RFID 标签来获取入库货物的信息，从而追溯整个托盘中入库货物的信息并将获取到的信息存入数据库，以供整个仓储作业环节的查询与应用。入库产品信息示例如表 10-1 所示。

表 10-1　入库产品信息示例

入库单编号	产品名称	产品数量	时间	备注
WARE0000001	产品 A	10	2022/11/18 17：40：48	
WARE0000002	产品 B	10	2022/11/18 17：40：48	
WARE0000003	产品 C	10	2022/11/18 17：40：48	
WARE0000004	产品 D	10	2022/11/18 17：40：48	

货物以托盘的形式进入仓储部门，经 RFID 读写器读取信息并存储货物入库信息。货物到达仓储内部的货物缓存区进行拆盘和必要的拆箱操作，等待排队入库上架，同时系统会根据该货物的属性（种类、温度和湿度要求、重量等）自动给该货物分配相应的仓库位置和货架位置，以便进行上架操作。系统数据库中的货物上架信息示例如表 10-2 所示。

表 10-2　系统数据库中的货物上架信息示例

入库单编号	产品名称	仓库 ID	产品数量	时间	备注
WARE0000001	产品 A	001	10	2022/11/18 19：40：48	
WARE0000002	产品 B	001	10	2022/11/18 19：40：48	
WARE0000003	产品 C	001	10	2022/11/18 19：40：48	
WARE0000004	产品 D	001	10	2022/11/18 19：40：48	

（2）智能盘点小车。智能盘点小车主要由控制装置、供电（驱动）装置、读写装置和上位机组成。控制装置控制小车的运行速度和方向，保证小车能够准确地定位和到达。供电装置为小车的运行提供能量，确保小车能够在盘点过程中正常运行。读写装置在小车到达准确位置以后，可通过上下移动来读取仓库中货架上的货物信息，完成仓库内货架上货物的自动盘点功能，并将获取的信息与上位机进行数据通信，供上级管理者进行数据分析和管理。上位机对小车的运行串口及协议进行设置，保证小车能在上位机的控制下正常运行。智能盘点小车的结构如图 10-5 所示。

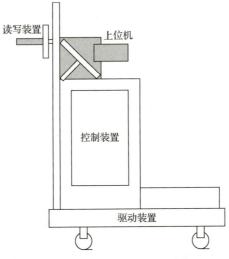

图 10-5　智能盘点小车的结构

智能盘点小车的工作原理是仓储系统客户端根据具体业务制订相应的盘点计划，然后将盘点计划下发到智能盘点小车的上位机上，再由上位机控制智能盘点小车对仓库内货架上的货物进行盘点操作，实现对仓库内指定位置、指定货架、指定商品的信息进行实时了解和跟踪，便于对仓库内的货物进行管理，避免了因缺货、库存过多等给分销商和仓储方带来成本压力。

远程仓储系统客户端制订盘点计划，确定盘点的区域以及该区域内指定的仓库和货架位置，通过"区域 ID→仓库 ID→货架 ID"的层次关系找到需要盘点的具体货物的位置。上位机将制订的盘点计划下达至智能盘点小车，并操纵小车进行盘点操作。盘点计划示例如表 10-3 所示。

表 10-3　盘点计划示例

盘点单编号	区域 ID	仓库 ID	货架 ID	商品名称	数量	盘点时间	备注
Check-001234	A1	001	00A				
Check-001235	A2	001	00A				
Check-001236	A3	001	00A				
Check-001237	A4	001	00A				
Check-001238	B1	001	00A				

（3）智能环境监控系统。智能环境监控主要由 ZigBee 主节点和从节点组成，利用主节点与从节点的通信作用实现信息交互，并将所有子节点环境信息上传至客户端的环境监控软件，以图表的形式生动直观地展现在客户端，同时设定好环境信息的上下限值，实时获取仓库内的温度和湿度等信息，与设定值进行比对，实现自动预警功能，提高仓储管理的安全性。

智能环境监控系统需要在指定区域、仓库和货架上配有与之相应的环境监控子节点，并间断性地启动（必要时可以实时开启），将采集的信息及时上传至客户端，通过"货架 ID→仓库 ID→区域 ID"进行环境信息上传，并保存到系统数据库中供仓储系统使用者决策。系统数据库的环境监控信息示例如表 10-4 所示。

表 10-4　系统数据库的环境监控信息示例

区域 ID	仓库 ID	货架 ID	温度/℃	湿度	烟雾浓度/ppm	状态	时间	备注
A1	001	00A						
A2	001	00A						
A3	001	00A						
A4	001	00A						
B1	001	00A						

借助智能仓储管理系统中关键设备与技术的帮助可以大幅度优化仓储内部各业务功能效率，提高货物周转率，缩短订单的响应时间，加速仓储系统中信息流与实体流的同步，实现仓库中设备、货物与信息的协调同步。图 10-6 所示为智能仓储管理系统主要功能模块。

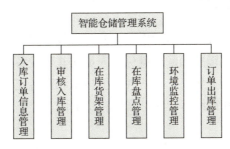

图 10-6　智能仓储管理系统主要功能模块

10.2.4　无人仓技术

1. 无人仓的概念

无人仓（智能仓储系统）是利用先进技术和自动化设备来实现自动化仓储管理的系统。它采用机器人、自动输送线、传感器和物联网等技术，通过自主导航、自动识别和搬运功能，实现货物的存储、分拣和配送。与传统仓库相比，无人仓不需要人工操作，提高了操作效率、降低了人力成本。其特点包括高度的自动化、高效的运作和灵活的配置能力，能够适应各种仓储需求和环境。

2. 无人仓的实现难点

（1）在无人仓系统中，机器人技术面临着多方面的挑战。首先是自主导航和路径规划的复杂性。机器人需要能够在动态和复杂的仓储环境中安全、高效地移动，避开障碍物并准确到达目的地。这要求机器人具备高精度的地图构建能力和实时定位技术，通常使用 LIDAR 和摄像头系统来实现。未来的发展方向可能包括整合增强现实技术，提升机器人对环境的实时感知能力，从而优化导航算法和路径规划策略，以适应日益复杂的仓储需求。此外，目标识别和抓取技术的进步也是关键，机器人需能准确识别和处理各种形状、大小和位置的货物，采用智能抓取器件和视觉识别系统将是未来发展的重要方向。

（2）自动输送线是无人仓中关键的物流设施，它们必须在高负荷和持续运行的条件下保持稳定和可靠。这些输送线不仅需要与机器人和仓库管理系统无缝集成，还要能够根据实时需求调整运输路径和速度。未来的发展趋势包括更智能化的输送系统设计，结合先进的动态调度算法和增强的材料科技，以提高设备的耐用性和运行效率。同时，与机器人的协调也是重要考量，有效的数据交换和通信系统将进一步优化仓储流程，在整体上提升物流效率和响应速度。

（3）物联网技术在无人仓中的应用不仅限于数据收集，还包括实时监测、处理和反馈。

物联网技术的关键挑战之一是如何处理和分析大规模的实时数据流，以便进行精确的运营决策和系统优化。物联网技术的未来发展方向涵盖边缘计算和人工智能技术的整合，以提高其数据处理能力和自动化水平，同时确保数据的安全和隐私。此外，随着物联网设备的增加，有效的安全措施和数据加密技术也将成为保障无人仓系统可靠性和用户信任的重要手段。

（4）在无人仓中，机器人与人员的安全交互是必须解决的重要问题。机器人需通过高效的传感器系统实现实时环境感知，以避免与人员或其他设备发生碰撞。此外，设备故障处理和容错机制的设计也至关重要，预防性维护技术和设备冗余配置将帮助缩短停机时间和降低维修成本，从而提升系统运行的可靠性和稳定性。

3. 无人仓的应用

在电商领域，亚马逊的无人仓系统（Amazon Robotics）是目前最为著名和广泛应用的例子之一。亚马逊利用数千台机器人在其全球各地的仓库中进行货物的自动化存储、拣选和运输，从而实现了极高的订单处理效率和准确性。这种系统使亚马逊能够在快速增长的电商市场中保持领先地位，确保了快速配送和客户满意。

在物流行业，DHL 等大型物流公司也在积极推广无人仓技术。例如，DHL 的一些分部已经引入了自动化的拣选系统和无人搬运车，以优化其国际物流网络的效率和服务质量。这些技术不仅提高了货物的处理速度，还降低了运营成本，减少了人为错误的风险。

在制造业中，特斯拉公司的无人仓系统就是一个应用无人仓技术的例子，他们利用先进的无人仓技术来管理电动车零部件和组装线上的物料供应。特斯拉的无人仓系统通过自动化的存储和拣选过程，确保所需的零部件在生产线上的及时供应，从而提高了生产效率和生产线的运作速度。

未来，随着人工智能和物联网技术的进一步发展，预计无人仓将在更多行业和场景中得到应用。特别是在冷链物流、医药安全和高价值产品的存储管理中，无人仓将发挥越来越重要的作用，确保产品的质量、安全符合监管标准。

京东形成"北斗七仓"格局

2023 年 11 月 6 日，京东物流宣布其位于兰州的新智能产业园——兰州亚一正式开仓运营，如图 10-7 所示，标志着京东物流在西北地区的智能新基建"北斗七仓"格局正式形成。自 2019 年起，京东物流逐步在西北地区建设智能物流园和基础设施，包括陕西西安、新疆乌鲁木齐、伽师，以及宁夏银川等地的智能仓库。这些仓库与数百个中心仓、卫星仓和分拣中心相结合，形成了一体多面的物流仓配网络。

图 10-7 兰州亚一（局部图）

兰州亚一总面积超过 20 万平方米，涵盖了 3C 数码、日用百货、个护美妆、家电家居等全品类商品。该园区配备了先进的高速自动化矩阵、高速窄带分拣系统、环形分拣机以及不规则物品自动分拣系统，结合 RFID 和六面拍照智能识别技术，实现了极高的分拣准确率。

兰州亚一的投入不仅直接新增了上千个工作岗位，还间接带动了数千人的就业。作为当地的公共配送中心和商品物流集散基地，兰州亚一将集中小件和大件商品的仓储、分拣和转运功能于一体，展示了京东物流最新的技术成果和升级。

在 2023 年的京东"双十一"期间，兰州亚一将能够充分满足甘肃省内各地市及区县的消费需求，实现兰州市内订单的半日达服务，同时将整个省份的网购时效提升至当日达或次日达水平。"北斗七仓"格局的形成不仅可以普及西北地区的半日达物流服务，还有助于推动该区域产业供应链的升级和经济的高质量发展。

（资料来源：https://baijiahao.baidu.com/s?id=1781791944465261536&wfr=spider&for=pc.
（2023-11-06）[2024-12-10].）

10.3 "互联网+配送"

"互联网+配送"的模式改善了传统配送行业的运营生态，显著降低了配送成本，将用户体验上升到一个新的层次。下面将介绍"互联网+配送"的内涵以及智能配送系统、末端配送模式、共同配送模式和无人配送模式。

10.3.1 "互联网+配送"的内涵

"互联网+配送"是指物流配送企业采用网络化的计算机技术和现代化的硬件设备、软件系统及先进的管理手段，根据用户的订货要求，进行一系列分类、编码、整理、配货等理货工作，按照约定的时间和地点将符合数量与规格要求的商品传递至用户的活动及过程。与传统的物流配送相比，互联网物流配送出现了一些新的特征，主要体现在以下几个方面。

1. 虚拟性

"互联网+配送"的虚拟性是通过网络的虚拟性表现出来的，借助于现代化的计算机技术，配送活动已经从过去的实体配送空间延伸到如今的虚拟配送空间。实体作业节点能够以虚拟作业节点的形式表现出来，实体配送的各个环节都可以通过仿真技术在计算机上进行仿真，通过分析仿真结果，对实体配送的具体环节进行优化，从而达到降低成本、提高效率、缩短时间、减少距离、合理配置资源的目的。

2. 实用性

配送要素数字化、代码化之后，互联网物流突破了时间限制与空间限制，配送服务提供者与用户均可以通过信息云平台获取相应的配送信息，最大化地减少了各方信息不对称情况的发生，有效地解决了传统配送的弊端，真正做到了对配送活动的全流程管控。

3. 个性化

个性化是互联网物流配送最鲜明的特征。个性化分为两个方面：一是指"配"的个性化；二是指"送"的个性化。"配"的个性化是指配送企业根据客户的个性化要求，在流通节点对商品进行特殊化的流通加工；"送"的个性化是指企业提供的配送服务必须迎合客户的特殊喜好、个性要求等，为客户量身打造一套个性化的令客户满意的配送方案。

4. 增值性

互联网物流配送的增值性是指在传统的分拣、备货、配货、加工、包装、送货等作业的基础上，向上游延伸到市场调研与预测、采购及订单处理，向下游延伸到物流咨询、物流方案的选择和规划、库存控制决策、物流教育与培训等附加功能，为客户提供增值性物流服务。

采用"互联网+配送"模式，其配送体系的信息化集成可以使虚拟企业将散置在各地分属不同所有者的仓库通过网络系统连接起来，使之成为"集成仓库"。在统一调配和协调管理之下，服务半径和货物集散空间都被放大。货物配置的速度、规模和效率大大提高，使货物的高效配送得以实现。

"互联网+配送"模式借助于网络系统可以实现配送过程的实时监控和实时决策，配送信息的处理、货物流转的状态、问题环节的查找、指令下达的速度等都是传统物流配送无法比拟的，配送系统的自动化和程序化处理、配送过程的动态化控制、指令的瞬间到达使配送流程的实时控制得以实现。

10.3.2 智能配送系统

1. 智能配送的概念

智能配送是指利用计算机技术、GPS 和 GIS 等技术，根据配送要求，制订一个高效、可控的配送方案。

2. 智能配送系统的应用

智能配送系统可以帮助企业在物流过程中实现信息全覆盖，在存储、分拣、分装等作业密集的环节采用高效自动化装备进行处理，可以实现整体系统智能化、自动化的操作管理，使物流配送更加合理和高效。正是由于其明显的优势，智能配送系统已在很多场合得到了应用。

案例 10-10

智能配送管理系统在沃尔玛超市的应用

美国零售业巨头沃尔玛超市的最大优势就是其高效的配送系统。沃尔玛不断引进和运用现代化供应链管理技术，不断革新其持续快速补充货架的物流战略，货架持续保持足够的商品数量、丰富的商品种类和可靠的商品质量，从而使沃尔玛在世界各地的供应链的经济效益和服务效率大幅度提高。

沃尔玛在世界各地的零售商场和配送中心普遍采用 RFID 标签技术，产品脱销发生率降低了 16%。在货物进出通道口时，RFID 标签发出无线信号并把信息传递给 RFID 读写器，信息同步到供应链经营管理部门的各个环节。仓库、堆场、配送中心甚至商场货架上的有关商品的存货动态情况也能一目了然。此外，RFID 标签技术能够有效避免订货和货物发送的重复操作与遗漏，避免产品或者商品供应链经营操作中的死角。

RFID 标签技术的操作方式相当简便，只需要少数人参与，货物跟踪和存货搜索效率惊人，大幅度提高了存货管理水平。沃尔玛超市的工作人员手持 RFID 读写器走进超市销售大厅或者货物仓库，只需用读写器对着货物轻轻一扫，各种货物的数量、存量等动态信息就会全部自动出现在读写器的屏幕上，已经缺货和即将发生短缺的货物栏目则会发出提示警告声光信号，无一漏缺。

（资料来源：https://www.doc88.com/p-9925178339080.html.（2015-01-18）[2024-12-10].）

3. 智能配送系统的运行

智能配送系统的运行从下游客户订单开始。当配送系统接收到客户订单后，开始处理并生成相应的配送单，发送给拣货部门。拣货部门根据拣货单选取符合要求的商品进行装箱、装盘等操作，再将包装好的商品交给运输部门进行运输配送，最终将商品送达客户手中。智能配送系统分为配送准备和运输监控两部分。配送准备阶段对将要配送的商品进行信息化处理，实现人、车、货三者的信息同步，为运输阶段做准备。运输监控部分通过 GPS、RFID 等现代物联网技术实现对车辆的在途监控，确保运输过程的安全、准时，最终实现商品流通全过程的信息流畅和安全可靠。

4. 智能配送系统的关键技术原理

（1）快速订单处理及可视化库存管理技术。智能配送系统需要快速响应客户订单，并依据库存水平制订相应的配送计划。在技术实现上，利用 Web 信息共享技术实现订单的快速传递与响应；在库存管理上，通过 RFID 技术实现对库存状况的实时管理，保证库存信息的准确性。快速订单处理及可视化库存管理的工作原理如图 10-8 所示。

互联网物流（第 2 版）

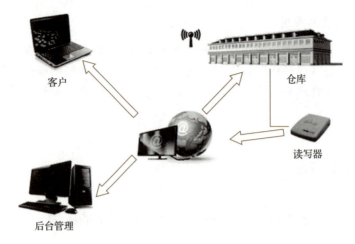

图 10-8　快速订单处理及可视化库存管理的工作原理

（2）贴标系统及标签信息绑定系统。配送准备阶段使用到的设备包括超高频 RFID 标签、RFID 读写器及天线等，内嵌 RFID 读写器的手持终端，含分拣机的传送带和托盘、包装箱等存储设备。在配送准备阶段，需要对商品包装以及托盘进行贴标处理，即利用系统绑定功能将商品的电子产品编码（electronic product code，EPC）与包装的电子产品编码以及托盘编码进行绑定，再通过 RFID 读写器完成包装 EPC 绑定操作以及车辆 EPC 的识别与绑定，其工作原理如图 10-9 所示。

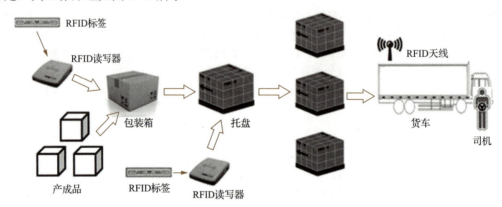

图 10-9　贴标系统及标签信息绑定系统工作原理

（3）车辆定位追踪系统。车辆定位追踪系统包含 GPS 和 GIS 技术。在许多应用场合，GPS 与 GIS 是不可分割的。只有利用 GIS，用户才能直观地在上位机中看到位置与各种地理信息；只有依靠 GPS，才能够获取用户的位置信息。智能配送系统以用户手机为定位端，利用通用分组无线业务（general packet radio service，GPRS）技术将数据传送到服务器，后台管理系统通过接收服务器的数据，获取 GPS 数据并通过 GIS 进行显示。车载 GPS 终端确定车辆的空间坐标信息，将位置信息发送至 Web 服务器，Web 服务器通过 GIS 确定车辆所在坐标的地理环境信息。后台管理系统就能通过位置数据对车辆进行相应的监控与管理。车辆定位追踪系统结构如图 10-10 所示。

226

图 10-10　车辆定位追踪系统结构

（4）车辆状态监控系统。针对在途车辆的状态监控，智能配送系统采用无线传感技术，在车厢内部、车胎等位置安装各类传感器，如温度和湿度传感器、胎压传感器等。通过 ZigBee 技术将车辆状态信息传递到车载终端，运用 GPRS 技术将车辆环境信息等状态数据传输至 Web 服务器，即可实现对车辆状态的实时监控。车辆状态监控系统的工作原理如图 10-11 所示。

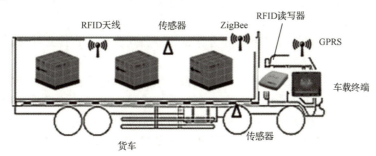

图 10-11　车辆状态监控系统的工作原理

车载终端不仅能接收车辆位置信息、车辆环境信息数据，还可以通过车载 RFID 天线识别司机以及车辆的 EPC，并将 GPS 数据、环境数据以及车辆 EPC 等数据一并运用 GPRS 技术发送至 Web 服务器，实现车辆的位置监控、车载环境监控。另外，车载终端能根据车辆 EPC 实现车载商品的追溯与管理。

智能配送系统所涉及的硬件设备包括车载 GPS 终端、ZigBee 节点和 RFID 读写器。智能配送准备业务流程如图 10-12 所示。

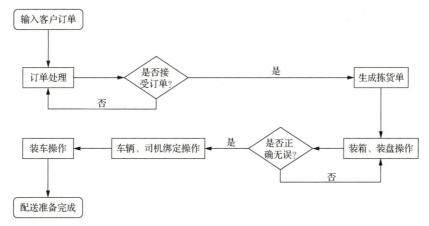

图 10-12　智能配送准备业务流程

【智能快递柜】

10.3.3 末端配送模式

末端配送是以满足配送环节终端（客户）的需求为直接目的的物流活动。随着国内物流市场发展的日益成熟，客户对物流服务质量、物流时效性等提出了更高的要求，而解决末端配送难题是提高物流服务质量和物流时效的关键所在。

1. 几种主要的末端配送模式

综合来看，现有的末端配送模式主要分为直接配送和间接配送两种模式。

直接配送模式即传统意义上的送货上门，由物流公司或电子商务企业的快递/送货人员在约定的时间范围内将客户在网上订购的货物送达指定的地点。这种方式常常会由于实际配送时间不确定等因素，造成二次投递，极大地降低了配送效率，同时"入户投递"也存在较高的安全隐患。

间接配送模式主要包括社区便利店合作、物业公司合作、自提点建设、智能快递柜投放等模式。

（1）社区便利店合作模式。社区便利店合作模式，即电商或快递企业将货物配送至社区便利店，跟便利店签订合作协议，客户自行到指定地点取货。该模式下，社区便利店一般只提供快件包裹的暂存服务，对包裹尺寸和数量无限制，但是很少涉及双方更深层次的合作，如物流信息系统的对接、代收货款等。在此模式下，如果社区便利店与电子商务企业或快递企业没有完善的协议书，常会在损货、丢货现象出现时，无法明确责任，从而产生纠纷。

（2）物业公司合作模式。电商或快递企业将货物配送至物业，由物业暂时代为保管，客户收到取货信息后，可自行前往物业取走快递。该模式可以有效避免二次投递现象，没有建设成本和运营成本。但是当发生货损、货差时，责任也难以界定，容易产生纠纷。

（3）自提点建设模式。电商或快递企业根据其自身业务发展的需求，在配送服务范围内按照配送节点规划建立并运营自提点。自提点的经营模式一般有两种：一是只提供自提业务，此类自提点主要设立在人口密集且业务需求较多的区域，如高校；二是在提供自提业务的基础上，还承担其经营区域的配送服务，此类自提点其实是物流网络的一个节点，主要设立在人口不太密集但业务需求多的区域，如大型社区。

（4）智能快递柜投放模式。电商或快递企业在大型超市、地铁、楼宇里安置智能快递柜，客户将智能快递柜作为收件地址，货物到达智能快递柜后，会给客户发送提货码，客户根据该提货码自行取货即可。目前，智能快递柜投放模式多以自营物流的电商企业为主。针对这一配送模式，下文将有详细的介绍。

2. 智能快递柜配送模式

近年来，随着电子商务的迅猛发展，快递业务量呈现高速增长趋势，但快递末端"最后一公里"投递问题却成为快递发展的瓶颈。近年来，出现了一些诸如智能快递柜等新型配送模式，该类服务模式能较好地满足用户随时取件的需要，受到快递企业和用户的欢迎，让末端配送不再成为难题。下面将对智能快递柜配送模式进行介绍。

（1）智能快递柜的定义。

智能快递柜是一个基于物联网的，能够对快件货物进行识别、暂存、监控和管理的设备。通过云端服务系统可以对各个智能快递柜进行统一化管理，如智能快递柜的信息、快件的信息、用户的信息等，并对各种信息进行整合分析处理。智能快递柜基于嵌入式技术，通过 RFID、摄像头等各种设备进行数据采集，然后将采集到的数据传送至云端服务系统，进行短信提醒、RFID 身份识别或二维码扫描结果处理等。处理完成后，服务端返回数据，再通过网络传送至快递柜终端。快递员将快件送达指定地点后，只需将其存入智能快递柜，系统将自动为用户发送一条短信（包括取件地址和验证码），用户在方便的时间到达该快递柜终端输入验证码即可取出快件。智能快递柜旨在为用户接收快件提供便利的时间和地点。智能快递柜全景示意图如图 10-13 所示。

图 10-13　智能快递柜全景示意图

（2）智能快递柜的发展现状。

① 国外智能快递柜的发展现状。

在国外，自助快递站建设已有 10 多年的历史，目前全球已有近 20 个国家开始应用自助快递站，但由谁来建则各有不同。

德国 DHL 智能包裹箱 Packstation（图 10-14）。德国 DHL 相当于德国邮政系统的国企，旗下的智能包裹箱 Packstation 服务已覆盖德国 90% 的人口，并成为一些新建小区的基本配套设施。智能包裹箱系统不单独收费，因铺设量足够大，其运营收入足以收回投入和维护成本，目前已向其他国家拓展。

图 10-14　Packstation

Packstation 之所以取得巨大成功，主要原因体现在以下方面。第一，注册和取件的便利性。所有电子商务客户仅需要注册成为 Packstation 会员，就可以享受便捷的取件服务。第二，选址靠近用户。该智能包裹箱大多建设在社区、重要交通枢纽或员工超过 3 000 人的大公司的内部，在选址上力求为客户提供时间和位置上的便利性。第三，经营的垄断性。DHL 作为德国国有知名物流企业，几乎垄断了电子商务的所有商品配送服务，有着巨大的业务量作为支持。DHL 在布局智能包裹箱时进行了统一规划和运营管理，有效降低了末端的递送成本。

美国亚马逊储物柜 Amazon Locker。Amazon Locker 在美国和英国都已经进入其便利店合作网络。例如，顾客可以到附近的 7-11 便利店为在亚马逊购买的商品结账，然后去指定的商店从亚马逊储物柜（类似于邮政信箱）中取出包裹。到货后顾客将收到一封电子邮件通知，智能手机上也会收到一个条形码，然后前往指定的 7-11 便利店，到亚马逊储物柜扫描条形码，获得一个 PIN 码。输入这个 PIN 码后，顾客就可以打开储物柜拿到包裹。图 10-15 所示为美国 7-11 便利店中的 Amazon Locker。

图 10-15　美国 7-11 便利店中的 Amazon Locker

日本智能快递柜发展近 10 年，已走上政府投资成为公益属性货物的道路。日本的智能快递柜是作为基础设施存在的，智能快递柜通常由开发商购买，设备属于整栋大楼的业主，物业公司额外收取物业费，一般每户每月多付 5 元物业费，物业公司从多交的物业费里面提取一部分给智能快递柜运营公司。

② 国内智能快递柜的发展现状。

传统超市存储柜的研发和生产属于传统行业，已有广泛的行业基础。如今面对新的市场，智能快递柜运营公司不断涌现，参与主体包括电商企业、快递企业及第三方快递柜运营管理企业。首先，电商企业自建智能柜代表企业包括京东、苏宁易购、菜鸟等，电商系的快递柜数量相对较少，宣传力度不大；其次，快递企业参与主体以中邮速递易和丰巢为代表企业，并逐渐成为行业中的龙头企业；最后，第三方快递柜运营管理企业，代表性企业有江苏云柜、上海富友、日日顺等，第三方平台品牌众多，主要发力于细分市场和局部市场。

以快递企业丰巢与电商企业菜鸟为例，在运营模式上，丰巢主要以自营为主，向物业支付场地费后在小区里铺设快递柜。菜鸟则主要以加盟为主，加盟商申请入驻，使用菜鸟驿站数字化工作台等智能设备运营。在盈利模式与成本上，丰巢的收入主要来源于快递员、广告、寄件收入、消费者支付的超时费等，运维成本较高，包括场地费、快递柜成本、搭建费用、电费以及运维人员工资等。其优势在于市场占有率高，规模效应逐渐摊薄成本，便利性强。菜鸟驿站则由于背靠"四通一达"以及天猫、淘宝等巨大的流量体，智能快递柜主要作为物流配套设施出现，以此带来增值业务，运维成本低，除了本身的技术投入，驿站的建立以及后期维护成本由加盟商承担，但是由于多实体站点，需要用户前往较远的地方领取快递。

　　智能快递柜作为解决物流"最后一公里"难题的有效途径，可以让个人从"等快递"变为到就近快递柜"取快递"，成为物业、电商企业、快递企业和个人之间的桥梁，依靠进入社区占据的线下入口和获得的大量客户数据以及将线下向线上导流而产生的流量变现价值。

案例 10-11

丰巢智能快递柜

　　2020 年 6 月，丰巢智能快递柜宣布"送到柜"寄件服务在全国范围内正式上线，省内寄顺丰 6 元起，省外寄顺丰 7 元起。"送到柜"寄件服务（图 10-16）是指用户在丰巢微信公众号下单后，直接把需要邮寄的货品放入附近的丰巢智能快递柜，快递员收到信息后进行接单。这个过程再次发挥了丰巢一贯的特长，即匹配"时间差"。传统寄快递的方式用户需要提前跟快递约好时间，这就给用户带来额外的时间成本，而"送到柜"寄件服务就能很好地满足"想寄就寄"的需求。"寄到柜"服务细化成一个标准的产品，直接将快件送到收件地址附近的丰巢智能快递柜，既降低了终端的操作成本，也提高了顺丰快递员整体作业效率，有助于降本增效。

　　据了解，在人力成本不断提升、快件业务量逐年走高的情况下，强制要求快递人员必须用短信、电话来确认快件是否入柜确实存在难度。一方面收件人往往白天工作繁忙，无法及时回复；另一方面消费者在寄快递的过程中，也很难有整段空余的时间等待快递员上门取件，且寄件的时间大部分集中在下班时间，造成了寄件的拥堵和时间的延长。

　　丰巢的"送到柜"专享服务全国上线以后，消费者可以选择自助寄件的方式，用户寄快递时，包裹无须打包，直接放入丰巢智能快递柜即可。如果在下单时没有"送到柜"的选项，那可能是因为所在的小区没有丰巢智能快递柜，面对这一情况，消费者可以选择丰巢的"送到门"服务，丰巢作为顺丰专享的运力保障，同样也可享专属价格优势。选择丰巢"送到柜"寄件服务，"无接触式配送"来保障收寄双方的安全。

　　为了满足海量的用户群体中蕴藏的巨大的到家生活服务需求，丰巢构建起自营+平台互相融合的运营生态模式。用户可在丰巢智能快递柜小程序首页进入"丰巢到家生活服务"页面下单，即可享受家政保洁、家电清洗等专业服务。

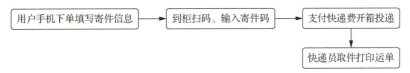

图 10-16　"送到柜"寄件服务

（资料来源：https://finance.sina.com.cn/stock/relnews/cn/2020-06-08/doc-iirczymk5939022.shtml.
（2020-06-08）[2024-12-10].）

（3）智能快递柜系统组成和功能介绍。

智能快递柜系统集云计算、物联网两大核心技术于一体，包括快件存取处理系统和后台中心数据处理系统两部分。

快递柜终端服务系统即快件存取处理系统。该系统主柜触摸屏显示的界面是基于安卓系统开发的，提供了用户包裹的投递、提取、寄存等服务。快递柜终端服务系统包括智能快递柜终端控制系统和管理系统。

快递柜终端主控系统即后台中心数据处理系统。该系统负责实现快递柜终端的识别、快递柜终端与后台运营系统的通信和数据交换，包括控制主板、驱动电路、锁控板、电子锁等，确保通信可靠和数据安全。一般快递柜采用工控机或自主开发的嵌入式主板作为主控电路，Linux/Android/Windows 为运行环境，在此基础上使用相应的外围电路板来控制柜体，进而完成邮包的投递或收取业务。同时通过设置在柜体上的触摸屏来实现广告的播放，实现广告业务，且广告可以通过远程的方式进行更换。因此，在控制系统中要分别包含包裹的存取控制、声音播放平台与控制、画面的播放平台与控制、触摸操作的控制、刷卡机的控制及其他增值业务的附加设备控制。

基于智能快递柜系统，快递柜可以实现的基本功能如下。

① 取件功能。快递人员完成投递后，收件人会收到一条短信，短信中包含取件码。收件人在触摸屏显示的界面中输入取件码即可取件。

② 投递功能。快递员输入运单号和收件人手机号，并选择适合的格口，完成投递后，收件人即收到带有取件码的短信。

③ 寄存功能。需要短时间存放包裹的用户，可以通过寄存功能寄存包裹，完成寄存后，手机会收到带有取件码的短信。

④ 查询功能。投递员或收件人登录智能快递柜系统，进入投递记录界面，查看未取包裹信息，可以修改收件人手机号，也可以直接将包裹取回。

表 10-5 是对现有配送模式的分析比较。

表 10-5　现有配送模式的分析比较

配送模式	简介	优点	局限性	使用条件
直接配送模式	即传统的配送模式，由物流企业或电子商务企业的快递员在约定时间内将客户在网上订购的货物送达指定地点	①当面验收，方便界定货损、货差的责任；②可以满足代收货款的特定需求	①配送时间不确定，配送效率低下；②入户投递存在较大的安全隐患	①价值高、需要当面验收的商品；②有特殊配送需求的商品
社区便利店合作模式	电子商务企业或快递企业与社区便利店签订合作协议后，将货物配送至社区便利店，客户自行到指定地点取货	①无建设成本和运营成本；②有足够的存储空间；③方便开展线下市场活动	①出现货损、货差时责任难以界定；②利益问题难以协调	①价值不高的商品；②配送区域配送量不大的情况

续表

配送模式	简介	优点	局限性	使用条件
物业公司合作模式	电子商务企业或快递企业将货物配送至物业,由物业暂时保管,客户自行到指定物业取货	①无建设成本和运营成本;②解决二次投递问题	出现货损、货差时责任难以界定	大型居住社区或写字楼的物业为其业主提供包裹的暂存服务
自提点建设模式	电子商务企业或快递企业根据自身业务需求,在配送服务范围内按照配送节点规划、建立并运营自提点。该模式的代表有菜鸟驿站	①节约人力成本;②当面签收,出现货损、货差问题可及时处理;③承担区域配送中心的职能;④方便提供一些个性化服务	①需要考虑占地面积,前期建设成本高;②在城市内尤其是中心区域,租金等运营成本较高;③自提点离某些客户仍有一定的距离,取件很不方便	①高校等人口密集区域内配送量很大的情况;②适合承担区域配送中心职能
智能快递柜投放模式	电子商务企业或快递企业在楼宇、校园等末端建立物流智能快递柜,快递人员将快递暂存在快递柜内,并将投递信息通过短信等方式告知用户。代表有丰巢、近邻宝智能快递柜	①可以实现自助式服务,不受时间约束,方便快捷;②减少二次投递,提高配送效率,降低人力成本;③通过监控设备可以界定货损、货差的责任	①前期建设、投放成本较高;②货柜容积有限,对包裹大小和数量有一定的限制;③配送量和覆盖范围有限	①体积较小、价值不是很高的商品;②写字楼、校园等密集客户群区域

10.3.4 共同配送模式

在"互联网+"和共享经济时代,协同发展是大势所趋。为有效提高配送效率,降低末端配送成本,共同配送模式逐渐引起各界人士的关注。

1. 共同配送的概念

共同配送也称共享第三方物流服务,指多个客户联合起来共同由一个第三方物流服务公司提供配送服务。共同配送是由多个企业联合组织实施的配送活动,它是在配送中心的统一计划、统一调度下展开的。共同配送的本质是通过作业活动的规模化降低作业成本,提高物流资源的利用效率。

2. 共同配送的组织形式

(1)同产业间的共同配送。同产业间的共同配送是指处于相同产业的生产或经营企业为提高物流效率,通过配送中心集中送货的方式。具体做法有以下两种。

① 同产业间相互协作的共同配送模式。在这种模式下，各企业对运输工具和物流设施的所有权不变，但是可以根据各自物流运输的特点及客户分布情况建立协调机制，以保证共同配送的正常进行。

② 同产业间通过建立配送中心等基础物流设施来发展共同配送。这种模式和前一种配送模式相比，共同配送的规模很大，有利于发挥经济规模优势。对参与的所有企业而言，既节省了对大量物流设施、设备、人员的投资，又能够集中精力发展自己的核心业务。

（2）异产业间的共同配送。异产业间的共同配送是指将从事不同行业的企业生产的商品集中起来，通过配送中心向客户输送的形式。对于异产业间的共同配送而言，集约化程度越高，要求的专业化水平越高。因而对于异产业间的共同配送，主要由第三方物流企业来主导。具体做法有以下两种。

① 异产业间协作配送模式。不同产业间通过搭配不同大小的商品来共同配送，这种配送模式特别要注意商品的特性及客户分布特点。

② 异产业间通过建立配送中心等基础物流设施来发展共同配送。这种配送模式可以保证优势互补、防止企业信息外漏，同时充分发挥协同效应。

（3）共同集配模式。共同集配模式是以大型物流企业为主导的合作型共同配送，即由第三方物流企业统一集中货物，合作参与的企业或商家将商品转包给指定运输者，由运输者向各地客户配送。这是一种第三方物流企业主导的配送模式。

（4）产批结合一体化配送。这种模式是从供应链一体化的角度出发，将上层和下层流通成员整合在一起，集约化程度高。

3. 共同配送的功能

共同配送主要可以实现以下两个方面的功能。

（1）共同配送从多点到一点。现在很多第三方物流服务企业都提供共同配送服务，而且通过与有效消费者响应（efficient consumer response，ECR）与连续补货方式相联系，更显现出其独特之处。共同配送需要第三方物流商提供更多的技术和管理系统来对由多个供应商所提供商品组成的订单进行优化从而形成整车运输。此外，实现共同配送的一个前提条件就是第三方物流服务商要有同一行业的大量客户。

（2）共同配送可以做到最小风险、最大柔性。共同配送可以帮助厂商对市场需求做出快速反应。例如，药品与保健品公司是共享配送网络的最大客户之一，这是为了快速履行订单，这些公司必须在主要的销售点附近保存少量的存货，因为这些销售点相对来说空间较小，为保证在有限的空间内陈列更多的商品，就不能保有太多的库存，因此可以采用共同配送进行及时补货。其他行业如电子产品和汽车生产商，产品生命周期短暂、库存空间狭小使得公司更加强调物流网络的完善和降低企业风险。共同配送本身所具有的柔性深受广大企业青睐。大客户一般都倾向于与第三方物流服务商签订长期合同，与之相比，共享服务对象所签订的合约往往是短期的，通常一月一签约。如果客户更倾向于按单位产品的费率来收费，那么相应的第三方物流服务商就可以按照其所处理的实际货运量的大小来收费。

4. 共同配送的优点

从宏观层面来讲，共同配送产生了良好的社会效益。首先，共同配送的高度集约化提高了车辆的装载率，减少了配送车辆的数量，从而减轻了环境污染；其次，共同配送通过规范化车辆，便于交通运输部门进行车辆管制；最后，由于物流资源的共享以及物流设施的合理布局，减少了土地资源的占用，这在用地十分紧张的城市规划体系中作用十分明显。共同配送突破单个企业的局限，实现多个企业之间资源的有效整合，优化社会物流系统。具体表现如下。

（1）有利于缓解城市交通拥堵，减轻城市交通压力。共同配送实现了配送的集中化与共同化，提高了配送车辆的实载率，消除了交叉运输，减少了道路上配送车辆数量，使得在完成同样的配送任务的情况下，所需的配送车辆数量减少。

（2）有利于交通运输部门的车辆管制。共同配送的规范化和标准化，使得快递车辆不再违规驾驶，从而便于城市交通运输部门进行车辆管制。

（3）美化城市环境。快递车辆的减少有利于减少汽车尾气、振动和噪声等交通污染，此外末端共同配送服务站的建设，可减少目前快递摆摊设点等影响市容的现象。

（4）有利于实现物流资源的共享。物流设施的合理布局，有利于减少对土地资源的占用，这对于用地日益紧张的城市来说意义重大，同时解决目前快递网点作业场所不规范的现象。

（5）减少快递工作人员数量。共同配送提高了配送效率，减少了快递人员的数量，这对人口压力日益增加的城市具有重要意义。

（6）有利于实现社会物流系统合理化。由于共同配送跨越了单个企业的局限，从整个社会层面来考虑，可以实现企业资源的有效整合。由于开展共同配送需要对配送渠道进行重新设计与优化，可以在更大范围内实现物流系统的合理化。

5. 共同配送的实施难点

共同配送是物流配送发展的总体趋势，但共同配送仍涉及很多具体的细节问题，在实施过程中难免会出现诸多困难。首先，各业种经营的商品不同，有日用百货、食品、酒类饮料、药品、服装乃至厨房用品、洁具等。不同的商品特点不同，对配送的要求也不一样，共同配送存在一定的难度。其次，各企业的规模、商圈、客户、经营意识等方面也存在差距，往往很难协调一致。另外，还有费用的分摊问题、泄露商业机密的风险等也是共同配送实施过程中的难点。具体表现如下。

（1）在城市基础设施结构既定的情况下，城市共同配送体系建设难以全面到位和一体化运营。在共同配送试点城市规划中，多数城市共同配送定位为两级或三级体系：干支衔接型货运枢纽（物流园区）、公共配送中心、末端公共配送站，其空间布局要求在城市周围、市区和社区三个或两个层次上选址与用地，这给城区内物流用地的选取带来困难。城市共同配送的基础设施不足的问题难以从根本上解决，使得共配体系建设碎片化推进，共配效果难以整体呈现。对共配物流企业来说，也难以从城市分拨到社区配送整个系统一体化运营，运输线路难以优化。

（2）政府有关部门对城市共同配送的认知水平不同、保障力度不同，导致发展难度增大。目前多数城市由商务部门牵头推进城市共配体系建设工作，出台实施方案、建立技术标准等，但在土地规划、用地审批、交通管理、商业设施规划等与城市共同配送密切相关的其他方面，需要对口部门与商务部门保持步调一致、齐抓共管。目前来看，部门协同存在一定难度，导致城市共同配送的发展在某些环节存在短板，整体进展缓慢。

（3）城市共同配送要求打破商业、物流等企业的内部供应链体系，客观上存在利益、责任和风险问题。对处于共配区域的商业企业和物流企业来说，形成共配需求的原因有两种：一种是在共配区域内，单一物流企业配送货量不够，单位成本高，可以接受和其他企业的货物统仓或分仓拼车配送；另一种是因车辆限行或装卸停靠限制，被动接受共配安排。

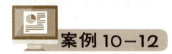

7-11便利店共同配送模式

物流对实体零售业的重要性不言而喻。以大型商超沃尔玛为例，它在能覆盖100多家零售卖场的中心位置设立物流基地，还在其附近建立配送中心来满足这么多卖场的巨大需求。为了加速货物流通，沃尔玛采用交叉配送方式，即进货跟出货几乎同步，省去了入库、储存、分拣等环节。

便利店是实体零售业的另一业态，因为其距离社区更近，满足的是社区居民日常的即时性的需求，与之相呼应，它的物流配送体系就需要信息更准确及时、反应更灵敏、方式更集约化。作为便利店的成功典范，7-11已在全球的20个国家拥有超过8万家门店。对于7-11来说，出于较短距离能提升物流和配送效率的考虑，其门店采取的是密集型选址战略，即以"面"的方式覆盖，在位置上毗邻现有的门店，呈网状分布。

门店数量如此庞大且选址呈密集型特点的7-11便利店主要采用"小额配送"与"共同配送"模式。所谓小额配送，就是减少每家店的单次采购量，增加采购次数，进而保证货品（面包、牛奶、食物等）的新鲜度。共同配送是指生产厂家、供应商和7-11总部三方通过互相合作，集中原本相对分散的配送路径，从而形成合理的物流体系。以牛奶为例，共同配送即将几个不同品牌厂家的牛奶用同一辆运货车进行配送，因此，效率大大提高，成本也有缩减。为提高配送的精准度，7-11甚至还会研究销售情况与天气的相关性。信息系统每天都会收集各地的五次气象报告资料供门店参考，而各地的门店也会根据具体天气情况，作为计划推出多少新鲜食物的判断，运货车也可根据天气情况来优化配送路线。7-11共同配送模式如图10-17所示，7-11集约化配送模式如图10-18所示。

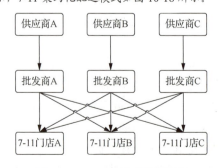

图10-17 7-11共同配送模式

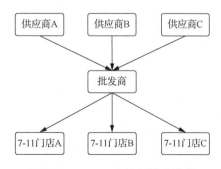

图10-18 7-11集约化配送模式

（资料来源：网络资料整理。）

10.3.5　无人配送模式

无人配送是一种革命性的技术，通过自动驾驶车辆完成商品从仓库到消费者之间的无人操作。这些自动驾驶车辆配备先进的传感器和导航系统，能够实时感知周围环境并自主规划最优路径，确保安全地穿行于城市街道或社区道路。无人配送模式不仅提升了配送效率，缩短了交付时间，还降低了运营成本，为现代物流和零售行业带来了全新的解决方案和机会。无人配送模式包括无人车配送和无人机配送两种。

1. 无人车配送模式

无人车是指利用自动驾驶技术的地面车辆，如小型电动车或自动驾驶汽车。无人车配送是利用无人车进行货物配送的一种技术。这些无人车通过激光雷达、摄像头、传感器等设备感知周围环境，并通过预先规划的路线自主驾驶。无人车配送模式广泛应用于城市快递、零售配送以及食品送餐服务等场景。例如，美国的一家送货机器人企业——Starship 在欧美多个城市开展了无人车配送服务，能够为消费者提供食品、日用品等的送货上门服务，相比传统送货方式，无人配送在配送效率和服务质量方面都有所提高。

案例 10-13

新石器无人车

新石器无人车集成"新能源车""机器人""AI"三重优势，基于 L4 级自动驾驶平台，专注于提供具有物流运输、无人配送、移动零售、智慧安防、防疫测温、媒体直播等定制化功能的移动空间服务方案。

新石器无人车载重达 500 千克，可一次性运输大量物资；整车宽度 1 米，具有良好的通过性；搭载物流运输、保温送餐、移动零售、移动服务等不同场景的服务模块，可在预设区域内实现无人化配送。新石器无人车的自动驾驶性能、整车性能指标、整车成本控制等方面都具备自主知识产权；拥有自主研发的独立防碰撞系统，以及 5G 网络状态下的远程驾驶系统，能够有效地提高产品运行的安全性和灵活性；还可以通过多种人机交互系统、智能模块化货箱等创新技术，实现车辆与场景的无缝对接；其独有的智能换电系统可以有效解决续航顾虑，可实现 24 小时不间断作业，极大地提高了车辆的使用效率，降低了运营成本。

（资料来源：https://mp.weixin.qq.com/s?__biz=MzA5MDgwNDY5NQ==&mid=2457270262&idx=1&sn=340fab3e675d7bb03e2a9d32b532d1bc&chksm=87844f4eb0f3c6584bb5b6895cd48efb7eb77351850be4b308266529f8de6e12e5ac6cb772c5&scene=27.（2020-07-01）[2024-12-12].）

2. 无人机配送模式

无人机配送是一种利用无人机完成空中货物配送的技术。这些无人机通常配备有 GPS 导航系统、高清摄像头和避障传感器，能够飞越障碍物、快速到达目的地。无人机配送模式适用于偏远地区或交通不便的地方，能够快速响应紧急配送需求，如药品、急救物资等。世界各地的公司和组织都在积极研发和应用无人机配送技术，以提高配送效率并拓展服务范围。

10.4　互联网物流配送中心

互联网物流配送中心一方面能够实现物流信息的网络化，规避冗余环节，做到实时监控、全程追溯；另一方面能够实现资源的优化配置，从根本上降低物流成本，提高配送时效。下面将介绍互联网物流配送中心的相关知识以及一些自动化、智能化技术在互联网物流配送中心的应用。

10.4.1　互联网物流配送中心的概念及分类

1. 互联网物流配送中心的概念

互联网物流配送中心主要从事货物配备（集货、储存、加工、分货、拣选、配货）和组织对用户的送货等活动，是高水平实现销售和供应服务的现代流通设施。配送活动和其他经济活动一样，通常由专业化的组织机构来进行计划、安排和运作。配送活动包含备货、储存、理货、装配和送货 5 大功能环节。该配送中心首先采取各种方式组织货源进行合理库存，然后按照用户的多样化需求，进行及时分拣、加工和配货，以经济合理的方式将货物送达用户。互联网物流配送中心通过对配送活动中的各项功能进行科学管理和运作，以获得满意的服务质量、服务效率和经济效益。因此，可以说互联网物流配送中心是从事配送活动的现代化物流设施。

互联网物流配送中心是基于物流合理化和发展市场两个需要而发展的，是以组织配送式销售和供应执行实物配送为主要功能的流通型物流节点。它很好地解决了用户小批量多样化需求和厂商大批量专业化生产的矛盾，逐渐成为现代化物流的标志。

2. 互联网物流配送中心的分类

互联网物流配送中心是一种新兴的经营管理形态，可以满足少量多样的市场需求并降低流通成本。由于建造企业的背景不同，其配送中心的功能、构成和运营方式也有很大的区别。因此，企业在进行规划时应充分注意配送中心的类别及特点。互联网物流配送中心的具体分类方式如下。

（1）按配送中心的设立者分类。

① 制造商型配送中心。制造商型配送中心是以制造商为主体的配送中心，货物 100% 由自己生产制造，用以降低流通费用、提高售后服务质量和及时地将预先配齐的成组元器件运送到规定的加工与装配工位。从货物制造到生产，再到条形码和包装的配合等多方面都较易控制，所以现代化、自动化的配送中心设计比较容易，但不具备社会化的要求。

② 批发商型配送中心。批发商型配送中心是由批发商或代理商所建立的，是以批发商为主体的配送中心。这种配送中心的货物来自各个制造商，它所进行的一项重要的活动是对货物进行汇总和再销售，而它的全部进货和出货都是由社会配送的，社会化程度较高。

③ 零售商型配送中心。零售商型配送中心是由零售商向上整合所成立的以零售业为主

体的配送中心。零售商发展到一定的规模后，就可以考虑建立自己的配送中心，目的是为专业货物零售店、超级市场、百货商店、建材商场、粮油食品商店、宾馆饭店等提供服务，其社会化程度介于前两者之间。

④ 专业物流配送中心。专业物流配送中心是以第三方物流企业（包括传统的仓储企业和运输企业）为主体的配送中心。这种配送中心有很强的运输配送能力，地理位置优越，可将货物快速配送给用户。它为制造商或供应商提供物流服务，货物仍属于制造商或供应商所有，配送中心提供仓储管理和运输配送服务。这种配送中心的现代化程度比较高。

（2）按配送中心的功能分类。

① 储存型配送中心。这是一类具有强大储存功能的配送中心，主要是为了满足 3 个方面的需要而建造的。一是企业在销售产品时，难免会出现生产滞后的现象，要满足买方市场的需求，客观上需要一定的产品储备；二是在生产过程中，生产企业也要储备一定数量的生产资料，以保证生产的连续性和应付急需；三是在配送上，配送的范围一般比较大、距离比较远，客观上也要求储存一定数量的商品。由此可见，储存型配送中心是为了保障生产和流通得以正常进行而出现的，其特点是储存仓库规模大、库型多、存储量大。

② 流通型配送中心。流通型配送中心包括通过型和转运型，基本上没有长期储存的功能，仅以暂存或随进随出的方式进行配货和送货。典型方式为：大量货物整批进入，按一定批量零出。一般采用大型分货机，其进货时直接进入分货机传送带，分送到各用户货位或直接分送到配送汽车上。

③ 加工型配送中心。加工型配送中心是一种根据用户需要对配送货物进行加工，而后实施配送的配送中心。这种配送中心可以行使加工职能。其加工活动主要有分装、改包装、集中下料、套裁、初级加工、组装、剪切、表层处理等。麦当劳、肯德基的配送中心就是提供加工服务后向其连锁店配送的典型。工业、建筑、水泥制品等领域的配送中心同样属于此种类型。例如，某水泥配送中心既提供成品混凝土，又提供各种类型的水泥预制件，直接配送至用户。

（3）按配送中心所处的位置分类。

① 供应型配送中心。顾名思义，供应型配送中心是向用户供应货物行使供应职能的配送中心。其服务对象有两类：一类是组装、装配型生产企业，为其供应零部件、原材料或半成品；另一类是大型商业超级市场、连锁企业以及配送网点。其具有配送用户稳定，用户要求范围明确、固定的特点。因此，配送中心集中库存的品种范围固定，进货渠道稳定，都建有大型现代化仓库，占地面积大，采用高效先进的机械化作业。

② 销售型配送中心。以配送为手段、商品销售为目的的配送中心属销售型配送中心。这种配送中心按其所有权来划分可分为 3 种：一是生产企业为直接将自己的产品销售给消费者，以提高市场占有率而建的配送中心，如我国海尔集团所建的配送中心、美国 Keebler 芝加哥配送中心等；二是专门从事商品销售的流通企业为扩大销售而自建或合建的配送中心，目前我国拟建或在建的配送中心多属此类；三是流通企业和生产企业共建的销售型配送中心，这是一种公用型配送中心，这类配送中心的特点是用户不确定、用户多，每个用户购买的数量少，因此不易实行计划配送，并且集中库存的库存结构比较复杂。

（4）按配送中心的服务范围分类。

① 城市配送中心。向城市范围内的用户提供配送服务的配送中心称为城市配送中心。这类配送中心有两个明显的特征：一是采用汽车将货物直接送达用户，因为运距短，所以最经济实惠；二是开展小批量、多批次、多用户的配送，提供"门到门"式的送货服务。城市配送中心所服务的对象大多是零售商、连锁店和生产企业，大多采用与区域配送中心联网的方式运作，以"日配"的服务方式配送。

② 区域配送中心。向跨市、跨省（州）范围内的用户提供配送服务的配送中心称为区域配送中心。这类配送中心有 3 个基本特征：第一，辐射能力较强，经营规模较大，设施和设备先进；第二，配送的货物批量较大；第三，配送对象大多是大型用户，如城市配送中心和大型工商企业，采用"日配"或"隔日配"的服务方式。

③ 国际配送中心。向国际范围内的用户提供配送服务的配送中心称为国际配送中心。其主要特征是：第一，经营规模大，辐射范围广，配送设施和设备的机械化、自动化程度高；第二，配送方式采用大批量、少批次和集装单元；第三，配送对象主要是超大型用户，如区域配送中心和跨国企业或集团；第四，吞吐能力强。

（5）按配送货物的属性分类。

根据配送货物的属性，配送中心可以分为食品配送中心、日用品配送中心、医药配送中心、化妆品配送中心、家电配送中心、电子（3C）产品配送中心、书籍配送中心、服饰配送中心、汽车零件配送中心及生鲜产品处理中心等。

对于不同种类与行业形态的配送中心，其作业内容、设备类型、营运范围可能完全不同，但是系统规划分析的方法与步骤有其共通之处。配送中心的发展已逐渐由以仓库为主体的配送中心向信息化、自动化的整合型配送中心发展。

（6）按配送中心的自动化程度分类。

根据配送中心作业的自动化程度（管理的信息化程度），配送中心可以分为人力化配送中心、计算机管理配送中心、自动化信息化配送中心、智能化配送中心等。

10.4.2 互联网物流配送中心的功能

与传统物流配送中心不同的是，互联网物流配送中心更加注重商品流通的全方位功能，同时具有信息交换和处理、储存保管、分拣配货、货物集散、流通加工、商品展示与贸易等功能。

1. 信息交换和处理功能

互联网物流配送中心的上游是生产企业，下游是消费群体。在消费需求更加多样化和个性化的今天，这类配送中心需要清楚哪些产品更能迎合消费者的喜好，而哪些产品总是无人问津。如果能及时地把这些信息传递给生产企业，就可以使之及时调整生产结构、改变生产策略、应对市场需求；对于配送中心下游的用户而言，近期有哪些新产品，其性能特点是什么，所订产品什么时候到货，现在到达什么位置，都是企业制定销售推广策略、实施经营管理最需要的信息。与此同时，配送中心本身的作业情况进展如何，也需要及时做出适当调整。因此，互联网物流配送中心起到了沟通并处理上下游、各作业环节中各种信息的作用。

2. 储存保管功能

配送中心的职能和作用是按照用户要求及时将各种装配好的货物送交到用户手中。为了满足市场需求的及时性和不确定性，不论何种类型的物流配送中心均需具备储存功能，生产企业的"零库存"是指将库存转移至物流企业和商业企业，以减少自己的资金占用。储存保管功能主要在于保存商品的使用价值，减少自然损耗，配送中心满足了生产需要和消费需要，避免因货物断档而造成的市场恐慌。在任何时候，储存保管的蓄水池作用都是存在的。

3. 分拣配货功能

分拣配货功能是区别于其他物流形式的有特点的功能要素。可以把配送中心看作物流节点，它的服务对象是为数众多的企业。这些客户彼此之间存在着很多差别，各自的性质和经营规模都不一样。分拣配货是完善送货、支持送货的准备性工作，因此配送中心必须根据客户要求进行分拣配货，并以最快的速度或者在指定时间内送达客户手中。它是不同配送企业在送货时进行竞争和提高自身经济效益的必然延伸，分拣配货是衡量整个配送系统水平的关键要素。

4. 货物集散功能

在物流实践中，配送中心以其特殊的地位和先进的设施设备，把分散在各类生产企业中的产品集中起来，再经过分拣、装配向众多客户发货。与此同时，还可把各个客户所需的多种货物组合在一起，形成经济合理的货运批量，集中送达分散的客户，从而有效提高运输效率、降低物流成本。

5. 流通加工功能

加工货物是某些配送中心的重要活动。经济高效的运输、装卸、保管一般需要大的包装形式，但在配送中心下位的零售商、最终客户一般都需要小的包装，为解决这一矛盾，配送中心设有流通加工功能。流通加工与制造加工不同，它对商品不做性能和功能的改变，仅仅是商品尺寸、数量和包装形式的改变。例如，粮油配送中心将大桶包装加工成瓶状小包装，饲料配送中心则将多种饲料的大包装加工成混合包装的小包装。配送中心积极开展加工业务，不但大大方便了客户，省却了不少烦琐的劳动，也有利于提高物质资源的利用效率和配送效率。此外，对于配送活动本身来说，流通加工客观上起着强化其整体功能的作用。配送中心的流通加工作业包括分类、磅秤、大包装拆箱改包装、产品组合包装、商标标签粘贴作业等。这些作业都是提升配送中心服务品质的重要手段。

6. 商品展示与贸易功能

在日本及其他发达国家的物流配送中心还有商品展示与贸易功能，东京和平岛物流配送中心就专门设立了商品展示与贸易大楼。这也是物流配送中心向高级阶段发展的必然趋势。

10.4.3　互联网物流配送中心的基本作业流程

由于互联网物流配送中心的特性或规模不同，其营运涵盖的作业项目和作业流程也不尽相同，其基本作业流程如图 10-19 所示。

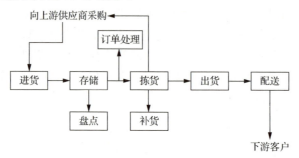

图 10-19　互联网物流配送中心的基本作业流程

由供应货车到达码头开始，经"进货"作业确认进货品后，便依次将货品"存储"入库。为确保在库货品得到良好的保管，需进行定期或不定期的"盘点"检查。当接到客户订单后，先将订单依其性质做"订单处理"，之后即可按处理后的订单信息将客户订购货品从仓库中取出做"拣货"作业。拣货完成后一旦发觉拣货区所剩余的存量过低，则必须由储区来"补货"，当然，若整个储区的存量亦低于标准，便应向上游采购进货。而从仓库拣出的货品经整理后即可准备"出货"，等到一切出货作业完成后，司机便可将出货品装上配送车，将其配送到各个客户点交货。

整个作业过程包括如下几个步骤。

（1）进货。进货作业包括对货物做实体上的接收，从货车上将货物卸下，并核对该货物的数量及状态（数量检查、品质检查、开箱等），然后记录必要信息并将其录入计算机。

（2）存储。存储作业的主要任务是对商品或物料进行合理的储放和保管，储存时不仅要注意充分利用空间，还要注意存货的管理。

（3）盘点。货物因不断进出库，在长期累积下库存资料容易与实际数量不符，或者有些货物因存放过久或存放不恰当，致使其品质和功能受影响，难以满足客户的需求。为了有效地控制货物数量，需要对各储存场所进行盘点作业。

（4）订单处理。由接到客户订货开始至着手准备拣货之间的作业阶段称为订单处理，包括有关客户和订单的资料确认、存货查询、单据处理以及出货配发等。

（5）拣货。每张客户的订单中都包含一项以上的商品，拣货作业的目的在于正确且迅速地集合客户所订购的商品。

（6）补货。补货作业包括从保管区域将货物移至拣货区域，并做相应的信息处理。

（7）出货。将拣取分类完成的货物做好出货检查，装入合适的容器后做好标示，根据车辆趟次或厂商名称等指示将货物运至出货准备区，最后装车配送。

（8）配送。配送是指使用工具把被订购的货物从配送中心送至客户手中的活动。

10.4.4　互联网物流配送中心的自动化、智能化

1. 条形码在配送中心的应用

条形码已被广泛应用于现代化配送中心的管理中。物流中所用到的条形码，除了商品的条形码，还有货位条形码、装卸台条形码、运输车条形码等。此外，配送中心业务处理中的订货、收货、入库、摆货、配货、补货等也需要用到条形码。条形码的应用几乎出现在配送中心作业流程中的所有环节，具体包括以下内容。

（1）订货。无论是总部向供应商订货，还是连锁店向总部或配送中心订货，都可以根据订货簿或货架牌进行订货。不管采用哪种订货方式，都可以用条形码扫描设备将订货簿或货架上的条形码输入。这种条形码包含商品名、品牌、产地、规格等信息，然后通过主机，利用网络通知供货商或配送中心订货的数量与种类，这种订货方式相比传统的手工订货能更有效地提高订货效率。

（2）收货。当配送中心收到从供应商处发来的商品时，接货员在商品包装箱上贴一个条形码，作为该种商品对应仓库内相应货架的记录。同时，对商品外包装上的条形码进行扫描，将信息传到后台管理系统，并使包装箱条形码与商品条形码一一对应。

（3）入库。应用条形码进行入库管理。商品到货后，通过条形码输入设备将商品基本信息输入计算机，通知计算机系统哪种商品要入库、要入多少。计算机系统根据预先确定的入库原则、商品库存数量确定该种商品的存放位置，并根据商品数量发出条形码标签，这种条形码标签包含该种商品的存放位置信息。当在货箱上贴上标签后，将其放到输送机上。输送机识别货箱上的条形码，并将货箱放在指定的库位区。

商品以托盘为单位入库时，把到货清单输入计算机，就会得到按照托盘数发出的条形码标签。将条形码贴于托盘面向叉车的一侧，叉车前面安装有激光扫描器，叉车将托盘提起，并将其置于计算机所指引的位置上。在各个托盘货位上装有传感器、发射显示装置、红外线发光装置和标明货区的发光图形牌。叉车驾驶员将托盘放置好后，通过叉车上的终端装置将作业完成的信息传送到主计算机，将商品的货址存入计算机中。

（4）摆货。人工摆货时，搬运工人要把收到的货品摆放到仓库货架上，在搬运商品之前，首先扫描包装箱上的条形码，计算机就会提示搬运工人将商品放到事先分配的货位，搬运工人将商品运到指定的货位后，再扫描货位条形码，以确认所找到的货位是否正确。商品在从入库到搬运再到货位存放的整个过程中，条形码起到了相当重要的作用。

（5）配货。在配货过程中，也采用了条形码技术。在传统的物流作业中，分拣、配货要占用巨大的人力和物力，且容易发生差错。在分拣、配货中应用条形码技术，能迅速准确地进行拣货，提高生产率。

总部或配送中心在收到客户的订单后，将订单汇总，并分批发出印有条形码的拣货标签，这种条形码包含商品要发送到哪一家连锁店的信息。分拣人员根据计算机打印出的拣货单在仓库中进行拣货，并在商品上贴上拣货标签（包含商品基本信息的条形码标签）。将拣出的商品运到自动分类机，放置于感应输送机上。激光扫描器对商品上的两个条形码自动识别，判断检验拣货有无差错，如无差错，商品即分岔流向按分店分类的滑槽中。然后

将不同分店的商品装入不同的货箱中，并在货箱上贴上印有条形码的送货地址卡，这种条形码包含商品到达区域的信息。再将货箱送至自动分类机，在自动分类机的感应分类机上，激光扫描器对货箱上贴有的条形码进行扫描后，将货箱输送到不同的发货区。当发现拣货有错误时，商品便被流入特定的滑槽内。条形码配合计算机应用于物流管理，大大提高了物流作业的自动化水平，提高了劳动生产率和劳动质量。

（6）补货。查找商品的库存，确定是否需要进货或者货品是否占用太多库存，同样需要利用条形码来实现管理。另外，由于商品条形码和货架是一一对应的，因此也可通过检查货架达到补货的目的。条形码不仅在配送中心业务处理中发挥作用，而且在配送中心的数据采集、经营管理中也有着重要作用。通过计算机对条形码的管理，对商品运营、库存数据的采集，可及时了解货架上的商品存量，从而进行合理的库存控制，将商品的库存量降到最低；也可以做到及时补货，减少由于缺货造成的分店补货不及时，避免发生销售损失。

条形码和计算机的应用，大大提高了信息的传递速度和数据的准确性，从而实现实时物流跟踪，整个配送中心的运营状况、商品的库存量都会通过计算机及时反映到管理层和决策层，进而进行有效的库存控制，缩短商品的流转周期，将库存量降到最低。另外，由于采用条形码扫描代替了原有的填写表单、账簿的工作，因此极大提高了数据的准确性，避免由于错账、错货等问题造成的商品积压、缺货、超过保质期等现象。

2. 射频标签技术在配送中心的应用

当客户来配送中心订货时，订单上的商品信息和数量会交由仓库管理人员，把订单信息录入数据库，生成拣货订单文件。订单导入射频标签拣货系统后，射频标签拣货系统会自动提示拣货人员到每一个需要拣选的货位上去拣选商品，并且显示货位号和此种商品的订货数量，直到拣选完最后一种商品为止。

3. EDI技术在配送中心的应用

在配送业务的供应链上应用EDI技术，使得发票传输、订单处理效率大大提高。美国通用汽车公司采用EDI后，每生产一辆汽车可节约成本250美元。日本东芝公司在使用EDI之后，每笔交易的文件处理费用仅为原来的1/4。在我国，随着网络技术的发展，EDI开始朝着开放系统和综合电子商务解决方案的方向发展。

4. RF技术在配送中心的应用

RF主机系统连接在配送中心信息系统有线局域网络上。当RF主机接到出入库指令时，首先判断由什么区域、哪一个终端来完成作业，并把指令发到终端，指挥作业人员或操作车辆。由于RF数据终端采用大屏幕显示器，因此可以将整个订单的信息都显示在大屏幕上。根据显示顺序，指挥人员按最佳路线进行操作，同时RF终端带有条码扫描仪，可以扫描货品、货位等的条形码。

5. RFID技术在配送中心的应用

RFID技术针对传统物流配送中心存在的存货统计缺乏准确性、订单填写不规范、整理和补充货物时费力等问题进行了优化和改善。当贴有 RFID 标签的货物运抵配送中心时，入口处的读写器将自动识读标签，根据得到的信息，管理系统会自动更新存货清单，同时，根据订单的需要将相应的货物发往正确的地点。这一过程将传统的货物验收入库程序大大简化，省去了检验、记录、清点等需要大量人力的工作。装有移动读写器的配送中心内的运送车自动对货物进行整理，根据计算机管理中心的指示自动将货物运送到正确的位置，同时将计算机管理中心的存货清单更新，记录下最新的货物位置。存货补充系统将在存货不足指定数量时自动向管理中心发出申请，根据管理中心的命令，在适当的时候补充相应数量的货物。在整理货物和补充存货时，如果发现有货物堆放到了错误的位置，读写器将随时向管理中心报警，根据提示，运送车将把这些货物重新堆放到指定的正确位置。

通过 RFID 系统，存货和管理中心紧密联系在一起，在管理中心的订单填写中，将发货、出库、验货和更新存货目录整合成一个整体，最大限度地减少了错误的发生，同时也大大节省了人力。物流配送中心应用 RFID 系统后，货物运输将实现高度自动化。当货物在配送中心出库，进入仓库读写器有效范围内，读写器会自动读取货物标签上的信息，不需要扫描就可以直接将出库的货物运输到需求者手中，而且由于前述的自动操作，整个运输过程的速度得到大幅提高，同时所有货物都避免了条形码不可读和存放到错误位置的情况，准确率得到极大提高。

6. AGV 在配送中心的应用

在现代化的物流中心和配送中心，AGV 已成为提高仓库作业自动化的主要标志之一。在自动化仓库中，AGV 广泛地应用于库存货物的搬运。海尔物流公司于 2001 年 3 月建造了国际自动化物流中心，其原料、成品两个自动化系统就应用了 AGV 系统。该中心使用的 AGV 系统是激光导引技术，在主控计算机的调度下，自动完成装货、卸货、充电、行走等出入库作业。由 9 台 AGV 组成一个柔性库内自动搬运系统，每天可完成 23 400 件零部件的出入库搬运任务。

7. 自动化立体库在配送中心的应用

自动化立体库主要有两个功能：一是大量存储，二是自动存取。一般一个自动化立体库的货架高度在 15 米左右，拥有货位数可达 30 万个，可存储 30 万个托盘，以平均每托盘货物重 1 吨计算，则一个自动存取系统可同时储存 30 万吨货物。自动化立体库的出入库及库内搬运作业全部由计算机控制的机电一体化实现，只需要很少量的管理人员来负责货物存取系统的操作、监控、维护等。操作员向系统输入出库拣选、入库分拣、包装、组配、储存等作业指令，该系统就会调用巷道堆垛机、自动分拣机、AGV 及其配套的周边搬运设备协同动作，完全自动地完成各种作业。

8. GPS 在配送中心的应用

汽车导航系统一般由 GPS 接收机、微处理器、车速传感器、陀螺仪传感器、CD-ROM 存储器、LCD 显示器等组成。GPS 接收机接收 GPS 卫星信号，CD-ROM 存储器求出车辆所在地理位置的经度和纬度坐标，再利用地图匹配技术，将汽车的位置和 CD-ROM 存储器中存储的道路信息相结合，用 LCD 显示器显示汽车在电子地图中的具体位置。汽车导航系统的功能主要有：对车辆和货物进行跟踪运输；提供出行路线规划；信息查询；监测区域内车辆的运行情况，对被监控车辆进行合理的调度；通过 GPS 定位和监控管理系统对有遇险情况或发生事故的车辆进行紧急援助。GPS 能够随时随地提醒驾驶员注意险情，提示道路拥挤、阻塞等情况，并规划出最合理的出行路线。

9. GIS 在配送中心的应用

（1）物流配送中心选址。GIS 常用于确定一个或多个配送中心的位置。在物流系统中，配送中心、物流中心、客户点和运输路线共同组成了物流网络，配送中心、物流中心、客户点处于网络的节点上，节点决定网络路线。在限定的范围内成立合理数目的配送中心、物流中心和客户点，在满足客户实际需求、提高经济效益的基础上，使得物流成本最小；同时，确定配送中心的位置、规模及彼此之间的物流关系等，诸如此类的问题，在 GIS 的辅助下均能被高效地解决。

（2）路径规划。在单对多和多对多的配送模式下，GIS 能够对路径进行合理的规划。例如，在处理一个起始点、多个终点的货物运输，解决如何降低物流作业费用并保证服务质量的问题，包括决定使用多少辆车、每辆车的行车路线。利用 GPS 和电子地图，可以实时显示车辆或货物的实际位置，为车辆提供导航服务，并能查询出车辆和货物的状态，以便进行合理调度和管理。在许多城市和地区，由于交通情况复杂多变（如某路段上临时发生交通阻塞），GIS 能够适时为司机提供更多信息减轻交通拥挤，为车辆运输安排恰当的出发时间。

（3）地理信息定位。使用 GIS 可以对某个城市或地区建立管理所需的电子地图，准确地反映出建筑物、道路和街道等信息，根据电子地图的地理坐标和地理坐标的描述，可以在地图上对新客户进行地理位置的定位或对老客户的地理位置进行修改，从而使企业能及时、精确地确定出配送中心、物流中心和客户点的位置。

（4）物流网络布局和配送中心选址的模拟与决策。该模拟与决策是指利用长期客户、车辆、订单和地理数据等信息建立模型，对物流网络的布局进行模拟仿真，并根据实际需求分布规划配送中心的位置和运输路线，使用电子地图在显示器上显示出设计路线和网络节点，同时显示配送中心的位置和汽车的运行方向。利用 GIS 的网络分析模型优化物流节点，使资源消耗最小化，并以此来建立决策支持系统，提供更直观有效的决策依据。

当电商遭遇自动化——探访 SKU360 "华东一号" 智能仓库

随着 B2C 电商销售模式的快速发展，订单的个性化和复杂性与日俱增，如果一份订单包含几种甚至十几种不同的品类，在传统的仓库中，工人们可能需要在货架间来回穿梭配货，极其耗时，差错率也高，显然不符合 B2C 对货物高速分拣出货的要求。在 SKU360 "华东一号" 智能仓库中，一切都发生了变化。整个中央库房空无一人，只看到各类托盘、货箱流转于各个堆垛机器人和流水线之间。在 SKU360 的订单履行中心，货箱自动从拣货人员面前依次通过，拣货人员根据屏幕上的提示，下意识地进行拣货的动作。短短 20 分钟内，上千个订单就完成了拣货并流转到发货月台，而整个订单履行中心，只有 8 个人。自动化设备和软件技术的无缝对接使日出货百万级的仓库实现的可能性得到了验证，电商爆仓困境有了合理的解决方案。

　　由上海威吾德信息科技有限公司设计建造的全智能仓库"华东一号"坐落在上海市松江区。"互联网+"以及线上平台的爆发式增长，需要基础设施的支撑，随着"互联网+"时代的来临，重视电商销售的企业越来越多，这些企业不缺订单，但在订单的履行上却有难以逾越的门槛，传统仓储物流系统跟不上市场需求，还停留在人工时代，这也是每到"双十一"很多快递仓库"爆仓"，消费者收不到货或者收错货的根本原因。"华东一号"智能仓库将工业 4.0 的理念融入仓库的设计、建造和运转中，采用最先进的自动化设备、软件技术和符合我国电商经验的运作模式，为互联网企业提供真正意义上的智慧仓储，提升仓储物流行业的整体效能，推动国内物流仓储行业转型升级。"华东一号"智能仓库内拥有 14 万个货位的高架周转箱货架，如图 10-20 所示。

图 10-20　"华东一号"智能仓库内拥有 14 万个货位的高架周转箱货架

探访日本大和宅急送公司的东京物流分拣中心

　　日本大和宅急送公司成立于 1976 年 1 月，从开业第一天配送 11 个包裹，到现在日均配送 400 万～500 万个包裹，大和宅急送经历了近 50 年的发展历程。日本大和宅急送东京羽田物流中心建筑面积约 20 万平方米，相当于 4 个东京足球场大小，抢占了日本快递市场 40%以上的份额。在这个建筑面积约 20 万平方米的巨大物流中心里，公司靠智能信息系统匀速运转着一条长达 1 070 米的智能交叉分拣传送带。这条传送带上共有 25 个入口、48 个出口，能同时承载 1 336 个大小约 50 厘米×140 厘米的包裹在上面运转。图 10-21 所示为错综复杂的智能交叉分拣带。

图 10-21　错综复杂的智能交叉分拣带

重速度更重服务，温柔对待每个包裹。在这里，分拣员们工作较轻松，只需站在一个分拣入口，将从各地邮寄过来的包裹轻拿轻放至传送带即可。图10-22所示为分拣员将包裹放至传送带。

图 10-22　分拣员将包裹放至传送带

　　红色扫描门，即刻识别包裹数据。当包裹通过红色扫描门时，贴在包裹上的数据信息会被读取。为了提高信息读取的准确率，一般都会要求分拣员将包裹尽量靠近红色扫描门一侧，这样包裹的信息就可以在通过红色扫描门时被快速扫描。图10-23所示为红色扫描门外形图。

图 10-23　红色扫描门外形图

【图 10-23 彩图】

　　25口进48口出。把这个智能交叉分拣带想象成一个错综交叉的交通图，来自各地的货物从25个投递口进入传送带，然后传送带根据扫描货物身上的数字信息，将货物分送至48个出口，这些出口分别对应东京的48个送货区域。快递货车只需在出口等待，装车后就可立即开车将货物配送至客户手中。

　　智能交叉分拣带以时速9.7千米的速度不间断地运行，每小时最多可以分拣4.8万个包裹，即1分钟分发800个包裹。然而，这个巨大的物流配送站点还只是大和宅急送分布于各地的服务站点之一。

　　智能物流提高发货的便捷性。在不断增强的物流需求面前，大和宅急送公司通过不断强化业务的自动化、智能化来提高发货的效率及便捷性。大和宅急送在日本的社交平台LINE上开通了快递服务。在这里，如果用户想将货物发送给自己朋友圈里的好友，无须输入对方地址，只需选择好友就可以实现快递的发送了。这里利用的不是朋友提前输入的地址数据，而是朋友的地理位置。利用地理位置，快递公司可以提前规划好货物发送流程及快递人员，可以更有效地缩短"最后一公里"的配送时间，提高发货效率及快递业务的便捷性。

本 章 小 结

本章主要介绍了互联网信息技术在运输、仓储、配送等物流业务环节应用的相关知识。"互联网+运输"部分，介绍了其内涵、特征以及智能运输系统。"互联网+仓储"部分，介绍了其内涵和要素以及智能仓储管理系统。"互联网+配送"部分，介绍了配送的基本概念、分类及互联网物流配送特征和末端配送的概念与模式，以及特殊的智能物流终端快递柜配送模式。互联网物流配送中心部分，介绍了配送中心的概念、分类、功能和配送中心的基本作业流程，以及现代化配送中心使用的一些智能化信息技术。

知识巩固与技能训练

一、名词解释

需求拉动、服务导向、产业重构、智能运输系统、"互联网+仓储"、物联网技术、仓储互联网、车辆定位追踪系统、末端配送。

二、单项选择题

1. "互联网+运输"是指基于互联网尤其是移动互联网技术，以智慧物流、智慧出行为引领，通过（　　）的重构和生态圈的再造，在不断创新变革中形成"主动感知需求，按需提供服务"的全新价值链及与之相适应的运输服务组织和管理体系。

　　A. 运输服务产业链　　B. 信息　　　　　C. 网络　　　　　D. 运输体系

2. （　　）的无障碍信息交互优势，不仅促进人、车、路、货等各种交通运输要素的高度融合，而且一些曾经无法利用的社会资源也会被充分调动。

　　A. 运输系统　　　　　B. 物流信息　　　C. 移动互联网　　D. 调度体系

3. 移动互联网对经济社会变革的作用是自下而上的，利用社会力量和（　　）快速推进，加快资源整合配置从政府主导向市场主导转变。

　　A. 社会人员　　　　　B. 市场机制　　　C. 政府协调　　　D. 政策导向

4. 交通运输行业加快转变发展方式，坚持理念创新、科技创新、政策创新、制度创新和体制机制创新，促进（　　）和治理能力现代化，充分发挥科技进步和信息化的引领作用。

　　A. 科技发展　　　　　B. 行业政策　　　C. 运输体系　　　D. 政府治理体系

5. 智能运输系统从广义上来讲是一种（　　），主要用交通类的传感器、带有交通知识的中央处理器和能执行交通功能的执行机构模拟人的各器官的活动，达到交通智能化的目的。

　　A. 人工智能系统　　　B. 信息系统　　　C. 管理系统　　　D. 调节系统

6. 体系框架是一种（　　），它决定系统如何构成，确定功能模块以及模块间进行通信和协同的协议与接口。

　　A. 接口　　　　　　　B. 系统　　　　　C. 协议　　　　　D. 规格说明

7. 智能运输系统的主要目标是为（　　）提供良好、高效的服务，所以体系框架中一个重要的组成部分就是服务领域。

    A. 驾驶员　　　　　　B. 快递员　　　　　　C. 商家　　　　　　D. 用户

8. 智能运输系统可以有效运行的关键因素之一是实现广泛的（　　）与共享。

    A. 信息交换　　　　　B. 交互　　　　　　　C. 数据处理　　　　D. 信息采集

9. 在智能运输系统中，（　　）是极其重要的共用技术，是信息传输的媒介。

    A. 人工智能　　　　　B. 通信技术　　　　　C. 大数据　　　　　D. 计算机视觉

10. 智能运输系统的核心是交通的（　　），在智能运输系统中各类信息系统的重要性不言而喻。

    A. 规范化　　　　　　B. 数据化　　　　　　C. 信息化　　　　　D. 协同化

三、多项选择题

1. "互联网+运输"是指基于互联网尤其是移动互联网技术，以（　　）为引领，通过运输服务产业链的重构和生态圈的再造，在不断创新变革中形成"主动感知需求，按需提供服务"的全新价值链及与之相适应的运输服务组织和管理体系。

    A. 智慧物流　　　　　B. 信息技术　　　　　C. 智慧出行　　　　D. 人工智能

2. 以移动互联网为代表的新一代信息技术不断普及，呈现出集群突破和加速扩散的特点，为（　　）创造条件，传统企业基于资源垄断的优势日渐式微，技术平民化发挥的作用更加凸显。

    A. 多业联动　　　　　B. 产业协同　　　　　C. 政策革新　　　　D. 跨界融合

3. 交通运输行业加快转变发展方式，坚持（　　）和体制机制创新，促进政府治理体系和治理能力现代化。

    A. 理念创新　　　　　B. 科技创新　　　　　C. 政策创新　　　　D. 制度创新

4. 智能运输系统体系框架开发主要包括（　　）。

    A. 系统领域　　　　　B. 服务领域　　　　　C. 逻辑框架　　　　D. 物理框架

四、复习思考题

1. "互联网+运输"的模式给运输行业带来了哪些变革？

2. "互联网+仓储"的模式与传统仓储业相比有哪些优势？

3. 智能化、自动化技术给互联网物流配送中心造成了哪些影响？

第**11**章
互联网物流信息平台

【知识框架图】

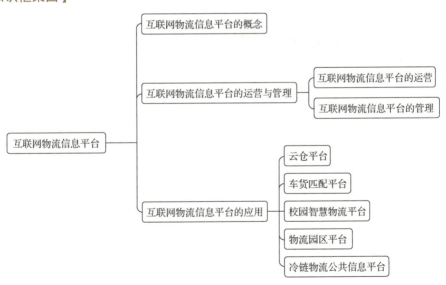

【学习目标】

1. 理解互联网物流信息平台的概念。
2. 掌握典型互联网物流信息平台的原理及运作。
3. 熟悉互联网物流信息平台的运营定位、运营模式及运营管理。

【能力目标】

1. 具备说明互联网物流信息平台运营模式的能力。
2. 初步具备运用互联网物流信息平台的能力。

11.1 互联网物流信息平台的概念

互联网物流信息平台是指物流企业按照现代管理思想、理念，以信息技术为支撑所开发的信息平台。互联网物流信息平台充分利用数据、信息和知识等资源，实施物流业务，控制物流业务流程，支持物流决策，实现物流信息共享，以提高物流企业业务的效率、决策的科学性，其最终目的是提高企业的核心竞争力。互联网物流信息系统通过收集、处理和分析物流信息并将信息在相关企业间或企业内部进行有效的共享和应用，支持企业提高物流系统的效率和降低物流成本，从而帮助企业建立现代化管理系统。

互联网物流信息平台是满足现代物流信息化趋势的关键设施。一方面，可以为本地区的物流需求提供必要的支持，如支持本地区物流企业的运作；另一方面，也可以和本地区的智能运输系统发展相配合，为实现本地区的运输现代化奠定基础，为满足多样化的信息需求提供服务，如网上信息查询、购物等。

11.2 互联网物流信息平台的运营与管理

在互联网物流时代，各种物流信息平台竞相登场，如何对其进行合理运营、规划、组织和管理，成为政府部门、行业管理机构和企业需要关注的要点之一。接下来主要介绍互联网信息平台的运营与管理。

11.2.1 互联网物流信息平台的运营

1. 各类互联网物流信息平台的主要功能

为了解决围绕在目前互联网物流信息平台上的种种问题，首先需要对互联网物流信息平台有一个清晰、准确的功能定位。目前我国的互联网物流信息平台根据服务领域、支持环境、技术要素和运营主体的不同，可以分为企业级互联网物流信息平台、行业级互联网物流信息平台、区域级互联网物流信息平台和政府监管互联网物流信息平台四大类。其中，政府监管互联网物流信息平台是其他互联网物流信息平台的核心，对其他互联网物流信息平台进行监督和指导，与其他互联网物流信息平台相互关联。互联网物流信息平台的层次结构如图 11-1 所示。

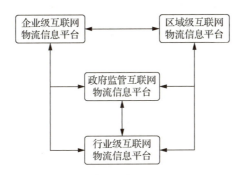

图 11-1 互联网物流信息平台的层次结构

（1）企业级互联网物流信息平台。企业级互联网物流信息平台由某些企业为主导建设并且有其他企业参与，企业间形成互惠互利的合作联盟。企业级互联网物流信息平台是综合了企业核心业务系统的电子商务平台，在某种程度上整合了各种业务数据，力求准确、及时地展现业务信息。此外，平台将实时动态的网上交易与现代通信手段相结合，为客户提供高效的物流信息服务。这类平台通常在企业的 ERP 系统基础上提供物流信息服务，并且作为核心 ERP 系统的一个业务管理子系统存在，如物流管理系统、物流业务系统和物流客户服务系统等。现有的 ERP 系统如 SAP、用友软件的物流模块都具有企业级互联网物流信息平台的性质。

（2）行业级互联网物流信息平台。行业级互联网物流信息平台可以分为三类：第一类是针对物流行业本身，以物流枢纽为载体的互联网物流信息平台，如港口、物流园区、城市配送中心等；第二类是针对物流运输方式的不同而划分的互联网物流信息平台，如公路运输公共信息平台、铁路运输公共信息平台、水路运输公共信息平台、航空运输公共信息平台等；第三类是针对物流服务行业的不同而划分的互联网物流信息平台，有些行业具有很强的专业性，相应的物流服务也需要很强的专业性，如制造业的互联网物流信息平台、汽车运输业的互联网物流信息平台、医药类的互联网物流信息平台、冷链类的互联网物流信息平台、烟草行业的互联网物流信息平台等。这些平台通过整合物流供需信息资源，提高物流效率，降低物流成本，在促进现代物流产业的发展中起到了重要的作用。

（3）区域级互联网物流信息平台。区域级互联网物流信息平台是指对一个特定的自然或行政区域内的物流业务及物流过程中产生的物流信息进行采集、分类、筛选、存储、分析、评价、反馈、发布、管理的公共的信息交换平台。不同于企业级或者行业级互联网物流信息平台，区域级互联网物流信息平台重点对一个区域内的物流资源和物流信息进行整合，目的是提高该区域内的物流效率并降低物流成本。

（4）政府监管互联网物流信息平台。政府监管互联网物流信息平台的职能是相关政府部门的行政职能，其投资主要依靠国家财政，如铁路部门常用的运输管理信息系统（transportation management information system，TMIS）就属于此类信息平台。近年来，政府监管互联网物流信息平台出现了一些新的趋势：一是需要跨部门合作的信息平台越来越多，如铁道部门和海关部门关于进口货物信息的电子传输与共享交换；二是开放程度逐步扩大，社会服务功能不断完善，如商务部、海关和银行，准备从内贸、外贸单独认证过渡到建立一个联合认证系统，即建立"一卡通"和集成服务系统。

政府监管互联网物流信息平台具有先天的整合政府各部门公共资源的优势，它可以将政府信息资源、行业信息资源、物流信息资源以及其他信息资源的不同需求主体进行有机的结合。政府资源的公共属性决定了政府监管互联网物流信息平台具有一定的权威性，因此，综合性的互联网物流信息平台将以政府监管互联网物流信息平台为基础进行功能上的扩充和整合，从而形成一个权威的、主导的、跨平台的系统。

2. 互联网物流信息平台的定位

（1）互联网物流信息平台的综合定位。

互联网物流信息平台的综合定位关键在于以政府监管为基础，构建综合性的信息交换和共享的介质性平台，形成一个高度集中的电子商务信息管理系统，为信息需求者提供各种信息服务与技术服务内容，为用户提供一站式信息化服务。互联网物流信息平台与其他信息系统关联图如图11-2所示。

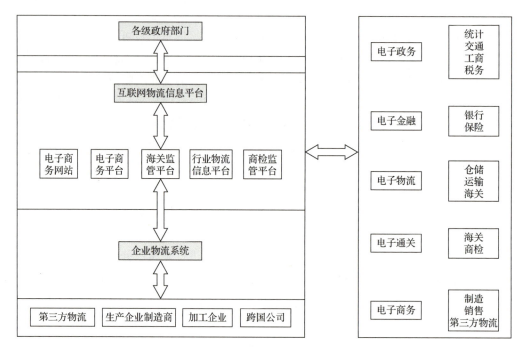

图11-2　互联网物流信息平台与其他信息系统关联图

互联网物流信息平台将分散在政府各个部门和物流企业的信息资源整合在一起，并对这些信息进行充分的挖掘、加工和利用，成为开展物流交易的信息载体，以确保政府与企业之间、企业与企业之间、企业与客户之间可以进行充分的信息交换与共享。物流管理与生产活动参与各方有机衔接、协调配合，进一步优化资源配置，充分发挥互联网物流信息平台在整个物流体系中的作用，进而帮助企业提高物流服务能力，加快物流企业转型，最终加速推进现代物流体系的形成和健康发展。

（2）互联网物流信息平台的运营定位。

为了满足物流企业持续增长的信息化需求，物流企业可以通过利用物联网技术构建综合智能互联网物流信息平台，实现基于物联网的智能互联网物流信息平台的运营。基于物联网的智能互联网物流信息平台的运营实质是通过建立高效综合的信息服务平台，对各物流信息系统中的信息资源按一定的规范标准完成多源异构数据的接入、存储、处理、交换、共享等。该互联网物流信息平台是为物流企业相关部门的信息共享、自动化、高效化管理、智能化决策等提供数据支持和信息服务的大型综合信息集成系统。

（3）互联网物流信息平台的功能定位。

① 物流货物信息感知。互联网物流信息平台作为智能化的综合平台，在其运营结构中，货物信息的感知是平台运营的基本功能，主要包括在业务现场的信息采集，在运营与维护过程中运营商对工作人员的现场作业管理、安全监督等。

② 物流信息数据共享。为实现信息平台下物流信息数据的共享，设备供应商应在保证物联网设备正常配置及运行的同时，对物联网网络进行运营维护与管理，如基础数据的维护管理、物流信息质量的保障管理等。同时，相关技术人员需对网络信息进行综合化管理与处理，包括对信息数据的传输、处理、存储等，为各信息系统之间的信息共享和交换提供标准、通信、技术等支持，从而实现物流企业各相关部门间的信息共享与数据交换，提高企业智能化服务效率与水平。

③ 平台终端集成应用。基于物联网的智能互联网物流信息平台终端集成应用主要是指运用物联网服务技术实现物流信息集成及数据的汇集展示功能。在平台运营过程中，设备供应商负责对多功能集成展示设备和终端设备进行维护和管理，以保证汇集展示功能及平台终端集成的实现。运营服务商主要对物流信息资源进行有效的整合，并为物流信息数据的海量存储与计算提供有效的技术支持。平台终端集成应用能够促进物流企业内部协同运作，实现信息的无缝连接及信息数据的汇集展示，企业可通过客户端对集成信息进行综合查询与分析，为基于互联网的智能物流信息平台下企业智能化应用提供数据支撑。

④ 物流业务智能应用。物流业务智能应用是基于物联网的智能互联网物流信息平台运营的主要功能之一。在物流业务智能应用中，运营商主要负责对物流业务流程进行监管；设备供应商负责业务管理系统的正常运行与故障维护等，并为应用系统提供标准接口及面向服务的功能调用。基于物联网的智能互联网物流信息平台下的物流业务智能应用能够有效地改善物流业务流程，实现对物流全过程的动态控制。

⑤ 企业智能决策支持。基于物联网的智能互联网物流信息平台能够为企业提供智能化的决策支持服务，即由企业决策系统对物流业务流程中的信息进行分析，通过客户关系的管理和基于物联网的智能互联网物流信息平台的信息交互，帮助企业连接客户；运用专家系统及数据挖掘技术为企业进行市场预测与统计分析，帮助企业实现智能诊断，辅助企业做出明智的运营决策，实现物流企业内部的高效运营与管理，增强物流企业在行业中的核心竞争力。

⑥ 建立企业标准规范。基于物联网的智能互联网物流信息平台能够为物流企业提供标准化的网络连接及各种信息标准化的格式，如数据交换集成应用标准、通信协议标准、数据接口标准等。运营商在基于物联网的智能互联网物流信息平台运营环境下规范相关标准，使物流企业采用一致的相关信息标准与规范，可以使物流企业的信息流通顺畅，更好地保障物流企业信息化的安全，从而实现物流企业的一体化管理。

爱带货：中国首家互联网云物流平台全线运营

西安爱带货网络科技有限公司（以下简称爱带货）是中国首家互联网云物流平台，此平台 App 的问世，让智慧物流成为现实。与传统的物流平台相比，爱带货自主研发的"线上平台+区域合伙人+线下营业部"的物流商业模式，将互联网科技、云技术运用到整个物流系统中，同时也实现了合伙人、司机与用户的利益最大化和物流服务的透明化、标准化。这种模式实现了线上及时发货，线下点对点物流配送，做到每件货都有独有的信息基因，对货运输路线进行实时监控；物流费用明码标价，真正实现全程透明物流，打造同城速运、城际快运及时接单的高效配送。

通过此款 App，用户可以在线发布寄运信息，合伙人端和司机端可迅速做出一系列反应完成连接，在最短的时间内完成两点间物流的高效配送。线上平台利用大数据、云计算管理的体系，收集用户发货的需求，自动匹配线上的司机和车辆，将信息准确推送到距离用户最近且优质的司机端，实现发货的高时效。而在区域合伙人模式方面，采用了云平台体系下的区域特许服务模式，与其他传统物流平台相比，其主要区别是摒弃了加盟运营的方式，最大化地利用互联网云技术，省去不必要的环节，减少成本。该平台可以直接面对区域所有货主、合伙人、司机，没有各种复杂烦琐的流程，解决了物流信息闭塞、单一、不对称的问题，从而提高服务质量。

爱带货云物流平台的亮相，给物流行业注入了一股新鲜的血液，使物流行业从"互联网+物流"单一模式跨入"互联网+云计算+大数据+共享经济+智能仓储+合伙人"全方位融合的新商业模式，对推动我国物流行业的创新发展、转型升级具有重要意义。

3. 互联网物流信息平台的模式

物流信息化程度是衡量我国物流业务水平的重要指标。物流信息化指的是在整个物流系统的运作过程中，围绕采购、生产、存储、包装、运输、配送等物流活动的各个环节进行信息的采集、交换、传输和处理，利用云计算、EDI、5G、RFID、GPS、GIS 等现代信息技术，使物流活动达到最优状态，构造出合理优化的物流供应链，提高企业及物流产业经济效益的过程。

（1）互联网物流信息平台的商业模式。

根据企业和政府在互联网物流信息平台的建设实施过程中所处的地位与发挥的作用，可以将平台的商业模式分为政府独资运营、政府控股委托运营、社会资本控股运营和社会资本独资运营 4 种类型。

互联网物流信息平台的商业模式对比如表 11-1 所示。

表 11-1　互联网物流信息平台的商业模式对比

主要类型	形式	优点	缺点
政府独资运营	政府独资，政府规划建设，政府运营，政府所有	协调能力强，建设速度快，具有权威性，公益性明显	缺乏市场化运作，各项运营成本较高，服务质量较低
政府控股委托运营	政府控股，政府所有，社会参股，政府规划建设，企业管理运营	协调能力强，运营管理效率较高	建设运营费用高，企业只有运营权无所有权，缺乏运营积极性，无法充分调动其运营积极性
社会资本控股运营	社会控股，政府参股，政府规划建设，企业所有，企业管理运营	协调能力强，运营管理效率较高，企业拥有所有权能充分调动其运营积极性，提高运营质量	权威性较低，企业商业利益动机驱动，服务的公平性、公益性不足
社会资本独资运营	企业规划建设，企业所有，企业运营管理	完全彻底的市场化，政府投入成本最低，市场化服务质量较高	不具备权威性，商业利益驱动氛围更浓

 视野拓展

　　当今发达国家和地区运营比较成功的 5 个典型互联网物流信息平台为新加坡的"Pornet"、英国的"FCPS/Detin8"、德国的"Dakosy"、澳大利亚的"Tradegate"和美国的"First"。5 个互联网物流信息平台中有 3 个属于政府完全投资，一个由市场和政府共同投资，其他两个完全由市场投资；在运营方面，除了美国的"First"由政府和商业机构共同运作，其他全部为商业机构运作；在商业模式上，有些是营利性的，有些是非营利性的。

　　从一些成功的互联网物流信息平台可以总结出，成功的物流信息平台商业模式就是在众多繁杂的利益相关方中，找到合资方、合作者、参与者和平台的多边平衡关系，确定"三商"组合，做好顶层设计，建立起交易结构和规则。物流信息平台商业模式如图 11-3 所示。

　　① 平台顶层设计。

　　● 以资本为纽带，发起设立平台公司。

　　目前，平台市场正处于激烈的竞争和发展中，平台之间彼此竞争、相互渗透，只有实现大规模的合纵连横才能具备较强的市场竞争力。股权关系是相对稳定、长久的利益链接方式，平台通过产权把利益相关者联系在一起，实现对资源的优化整合，有效地塑造核心竞争力和持久的竞争优势。遵循价值趋同、优势互补、门当户对的原则，选择股东方，共同发起设立平台公司。

　　● 以信息为纽带，建立联盟合作模式。

　　通过分工协作、代码共享等方式形成协作联盟，实现物流资源的共享。如东北亚物流信息服务网络（NEAL-NET）设立的国际性、非营利性的物流信息互联合作机制，推动中国、日本、韩国 3 国物流信息互联共享，实现区域物流的协同化、一体化，促进区域经济和运输贸易的发展。

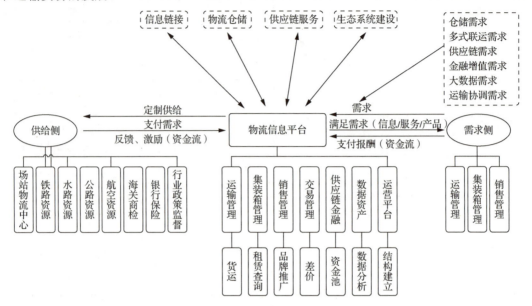

图 11-3　物流信息平台商业模式

● 以产品为纽带，实现物流运作一体化。

这种合作模式对合作各方的信用等级要求较高，或者各方有长期稳定的合作互信关系。

② 确定平台商务结构。

作为设立平台的企业，必须有自己的突出优势。打造核心竞争力，这是平台产生号召力并聚集用户的关键因素。同时企业还要在纵向上界定投资商、运营商、服务商"三商"关系，明确平台性质是集"三商"于一体，还是有选择地充当其中某个角色。

在横向上，企业要确定平台的边界，并且在价值链上进行精准定位，即选择哪些业务自营，判断哪些业务交给合作者，先启动平台哪一边，如何在短时间内形成规模效应。如部分物流平台与高校共同成立研发中心，设立技术联盟，构建平台技术架构。

案例 11－2

国家交通运输物流公共信息平台

进入 21 世纪后，"互联网＋"席卷全球，构建一个安全、高效、无缝衔接的现代物流体系成了世界各国努力的目标。国家交通运输物流公共信息平台应运而生。

1. 国家交通运输物流公共信息平台的诞生

近年来，我国的物流产业发展迅速，但与我国经济和社会发展水平，以及物流市场的需求相比，明显表现出不相适应的窘态，主要表现为物流运输效率低下、物流运输成本居高不下、物流企业效益微薄。这当中的原因是多方面的，其中最重要的原因是，存在大量的信息孤岛，导致了物流资源的大量浪费，影响物流企业的经济效益。因此，物流产业迫切呼唤信息化的解决方案。

国家交通运输物流公共信息平台应运而生。国家交通运输物流公共信息平台是由交通运输部和浙江省人民政府共同发起，多方参与共建的一个公益、开放、共享的公共物流信息服务网络，这确保了平台的官方性，数据的权威性、准确性，也确保了平台数据的海量容量。近年来，国家交通运输物流信息平台以标准制定和数据交换为主，并在此基础上，广泛地与阿里巴巴物流平台、宁波四方物流平台等系统服务商建立"应用建设及推广"合作。而交通、公安、工商、海关等管理部门信息资源的大量提供，使国家交通运输物流信息平台形成了公共数据服务的"洼地"，也成了物流园区、铁路、机场、港口等公共物流信息的总汇和物流信息服务的"一站式窗口"。

2. 弥补物流产业信息化短板

杭州市新华书店是当地物流市场的大客户。目前，它与 6 家物流企业开展业务合作。如果没有国家交通运输物流公共信息平台，它就需要和每个企业建立数据交换和查询通道，6 家物流企业又必须和它们服务的其他 20 多家贸易商建立交换和查询通道，20 多家贸易商还需要和上百家运输业者建立数据交换和查询通道……这样扩散下去，不仅工程量庞大，而且由于没有统一的数据交换标准，几乎无法实现信息互联互通和共享共用。

国家交通运输物流公共信息平台致力于物流信息"交换中心"和"数据中心"的建设。为此，它建设了一套物流信息互联共享的标准，为物流链各方信息互联互通开疆辟道。正是由于有了国家交通运输物流公共信息平台这一"信息总成"，杭州市新华书店与各合作企业只要做一次信息系统接口改造，相关企业就可以通过平台进行信息交换，实现了原来多对多数据交换到一对多交换的跨越，也将原来的多标准调用简化为单一标准调用，改变了原来使用电话、传真、即时通信软件等一对一的信息交换方法，各个物流链的作业方式实现了革命性的转变。

3. 为物流企业降本增效

目前，国家交通运输物流信息平台已实现进出口全流程的状态跟踪，并且打造了统一的信息查询窗口。使用该平台服务就能实现从货物的进出口开始到进出口结束的全面跟踪和操作，物流企业只要打开信息窗口，就能一目了然地知晓货物的实时状态。通过国家交通运输物流公共信息平台接收信息，交通物流企业普遍提高了工作效率，降低了物流成本，从而增加了经济效益。据华东医药相关人士介绍，华东医药通过国家交通运输物流公共信息平台互联互通后，物流协作效益提高了 80%，物流信息处理时间缩短了 95%，企业物流周期精简了 3%。与此同时，平台带来的社会效益也非常明显，如道路运输管理部门利用国家交通运输物流信息平台开展货物托运实名制、危险品运输监管。

4. 国家全面推进平台建设

国家交通运输物流公共信息平台作为国家重要的交通公共设施工程，已经被列为国家交通事业发展的重中之重。国家交通运输物流公共信息平台已更新上线应急物资运输和交通保障服务。有关应急物资运输保障通讯录、车辆通行证办理流程等实用信息，均可通过扫描二维码一键查询；还可直接拨打相关应急保障电话并在线求助，协助进行应急物流的流程完善工作，为突发紧急情况下的物流正常运作保驾护航。国家交通运输物流公共信息平台从提高物流供给质量出发，运用信息化的手段推进物流产业结构调整，矫正要素配置扭曲，扩大有效供给，提高供给机构对需求变化的适应性和灵活性，从而填补物流信息产业的短板，降低物流企业的成本，提高物流产业全要素生产率。从这个方面来讲，国家交通运输物流公共信息平台的建设和运行，就是交通运输供给侧结构性改革的实质性探索和大胆实践。

（资料来源：https://www.7its.com/index.php?m=home&c=View&a=index&aid=14887.

（2016-12-05）[2024-12-12]. ）

（2）互联网物流信息平台的运营模式。

目前，互联网物流信息平台的主要运营模式有政府主导模式和企业主导模式两种。从前面主要商业模式的分析中可知，政府主导模式存在与市场结合不够紧密、需要政府长期投入资金等问题；企业主导模式存在企业投资资金压力大、整体性不强等弊端。鉴于以上两种模式的不足，可以采用政府推动、行业约束、企业经营、市场化运作的运营模式。在平台的实际运营过程中，通过政府相关政策和行业协会制度的制约，应用行业准入机制和会员制管理方式进行市场化运营，提供有偿服务，即采用"谁应用、谁付费"方式进行市场运作的自主运营，实现平台的良性发展。同时，政府应该行使宏观调控职能，积极负责指导互联网物流信息平台共享信息服务价格的制定和市场引导政策的出台。

各级政府作为地方交通运输主管部门，具有交通运输管理职能、交通基础设施建设职能，在互联网物流信息平台建设中应发挥先导作用。基于对互联网物流信息平台的需求分析和功能定位，分析政府在物流平台建设运营中的作用和地位，研究政府在相关工作中的切入点，需要注意以下几点。

① 为了改变物流管理体制条块分割、部门分割的局面，政府必须加强各行业和各部门之间的组织协调。政府部门应该转变职能，强化服务意识，积极帮助企业解决实际问题，建立与国家接轨的、面向企业的服务体系。同时，各级政府部门从职能划分入手，进一步明确各级政府部门的职能和责任，理顺管理关系，建议成立一个由政府和各监管部门共同参与的专门的管理机构，在满足各监管部门要求的条件下协商和处理互联网物流信息平台建设和运营中存在的问题，保障平台的建设和运营进展顺利。

② 为了改变政出多门、相互交叉又存在盲区的现状，建议在政府层面建立协调机制进行统筹管理。由综合管理部门牵头，有关政府部门和行业协会参与，负责制定与协调对平台建设的各项支持政策。对分散在各部门的支持政策进行梳理、统筹规划、整合资源，逐步建立各地区、各部门相统一、协调、规范的政策法律体系。

③ 互联网物流信息平台原则上应坚持"谁建设、谁运营"的策略，采取政府引导、行业约束、企业自主的市场化运营模式，并建立相应的运营机制和信息共享机制。信息平台在建设招标和组建企业法人集团时应考虑运营的问题。运营机制可采用与高速公路类似的模式，即收取使用费。如果互联网物流信息平台具有合理的盈利空间，企业就有参与平台建设的积极性。由于互联网物流信息平台具有垄断运营的特点，需要考虑信息的共享机制和定价问题。

④ 互联网物流信息平台应面向企业，通过政府相关政策和行业协会制度的制约，引入行业准入机制和会员制管理方式。政府主要行使宏观调控职能，负责指导互联网物流信息平台共享信息服务价格的制定和市场引导政策的出台等。

11.2.2　互联网物流信息平台的管理

互联网物流信息平台的管理可以分为两种模式。一种是政府建设和管理的模式，互联网物流信息平台的规划、建设和运营维护都由政府直接负责，政府主导的力量很强，平台有绝对的权威性，但是缺乏市场机制，需要政府长期投入资金。另一种是完全依靠企业的建设模式，在这种模式下，平台的建设和运营完全由企业自己负责，企业可以自主经营，而且由于盈利压力的原因，企业会积极探索平台营销的方案，与市场需求的结合度相对较好，企业也会对平台的具体功能和服务质量持续改进。但是，企业无法整合政府部门的信息资源，平台缺乏公信力，难以实现中立性、公益性。

对比以上两种模式，合理的管理模式是在两者之间折中，由政府部门牵头，政府投入建设引导资金，鼓励、吸引社会资金投入，市场化运作，选择并组合具有公共服务及相关资质和有经验的单位为建设与运营单位，按照非营利企业模式进行运营管理。在开展公益性服务的情况下政府给予支持，可通过收取会员费、用户服务费、租赁费、广告费等方式进行市场运营。互联网物流信息平台的建设和运营需要在实践中不断地探索与创新。

企业管理靠制度，平台运行讲机制。机制的核心是驱动资源配置，对内形成先进的管理模式，对外构建民主、透明的生态体系。因此平台既要做好价值管理和角色分工，制定出相应的管理规则，并建立激励约束机制，又要倡导共赢、协同高效的平台文化。

1. 建立平台管理体系，提升业务的弹性与柔性

为了提高平台活力和竞争力，企业要建立与平台发展战略相匹配的管理体系，系统地提高管理活动的质量和效率。物流是复合型产业，物流平台的成功运营更需要背后庞大系统来支撑。平台公司要做好自身组织结构设计，构建区域、功能性的事业部集群，变发展阻力为动力，培育基于平台的若干微经济创客群。妥善处理好传统业务和平台业务之间的关系，找到平台与原有业务的协同点，推动物流与金融、信息、交易、人才、投资、大数据等业务的融合发展，并要适度超前地进行跨界布局。

2. 建立与平台模式相适应的文化与团队

文化管理是平台发展的必然趋势，平台文化引导多边群体达成共识，从而成为规范平台活动的内在约束力。一个没有规则的平台是无法运行的，但一个有文化的平台，它的规则是鲜活的、生动的、创新的，一个有规则又有文化支撑的平台才是充满生机和活力的。

3. 确定平台业务组合，形成发展动车组

以基本服务的标准化、增值服务的便利化、定制服务的差异化、创新服务的衍生化为标准，基于时间、空间和要素不同维度的组合，构建不同形态的物流平台。物流平台实质上是汇聚物流服务需求、物流服务资源，促进物流交易，统筹物流活动，提升物流过程协同效率的场所，业务包括交易及其配套服务、基于供应链的增值服务，从开放角度分为广度业务和自有品牌深度业务。

4. 确定平台治理机制，打造和谐共生的生态系统

物流信息平台通过为物流产业链的相关方建立起沟通渠道，形成信息集群，把分散在各个企业的资产和物流服务能力迅速聚集在一个新平台上，并为每个链接到平台上的企业设置接口，建立互动机制，构建不过分约束的商业伙伴关系，满足相关利益群体的诉求。

物流信息平台要充分发挥国家公共平台的规范和基础作用、28 家试点的引领和示范作用、行业平台的监管与服务作用，以客户需求为导向，以提高质量和效率为目标，以整合资源为手段，以降本增效为动力，以共享、共生、共同进步的理念，兼顾公平、效率、活力的原则，运用区块链、物联网、大数据、云计算等技术，共同建立治理机制和运行规则，构建分工协作体系，增进共识，推动物流平台的百花齐放和百家争鸣。倡导平台上每个企业拿出自己的长板业务，和而不同、和合共生、诚信经营，携手构建供应链生态的命运共同体。

案例 11-3

智慧物流信息平台

智慧物流信息平台应实现平台之间数据对接、信息互联，实现各地区、不同企业之间物流信息共享，实现物流活动全程监测预警、实时跟踪查询。基于对我国智慧物流的实际情况和发展需求的分析，构建一个优质的智慧物流信息平台，需明确其设计目标、业务体系以及功能体系。

1. 智慧物流信息平台设计目标

智慧物流信息平台应基于大数据、云计算、物联网、移动互联网、人工智能等新技术，建立开放、透明、共享的物流信息平台，为物流企业、电子商务企业、贸易企业、第三方物流服务商、供应链服务商等各类企业提供一体化的物流服务解决方案，从而达到物流服务一体化、物流过程可视化、物流交易电子化、物流资源集成化、物流运作标准化、客户服务个性化的设计目标。

2. 智慧物流信息平台业务体系

从宏观的物流产业管理到中观的物流供应链管理，再到微观的物流业务管控，各层面的物流业务有所不同。针对我国智慧物流的发展现状及相关企业对智慧物流信息平台的需求，智慧物流信息平台根据各层面的业务特点将其合理科学地按一定层次组织在一起，形成了智慧物流信息平台业务体系。智慧物流信息平台的业务体系，主要从智慧物流商务管控、智慧物流供应链管理以及智慧物流业务综合运营3个层面进行构建。

智慧物流商务管控主要是对商品的品类、流量流向、供需平衡及协同管理等方面进行管理；智慧物流供应链管理从供应链的角度出发，主要对采购物流、生产物流、销售物流等业务进行管理；智慧物流业务综合运营以仓储、配送、运输为核心业务，此外还包括货物信息发布、物流过程控制等一些增值业务。

3. 智慧物流信息平台功能体系

智慧物流信息平台集多种功能于一身，体现了现代经济运行特征需求，即强调信息流与物流快速、高效、顺畅地运转，整合社会物流资源，实现降本增效。其核心功能包括：智能调度与路径规划、仓储管理与库存监控、订单处理与配送跟踪、数据分析与决策支持、异常处理与应急响应。

智慧物流信息平台的实施，对企业物流管理产生了深远的影响。一方面，它极大地提高了物流管理的效率和准确性，降低了物流成本，提升了企业的竞争力；另一方面，它为企业提供了更加全面、实时的物流信息，帮助企业做出更加科学的决策，优化供应链管理，提升客户满意度。此外，智慧物流信息平台还促进了物流行业的数字化转型和智能化升级，推动了物流行业的可持续发展。智慧物流信息平台作为高效物流管理的"智慧大脑"，已成为企业提升物流管理水平和竞争力的重要手段。通过构建标准、完善功能、制定实施策略，企业可以充分利用智慧物流信息平台的优势，实现物流管理的智能化、高效化和可持续化。

（资料来源：https://www.sohu.com/a/232643350_100042069.（2018-05-23）[2024-12-12].）

11.3 互联网物流信息平台的应用

随着互联网信息技术的深入发展，各种形式的互联网物流信息平台开始涌现，下面以目前国内的云仓平台、车货匹配平台、校园智慧物流平台、园区平台和冷链物流公共信息平台为例，介绍中国互联网物流信息平台的基本应用状况。

11.3.1 云仓平台

近年来，社会消费品零售总额持续增长，市场对仓配的需求持续升温。

【云仓】

云仓的"云"指的是"网络云"，在全国建立分仓、信息共享，分仓为云，实现配送网络的快速反应，不仅可以根据数据分布库存，有很强的自动化订单履行能力，还可以货主为单位对全渠道库存分布自动进行调拨，对库存进行集中和优化，并拉动上游供应链的补货。云仓主要有以下 4 个优点。

（1）时效快，就近匹配，仓配一体，减少出库时间与中转时间。

（2）成本低，提前备货与分仓库存共享，降低了干线转运成本与库存成本。

（3）管理智能化，可以实现库存共享、需求预测、智能匹配最优路径。

（4）体验优化，物流环节的减少，降低了货物的破损率与流转作业时间。

云仓的优势主要在于整个链条的所有数据都能在云上共享。例如，对于品牌产品的销售数据，商家可以直接调取并进行分析和预算，实现最佳的生产方案，真正实现按需生产、合理生产、减少资源浪费，进一步避免库存过剩及资金周转不灵，同时还可以根据终端的客户需求调整商家的销售策略，实现利益最大化。

根据参与方企业类型的不同，可将云仓大致分为电商平台、快递快运企业、第三方仓储三大类，它们各自利用自身优势快速进入云仓市场。

（1）电商平台。

电商平台类的云仓大多由电商平台自建，主要服务于电商平台自身的商品仓储，通过全国区域分布式布仓、协同化仓储，利用平台大数据分析，实现整体化效率的提升，以此改善消费者的客户体验。例如，京东、苏宁、天猫、唯品会等平台通过大数据分析，进行全国布仓，缩短配送时效，优化客户消费体验。

（2）快递快运企业。

快递快运企业凭借自身全国网络健全、配送能力强大的优势进行云仓布局，实现仓—干—配网络的高效结合。全国云仓通过大数据驱动，链接到原有运力网络为客户提供高效的整体化供应链策略。例如，顺丰、百世、韵达、中通等纷纷建立自己的云仓体系，提升原有运力优势，为客户提供高效的整体化服务。

（3）第三方仓储。

在互联网的推动下，"物联网+仓储"的形式催生一批传统第三方仓储企业踏上了云仓探索之路。第三方仓储企业凭借原有仓储业务的优势，依靠互联网技术，利用大数据为客户提供更优的仓储方案，但仓储只是供应链中的一部分，需要结合更强的落地配服务体系才能满足客户多样化的需求。例如，发网、中联网仓、浙江网仓等企业在全力做好基础仓储业务的同时，利用互联网大数据发展云仓，完善落地配功能，满足客户需求。

云仓目前还存在着建造成本高、回报周期长、需求匹配度高等问题，但在互联网物流和电商的推动下，云仓必定是未来物流企业的发展趋势。云仓的发展呈现以下几个特点。

（1）规模化行业整合。

无论是自建仓储还是整合仓储式的云仓，其核心不是硬件的仓库，而是需要强大的配套软件系统支持，即云功能。云仓是以大数据等科技赋能物流仓库的产物，不但需要企业拥有高标准的客户服务能力，还需要企业具有强大的科技实力，因此小规模的云仓企业最终将会被行业强者吞并或走向消亡。市场上将会出现规模化巨头，形成行业壁垒。

（2）多级云仓分布。

随着电商规模的扩大，云仓的客户从大城市逐步下沉到乡村，底层市场需求的扩张受到刺激。强大的市场、高标准的客户体验需求必然需要云仓逐级下沉，形成核心城市云仓—地级城市云仓—三、四线城市云仓的多级分布形式，为客户提供全面、高效的一站式云仓储物流服务。

（3）数据共享。

云仓的核心在于数据，即物流链条相关方所有的数据上云并共享。厂商实现按需生产，卖家便于调整销售策略，物流企业可以优化仓储备货、中转运输。而目前将数据完全公开共享存在难度，但随着数据的重要性和价值得以充分体现，当其利弊完整地呈现在大家面前时，多数企业将会公开数据，真正的云仓也终将落地开花。

11.3.2 车货匹配平台

在传统物流业的链条中，货物、车辆、仓储三大要素都处于相对信息不对称的"孤岛"状态，缺乏有效的信息共享渠道，物流供方与需方信息不对称。随着信息技术的发展，公路货运信息平台越来越成为解决车货匹配问题的重要载体。在移动互联网快速发展的背景下，车货匹配平台采用大数据、云计算等技术，解决了传统公路货运信息平台匹配效率低和信息不透明等问题，实现了车货快速、高效、安全的匹配。

1. 移动端车货匹配平台的业务模式

在"滴滴"和"快的"两大打车应用软件介入出租车市场的同时，也有大量资本以车货匹配为切入点进入货运市场。目前，货运市场中的货运 App 运营者主要有以下三类。一是传统物流公司。某些多年从事物流行业的企业，希望通过引入货运 App 提升企业竞争力，扩大市场占有率。二是从事物流信息系统或 GPS 定位系统服务的公司。它们有着信息化的优势，并且一直服务于物流企业，对物流行业有相对深入的了解和认识。三是互联网公司。这种公司单纯从事互联网运营，看好车货匹配发展前景，希望先通过增加装机量和客户留存率来实现规模化运作，再考虑盈利模式。这三类运营者各有优势，但他们的发展的重点都是将用车需求汇集到平台上，只收取小部分的佣金，怀着"先做规模再赚钱"的愿景，先实现数据沉淀，再借力大数据进行业务开发，后期希望通过大数据、汽车金融、保险、汽车后市场业务来作为主要的盈利点,这与其他相关的车货匹配平台的发展路径基本相似。由于车货匹配 App 一方面连接着公路货运市场的车主(包括个体车主和货车公司),另一方面连接着公路货运需求的货源方,因此,车货匹配平台的发展不仅是决定这三类运营者业务发展的重要环节,也是决定我国公路货物运输市场组织发展的关键所在。

车货匹配平台不仅仅是信息提供方,还深刻介入了车货双方交易的全过程。对货主来说,平台是一家货代企业,可以帮助其找到合适的车主;对于车主而言,平台又是一家车代企业,可以帮助其找到合适的货源。但与传统的中介、车货代不同的是,这些服务在车货匹配 App 上基本都是以免费形式出现的。更重要的是,由于平台还集合了在线交易、货物保险、业务全程管理等多种功能,因此,它还相当于一个在线的"无车承运人",可以提供多项增值服务。

2. 车货匹配平台的主要功能

目前,大部分车货匹配平台的服务方式主要有计算机端、App 端浏览,以及微信公众号信息推送,基本涵盖了当下主流信息浏览方式。其一般过程为:货源方把自己的需求发送到网上,平台把信息通过短信、软件推送等形式发送给车主,车源方通过平台进行网上竞价抢单确定业务归属,车货双方签订合同后完成交易。车货匹配平台一般包括以下主要功能。

(1)货源信息发布。货源方在线发布货物信息,包括货物的名称、类型、照片及运输信息和结算信息。其中,运输信息包括重量、车型、装货地、卸货地及装、卸货时间等。结算信息包括意向价格、结算方式等。货物照片可以通过 App 端的照片上传功能进行上传,计算机端会自动同步更新。

(2)公平竞价接单。车源方一旦参与竞价,就承诺以该价格执行,如果不履行、不签单,平台方将扣除其竞价保证金以补偿货源方。平台方将只提交较低价的前几名竞价给货源方进行选择。车源方在搜索货源信息的同时可以看到回程货源,以便合理提交竞价。

(3)在线签署运输协议。在线签署的电子协议作为交易依据,明确了路线、价格,划清了双方的权责并提前规避风险,以确保货、车双方的利益。货源方也可以通过电子协议对货品运输过程中要注意的相关事项和要求进行个性化定制。

(4)在线安全支付。移动互联网车货匹配平台大多支持使用网银、支付宝以及银行的担保支付交易平台来支付信息费、运费和货款等,方便客户线上支付,降低了支付风险。

(5)货物在途管理。货源方可以依托 GPS、北斗卫星导航系统随时跟踪货物运输情况,掌握货物在途信息。车源方可随时登录定位平台,掌控车辆运行及位置信息。

(6)交易诚信评价。平台大多提供车、货双方信用互评及点赞、拉黑等功能,在实现交易记录存储的同时,通过货车司机服务的透明化和公开化,也给其他货主在交易选择时提供了参考依据,从而可以促进行业服务及诚信水平的提升。

(7)双重风险保障。车货匹配 App 发展初期遇到的一个典型问题就是货物安全问题,现在,许多平台不仅提供货物保险,而且提供风险保证基金,实行先行赔付原则,切实保证货物托运零风险。

(8)多种增值服务。许多车货匹配平台不仅仅是信息交易平台,还提供多种增值服务,包括回单服务、货车 ETC 业务代办服务、统一开具运输发票服务、代结算运费服务、代收代付货款服务和提供装卸设备人员信息服务等。

满帮集团宣布投资巴西车货匹配平台 TruckPad

2019 年 11 月 8 日，满帮集团（Full Truck Alliance）宣布战略投资巴西车货匹配平台——TruckPad，并通过其运营经验和技术支持助推 TruckPad 在拉美地区快速发展。

TruckPad 成立于 2013 年，是巴西及拉美地区成长最快的车货匹配平台，卡车司机通过 TruckPad 可就近匹配优质货源，其 App 下载量超过 100 万次。TruckPad 的创始人在巴西有 20 多年的物流从业经验，此前，TruckPad 还曾获得地图服务提供商 Maplink 和巴西领先的物流解决方案提供商 Estrela 的投资。

截至 2023 年 6 月，满帮集团业务覆盖 339 个城市，平台拥有认证司机用户 1 000 万，认证货主用户 500 万。经过多年发展，满帮集团在智能车货匹配、大数据路线推荐、金融保险服务等方面拥有成熟的运营经验，投资方包括腾讯、国新基金、软银愿景基金、谷歌资本、老虎基金、红杉资本、光速中国等。

（资料来源：https://pe.pedaily.cn/201911/448286.shtml.（2019-11-08）[2025-01-07].）

11.3.3 校园智慧物流平台

随着网购的兴起，以及云计算、物联网、移动互联网、大数据、商业智能等新兴信息技术在高校的广泛应用，高校的生活环境也在逐步发生改变。校园智慧物流平台也像食堂、宿舍、宽带一样，正在逐步成为大学校园的基础设施。过去，校园是基于教学楼、宿舍、食堂、道路等基础设施形成的一个相对封闭的环境，随着互联网改变了社会的沟通交流方式，物流将成为影响未来校园形态的重要元素。基于智慧物流和大数据等现代商业基础设施，大学校园将向智慧校园和未来校园迈进。

校园智慧物流平台通过快递包裹收发系统，在网络数据支持的基础上，以校园门店的形式为顾客提供包裹收寄等综合物流服务。校园智慧物流平台鼓励一般的门市房加盟，使其覆盖面更广。一般的门市房可以直接联系第三方运营公司加盟，这样既减少了投入，又使加盟更加便捷。校园智慧物流平台是高校终端物流的专业系统平台：①通过 PC 端+无线手持 PDA，或无线靶枪，实现快递包裹低成本的快速出入库及一般问题件、公务件的分类处理；②通过菜鸟电子面单系统，结合菜鸟裹裹、支付宝移动端、天猫淘宝等在线寄件入口为用户提供快递面单免手写服务；③通过和高校信息系统的联通，逐步实现多样化的校园本地化物流服务。

校园网络的无线端产品可以实现快递寄送、淘宝天猫及主流快递公司的一般物流查询、附近搜索及收寄件管理服务，同时还可以实现包裹全链路跟踪预测及对物流服务进行评价。通过末端取送件众包服务，学生在不方便上门取件时，可以用在线发单的方式委托通过实名认证注册的工作人员，由其按照双方线上约定的时间和方式到取货点取货或上门代取包裹。

依托校园网络的数据平台，校园驿站通过对接用户在电商平台的物流数据，实时监控包裹运转情况，按照可能的来件高峰量提前准备、合理分配仓储场地及按需配置人员，可以提高末端快递的处理效率，避免站点爆仓、取件困难及运力浪费等风险。

另外，校园驿站还可以在全国建立区域服务商体系，通过服务商本地化的快速响应，有效保障校园驿站提供规范统一的服务标准。

案例 11-5

菜鸟驿站无人车

2020 年 5 月 21 日，菜鸟驿站宣布，已在全国多地使用无人车送快递：在杭州、成都、上海、天津等地，部分小区居民、高校师生已享受到无人车送快递服务。据了解，每台无人车可存放 18 件快递，充一次电可行驶 40 多千米，满足全天需求。此外，无人车有着领先的自动驾驶技术：遇到门禁，自动感应；遇到行人，停步；碰到障碍，绕行；识别道路，自动转弯；到达单元门，自动停驻。

除了无人车送货，菜鸟驿站还通过其他高科技方式，为社区等提供科学方案、无感体验：扫码进站、错峰取件，智能扫码、无感取件，还有刷脸寄快递等，带来一站式服务。除了快递包裹，菜鸟驿站无人车还可送生鲜、外卖等。菜鸟驿站方面表示，未来无人车将在更大范围内落地，极大提升消费者体验。

（资料来源：https://new.qq.com/omn/20201203/20201203A07K2Q00.html.（2020-12-03）[2025-01-07].）

11.3.4 物流园区平台

物流园区是社会物流的重要组成部分，物流园区平台是公共服务的重要载体和实现途径，也是集合了多种物流功能的重要节点，对物流业的发展有巨大的促进作用，对促进产业发展和园区发展、环境改善具有重要作用。产业园区公共服务平台建设已经引起国家和相关部委的高度关注，《国务院关于加快培育和发展战略性新兴产

【京东 5G 物流园区】

业的决定》明确提出，要加强产业集聚区公共技术服务平台建设，促进中小企业创新发展；围绕关键核心技术的研发和系统集成，支持建设若干具有世界先进水平的工程化平台。随着互联网技术、云计算与大数据的运用，物流园区正在发生着巨变，从过去传统单一的货运型物流园区转向数字化、网络化、智能化的现代新型综合服务物流园区。

物流园区平台利用互联网和物联网信息技术，打造"互联网+物流"一站式服务平台，推动智慧物流配送体系建设。通过整合上下游资源，引进货运企业、仓储企业、快递企业、物流金融企业、政府监管单位以及综合服务配套企业等，促进物流与制造、商贸、金融等领域互动融合。

1. 物流园区平台的产生背景

（1）物流地产市场竞争加剧，优质物流用地日益稀缺。

考虑到"仓储物流园区具备不可替代性""土地资源稀缺且具升值潜力"和"物流行业

整体向好"等因素，许多地产商纷纷入局物流地产领域，物流园区竞争不断加剧。土地成本上升使得依靠土地红利的传统地产模式收益下降，迫使物流地产商必须进一步提升园区土地利用率，提高有限土地的产出值。物流园区平台应运而生。

（2）电商客户需求倒逼物流园区数字化、智慧化转型。

整个产业的经济结构调整和以电商为代表的互联网业态成长，对以快递为代表的物流产业提出了更高要求，对物流园区（超过 50%的物流园区有快递类企业入驻）的服务能力提出了新挑战——最显著的变化就是多品种、小批量、单件化的作业总量增加及效率要求大幅提高。物流园区必须进行数字化、智慧化转型，来应对这些新挑战。

2. 物流园区的业务模式

园区平台的理念是打造"供应链+大数据"驱动的物流生态圈平台，其智慧物流平台汇聚大量的物流企业、货主企业与社会车辆资源，以及长期经营交易积累的大数据，基于大数据与客户网络为大量物流运输配套服务供应商提供了客户群和方便的销售入口，并且中小物流企业在其互联网环境下也能实现转型升级。简言之，园区平台以全国连锁的公路港物流园区网络为线下载体，集聚物流各要素资源，以天网"云物流服务+云数据服务"为核心，以标准化流程和服务为基础，实现信息集聚、信息交易、信用体系、支付结算、金融保理、保险理赔、生态圈打造等一系列的产品和服务体系，打造全方位、立体化的 O2O 物流平台生态圈。园区平台实行的是以网络布局的实体平台为基础，以科技互联的信息平台为支撑，以标准产品的服务平台为核心，以海量交易的流量经济为导向的业务模式。

园区平台可以借助互联网和移动互联网的手段让整个产业链的成本得以实现最优的配置。园区平台基于园区的互联互通具有如下价值：作为第三方甩挂运输的园区平台，实现园区运营透明化；通过园区来管理物流运输的透明化，整个物流运输的过程能够实现可监控、可追溯；园区当地信息平台和全国信息平台、园区互联平台能实现"三网"（天网、地网、车网）通过供应链协同连接，形成基于互联网的生态圈。物流园区平台系统结构如图 11-4 所示。

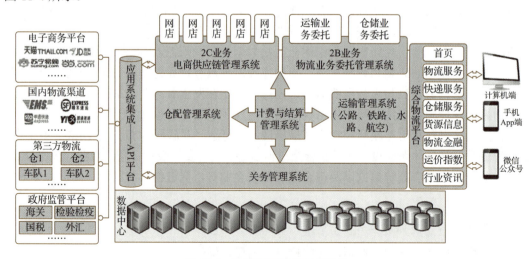

图 11-4　物流园区平台系统结构

3. 物流园区的功能

（1）物流信息高度集成共享。

充分利用互联网信息技术，实现物流园区的物流信息高度集成共享功能。将物流信息平台的网点、仓储、运输、配送等信息进行高度集成，实现所有信息资源的智能化匹配，全面提升物流园区的整体资源利用效率，提升物流园区的物流服务能力。全力建设现代化的区域物流服务网络，将其建设成以城市为中心、辐射周边、具有较强竞争力的现代物流产业服务体系。借助信息服务水平的大幅提升，进一步提高配送的规模化和协同化水平，同时实现快速便捷、绿色高效的城乡共同配送渠道的有效畅通。

（2）搭建物流资源深度整合平台。

适应"互联网+"物流园区战略规划与运营要求，积极搭建物流资源深度整合的平台。以物流园区为载体，实现物流园区功能的组合，构建综合功能合理、服务功能全面的物流园区服务综合体，并以此形成物流园区管理模式的规模发展，实现科学、规范和统一的管理调动，发挥现代物流园区的应有作用。在农村逐步建立起可行的现代服务体系，推动现代服务业与现代农业高度契合和有机发展，进一步提升物流信息监控和调度水平，提高物流信息分析预警能力。逐步深化区域间的物流合作机制，提升区域物流一体化发展的内在水准和格局，在客观上保证物流基础设施实现互联互通和信息资源共享，进一步提升面向全球化、国际化物流服务的水平，真正构建起国际国内物流一体化运作发展新框架。

（3）建设完整的现代物流服务体系。

通过"互联网+"物流园区的战略规划和运营，建设完整的现代物流服务体系，建立起物流园区服务中"需求端、供应端、信息端、管理端"的有序链接，增强物流增值服务内容，拓展物流利润发展空间，提升现代物流园区核心竞争力。

案例 11-6

智慧物流园区管理平台

智慧物流园区管理平台为了保证整个物流园区信息化系统以及系统承载业务的高效运转，真正实现现代化物流园区"服务平台化、管理智能化、业务协同化、信息物联化"的发展要求，有效增强物流园区管理层面的快速反应能力和调度指挥能力，提升日常管理效能，将其功能模块划分为以下几个部分。

1. 指挥中心

指挥中心是物流园区管理人员日常值班、指挥调度的重要场所。物流园区指挥中心的建设目标就是结合指挥中心工作特点，以指挥技术和信息技术为主导，充分运用现代通信技术、网络技术、自动化技术、电子监控等先进技术，构建以数据传输网络为纽带，以计算机信息系统为支撑，集语音、视频、计算机网络、图像监控、三维定位等多种功能于一体的现代化、网络化、智能化指挥决策中枢。

2. 网络承载系统

网络承载系统是以 IP 通信平台为基础，实现特定环境（如仓储区域、装卸区域、办公区域等）中的不同资源（网络资源、存储资源、计算资源）在各项业务之间运行的全部数字化，利用标准的 IT to IP 解决方案，以 IP 技术为标准技术，利用 SaaS 开放架构实现对 IT 平台的统一集成支撑。

3. 无线网络系统

智慧物流园区的无线网络系统可以实现仓储区域和装卸区域无线网络覆盖，承载物流手持终端无线接入，实现所有无线接入点统一管理，如无线参数分发、无线接入点间自适应、无线安管、RF 监测、无缝漫游等；实现无线接入点的安全认证，认证功能可实现分区，如在物流作业区实现密码认证，在办公区域实现 Portal 认证以及 Portal 广告推送；实现无线接入点的分区化管理，不同的区域连接不同的无线网络，以及分配不同的认证方式。

4. 机房管理系统

根据国家 B 类机房的建设标准，按照功能与美观兼具的设计思想，建设一个现代化的，具备先进性、实用性、安全性的物流园区机房管理系统。机房管理系统包括装修系统、供配电系统、接地与防雷系统、不间断电源系统、空调与通风系统、环境监控系统、综合布线系统、门禁系统、视频监控系统、消防系统。视频监控系统是整个物流园区管理系统的重要组成部分，是在网络承载系统的基础上实现视频监控的分项子系统，从而使得处于园区管理平台上的各级领导可以随时随地通过网络环境监管园区的安防、作业区的安全生产，以及园区综合业务的运营状况。

5. IP 电话系统

传统的 PSTN 电话网络是一种以模拟技术为基础的电话系统，随着数字化园区的兴起，传统的模拟监控系统已经走向了数字化，因此，电话网络也同样可以采用数字化通信方式，完全可以利用现有的 IP 网络承载系统建立起一套数字化的电话系统。PSTN 电话网络有着通信费用低的优点，但其数据传输质量和传输速度很差，同时 PSTN 的网络资源利用率也很低，而且其扩展效率也很低，需要大量布线。

6. 停车场管理系统

为了解决车辆无法快速出入停车场的问题，需要开发一套基于车牌识别技术的解决方案，用来实现车辆无须停车的出入管理，解决因车流量过大而带来的拥堵问题。

7. 温湿度监控系统

温湿度监控系统分别对园区内所有温度、湿度传感器进行平面化管理，记录传感器的类型（温度/湿度）、安装位置、厂家、安装时间、历史数据、报警记录等信息。负责监控的人员可以通过列表或平面图的方式分别对温度、湿度传感器进行查看。当某一传感器数据超过阈值时，系统可自动报警，报警方式包括弹出框提示、声音提示等。功能与实现方式与安防监控系统类似。

8. 云巡更系统

考虑到物流园区的信息化需求，也为了实现现代化的信息管理目标，建议将云巡更系统加入智慧物流园区管理平台。云巡更相比传统电子巡更，最大的区别在于将传统巡更系统必需的巡更管理软件和巡更管理计算机移到了云端，对巡更数据的访问和查看也相应地在云端完成。同时，云巡更支持手机 App 操作，不仅能在线记录巡更，还能把巡更当作一种园区系统维护的保障体系。

11.3.5 冷链物流公共信息平台

冷链物流是指冷藏冷冻类食品从生产、储藏运输、销售到消费前的各个环节中始终处于规定的低温环境下，以保证食品质量、减少食品损耗的一项系统工程。冷链物流需要以冷冻工艺学为基础，运用专业制冷技术，对科学技术要求很高。

2019 年，中国生鲜市场交易规模达 2.04 万亿元，同比增长 6.8%；中国食品冷链物流总额突破 6 万亿元，同比增长 27.08%；肉类产量、牛奶产量和水产品产量合计达 1.73 亿吨，而这些农产品在生产、储存或运输的过程中均涉及冷链环节。随着我国城乡居民收入水平不断提高，消费者对食品的多样性、营养性、口感需求亦大幅提升，加之生鲜电商市场快速崛起，共同助推冷链物流行业进入了发展快车道，市场规模持续扩张。2024 年，我国全年冷链物流市场需求总量为 3.65 亿吨，同比增长 4.3%。

由此可见，冷链物流市场发展空间巨大，但冷链物流投资需求大，大部分企业规模较小、设施不完善，成为制约冷链物流发展的重要因素。随着"互联网+物流"的兴起，建立冷链物流公共信息平台成为解决问题的一个重要手段。冷链物流公共信息平台可以促进我国冷链物流资源的整合利用，增强不同区域冷链物流公司之间的信息共享和业务协作，提高冷链物流企业的管理水平和服务品质，有助于冷链物流的发展。

1. 冷链物流的发展趋势

（1）智能化。

随着信息化技术的升级改进，无人化、智能化是大势所趋。随着快检系统分选设备、无人车的使用，冷链物流效率将进一步提升。随着节能环保产品的开发，冷链成本将逐步降低。

（2）短链化。

"更快"是生鲜冷链物流的发展方向，未来短链模式将持续深化，一方面冷链物流链路将会缩短，中间环节将会减少；另一方面冷链物流仓配端与消费者的距离会更近。

（3）精细化。

一方面，随着制冷工艺的完善和冷链设备的创新，冷链物流温区的划分将越来越精细化；另一方面，冷链物流的管理将越来越精细化，在温度控制、品质控制、线路优化、人才培养方面进一步提升。

（4）平台化。

未来，企业在满足自身业务的基础上，从自营冷链物流走向平台化将成为必然，从而为更多的企业提供服务，增加自身收益，拓宽产业链，实现高效发展。

冷链物流公共信息平台可以将冷链仓储能力、冷链运配能力和冷链货流信息作为交易服务对象，融入信息服务、交易撮合、在线支付、物联网、车联网、库联网技术应用、物流金融、保险、冷链物流咨询等增值服务，聚集国内冷链物流货主、买家、中间服务商、设备厂商等资源，通过信息共享、整合资源，降低社会物流成本。冷链物流公共信息平台还可以应用大数据、物联网、车联网和库联网，为供应链用户节约 10% 以上的物流成本。

2. 冷链物流公共信息平台的特点

（1）实时的过程化管理。

冷链物流公共信息平台将温度传感器、GPS 定位终端、门磁感应器、RFID 温度标签、摄像头、调度屏等技术进行综合应用。通过使用 GPRS 移动通信技术，可以使在外车辆的作业数据（温度、位置等）都能随时随地发往服务器，同时用户还可获得实时物流信息，因此，整个冷链运输过程都能被实时监管。

（2）安全责任定位明确。

通过信息平台的数据查询分析功能，可以得到异常温度、时长、路段、车辆信息，用以确定事故责任人和食品受损程度，避免责权不清。

（3）统一平台，数据共享。

冷链物流公共信息平台支持多方企业和单位之间的通信与业务往来。食品企业和物流企业共享业务记录与监测数据，实现分级查询，不仅有利于食品企业维持产品质量，而且可以帮助物流企业实现内部管理，提升工作质量。

本 章 小 结

本章阐述了互联网物流信息平台的应用，介绍了典型的智能仓储管理系统、智能配送系统、智能物流过程控制与货物状态查询系统及智能决策支持系统。同时，讲述了互联网物流信息平台的运营及管理。通过本章的学习，读者能够了解典型的互联网物流信息平台及其运营组织与管理。

知识巩固与技能训练

一、名词解释

互联网物流信息平台、TMIS、平台终端集成应用、文化管理、云仓平台、车货匹配平台、校园智慧物流平台、移动端车货匹配平台。

二、单项选择题

1. 互联网物流信息平台是指（　　）按照现代管理思想、理念，以信息技术为支撑所开发的信息平台。

    A. 物流企业　　　　　　B. 信息规整　　　　　　C. 政府部门　　　　　　D. 信息技术人员

2. 互联网物流信息平台是满足现代物流（　　）趋向的关键设施。

    A. 制度化　　　　　　B. 系统化　　　　　　C. 速度化　　　　　　D. 信息化

3. （　　）监管互联网物流信息平台是其他互联网物流信息平台的核心，对其他互联网物流信息平台进行监督和指导。

    A. 政府　　　　　　B. 企业　　　　　　C. 部门　　　　　　D. 集团

4. 企业级互联网物流信息平台通常在公司的（　　）系统基础上提供物流信息服务。

    A. 智能　　　　　　B. 监管　　　　　　C. ERP　　　　　　D. 信息

5. （　　）互联网物流信息平台是指对一个特定的自然或行政区域内的物流业务及物流过程中产生的物流信息进行采集、分类、筛选、存储、分析、评价、反馈、发布、管理的公共的信息交换平台。

    A. 部门级　　　　　　B. 政府级　　　　　　C. 行业级　　　　　　D. 区域级

6. 互联网物流信息平台的综合定位关键在于以（　　）为基础，构建综合性的信息交换和共享的介质性平台，成为一个高度集中的电子商务信息管理系统。

    A. 政府监管　　　　　　B. 系统　　　　　　C. 协议　　　　　　D. 信息

7.（　　）可以通过利用物联网技术构建综合智能互联网物流信息平台，实现基于物联网的智能互联网物流信息平台的运营。

    A. 物流企业　　　　B. 快递员　　　　C. 商家　　　　D. 用户

8. 互联网物流信息平台作为智能化的综合平台，在其运营结构中，货物信息的（　　）是平台运营的基本功能。

    A. 信息交换　　　　B. 交互　　　　C. 数据处理　　　　D. 感知

9. 为实现信息平台下物流信息数据的共享，（　　）应在保证物联网设备正常配置及运行的同时，对物联网网络进行运营维护与管理，如基础数据的维护管理、物流信息质量的保障管理等。

    A. 人工智能　　　　B. 通信技术　　　　C. 设备供应商　　　　D. 信息处理

10. 物流业务（　　）是基于物联网的智能互联网物流信息平台运营的主要功能之一。

    A. 规范化　　　　B. 智能应用　　　　C. 信息　　　　D. 协同

三、多项选择题

1. 在"互联网+物流"时代，各种物流信息平台竞相登场，如何对其进行合理（　　），成为政府部门、行业管理机构和企业需要关注的要点之一。

    A. 运营　　　　B. 规划　　　　C. 组织　　　　D. 管理

2. 目前我国的现代互联网物流信息平台根据服务领域、支持环境、技术要素和运营主体的不同，可以分为（　　）几类。

    A. 企业级互联网物流信息平台　　　　B. 行业级互联网物流信息平台
    C. 区域级互联网物流信息平台　　　　D. 政府监管互联网物流信息平台

3. 行业级互联网物流信息平台可以分为（　　）三类。

    A. 针对物流行业本身　　　　B. 针对物流运输方式的不同
    C. 针对政策创新的不同　　　　D. 针对物流服务行业的不同

4. 区域级互联网物流信息平台是指对一个特定的自然或行政区域内的物流业务及物流过程中产生的物流信息进行（　　）等的公共的信息交换平台。

    A. 采集　　　　B. 分类　　　　C. 筛选　　　　D. 存储

四、复习思考题

1. 简述互联网物流信息平台的概念及其规划建设的必要性。

2. 简述互联网物流信息平台的建设需要使用哪些技术。

3. 互联网物流信息平台的运营模式有哪几种？它们之间有何区别和联系？

第 **12** 章
互联网物流的跨界融合与发展

【知识框架图】

【学习目标】

1. 了解互联网物流跨界融合的发展历程。

2. 初步掌握物流与新零售、物流与电子商务，以及物流与供应链金融的基本概念及基本方法。

3. 了解并初步掌握互联网物流管理策略、配送服务管理流程。

【能力目标】

1. 具备说明互联网物流跨界融合作用的能力。

2. 初步具备互联网物流运营管理的能力。

12.1　互联网物流的跨界融合

随着互联网信息技术的快速发展，物流行业不断发生变革，并逐步开启"智慧物流时代"。机械化、自动化的物流技术与云计算、大数据的分析技术结合，为物流行业自动化及智能化的运营创造了条件。同时，互联网技术条件下信息的快速传播，也为物流行业的资源整合及跨界融合提供了媒介。

物流与商流密不可分的特性，使物流自身具备与其他行业相融合的便捷性。通过跨界融合，物流既能发挥自身资源管理、运输等的优势，又能与其他行业的应用相结合，实现资源的优化配置。一方面，利用物流多元无疆的特征，可以实现物流多元网络互通转向，超越单一网络的局限性，实现物流网络化、系统化；另一方面，相比于以往单一的长期战略规划，现代物流企业战略布局也更灵活多变，充满更多的可能性，更有利于不断拓展市场，促进物流产品创新，创造出满足时代需求的产品。

"互联网+"时代，跨界成为一种流行的姿态。物流的管理模式已经超越了单个企业，在整个产业的平台上进行资源的整合和优化。物流的跨界融合既是物流行业争夺未来话语权的关键，也是未来企业发展的必经之路。

12.2　物流与新零售

12.2.1　新零售的概念

"新零售"这一概念出现于2016年10月，并迅速为人们所接受，国内零售行业的巨头在2017年开始在新零售道路上前进，无人便利店、实体生鲜店等不断涌现，新零售正式走入大众视野。新零售是以互联网为基础，以大数据、云计算、物联网技术应用为支撑，整合供应链与实体店，采取"线上+线下"全渠道经营模式，以消费者为核心，与现代物流协同发展的零售运营模式。

新零售和传统零售相比，具有线上线下紧密关联、优势互补、合作共赢等明显的特点。消费者的购买行为呈现线上线下融合的明显趋势，线上了解线下购买、线下体验线上购买的行为十分常见。电商的优势在于数据，体验是其劣势；而实体店的优势在于体验，数据是其弱势。在流量红利结束、消费升级的大背景下，线上企业比拼的不再是低价，而是服务和体验，因此阿里巴巴等线上巨头纷纷拥抱线下企业，致力于打造线上线下消费闭环。线下实体店作为流量新入口，弥补了传统电商业务中的高端用户群体数据的缺失，助力线上企业描绘多维且清晰的用户画像，并能够依托线上数据提高营销精准率，提高经营效率。

因此，新零售的本质就是对人、货、场三者关系的重构。人对应用户画像、数据，货对应供应链组织关系和品牌关系，场对应商场表现形式。场是新零售前端表象，人、货是后端的实质变化。

京东7FRESH

2020 年 3 月，京东零售集团旗下业务 7FRESH（七鲜）市集（以下简称 7FRESH）确定进驻北京商业升级代表项目——赛特·碧乐城，该店结合"生鲜超市+七范市集"的概念打造新型的生活体验空间。7FRESH 重视蔬菜、生鲜、美食和生活的紧密联系，力争打造北京最具烟火气、人情味的高级食材地标。7FRESH 一直坚持在零售领域不断创新和探索，塑造针对不同场景、不同用户、不同时段需求的超市业态。2019 年年底在北京相继落地的两种新业态"七鲜生活"和"七范儿"分别定位美食生鲜社区超市与白领社交空间。

7FRESH 坚持品质零售，满足消费者多元化需求，以"生鲜超市+七范市集"的全新业态为组合，聚焦新生代和中产阶级的复合消费群体，其中"生鲜超市"部分汇聚生鲜、美食、美酒、水果等近 5 000 个品类的优质商品，为消费者提供丰富的购物选择，赋予品质所需，同时其门店还提供 3 千米范围内的配送服务，而不断迭代升级创新的黑科技在门店的应用，也让消费者在享受便捷的同时，对购物的各环节更放心；"七范市集"部分集合国际化和中国地道的特色产品，以地域为主线组织商品及服务，侧重打造兼具主题场景街区式布局与个性化的体验空间，满足消费者从购物到就餐的"一体化消费"需求。

【社区团购规范】

7FRESH 正在快速提升库存和补货频率，并利用京东供应链优势在全国范围寻找高品质的安全货源，确保市场生鲜供应。

（资料来源：网络资料整理。）

12.2.2 新零售诞生的原因

1. 技术原因

新商业基础设施初具规模，人工智能等新科技的成熟为新零售的诞生奠定了基础。互联网、移动互联网、云计算等数字经济基础设施的完善保障了数据的高速传输；物联网、传感器从个性化推荐、自动结账、布局优化、帮助消费者筛选繁杂的信息、节约排队时间等方面提升消费体验；互联网发展逐步释放经济与社会价值，推动了全球化 3.0 进程。

2. 消费者原因

首先，消费者数字化程度高，我国网络购物消费者数量的增长速度远高于其他国家，2020 年在"双十一"到来前网络购物占比达到 93%，远超美国"黑五"的网络购物占比 35.2%。伴随消费者数字化意识的提高，部分品类的商品已达到 50%以上的线上渗透率，消费者购物独具全渠道特色，平均来看我国消费者与互联网的紧密联系显著高于世界其他国家同龄的消费者。

其次，我国消费不断升级。近年来，我国经济对世界经济增长的贡献总体上保持在 30%左右，成为世界经济增长的最大引擎。我国消费者的消费模式正在发生转变，消费结构与发达国家日益相像。未来消费将从数量消费向品质、品位和品格消费的方向发展，消费者追求消费的同时获取更多附加值，满足更多从物质层面到精神层面的需求。

3. 市场原因

首先，在电子商务的冲击之下，全球实体零售发展放缓，整个零售业亟待寻找新的增长动力；电子商务遭遇发展瓶颈，也亟须求得突破，延续发展势头。流通效率整体下滑，盈利空间萎缩，市场竞争空前激烈，倒逼多元零售形态涌现。为了在市场竞争之下生存和发展，无论是线上还是线下的零售商都不得不多方谋求出路和再造优势，走上新零售的创新之路。

其次，我国零售发展还处于追赶式的初级阶段，人均零售设施面积远不及发达国家，地区发展不均衡，一、二线城市供给过剩与三、四线城市供给不足并存，大量消费者无法享受高质量的零售服务。我国零售业所采用的"租赁柜台+商业地产"模式已不适合现在的市场，盈利模式偏离零售服务核心，不可持续。寻找新的零售模式才是发展方向。

12.2.3 新零售的特点

1. 线上线下深度融合

电商平台与实体店面的各种资源深度融合，在时间和空间各层次得到最优配置，实体店面消费与线上消费并重，消费者的购买行为不受所处地域、消费时间和商业网点规模的制约，消费者的体验活动和商品的获得形式不再有"虚拟"与"实体"的限制和差别。

2. 全渠道营销

新零售以全渠道营销来应对消费者自身较高的数字化水平与能力，所有的营销渠道都是开放且互相贯通的，不存在线上与线下的阻隔。全渠道可以使消费者在整个购物过程中获得一致性的购物体验。加快布局全渠道营销，是迎合新零售浪潮的关键。

3. 智能化体验

人工智能的运用成为新零售有别于传统零售的重要标志，视觉识别系统、语音识别系统、增强现实和虚拟现实技术的应用等是新零售的显著特点。尽管数字化和人工智能的应用是一个渐进的过程，但若离开强大的人工智能技术平台，新零售将无法实现。

4. 零库存管理

数字化管理为实现库存最优化乃至"零库存"提供精细的决策支持，新零售的流通路径由复杂趋于简单。新零售供应链的前端更具柔性，后端则实现快速高效的仓配一体化。新零售的供应链、资金链和服务链三链融合，并且催生出全新的供应链管理模式。

5. 精准化服务

精准化是新零售制胜的法宝，是商品和服务与消费者紧密联系的先决条件。以精准化服务满足消费者日益显著的个性化需求，是新零售的核心之一。精准化服务是以人工智能为前提的，通过人工智能实现商品精准、顾客精准、价格精准、管理精准和服务精准，并以精准服务牢牢地黏住消费者，以精准服务实现增值获取利润。

6. 社交功能

以往的零售商业变革往往发端于技术应用变革和商业模式创新，而新零售从本质来看则是一场消费者革命。面对消费个性化、消费透明化和消费体验的高要求，新零售迎来的是消费者主权时代。基于这一点，新零售在零售业发展史上具有新的里程碑意义。在即将进入的新零售时代，消费者将占据商业活动的主导地位，不能满足高要求的消费者体验和个性化需求的零售商将被时代淘汰。以消费者体验而衍生出的社交功能将打破零售商和消费者双向互动的传统模式，营造一种零售商与单个消费者、单个消费者与单个消费者、单个消费者与消费者群，以及零售商与消费者群之间多维度、多层次的互动，实现"社交服务+零售商业"融合发展。

12.2.4 新零售的发展

新零售是建立在以互联网为基础设施的基础上的，互联网落地后，在物流领域推动了物流和互联网融合，出现了新零售下的新物流，推动了智慧物流变革。新零售的发展依靠着强大的技术支撑。RFID技术、移动支付，使销售支付过程更加高效、便捷；同时也是无人商店的重要支撑技术。大数据、云计算技术成为新零售的核心技术，是实现线上线下融合、促进销售需求由消费端向生产端传导的关键技术。物联网、区块链等技术提高了零售过程的智能化管理，是实现商品溯源、消灭库存、提高物流效率的重要支撑。未来新零售的发展方向可分为以下几个。

1. 以用户为中心，用体验塑造品牌

为向用户提供高效、精准、高性价比的服务，只有当品牌和用户能够发生深层次连接，才能真正让用户认知并认可品牌。

2. 应用技术创新，拓展消费场景

重构零售卖场空间，实现门店数字化与智能化改造终端，智能终端取代旧式的货架、货柜，延展了店铺空间，构建丰富多样的全新消费场景，以新型门店与卖场全面升级用户体验。

3. 精细化管理

零售从原来的规模驱动走向标准化驱动，走向以个性化、灵活和定制为驱动，发展为精细化运营的零售。

4. 全渠道融通

新零售要建立全渠道的联合方式，以实体门店、电子商务、大数据云平台、移动互联网为核心，通过融合线上线下，实现商品、会员、交易、营销等数据的共融互通，向用户提供跨渠道、无缝化体验。

 **案例 12-2**

物美超市大变身，抢占新零售市场

在盒马鲜生、超级物种等新零售业态竞相引发全民关注热潮时，物美这样的传统商超也在努力寻求转型方式。2017 年 10 月，在中国店铺用品商城协助改造下的物美新零售体验店终于亮相。此次上线的新零售体验店是对原有的物美超市进行改造升级，改造后的门店变化明显：之前的两层楼缩减为一层；所有的商品都采用电子价签，甚至改变了传统商超的动线设计，采用开放式动线，以便使顾客走最短的路线到达超市的任意一个区域。此次物美超市改造的核心是将传统商超以"我"为主转变为以顾客的体验便利为主。采用开放式动线，将过去的强制消费转变为主动吸引。从这家新零售体验店的正门进入，第一眼能看到的就是，它跟传统的物美超市相比，商品布局和货架摆放都发生了巨大的改变。改造后的超市全部换上了低矮货架，并且货架之间的距离更宽。不仅如此，还打破了传统超市的动线设计，改用开放式动线，以方便顾客走最短的路线找到自己所需要的商品。

开放式动线这个细节其实体现的是物美超市经营理念的变化。在过去，传统超市的动线一定是存在的，因为这样可以引导顾客在购买所需商品的同时，还可以看到其他关联商品，即"强制"顾客浏览不相关商品并激发他们的购买欲望，以达到为店铺里商品导流的效果。这是卖场以"我"为主的人、货、场布局方式。物美通过与中国店铺用品商城合作，店面设计大大改变了对顾客的营销。

在新零售时代，顾客购物的诉求是方便和快速，即使是大卖场，也要让顾客享受快进快出的便利性，大卖场需要把以"我"为主变成以顾客的需求为主。所以，在这家物美门店人们能看到这样的景象：正门入口处一条主干道直通到底，在这条宽敞的主干道两边，一边是现制现售的熟食区，包括面包、中式快餐、肉类和海鲜，另一边则是蔬菜生鲜区，整个蔬菜排面往后，才是卖场的主要区域，而这个区域全部采用低矮货架、开放式动线，顾客可以以最短路线穿梭于各个商品区。而且对于大卖场来说，生鲜商品和现制现售商品占主要流量，将它们放置在入口两侧，可以极大地满足顾客的购物需求，还能避免拥挤，从而让顾客的体验更好。

同时，这家新零售体验店的所有商品都换上了规格不同的电子价签。一个简单的电子价签的背后，是中国店铺用品商城和物美在商品系统与库存系统等方面的打通，可以做到线上线下价格同步更新。不仅为顾客提供了便捷高效的商品管理体验，同时也可以提升店面档次，减少资源的浪费，为店铺运营提高效率。

虽然中国生鲜快消零售市场仍由实体零售企业主导，但是人们对线下到店购买以外的其他渠道需求逐渐旺盛，并且这些渠道产生的销售额占生鲜快消销售额的比例也在迅猛增加，销售额由 2015 年的 7 170 亿元增至 2020 年的 21 271 亿元，年复合增长率达 24.3%，预计 2025 年将达到 41 402 亿元。

物美拥有超过 8 090 万个多点 App 用户及约 1 010 万个月活跃用户，在中国生鲜快消实体零售企业中排名第一。2020 年，多点 App 用户产生的销售额占零售总额的 70%以上。在复购率和购买频率方面，物美也均高于行业平均水平。

截至 2020 年 12 月 31 日，物美在全国拥有 426 家物美门店和 97 家麦德龙门店，2020 年的销售额为 391 亿元，同比增长 71.7%。其中，多点 App 用户产生的零售额占到物美销售总额的 70%以上。物美的数字化转型初见成效。2022 年，物美已经有超过 80%的交易是通过多点 App 或小程序等数字化方式来实现的。2023 年，物美销售额为 645.9 亿元。截至 2025 年 2 月，多点已服务全球 10 个国家和地区。

（资料来源：网络资料整理。）

12.2.5 新零售物流

在如今的新零售时代，零售商之间比的不再是单一的物流速度，而是尽量减少积压库存。因为在货物销售的过程中，除了会产生传统的物流配送成本，还会有库存积压所产生的成本。新零售时代的物流需要更精准地预测销量，调拨库存，把货送到消费者身边，既可以降低企业物流成本，又可以提升消费者体验。

物流在整个零售环节、供应链环节的作用越来越大，物流配送环节更是占据着很重要的地位。在如今的新零售行业中，盒马鲜生、永辉超市等新零售门店正在飞速发展，而这些新零售产物中有一个共同的特征，那就是都在不断地强化物流配送环节，物流已经成为各个零售商与零售企业最关注的问题。

1. 新零售物流的特点

相比传统物流，新零售物流具有如下几个特点。

（1）以消费者需求为中心。

新零售要求企业以消费者需求为中心，能提供更细致、快捷、精准服务的物流服务。在新零售背景下，线上线下融合持续加速，消费者对于商品的送达时限忍耐度越来越低。以生鲜类商品为例，由于消费目的与商品本身性质的特殊性，消费者对该类商品配送时限的忍耐度最低，需最大限度地保证商品的新鲜度。因此，盒马鲜生、闪店都提出了 30 分钟或 1 小时内送达的口号。消费者工作、生活场景日益碎片化，精准化服务势必成为新零售物流的发展趋势。不论是天猫还是京东都推出了选择以小时为区间的配送服务，消费者可以灵活地选择是在白天收货还是在晚上收货。

（2）以数据为驱动。

新零售对物流服务提出了更高的要求，因此物流计划需要对消费者需求有更精准的感知，需要兼顾仓储和配送，满足不同订单需求。新零售物流应由数字化驱动，对消费者的行为数据进行完整的收集及分析，消费者需求可被实时传递给零售链条上的不同参与者，从而使得零售商和品牌商通过数据了解消费者真实需求，并提供个性化、定制化的产品和服务，而生产商则可基于数据进行准确的需求预测，实现柔性生产。消费者的多样化诉求在数据驱动下将被极大满足，同时，以数据为内核构建的数字化供应链网络可以将各环节库存数据打通并实时动态共享，有效降低库存，提高物流响应速度，提升供应链整体效率，并达到实现企业差异化竞争优势和提升企业整体价值等的目的。零售商能否在未来的市场竞争中占据优势地位，其关键在于能否提前布局，抓住建设数字化供应链物流的先机，结合数字化驱动并掌握客户需求特征及其变化趋势，实现跨越升级。

（3）以渠道融合为手段。

传统零售下，"场"的内涵以陈列售卖及营销互动为核心，主要作用在于链接前端"货"与后端"人"，以体现流通价值及营销价值为主。新零售下，线上线下的边界逐步模糊，线下"场"的"链接"属性缓慢弱化，而"触点"属性则逐步彰显，依托其"触点"属性，可以强化体验性的消费场景，依靠新零售数据和科技赋能进一步激活体验服务及末端仓配定位，进而带来体验价值与物流价值。

2. 新零售物流的配送模式

新零售要求更为高效的现代供应链组织方式及物流配送模式。

（1）线上线下一体化、店仓一体化。

新零售的一个最突出的表现形式即运作模式是传统电商向线下实体店扩张、向物流环节的掌控扩张。除亚马逊外，近年来中国和美国的主要零售龙头企业都开始加速线上线下布局、对物流服务掌控的延伸，全渠道融合是大势所趋。

实现线上线下融合和向物流环节的延伸之后，店仓一体化则是这些新零售模式的另一个重要模块。店仓一体化是指门店融展示、仓储、分拣配送为一体，通过引入自动化物流设备、射频标签和终端配送提高配送效率，满足客户现场及线上业务快速体验。门店货架即为线上虚拟货架提升消费者体验，保证寄送服务。

（2）社会化多级分仓网络体系。

传统的完整分仓网络需要设立三级的分仓体系，从区域配送中心到配送中心再到快速分拨中心。在新零售背景下，分仓网络融入了更多的社会资源，变得更加复杂和多层，强调从集采存储到仓储的调拨，再到分拣理货和配送，使各个仓储中心、仓储点达到网状协同、立体共享，使商品响应订单的速度达到最快。

（3）智能算法、大数据分析与物流相融合。

对于整个商品流通体系来说，新零售极大提升了流通环节的效率，节省了原有流通渠道中的交易成本，新兴物流技术极大节省了传统的物流费用。如盒马鲜生基于时效节点顺序、区块分布，在整个 POI 的位置上，打造出基于线路的智能履约集单算法；门店商品的货位和库存，实现了实时回传智能调度；针对订单实现配送智能调度；根据每个门店周边盒马会员的需求，做智能化的商品选品和库存分配，实现智能订货。

菜鸟网络根据阿里巴巴提供的数据，推出大数据智能算法来分配订单路由，实现快递公司包裹与网点的精准匹配，准确率超过 98%，分拣效率提高约 50%；依托菜鸟网络进行的快递节点优化，包裹量增加且平均用时减少的线路占比高达 73.5%，极大促进了整体商业效率的提升。

（4）智能物流设备与物流运作环节融合。

"新零售"作为 O2O 的升级版，不仅实现了线上线下全渠道的融合，而且融入了人工智能及移动支付的相关技术、仓储机器人、自动化系统等智能物流设备。

2018 年亚马逊推出无须排队结账的智能无人实体零售店 Amazon Go，借助 AR/VR 等技术及传感器、摄像头、计算机视觉技术等的应用，帮助消费者扫码支付自动完成结账流程，节省了排队支付时间；对于亚马逊公司来说，有助于其开辟线下消费场景、丰富数据采集渠道、完善用户画像、优化服务体验。自从亚马逊推出"拿起就走"无人实体零售店 Amazon Go 之后，基于"拿起就走"这项技术，随后又推出 Amazon Fresh 和 Amazon Go Grocery。截至 2021 年 3 月，亚马逊在美国共有 26 家 Amazon Go、5 家 Amazon Fresh 和 2 家 Amazon Go Grocery。2021 年 3 月，亚马逊在伦敦开设 Amazon Fresh 无人实体零售店，以销售生鲜杂货，以及各种即食商品，并通过"拿起就走"技术，让消费者能在门口扫描亚马逊服务 App 后，即可进入店内拿取商品，并且在走出店门口时即可自动完成结账。

国内的物流企业也从未停止对智能物流设备的升级探索。2018 年，菜鸟网络提出基于 IoT 技术平台，和行业一起连接 1 亿台智能物流终端设备的目标。此后，在 eHub，菜鸟网络将 AI 技术与安检机的智能硬件相结合，通过视觉算法，提高了标注效率；在出口业务当中，菜鸟网络利用 RFID 技术创造的盘点小车，可以快速识别包裹数量；菜鸟网络自主研发的智能手持作业终端"菜鸟 LEMO PDA"可以实现更加智能化、自动化的快件信息读取。此外，全自动化的流水线、各种缓存机器人、播种机器人、拣选机器人，以及机械臂、AGV 等得到了大范围的应用。为了更好地助力新零售物流，菜鸟网络不断对全国的仓库网络进行自动化升级，不仅在全国范围内布局了总面积近 1 000 万平方米（峰值）的仓储网络，而且在上海、天津、广州等重点城市枢纽建立起机器人仓库群。

2023 年，顺丰速运对智能仓储系统进行了升级，引入了更先进的自动化分拣系统和 AGV。这些升级不仅提高了仓储作业的效率和准确性，还进一步优化了库存管理，减少了货物的损耗和丢失。顺丰速运继续扩展其无人机配送服务，特别是在偏远地区和特殊场景中，无人机配送展现了其独特的优势。通过无人机配送，顺丰速运能够实现快速响应客户需求，特别是在紧急配送和特殊物品配送方面，无人机技术的应用提高了配送效率和覆盖范围。

（5）逆向物流与售后服务融合。

随着消费者更加全渠道、多样化消费，构建逆向物流和售后服务能力正成为开展新零售必不可少的一环。新零售中的逆向物流是指从消费者到卖家/厂商的物流业务，主要涵盖商品退换货和维修件返修。面对这种日益增长的需求，新零售企业需要提升逆向物流和售后服务能力：提供上门取件服务、管理智能标签等服务提升客户满意度，提供维修完成后的发件和取件通知，提高自身服务对消费者的便利性；提供限时取件、加急运送等服务，提升服务的时效性；对高价值货物提供安保加强服务、建立完善的保价与专业理赔机制，确保服务的安全性。

（6）"预约购买，按需生产"，向拉式供应链迈进。

由于消费者需求日益个性化和异质化，大规模标准化的生产方式无法满足要求，生产方式逐渐朝着柔性化、定制化和灵活化的方向发展，加速进入了后福特制生产方式。而随着柔性化定制的发展，"拉式供应链"管理逐步成为可能。

以天猫平台和奥利奥的合作为例，天猫平台与奥利奥品牌合作，利用前者的消费者洞察，奥利奥将天猫平台上的交易流程改造开放，推出个性化定制活动，让消费者可以自己涂色，参与到产品的定制环节，满足不同消费者的个性化需求。在活动的 3 天内，累计销售 4 万份定制款奥利奥，销售额接近 600 万元。

盒马鲜生生鲜物流模式——全自动物流模式

盒马鲜生可以说是一家体验店，顾客到店体验之后，下次可以再光顾店铺，也可以在 App 上随时随地下订单。另外，盒马鲜生将线上和线下打通，实现全渠道营销和交易模式，既可以单独线上、线上消费，也可以实现线上线下智能拼单。用户在店铺下单完成后，如果有新的需求，可以通过 App 加单，系统会自动把两个订单拼接在一起，然后一起配送。

无论是在门店购买，还是 App 线上下单，都能实现"3 千米范围，半小时送达"，这是对所有其他生鲜模式的重大颠覆，能够冲破传统实体店面积的局限，在有限的空间内创造出无限的销售额。而这一切的实现都有赖于盒马鲜生的"全自动物流模式"。在门店后台设置了 300 多平方米的合流区，前后台采取自动化传输系统，从前端体验店到后库的装箱，都是由物流输送带来传送。消费者在门店消费，逛一圈选完货直接通过物流输送带送到收银台。所以在门店，快递包裹在消费者头顶上飞来飞去，而下方则是琳琅满目的食品，一切都充满了新鲜感。店内拣货人员分为两个班次，每班 10 人。

盒马鲜生在处理 App 上的订单时也以快为优势。店铺接到 App 的订单后，在前端取货，放入专用保温袋，通过自动传送系统把商品传送到后台合流区，装入专用的配送箱，用垂直升降系统送到一楼出货，从接单到装箱只需要 10 分钟就可以完成。

在商品打包方面，盒马鲜生使用统一的保温、保湿袋对货物进行包装，以此保证生鲜在户外配送时不会因天气环境而使商品外观产生变化。

而在配送方面，盒马鲜生采用的是自建配送队伍+第三方物流。第一家线下店有七八十位自营配送员，共有人员接近 200 人，高峰时期每班次约有 100 人在进行配送。

盒马鲜生线下门店的服务时间是早上 9 点到晚上 10 点，线上 App 的服务时间是早上 7 点到晚上 9 点，基本满足线上线下消费者的生活习惯。这对于工作繁忙的白领来说，非常方便。在下班路上，通过 App 下单，回到家，在盒马鲜生购买的半成品的新鲜净菜和代加工好的海鲜鱼肉也同步送到，只要稍微加工，一顿丰富的晚餐就完成了。

能做到 30 分钟配送速度，在于算法驱动的核心能力。据店员介绍，店内挂着金属链条的网格麻绳是盒马全链路数字化系统的一部分。盒马的供应链、销售、物流履约链是完全数字化的。从商品到店、上架到拣货、打包、配送等，作业人员都是通过智能设备去识别和作业的，简易高效，而且出错率极低。整个系统分为前台和后台，用户下单 10 分钟之内分拣打包，20 分钟实现 3 千米以内的配送，做到店仓分离。

盒马鲜生的物流配送、商圈设定以及线上线下融合，在国内生鲜零售圈尚属首例，是一种全新的生鲜经营模式。盒马鲜生新零售模式如图 12-1 所示。

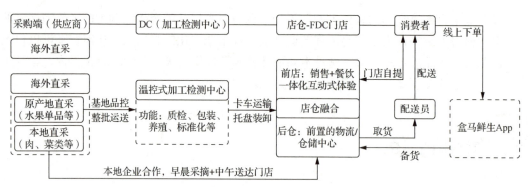

图 12-1　盒马鲜生新零售模式

（资料来源：网络资料整理。）

12.3　物流与电子商务

在"互联网+"时代背景下，新一代的电子商务是将传统行业的核心业务与互联网技术完美融合起来，强调商流、资金流、信息流和物流"四流"合一。而物流作为电子商务的重要组成部分，是实现电子商务的重要保证。随着物流与电商的快速发展、相互促进，二者相互融合的趋势也日益显著。无论是电商跨界物流，以电商带动物流发展，自建物流促进电商销售，如京东自建物流、唯品会的品骏物流等，还是物流跨界电商，扩展涉足电商业务，如顺丰打响顺丰优选电商等，都在昭示着两个行业的跨界逐渐成为常态，而二者的融合也更加深入，行业间相互促进作用更加明显。

在电商行业，市场份额排名靠前的电商企业，如京东、苏宁易购、国美等大都采取了完全自建物流或者部分自建物流的方式，即大部分排名靠前的网络零售企业都不同程度地进入了快递行业，而且大部分自建物流的电商企业的市场份额都在增加。

在电商企业跨界物流行业的同时，随着互联网技术在各领域的渗透，中国物流企业也逐渐开始反向涉足电商，电商企业与物流企业的相互跨界发展，成为两股相向而行的潮流，电商行业和物流行业慢慢形成了融合与互补的新格局。

总的来说，物流与电商之间的跨界融合逐渐深入，使得电商平台纷纷开始自建物流，同时物流业也渐渐涉足电商领域，运用自身仓储、运输链的优势在电商界占有一席之地。物流与电商的融合使得行业相互带动、相互关联，物流与电商间的关系也更加密切。

12.3.1　农村电商

与传统物流相比，电商物流的覆盖度更细，覆盖范围更广。电商物流要覆盖每一个具体的人，而传统物流则只需要到城市或行政区。电商物流的覆盖面要比传统物流广，包括欠发达地区和农村。长期以来，传统商业的基础设施只覆盖到城市，密度从一线城市向县级市递减，欠发达地区和农村消费者的购物权被剥夺，消费潜力也被压抑。电子商务兴起后，农民不用去城市，在家里也可以购买城市里最好的商品，城乡差距被缩小。

随着网络的普及，农村网购已经越来越普遍，物流企业在农村的发展空间也越来越大。因此，很多物流企业开始将发展计划定在农村。但是由于农村地处偏远地区，而且相对分散，道路交通不太便捷，从而导致物流成本的增加，投入太多、回报太少，因此农村电商发展较为滞后。2015 年，农村电商开始有了长足发展，国务院与国家部委关于农村电商的政策纷纷出台，但发展农村电商、物流、支付和基础设施的"最后一公里"仍是最关键的问题，只有打通"最后一公里"，把农民纳入配送的范围、连接到支付的终端、接入到宽带的设施体系，农村电商才算真正站在了"互联网+"的"风口"。

国家邮政局统计数据显示，通过"邮政在乡""快递下乡"工程，邮政企业新增"邮乐购"站点 10.8 万个，快递企业打造服务现代农业"一地一品"项目 905 个，2018 年上半年农村地区累计收寄快件 44 亿件，支撑工业品下乡和农产品进城货值超 2 600 亿元。截至 2019 年 8 月，全国建制村基本实现直接通邮，快递网点已覆盖乡镇超过 3 万个，全国快递网点乡镇覆盖率已达到 95.22%[①]，基本能够满足 6 亿农村人口的快递服务需求。据人民网新电商研究院统计，2020 年，我国农村地区揽收和投递快递包裹量超 300 亿件，2021 年，全国网上零售额达 13.1 万亿元，农村网络零售额 2.05 万亿元，同比增长 11.3%；农产品网络零售额 4 221 亿元，同比增长 2.8%。2022 年，中央一号文件中加大了农村电商的篇幅，提出要加大力度实施"数商兴农"工程、"快递进村"工程、"互联网+"农产品出村进城工程三大强基固本工程，推动乡村振兴取得新进展，助力农业农村现代化。

2024 年，全国网上零售额 15.52 万亿元，同比增长 7.2%；农产品网络零售额 6797.8 亿元，同比增长 15.8%，展现了电子商务在促进农村经济发展和农产品销售方面的积极作用。

而对一些民营物流企业来说，一方面，村镇快递布点成本过高，出于利润考虑大部分物流和快递公司不愿意涉足村镇快递网点建设。另一方面，农村物流多以收发农产品为主，一些季节性较强的生鲜产品往往对物流配送有着更高的要求。农村物流服务能力的缺失，必然制约着电商企业向农村市场的拓展。因此，作为社会基础服务中重要一环的物流服务，在未来几年，将以势不可挡之势迎来一个高速发展阶段。阿里巴巴、京东、顺丰等企业已投入大量资金到农村，建设通往农村市场的电商物流体系，以便在未来农村的电商竞争中占据主动。

以阿里巴巴为例，2018 年，农村淘宝已覆盖 29 个省级行政区域，超 700 个县，有着近 3 万个天猫优品服务站，近 6 万个村小二和淘帮手，使许多农村消费者享受到如同城市般的便捷服务，快递包裹可实现次日达，提供家电上门安装服务。此外，截至 2020 年，阿里研究院在全国发现 5 425 个淘宝村、1 756 个淘宝镇，广泛分布于 28 个省、自治区、直辖市。这些淘宝村和淘宝镇的网店实现了交易额 1 万亿元，2021 年淘宝村数量突破 7 000 大关达到 7 023 个，较上年增加 1 598 个，连续 4 年增量保持在 1 000 个以上。随着看直播成为人们重要的消遣方式，直播用户呈现爆发式的增长态势。通过直播方式开展电子商务成为淘宝村的新潮流，越来越多的淘宝村网商与时俱进，加入直播电商的行列，形成一股

---

① 数据来源：国家邮政局统计数据。

"直播新势力"。农村电商物流已不仅限于工业品下乡，在"农产品上行"方面也有新的发展，淘宝村数量从 2014 年的 212 个增长到 2021 年的 7 023 个，一些淘宝村升级为淘宝镇，农村淘宝双向物流结构初见端倪。另外，京东商城也大举加快了下沉的速度，自 2018 年以来在全国 600 多个县设立了县级服务中心，并在 10 万个行政村招募了 10 万个以上的乡村合作点和推广员。此外，京东还积极建设县级服务中心、乡村合作点和乡村推广员及整合社会资源的京东帮服务店等，其中京东帮服务店针对大件商品，提供营销、配送、安装、维修、保养等服务。京东数据显示，整合了大量社会资源的京东帮服务店已超过 1700 家，大家电配送服务范围超过 44 万个行政村。

"互联网+"时代，农村土特产越来越多地出现在电商平台上，各大电商开始涌向农村市场，这既给农村发展带来了新途径，也为农村地区接触外面更为丰富的商品市场提供了机会，从高端电子产品到日常生活的衣服、食物，都给当地百姓带来了更多的选择。快递物流企业也可以借鉴与城市电商合作的经验，有选择有计划地加入农村电商的发展中，逐步建立自己的市场。

案例 12－4

农村电商发展瓶颈：物流体系不完善、人才匮乏

2020 年 5 月，人民网新电商研究院发布《中国农村电商物流发展报告》（以下简称报告），报告指出，数字经济继续快速发展并产生巨大活力，正在成长为农村经济增长的新动能。随着数字乡村建设、电子商务进农村综合示范和电商扶贫等工作深入推进，我国农村电商正保持迅猛发展势头，农村网络零售增速不断加快，农村电商的发展有效激发了农村电商物流需求。新电商平台正在成为农货上行体系中智能化、系统化、规模化的物流"新基建"代表。

报告认为，"新基建"将重构生产、分配、交换、消费等经济活动各环节，催生新技术、新产品、新产业，并加速农村电商发展，物流行业也将迎来新的机遇。"新基建是为了新的生产生活方式和适应消费变革需要而进行的全新基础设施建设。"国务院发展研究中心市场经济研究所副所长王青在接受采访时表示。他认为，互联网平台在新基建的方向和方式上，可以有更大的发言权。"平台企业可以通过大数据对当前和未来的需求变化加以分析预判，在把握商业模式变化和市场结构变化等方面有自己的优势。"报告表示，新型基础设施建设带来了智能供应链继续下沉的良好前景，农村电商物流不断加快"工业品下乡、农产品进城"的趋势，也为农产品生产及销售提供了纽带性支持，在精准脱贫、乡村振兴和提升农业竞争力等方面，发挥着越来越重要的作用。目前，农村电商主体主要有阿里巴巴、拼多多、京东和苏宁等头部电商企业，农村地区年收投快件量达到 120 亿件，电商带动农产品进城和工业品下乡总销售额超过 7 000 亿元。

报告以拼多多举例，在农村电商物流的基础设施建设中，拼多多建构了"农货智能处理系统+轻仓储"的有效模式，解决了中国农产品物流链条长、中间环节多和两端收益低的问题，这一智能化物流模式有效连接了农产品原产地和消费者，整合和升级农业产业链和农产品电商物流体系。借助人工智能、移动互联网等技术，拼多多成功建立起了一套可持续扶贫助农机制。相关数据显示，2019 年拼多多平台农产品成交额达到 1364 亿元，成为中国最大的农产品上行平台之一。

报告指出，全国整体经济及电子商务行业从 2020 年 3 月初开始复苏明显，自 3 月 15 日起，拼多多日均在途物流包裹数已稳定在5 000万个以上，同比增幅超过60%。基于智能化的"新物流"平台，拼多多将通过包括AI路线规划、物联网设备、自动化仓储风险管控、实时定位等技术，进一步优化物流行业整体效率。京东农村电商以直营为主，通过直营的县级服务中心和合作开设的京东帮服务店模式，推出"县级服务中心+京东帮、京东农村金融、与地方政府合作"3种方式拓展布局农村电商。苏宁控股集团则实施了"12345"精准扶贫战略和"七位一体"精准扶贫模式，把助力扶贫、乡村振兴任务落实到各地区和各产业，以体系化和系统化推进集团扶贫工作。

随着人们消费习惯的变化，农村电商产业链也开始产生大变革。例如，拼多多与国美零售达成全面战略合作，国美旗下安迅物流成为拼多多物流服务提供商，为平台商家提供覆盖全国的中大件物流、仓储及交付服务。可见，电商消费的增长也将反推整个电商物流业加大对快递、仓储、冷链物流等的投入，有望促进电商物流业继续保持快速发展。农产品电商模式如图12-2所示。

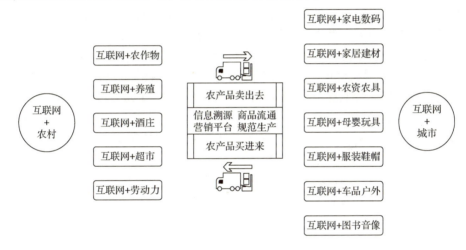

图12-2　农产品电商模式

（资料来源：http://finance.people.com.cn/n1/2020/0513/c1004-31707514.html.（2020-05-13）[2024-12-12].）

12.3.2　生鲜电商

近年来，国内食品安全事件频发，消费者对品质高、安全性高的食品食材需求增多，众多企业也看到了这一商机。尽管大量的企业开始涉足生鲜市场，生鲜电商依然被业界人士认为"好看不好做"，物流环节正是制约生鲜电商发展的关键因素。

作为农产品电子商务的重要形式，我国生鲜电商行业已经有10多年的发展历程。在经历了2016年和2017年巨头进场、行业洗牌之后，2018年生鲜电商行业经历了探索的一年。行业交易规模和月活跃用户保持增长的同时，赛道玩家增多，竞争激烈，资本活跃，融资额迈入新高，创新模式层出不穷。"巨无霸"企业由于占据了成本和资金优势，开始建立竞争壁垒，抢占市场资源。2019年至2021年，生鲜电商行业快速发展，市场规模迅速扩大，用户规模显著增长，行业进一步整顿融合，首尾差异不断拉大。2022年至今，生鲜电商行业在经历了快速增长后，开始注重可持续发展和环保，同时在技术创新和供应链优化方面持续投入。

【新零售】

我国生鲜电商行业产业链较长，一般包括上游供货方、中游供应方、电商平台、物流提供方，最后到终端消费者。由于生鲜产品具有不易保存、易于腐烂的特点，而冗长的供应链降低了商品的流通效率，加大了其损耗，这成为行业一大痛点。因此，如何缩短供应链、提高物流效率，是降低生鲜电商成本的关键。随着新零售热潮的来临，产地直采、农场直销及前置仓等创新模式兴起，为缩短供应链、降低成本提供了多样化的思路。

目前我国生鲜电商创新模式多样，大体可分为综合电商、垂直电商和新零售 O2O 三大类。

综合电商代表企业有京东生鲜、天猫生鲜等，这些企业流量丰富，具备强大的品牌优势，但同时商品标准不统一，无法把控平台上商家销售的生鲜产品质量。以易果生鲜、天天果园等为代表的垂直电商是生鲜电商最主要的运营模式，一般从源头开始介入产业链环节，同时具备品类、价格优势，但后期获得用户信赖的成本高、难度大。线上线下融合发展的新零售 O2O 模式是生鲜电商的未来发展方向，代表企业有盒马鲜生、超级物种等，其特点是配送快，用户体验丰富，但对供应链和物流建设成本要求较高。

然而，蓬勃发展的势头却难掩生鲜电商大面积亏损的现实。亏损的主要原因是大多数生鲜电商因自建冷链物流而成本陡增，冷链成本占到总成本的 40%，占销售额的 25%～40%，远高于销售普通商品的物流运输费用[1]。

生鲜作为高毛利水平的市场，交易频率高并且有比较强的客户黏性，生鲜市场对电商来说依然是一块很有诱惑力的"大蛋糕"。国内大牌电商京东、天猫，后起之秀一米鲜、许鲜、天天果园等生鲜电商近年都在快速发展和扩张。但对于物流服务日益完善的城市来说，生鲜食品的配送也是一大难题。目前，很多电商宣传的"全程冷链"在实际配送环节仅仅是采用冰块加棉被的"伪冷链"。冷链运输，被认为是生鲜电商领域创业最大的痛点。全程冷链物流难以保证，尤其是"最后一公里"的冷链配送是冷链断点；配送成本高，生鲜电商产品的损耗一般在 10%～30%，造成平均每单的物流成本达到 30 元。

中国冷链物流市场规模和需求增速加快，仅食品行业冷链物流的年需求量就在 1 亿吨左右，年增长率在 8%以上。从行业发展空间来看，当前中国综合冷链流通率仅为 19%，而美、日等发达国家的冷链流通率达到 85%以上。伴随消费模式升级、新型城镇化建设的推进，作为物流行业中进入门槛较高，且市场空间巨大的一个领域，冷链物流成为电商、物流企业抢占的高地。

此外，生鲜电商的经营范围除了国内水果、蔬菜，还包括海外生鲜食品，海外直采项目对于生鲜的采摘到运输至目的地需要更强有力的保鲜技术支持。从顺丰优选和中粮我买网采取不同的经营战略可以看出，目前生鲜电商的竞争方式主要有两种：凭极端的速度取胜或靠强大的仓储能力称王，无论哪种方式，物流都已成为生鲜市场制胜的法宝。同时，生鲜电商的发展有力地促进了物流行业的整合升级，从整体上拉动了物流行业的变革，推动了物流仓储行业有序工作，为物流行业提供了新的规范，促使存储条件和设备、输送线及智能设备等的更新，使物流行业不断升级发展，以满足不断扩大的市场需要。

---

① 数据来源：中商产业研究院大数据库。

目前，生鲜市场的竞争已进入白热化阶段，在物流仓储和产地直供两方面展开角逐，这预示着生鲜市场对货物配送的速度和产品新鲜度都有极高的要求，物流将最终决定谁会被市场淘汰。

案例 12-5

互联网+冷链配送+零售

盒马是国内首家线上线下一体化运营的"互联网+零售"企业，将超市、餐饮、配送、移动互联网四者相结合，并提供店内加工、现场堂食和 30 分钟极速配送模式。盒马对蔬菜、肉类、奶品等均设了"日日鲜"专柜。据悉，这类产品通过快速的冷链物流，从产出、上架到销售仅 1 天时间，无法售罄的产品将进行回收。盒马也通过其完善的"买手体系"，从全球 103 个国家和地区根据消费者偏好直接采购商品。由于所有食品安全合格证的责任主体均是盒马，因此所有食材必须严格按照其标准进行采购运输。2020 年 2 月，盒马总裁侯毅透露，盒马突破原来的模式，开始尝试社区团购模式。从 2016 年年初在上海开出第一家"盒马鲜生"，之后的 4 年多时间，盒马开出包括盒马 F2、盒马菜市、盒马 mini、盒马小站等新业态。

京东生鲜已经成为国内最大的自营 B2C 生鲜电商平台，并为京东体系下的前台业务提供生鲜供应链能力支持，包括近年来陆续布局的七鲜超市、针对社区宝妈的七鲜生活美食社区超市、针对白领的美食零售混合业态"七范"和社区团购友家铺子等。2020 年 2 月 6 日，京东生鲜发布"餐饮零售发展联盟"倡议，邀请餐饮企业将堂食菜品在保证健康、口味的前提下，做成"速食"，通过电商等全渠道销往全国。目前，这个联盟已吸引超过 200 家新的餐饮企业报名，近百家企业已经申请平台入驻。京东的冷链服务流程结构如图 12-3 所示。

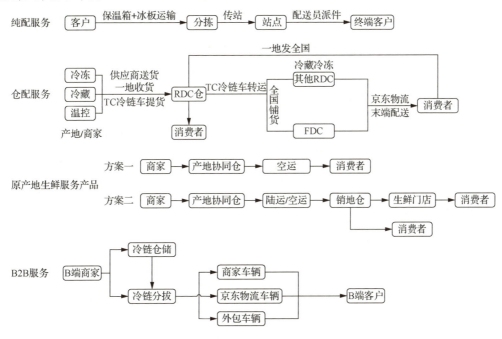

图 12-3　京东的冷链服务流程结构

（资料来源：https://www.sohu.com/a/377255277_726993.（2020-03-02）[2024-12-12].）

美团优选：新零售背景下的社区生鲜电商

美团优选成立于2020年7月，重点针对我国下沉市场，采取"预购+自提"的模式，为社区家庭用户精选高性价比的蔬果、肉禽蛋、乳制品、酒水饮料、家居厨卫等品类商品。

2020年9月，美团优选相继在济南、武汉、广州、佛山、成都等城市上线后，推出"千城计划"，旨在2020年年底覆盖全国县级市场。根据美团发布的2020年度报告，截至2020年第四季度，美团优选已经在全国2 000多个城市进行布局，覆盖全国90%以上的地区。

美团优选依靠"O2O+O2B"的模式，拥有对上游供应商的议价约束力，可以甄选生鲜百货的供应商，与其建立合作关系，然后再将产品信息发布到平台上；又可以不通过团长直接接触到消费者，帮助消费者根据需求在平台上直接下单。美团优选根据消费者下单情况，准备好从供应商处购买的产品，按照区域配送至团长自提点，最后由各个区域团长针对消费者进行分拣，于次日通知消费者提货。

美团优选的下单渠道以美团App为主。打开美团App可以发现"美团优选"在整个界面首页非常显眼的位置，与美团核心业务"外卖"并列排在第一。这既可以表明美团优选是美团战略布局的重点，又可以推断美团优选是依靠自己的原有平台"美团"进行引流，在一定的客户基础上去运营该模式。消费者点击进入美团优选平台后，可以发现平台所涉及的种类较多，从蔬菜、水果、肉禽蛋奶到粮油百货品类丰富，而且价格较低。除此之外，美团优选的界面还常有"限时秒杀、整点秒杀"等促销活动，低价促销意味着对消费者更具有吸引力。美团优选服务流程如图12-4所示。

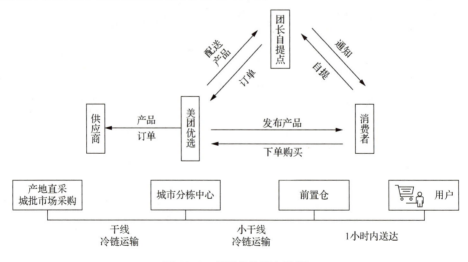

图12-4 美团优选服务流程

（资料来源：网络资料整理。）

12.3.3 跨境电商

在经济全球化的背景下，随着国内经济的不断发展，国民购买力不断增强，跨境电商开始快速发展。跨境电商是指分属不同关境的交易主体，通过电子商务平台达成交易，进行支付结算，并通过跨境物流送达商品完成交易的一种国际商业活动。而随着跨境电商的发展，跨境物流也已成为热点。2013 年上海自贸试验区成立，拉动了全国经济的发展，释放出了新的增长力量，为跨境电商提供了开放性的平台，跨境物流成为国家"一带一路"倡议的重要组成部分。从 2000 年到 2024 年的 20 多年里，跨境电商经历了从萌芽到野蛮增长，再到未来合规发展的阶段。从全球各大平台的数据来看，跨境电商的增长非常强劲。未来在多个市场经济体中，电商仍将创造巨大的收入和利润。跨境电商作为国际贸易的新动能，实际上它也正处于新一轮更加深刻的变革当中。跨境电商的深刻变革主要体现在三个层面：一是技术方面的变革，二是发展理念的变革，三是规则上的变革。跨境电商物流通过与数字化技术的结合，提升了产业生产效率。物联网技术实现了货物和运输过程的实时跟踪，确保物流的透明度和准确性，减少了运输延误。智能仓储系统通过自动化设备提高了仓库效率，降低了人工成本。大数据和 AI 技术可以帮助企业精准预测市场需求，优化库存管理，避免资源浪费。区块链技术提升了供应链的透明度，确保了信息的可靠性与安全性，降低了欺诈风险。云计算平台使全球供应链的各方可以实时共享信息，提高了协同效率。数字支付和智能结算系统简化了跨境支付流程，降低了交易成本，加快了资金流转速度。通过这些数字化手段，跨境供应链物流不仅优化了生产流程，还推动了全球产业的协同发展，提升了整体供应链的响应速度和灵活性。

在跨境电商贸易过程中，物流发挥着重要的作用，是跨境电商发展的核心链条。电商平台需要物流企业在集货、仓储、运输、通关、配送等诸多方面的合作，物流在很大程度上决定了跨境电商的运作效率。倘若将发展网络购物的三个重要因素归结为信用、支付和物流的话，经过过去十年的发展，网络购物在前两个问题上已经越来越成熟，而物流则成为网络购物亟待提升的系统，涉及跨境电商，国际物流需要提升的地方更多。跨境电商参与者数量不断增长，行业间竞争趋于激烈，下游客户从早期注重产品价格、品质等基本需求逐渐上升到对物流、售后等综合服务的高层次需求。目前，物流已成为跨境电商发展的主要瓶颈，提高物流效率和服务能力成为跨境电商企业提升核心竞争力的关键内容之一。跨境电商综合试验区的设立，有助于促进本土企业不断提升技术水平、优化商品供给、完善服务质量，从而带动产业的转型升级。另外，截至 2024 年，全国设立的 165 个跨境电商综合试验区在交易支付、物流、监管等方面先试先行，其实践经验可以复制到全国其他地区，既能促进地方产业发展，又能培育我国对外贸易新动能。

在国内电商平台拓展跨境电商之后，跨境电商物流服务也相应得到重点布局，以阿里巴巴为例，近年来重点推进跨境物流服务，带动合作伙伴在海外扩展业务，顺丰、申通、中通、圆通等国内快递跟随阿里巴巴的国际化布局，走出去开展海外仓储、跨境转运、海外自提等业务布局。

对于跨境电商，消费者已不仅仅关注产品的价格、质量，而且对跨境物流的服务效率也提出了更为苛刻的要求。目前我国的跨境电商主要以保税备货模式为主，即根据以往的代购经验，在国外采购一定数量的商品，邮寄回国后仓储起来，在客户下单以后，再从仓库中给客户发货，降低了运输成本，是跨境电商的主要经营方式；而直邮模式是将商品通过国际快递寄送给消费者，中间不经过第三方，确保商品的安全，保证了商品的真实性，是目前大多数客户要求采取的方式。保税备货具体物流过程有海外收货、仓储、分拣、包装、海外清关、国际运输、保税报关、保税仓储、订单分拣、包装、贴标、装卸、进境清关、国内派送，涉及部门较多，环节复杂，流程链较长，转运途中风险较大，对物流提出了更高的要求。同时，仓库多由政府部门运营，由于缺少相关经验，仍存在很多的问题。随着跨境电商的不断发展，跨境电商对物流的要求也会逐渐取代对货源和渠道的要求，物流逐步成为跨境电商的主要问题。

阿里巴巴收购网易考拉，跨境电商布局生变

2019年9月6日，阿里巴巴宣布收购跨境电商平台网易考拉。2019年上半年，网易考拉以27.7%的市场份额排名跨境电商首位，阿里巴巴旗下天猫国际以25.1%的市场份额位居次席。

直营正是网易考拉一直以来的核心优势，网易考拉在韩国、日本、欧洲、美国等地都有采购点，并花重金自建大量保税仓库。数据显示，网易考拉在原有15个跨境综合试验区和试点城市中的绝大多数地方布局了仓储网络，保税仓面积超过100万平方米。

网经社电子商务研究中心发布的《2018年度中国进口跨境电商发展报告》显示，2018年包括B2B、B2C、C2C和O2O等模式在内的中国进口跨境电商交易规模达19 000亿元，同比增长26.7%。在投融资方面，2018年海拍客、海带、宝妈环球购、全球时刻、小红书、贝莱优品、行云全球汇、KK馆等10家进口跨境电商获得融资总金额超30亿元。

可以看出，跨境电商仍然是一片蓝海。值得注意的是，目前进口跨境电商已经形成了"三个梯队"。第一梯队为天猫国际、京东国际等头部平台，规模大，流量大，品牌多。第二梯队为洋码头、唯品国际、小红书、聚美极速免税店等。第三梯队为蜜芽、贝贝、宝宝树、宝贝格子等母婴类产品平台。而网易考拉与天猫国际合并，将会占到中国跨境电商市场的半壁江山。2018年，京东海囤全球以13.2%的份额位居网易考拉、天猫国际之后，居第三位。艾媒咨询发布的《2020—2021中国进口跨境电商行业研究报告》显示，2021年，中国跨境电商两大平台分别是天猫国际和考拉海淘，市场占比为26.7%和22.4%，而京东国际、苏宁国际及唯品国际等市场份额均在10%以上。有业内人士表示，网易考拉和天猫国际合并后拿下了中国跨境电商市场的半壁江山，这样对大品牌的议价能力更强，对整个市场发展和消费者都是利大于弊的。天猫国际跨境电商物流模式如图12-5所示。

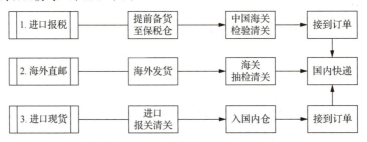

图12-5 天猫国际跨境电商物流模式

（资料来源：网络资料整理。）

12.3.4　社交电商

社交电商是指通过社交网络平台或电商平台的社交功能，将关注、分享、讨论、沟通互动等社交化元素应用到电子商务的购买服务中，以更好地完成交易的过程。社交电商相较于其他电商模式而言，更加注重用户的消费体验，通过加强用户在购买过程中和电商企业间的交流互动，让用户在购物过程中获得更好的参与感。百度百科对社交电商的定义为：社交化电子商务是基于人际关系网络，利用互联网社交工具，从事商品或服务销售的经营行为，是新型电子商务的重要表现形式之一。维基百科对社交电商的定义是：通过社交关系链传播的电商交易行为。可以发现社交电商的核心是通过互联网的社交网络来进行产品传播-用户运营等商业活动，传统的电商平台，如淘宝、京东等中心化电商平台，不会考虑用户间的传播关系，而在社交电商中，用户既是产品的使用者，也是产品的传播者，通过微信等社交平台，可以帮助电商产生二次交易，甚至可以作为产品的用户代理人。

用户代理人一般称为团长，也是社交电商中的一个节点，因为其在一定程度上影响着一个群体的购物意愿，也有着裂变式传播的作用，而建立社交群体也有助于用户间的体验、互动、分享从而完成用户裂变传播的过程。而社交本身丰富的关系链条也有助于消除买卖双方的信任壁垒，提高用户的购物体验。同时，与平台电商模式不同，因为社交电商的核心是客户的运营维护，所以商品品类的选择更适合高回购率的商品，从而实现与顾客的持续互动，提高个体顾客的价值。在选择产品时可以根据客户特点，也可以直接选择做新鲜果蔬、日用品等高回购产品。

相关数据显示，2020 年我国社交电商市场规模为 23 000.5 亿元，同比增长 11.62%。2021 年社交电商行业交易规模达到 25 323.5 亿元。其中 2019 年同比增长 71.71%，受新冠疫情影响，2020 年增长 11.62%，增速呈下滑趋势，2021 年增长 10.09%，呈现进一步的下滑。2021 年，我国社交电商行业用户规模达 8.5 亿，同比增长 8.97%。[①]

但由于社交电商是一种新兴的电商模式，目前在合法经营、产品质量等方面仍缺乏合适的监管方式，包括产品是否三证齐全、企业是否有工商登记注册、是否存在虚假和过度宣传等，同时，社交电商也存在消费者购买到假货或劣质商品后不易投诉的现象，此外，团长的佣金发放问题也是社交电商的痛点之一。社交电商用户可以帮平台分享商品从而获取利益，但平台给用户下发的佣金采用公户转私户的方式，不具备法律保护效益，而且，个人无法给企业开具发票，这就导致企业需要缴纳 25%的企业所得税，增加了企业的人力成本。

案例 12-8

拼多多与社交电商

【拼多多拼团模式】

作为社交电商巨头之一，拼多多在用户裂变活动方面有非常成功的案例，"砍

---

① 数据来源：网经社"电数宝"电商大数据库。

一刀"成为人们对于拼多多拼团砍价活动的印象。

2020 年拼多多有几个数据表明其仍处于高速发展期，包括全年成交额、总营收、活跃用户数、活跃商户以及农产品全年成交额等。

2020 年，拼多多全年成交额为 16 676 亿元，同比增长 66%；总营收为 594.919 亿元（约合 91.175 亿美元），相较于 2019 年的 301.419 亿元，同比增长 97%；年活跃买家达到 7.884 亿，比 2019 年增加了超过 2 亿；年度活跃商户达到 860 万，比 2019 年的 510 万同比增长 69%；农产品全年成交额超过 2 700 亿元，规模同比翻倍。

拼多多作为社交电商，开创了拼团模式，以 "Costco+Disney" 为愿景，将好产品和娱乐有机结合，嵌入趣味和游戏元素，培养高度参与的用户群，使平台的 "货找人" 与传统基于搜索的 "人找货" 模式区别开来。

拼多多的成功不只是依靠小程序红利而产生的，更多的是它的营销策略。在拼多多里，通过拼团很多商品的价格都普遍较低，例如一件衣服正常售价 58 元，通过拼团只要 39 元就可以购买。低价对三、四线城市的很多用户具有天然的吸引力。而拼多多正是抓住了这一类对价格敏感的人群，所以现在拼多多的用户中女性占比为大多数。在城市分布方面，65% 来自三、四线城市，来自一线城市的用户仅为 7.56%。可见，拼多多成功的用户定位是它能迅速崛起的重要原因之一。拼多多社交拼团模式如图 12-6 所示。

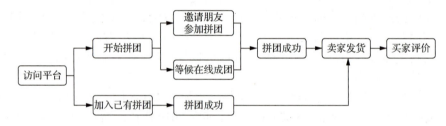

图 12-6　拼多多社交拼团模式

数据要素和生产要素相结合，能创造出全新的消费模式和产业结构。目前，更大规模非标易腐的生鲜农产品需要新的数字化供应链体系。拼多多从 2020 年开始，便加快了农业产业数字化战略。其打法是，在农业价值链的上游，拼多多与农民和地方合作伙伴一起，将小农户重组为合作社，并引进可持续和精准农业技术，以提高农业效率。在中游，平台继续探索与物流公司合作的可能性，以打造全国范围内的生鲜农产品物流网络。在下游，拼多多帮助农民直连消费者，并为农民提供农产品电商运营培训。"多多农园"项目运作基本机制如图 12-7 所示。

根据公司 "互联网+农业" 战略，拼多多指导农民在线开店，帮助他们增加家庭收入。通过培训农村青年成为精于电商业务的 "新农人"，农户成为数字经济的先行者，成为当地创造财富的催化剂。2021 年，拼多多的订单数同比增长 59%，达到 610 亿单，其中，在农产品 "零佣金" 的政策支持下，平台涉农订单增幅尤为明显。2022 年 7 月 13 日，拼多多与农民日报社联合策划的 "寻鲜中国好农货" 公益助农活动正式推出，项目为期一年，以节令为轴，在全国寻找最新鲜的当季食材，将以 "尝鲜直播"、专区推荐等方式，向平台用户介绍 "好农货" 特色和标准。拼多多坚持农产品 "零佣金" 及 "拼购+产地直发" 的模式，针对不同农产品品类制定并完善 "好农货" 标准，对符合标准的农产品进行资源倾斜，提升农产品附加值与溢价能力。通过从品牌营销到流量扶持的综合规划，希望能真正为消费者 "选好货"，同时为农产区 "卖好货"，打造产地名片，助力农特产地和产业带取得销量与品牌声量双赢。

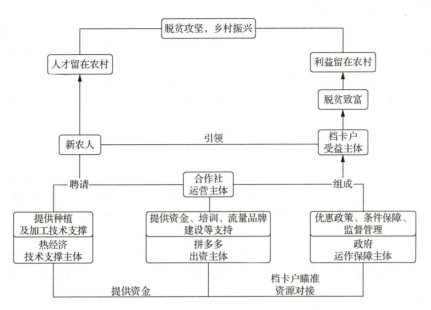

图 12-7 "多多农园"项目运作基本机制

（资料来源：网络资料整理。）

2020 年的物流黑马企业——极兔速递

在国内的快递行业中，顺丰、"四通一达"以及京东物流在快递行业的"马太效应"愈发明显，随着天天快递、全峰快递等企业的退出，快递行业品牌集中度趋势更加明显。

2020 年正式进入中国的 J&T Express（极兔速递），则在一定程度上打乱了各大快递物流公司在国内的布局计划。2015 年 8 月，极兔速递成立于印度尼西亚首都雅加达。极兔速递创立的初衷本是解决 OPPO 手机在东南亚地区的运输问题，但借助 OPPO 遍布印度尼西亚的手机经销网络，并借鉴中国快递的发展经验，极兔快递采取"免费上门取件""设立直营网点""提供 24 小时客户服务""晚上报告监控系统"等一系列措施，使得其业务发展驶入快车道，逐渐发展成东南亚地区大规模的电商快递公司之一。随着在东南亚地区的成功，极兔速递于 2019 年收购上海龙邦快递，从而在中国获得了快递经营资质和快递网络，并于 2020 年 3 月正式进入中国市场。初入中国市场，极兔速递便展现出了极为迅速的市场抢占策略。

自 2020 年 3 月开始，只用 6 个月的时间极兔速递实现了全国多个核心城市的网络覆盖，日订单量一路高歌猛进，仅用 10 个月，从 500 万单迅速蹿升至 1 000 万单、2 000 万单。截至 2021 年 1 月，极兔速递的日订单量已经稳定在 2 000 万单左右，在全球拥有超过 240 个大型转运中心、8 000 辆自有车辆，运营超过 23 000 个网点。而取得日订单量 2 000 万单这份成绩，中通用了 16 年，圆通用了 18 年，韵达用了 19 年，申通更是耗时 25 年，而极兔速递仅仅用时 10 个月就完成了通达系等快递公司十几年的业务沉淀。这体现出了身处这个时代的幸运，也同样证明了极兔速递的强大。然而，作为一个新生的快递品牌，极兔速递在这一条规则已经完善的赛道上能够杀出重围，成为快递业的黑马，其凭借的也是通过资本进行的价格战战略。

低价的确是快递市场经常使用且有效的方式。在极兔速递进入中国市场之前几乎每隔一段时间就会有快递公司率先发起价格战。2013年，百世汇通在义乌开启"均价销售"战略，2019年中通在义乌将快递价格打到了最低1.2元发全国，作为反击，申通则将单票价格降到了0.9元。而极兔速递更是直接将价格下放到0.8元以内。

"价格战下无赢家"，极兔速递的价格战虽然让其业务得到了扩张，但也不是任何企业都可以承受的。根据报道，极兔速递10个月就亏损掉了200多亿元，意味着每天亏损近7000万元，这一体量是相当惊人的。

如果仅仅是金钱上的损失或许还可以通过融资来维持，然而在始终维持价格战策略的极兔速递也受到了更加严厉的抵制。

2020年10月，申通、圆通和韵达先后发布《关于全网禁止代理极兔业务的通知》，联手封杀极兔速递。通知中具体提到，韵达快递下属加盟公司（含承包区）不得以任何理由、任何形式加盟极兔网络及承包区；揽派两端不得以任何理由、任何形式代理极兔速递业务；针对已流入转运环节的极兔快件，由分拨中心严格把关，取证并上报，按问题件处理，以原单退回。

2021年4月9日，义乌邮政管理局对极兔速递发布一则警示函。该警示函称极兔分拨中心和多个快件处理场所存在安全隐患，义乌市邮管局曾四次知会极兔速递，同时告诫"不得用远低于成本价格进行倾销"，但极兔速递一直未按要求整改，于是发函要求其进行整改。

2021年4月22日，浙江省审议通过了《浙江省快递业促进条例（草案）》，明确提出不得以低于成本的价格提供快递服务。这也是政府层面首次以法规形式对快递业进行价格监管。

此外，极兔速递最大的"客户"拼多多也接连发声，先是在2021年4月8日拼多多已公开声明，坚持平台化经营，极兔速递"有拼多多投资，双方有特殊合作关系"为不实消息，平台规则按公布的统一标准执行，同商家选择哪家快递公司发货无关；而后5月8日拼多多在其微博辟谣中再次发表声明，表示有营销机构报道的"拼多多对极兔速递政策倾斜"系谣言，该营销机构未向拼多多求证。

中国的物流体系已经非常成熟，从"四通一达"到顺丰、京东，后进入者基本不会有太大的空间。如果不是靠低价，很难有发展。虽然极兔速递用了极短的时间完成了通达系快递公司10余年业务才完成的成绩，但是极兔速递并没有提供更具优势的商业模式或者效率及解决方案。虽然目前极兔速递已经与当当、拼多多、苏宁、有赞等10多家电商平台达成合作，但仍被阿里巴巴、京东排除在外。如今，拼多多这一最大的"客户"撇清与其关系，再加之政府职能部门监管的不断警示，仍在不断亏损的极兔速递能走多远？

（资料来源：https://baijiahao.baidu.com/s?id=1696463204026325696&wfr=spider&for=pc.

（2021-04-08）[2024-12-12].）

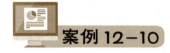

成功营销催生的社交平台——小红书

小红书是行吟信息科技（上海）有限公司于2013年推出的一款生活方式分享平台，包括消费经验和生活方式的众多内容。平台用户可以通过短视频、图文等形式记录生活点滴，分享生活方式，并形成互动。随着产品的迭代，小红书从社区平台转化为社区+电商平台，在用户生成内容（user generated content，UGC）电商领域处于比较领先的地位。截至2019年7月，小红书用户数量已超3亿，月活跃用户数量突破1亿，准确的市场定位和独特的社区文化让小红书在竞争激烈的UGC电商领域占有一席之地。

小红书在UGC电商领域处于比较领先的地位，其基于自身的产品定位，通过打造优质内容赢得了用户口碑，并进一步充分利用用户口碑和平台流量，吸引行业明星及 KOL（关键意见领袖）入驻。同时，小红书通过积极赞助综艺节目，成功吸引了大量新用户的加入。

小红书最早是作为一个购物笔记分享社区进入用户视野的。这种模式就是调动网民的积极性去参与视频创作的热情，一般是企业通过活动征集与企业相关的视频作品。在 UGC 模式下，网民不再只是观众，更是成为互联网内容的生产者和供应者，体验式互联网服务得以更深入地进行。以前 UGC 平台的分类注重圈子、板块，边界较为封闭（豆瓣的小组、论坛的板块），现在注重关注、推荐、附近，内容边界模糊，UGC 用户自身的标签身份更加多样化（美食、护肤），而且用户浏览习惯的变化、信息流式的闲逛也逐渐符合女性漫无目的的逛街的心理特征。

从公开资料上看，小红书主要有企业号营销、笔记和社区电商三大板块，交叉对应着电商业务、以 KOL/KOC（关键意见消费者）为目标的广告业务和会员业务。

广告业务或为小红书的核心业务。早先，微播易发布的《2020 年度 KOL 社交媒体投放分析报告》称，2020 年广告主在各个社交平台投放金额 TOP5 分别为新浪微博、小红书、微信公众号、抖音、B 站。小红书成 2020 年度最强黑马，2020 年广告主的投放金额增长了 119.42%。小红书效果营销市场负责人佩恩曾公开表示，"2020 年月活用户过亿的小红书已经成为广告主争相入驻的营销主战场"。艾媒咨询报告显示，2020 年，小红书全年成交额不足 70 亿元，电商整体佣金率在 15%～20%，2020 年整体收入在 50 亿～70 亿元；2020 年 6 月，其月活跃用户数量为 1 亿，2022 年 1 月其月活跃用户数量增至 2 亿以及拥有 2 500 万的日活跃用户，在短视频大行其道的背景下其用户规模的增速依然可观。

在 2020 年 7 月 WILL 未来品牌大会上，小红书首次对外公布了商业生态的完整面貌，强调小红书的电商模式为"B2K2C"模式——KOC 是品牌和消费者的连接器，B 端品牌要通过 KOC 释放品牌信息，与 C 端粉丝形成互动，完成品牌种草，最终触达更多 C 端粉丝，形成销售转化和积累品牌价值。小红书商业生态如图 12-8 所示。

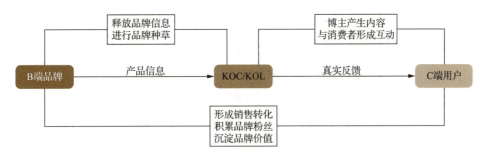

图 12-8　小红书商业生态

（资料来源：网络资料整理。）

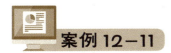

案例 12—11

京东旗下的社交电商平台——京喜

京喜是区别于京东主站现有模式的全新平台，其前身是京东拼购，并于 2019 年 9 月 19 日正式开业。京喜注重实现"人""货""场"的差异化互补，聚焦于下沉市场新兴消费群体，通过高质价比产品及丰富的社交玩法，刺激用户多级分享，赋能商家低成本引流及用户转化，从而提高用户的购物体验。

具体来说，京喜以"人"为内核，聚焦下沉市场新兴消费群体，结合社交行为，满足用户消费升级的需求；以"货"为链接，通过产业带工厂、产源带商家直供的好货以及其他好货，打造区别于京东主站的新供应链；以"场"为中枢，借力5G风口，通过短视频、直播及其他社交玩法，将微信线上社群和京东线下百万门店相结合，打造社交+社群+社区多元的购物场景，构建新型购物生态链。京喜App如图12-9所示。

图 12-9　京喜App

京喜便利店是京东旗下生活服务店，涵盖了社区团购、快递、家电清洗、手机维修等服务场景，提供预售自提、送货到家等消费体验。京喜便利店业务负责人介绍称，该店是全国首个京喜生态社区落地项目，现已接入京喜拼拼小程序，将平台上的全品类引入店内，消费者可线上下单，次日提货。2021年5月17日，京喜便利店正式落地济南，是全国首个京喜生态社区落地项目。对门店来说，这种预售式的新模式不仅能将平台商品无成本引入，还能增加消费者到店的频率和黏性。

（资料来源：https://www.sohu.com/na/467407672_161795.（2021-05-19）[2024-12-12].）

12.4　物流与供应链金融

供应链金融是指在对供应链内部的交易结构进行分析的基础上，运用自偿性贸易融资的信贷模型，并引入核心企业、物流监管公司、资金流导引工具等的风险控制变量，对供应链的不同节点提供封闭的授信支持及其他结算、理财等综合金融服务，是根据物流业与金融业各自业务发展的需要而相互结合并融合的一种把商品流和资金流趋于同步的市场经济服务产品。从狭义上来讲，供应链金融是指从供应链的每一个环节出发，与银行等专门的金融机构合作利用各种金融工具，引入第三方监管公司参与监管，将物流、商流、资金流、信息流链条进行有效的衔接与整合，组织和调节供应链运作过程中货币资金流动与实物商品流通趋向同步，从而提高资金运行效率，并加速与之对应的商品流通速度，使整个社会供应链循环加速运转的一系列经营活动。物流与供应链金融的融合，即金融机构与物流企业合作，在供应链过程中向客户提供结算、融资和保险等相关服务的创新业务，核心为物流融资。

物流与供应链金融领域的融合具有广阔的发展空间，国外的金融机构，如法国巴黎银行、荷兰万贝银行、美国花旗银行等纷纷与物流仓储企业合作，开辟了物流与供应链金融业务联姻的先河。更有甚者，有金融机构成立了专门的质押银行，如 1999 年美国摩根士丹利投资 3.5 亿美元给上市物流公司 Redwood Trust，用于开发物流与供应链金融业务。UPS 更是将物流和供应链金融服务作为其战略方向，并指出"未来物流企业谁能掌握金融服务，谁就能成为最终胜利者"。近年来，物流与供应链的整合成为中国物流业与金融业共同关注的新兴领域。自 2006 年年底起，我国大型物流企业如中储、中外运、广东南储仓储、怡亚通、越海、飞马等开始在供应链金融领域做出尝试，与此同时银行业也依据各自核心优势针对供应链上的客户需求提供了相应的物流金融创新产品。

物流和供应链金融的融合，即银行等金融机构与物流企业通过合作创新，对供应链上企业资金投放、商品采购、销售回笼等经营过程的物流和资金流进行监管，依靠企业对处于银行和物流企业监控下的商品与资金的贸易流转所产生的现金流实现对授信的偿还。可以看出，供应链金融业务不再像传统的信贷业务一样，仅关注企业规模、净资产和负债率等基本财务信息，而是更加关注供应链所附载的交易信息，包括交易产品的供求关系、产品的价格波动趋势、交易对手的信誉和实力、整体供应链的风险等内容。

12.4.1　物流金融和供应链金融的区别

1. 定义方面

物流金融（logistics finance）是指在面向物流业的运营过程中，通过应用和开发各种金融产品，有效地组织和调剂物流领域中货币资金的运动。这些资金运动包括发生在物流过程中的各种存款、贷款、投资、信托、租赁、抵押、贴现、保险、有价证券发行与交易，以及金融机构所办理的各类涉及物流业的中间业务等。

供应链金融（supply chain finance，SCF）是商业银行信贷业务的一个专业领域（银行层面），也是企业尤其是中小企业的一种融资渠道（企业层面）。它是指银行向客户（核心企业）提供融资和其他结算、理财服务，同时向这些客户的供应商提供货款及时收回的便利，或者向其分销商提供预付款代付及存货融资服务。简单地说，供应链金融就是银行将核心企业和上下游企业联系在一起提供灵活运用的金融产品和服务的一种融资模式。

2. 运作主体方面

从定义中可以看出，物流金融主要涉及 3 个主体：物流企业、金融机构和贷款企业（客户）。贷款企业是融资服务的需求者；物流企业与金融机构为贷款企业提供融资服务。三者在物流管理活动中相互合作、互利互惠。

供应链金融主要涉及 3 个运作主体：金融机构、核心企业和上下游企业。其中，核心企业和上下游企业是融资服务的需求者，金融机构为融资服务的提供者；物流企业仅作为金融机构的代理人或作为向贷款企业提供仓储、配送、监管等业务的服务提供商。

3. 运作模式方面

根据金融机构参与程度的不同，物流金融的运作模式可分为资本流通模式、资产流通模式及综合模式。其中资本流通模式是金融机构直接参与物流活动的流通模式，包含 4 种典型模式：仓单质押模式、授信融资模式、买方信贷模式和垫付贷款模式。资产流通模式是金融机构间接参与物流活动的流通模式，其流通模式有两种：替代采购模式和信用证担保模式。综合模式是资本流通模式和资产流通模式的结合。

从风险控制体系的差别以及解决方案的问题导向维度来看，供应链金融的运作模式分为存货融资、预付款融资、应收账款融资模式；采取的标准范式为"1+N"，即以核心企业"1"带动上下游的中小型企业"N"进行融资活动，"+"则代表两者之间的利益、风险相互关联。

4. 运作特点方面

物流金融有标准化、信息化、远程化和广泛性等特点。

（1）标准化：不仅所有物流产品的质量和包装标准都以国家标准与协议约定的标准由物流企业验收、看管，而且要求所有动产质押品都是按统一、规范的质押程序由第三方物流企业看管，避免动产质押情况下由银行看管和授信客户自行看管的不规范行为，确保质押的有效性。电子提单、电子仓单、电子运单、电子面单等单证的应用，推动了物流与金融的标准化，提升了质押物监管效率，为供应链金融和物流金融提供了可靠的数据支撑。

（2）信息化：所有质押品的监管都借助物流企业的信息管理系统统一进行，从总行到分行、支行的业务管理人员，都可以随时通过物流企业的信息管理系统检查质押品的品种、数量和价值，获得质押品的实时情况。

（3）远程化：借助物流企业覆盖全国的服务网络，再加上银行系统内部的资金清算网络，动产质押业务既可以在该行所设机构地区开展业务，也可以开展异地业务，并能保证资金的快捷汇划和物流的及时运送。

（4）广泛性：物流金融的服务区域具有广泛性，既可以在银行所设机构地区开展业务，也可以超出该范围开展业务。质押货物品种具有广泛性，可以涵盖物流企业能够看管的所有品种，如各类工业品和生活品、产成品以及原材料等。而供应链金融有参与主体多元化、自偿性、封闭性和连续性的特点，突破了传统的授信视角。

12.4.2　物流和供应链金融业务的表现形式

物流和供应链金融在现实中的表现形式有很多，但按照产品生产经营周期的不同，可以划分为以下 3 类。

（1）基于交易关系的预付款融资业务模式。其主要发生在采购提交这一运作周期，包括基于推动式交易关系与基于拉动式交易关系两种基本形式。基于推动式交易关系的预付款融资可以依靠物流企业对借款企业产品生产销售前景的准确预测替借款企业支付给上游供应商相应的预付款，以启动借款企业的采购运作；而基于拉动式交易关系的预付款融资则需要根据下游厂商的订单或采购合同等替借款企业支付给供应商相应的预付款，以启动企业的采购运作。

（2）基于存货的供应链金融和存货质押融资两种基本业务形式。其主要发生在制造或销售周期。目前我国基于仓单质押的物流与供应链金融业务并不多，仓单更多是作为一种存货凭证，仓单的流通机制还未形成，所以当下物流与供应链金融业务更多是以存货质押融资业务为主。

（3）基于应收账款的物流与供应链金融业务模式。其主要发生在回款周期。一般来说，下游厂商会拖欠上游中小企业的货款从而形成一段时间的资金缺口，此时物流企业可与银行合作将应收款作质押给借款企业融资，直至应收账款从下游厂商处收回以偿还借款。

这些基本的业务形式在现实中还可以组合成许多物流与供应链金融的创新产品，如保兑仓、未来提货权质押融资、先票款后货业务、进口全程货权质押授信业务等。

物流与供应链金融可以说是一个现实的多赢模式，能给参与各方都带来利益，因此物流企业与供应链上的企业均热衷于此。由于物流企业的参与，银行—物流企业—借款企业的三方关系取代了传统质押贷款中银行—借款企业的两方关系。物流企业凭借其对供应链物流运行的熟悉，能够有效监管质押动产，防止贷款风险，并且不影响供应链上企业的具体运作，保证了供应链的效率。物流与供应链金融服务是一种多方共赢的业务模式的原因如下。

第一，物流与供应链金融能有效解决供应链上中小企业融资困难的问题。因为供应链上，核心企业会通过欠款、预付款和要求批量采购将资金风险转嫁给上下游的中小企业，而这些资金短缺的中小企业既没有足够的信用评级，也没有足够的抵押资产和第三方保证，按照传统的信贷方式很难获得金融机构的融资。但在物流与供应链金融中，金融机构可以在物流企业的协助下充分考虑这些企业上下游关系产生的存货、应收账款和订单来提供相应的融资产品，因而突破了供应链上的资金瓶颈，保证了供应链的畅通。这也将使物流能够有效运行，能较好地提高供应链的效率。实际上这也正是物流与供应链金融这一多赢模式的利润之源。

第二，对物流企业来说，物流与供应链金融能够带来丰厚的利润并能够有效扩展业务范围。在物流与供应链金融中物流企业可以通过业务的参与获得更多的服务客户，可以通过协助金融机构控制业务获得相应的监管和信息咨询收益，甚至可以与金融机构合作实施供应链的一体化运作，赚取提供增值服务的高额利润。例如，UPS 作为中间商在沃尔玛和东南亚数以万计的中小出口商之间通过提前将货款打给出口商，可以揽下其出口清关、货运直至从沃尔玛回收货款等一系列业务并获得一笔可观的手续费。

第三，对提供资金和结算服务的金融机构而言，不仅可以开发新的融资业务，获得丰厚的利润，更重要的是，它们还可以通过供应链上交易关系提供的担保以及物流企业的评估和监控有效降低风险。

物流与供应链金融的多赢模式决定了物流与供应链金融业务的广阔发展前景，但和其他新生事物一样，物流与供应链金融业务在制度与政策环境、多方参与下作业效率的提高以及风险管理等方面还需要不断地完善。毋庸置疑的是，该领域将成为物流供应链创新的一个重要方向。

京东数科：用科技赋能物流金融

京东金融是目前京东集团三大核心业务发展板块之一。出于业务边界的扩展需要，2018 年 9 月，京东金融更名为京东数科。京东数科早就打造开放式的服务生态，已与各界合作伙伴共同服务 800 万家线上线下商户和 4 亿名个人用户，是在全球范围内为白领、中产阶级提供金融服务最多的科技公司，也是金融服务覆盖中国农村范围最广、服务农民数量最多的科技公司。

近年来，伴随着互联网、物联网及移动互联网基础设施的完善，新兴物流企业通过线上系统进行运力管理、订单结算也带动了传统行业巨头的转型升级，同时为规范化的金融服务介入提供了可能。物流行业普遍存在着账期导致的资金错配现象，压力集中在网点或者中小型承运商身上，货主压账期，而油费路桥费则需要预充、司机工资需要现结，导致中小型承运商背负着较大的资金压力。京东金融于 2017 年成立物流金融部，专注服务物流企业。针对当前行业的资金错配压力设计了包括购车贷、运费保理等多项产品帮助企业拉顺资金流；同时匹配货押等增值服务，帮助物流企业更好地服务客户，增强客户黏性，获得增值服务收益。

（1）商业模式。匹配物流行业的金字塔形结构（头部公司少、底层公司多），通过核心企业及标准化产品向下辐射，解决资金错配问题。通过优秀的产品方案及风险管理能力，降低物流企业融资成本，也在其中获取自身收益。

（2）竞争优势。一是天然场景优势，以京东物流为核心企业，为其他物流企业定制金融服务方案，不断试错、优化产品，对广大的物流企业开放。二是企业优势，京东数科为中国头部的金融科技平台，拥有小贷、保理、融租、保险经纪等多项牌照，能够为全国的物流客户提供全方位的解决方案。三是技术优势，互联网公司的基因使得京东数科重视技术人才、重视产品，通过技术驱动、快速决策，京东数科能够更高效地与物流企业进行系统对接，为其提供所需的金融服务。

（3）实施路径。通过物流各分板块头部公司向下触达，产品根据客户实际业务情况设计，大部分通过数据系统对接或其他方式的数据推送来实施。

（4）业务流程。物流金融业务流程如图 12-10 所示。

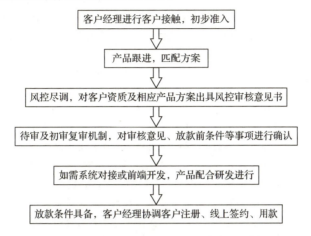

图 12-10　物流金融业务流程

（5）保障措施。一是风险管理方案设计，贷前根据企业及场景具体情况设计相匹配的风险管理方案，运用 GPS、传感器、RFID 等技术做到对货物的监管仓准入，实现风险预知与管控。二是企业经营性风险调查，还原到具体企业经营中上下游情况、行业本身风险程度、企业议价能力、创始人个人情况等，对企业的经营风险进行评估。三是贷后追索，对出现逾期且多次沟通仍无法还款的客户，由经验丰富的贷后团队及法务部门，根据具体情况对其通过诉讼、诉诸抵押财产等方式进行还款追索。

（6）未来发展。由传统资金服务商向企业效率服务商转变。物流行业普遍存在着资金错配带来的民间借贷横行、线下结算带来的低效及灰色地带等问题。而京东的运费小贷产品自上线以来，依靠快速高效的线上化签约审批，帮助京东物流承运商从申请到用款提速 100%，资金使用成本降低了 30%，理顺资金流助力业务迅速增长，获得京东金融服务的优质承运商在一定程度上获得更高的收益、更快的增长。未来，京东数科将实现从传统资金服务商向企业的效率服务商转变，建立物流行业的企业信用。贷款不是目的，只是为企业解决当前资金问题的最短路径。当前，京东数科正在与高速路网、石油石化类企业共同探索，为优质物流企业发放记账式 ETC 卡、油卡，从而减轻企业过往每周对卡片充值的财务管理人员成本及时间成本，更好地提升企业运营效率。京东数科希望通过多项产品触达物流企业，建立"京东金融认证"，不断引导企业规范化经营、合理用款、顺应国家政策指引，不断积累行业企业信用数据，未来希望与同行企业合作，共建物流行业的信用体系，引导行业中的企业健康发展、诚信经营。

（资料来源：网络资料整理。）

案例12-13

互联网企业与供应链金融

1. 腾讯

腾讯云作为腾讯的供应链金融布局代表，特点是技术驱动的供应链金融，其中的代表技术有区块链。区块链与人工智能、云计算等作为新基建的信息基础设施代表技术，在供应链金融中的赋能作用已经备受认可。早在 2015 年，腾讯就已经开始进行区块链领域的研究和探索，并逐步构建了从底层引擎到上层应用的全业务产品能力。2020 年，腾讯云官方已经表示，腾讯云区块链技术已经在供应链金融、可信存证、电子票据、数据要素、身份管理、供应链管理、数字资产七大领域均有完善的产品及应用解决方案。

据了解，腾讯云供应链金融产品已应用到各个场景，如在应收账款方面提供应收账款多级流转产品能力，在存货方面提供基于区块链的动产质押登记能力。另外，随着产业互联网生态的快速发展，供应链金融主体、场景以及服务模式得到进一步丰富，腾讯云区块链在供应链金融领域已与多家企业和机构展开合作。2018 年 6 月，腾讯金融云与东华软件旗下华金在线进行战略签约，双方将利用腾讯云区块链平台重塑医疗行业供应链金融；2020 年 8 月，腾讯云与陕西交通物流信息服务平台联手，逐步加强供应链金融领域的相关合作，为陕西交通物流供应链金融业务展开布局，深入服务物流从业人员及相关企业，推动供应链金融不断创新。与此同时，国海证券、蓝海银行也在积极探索与腾讯云在供应链金融科技领域开展合作。在金融机构方面，腾讯云服务的金融机构超过 6 000 家，是服务国有银行最多的云服务商。此外，腾讯云官网显示，利用腾讯云区块链技术开展的电子票据业务在各个行业也有落地。2020 年 5 月，腾讯宣布开始布局新基建和产业互联网，重点投入云计算、区块链、服务器、人工智能、5G 网络等领域。2022 年 1 月 28 日，腾讯云宣布联手海晨股份、数势科技共同致力于打造首个国内外领先的供应链领域垂直互联网 SaaS 服务平台，在线便利地完成产品生产前、生产中、生产后的原材料、成品、备品备件的运输、仓储、关务、国际货代等供应链解决方案管理等工作；实现供应链全域解决方案输出、资源整合、运营执行安排、协同优化管理、数据溯源监测等功能。腾讯以腾讯云为代表的供应链金融布局已经渗透到各个行业，未来无疑还将进一步扩大到更多领域。

2. 阿里集团

与腾讯云的技术驱动不同，作为阿里集团旗下供应链金融布局的关键，蚂蚁集团的供应链金融布局更多的是场景驱动。依托于阿里系内部支付宝、淘宝、天猫、优酷、淘票票、口碑等线上、线下众多场景，蚂蚁集团有着可谓丰富的适配场景。其中最为典型的代表是蚂蚁集团的农村金融战略——早在 2016 年，蚂蚁集团就宣布全面开启农村金融战略，并发布"谷雨计划"，携手国内数家农产品龙头企业，并通过阿里生态圈中的农村淘宝、天猫、阿里巴巴、菜鸟、阿里云等，从生产端到销售端为农户和企业提供强有力的资金与销售服务。农村金融面临着客户量多但风险管控难度大的问题，很少能够得到金融机构的支持，于是蚂蚁集团从信贷切入农村金融服务，农户后续的支付、理财、保险等服务才会选择蚂蚁金服，也率先占据了中国农村金融市场。

在场景之外，数字化技术能力在阿里集团的供应链金融布局中也很重要，蚂蚁集团能将数据化授信的决策能力输送到各个场景中，结合金融能力和场景，从而形成个性化的产品，力求满足小微经营主体在全生命周期的场景需求。

3. 顺丰

作为物流大国，众多的中小物流企业是我国物流市场的重要组成部分。市场调查数据显示，我国的中小物流企业存在着严峻的融资难题，作为解决中小企业融资难题的有效手段之一，物流市场的供应链金融也有着极大的发展潜力和发展需求。而作为入榜 2020 年《财富》中国 500 强的物流快递市场龙头企业，顺丰在发展物流版图中积攒了众多的市场资源，以金融切入供应链进而服务上下游和增强供应链韧性成为顺丰的必然选择。由此，顺丰在 2020 年成立了顺丰数科，作为顺丰集团旗下专注供应链金融综合解决方案的全资控股公司，顺丰数科依托顺丰物流产业背景，通过大数据、物联网、区块链等科技能力，为核心企业及上下游企业提供端到端的供应链金融解决方案。

【顺丰冷运】

基于顺丰的快递、快运、冷运、跨境物流等多元"物流+仓储"的业务场景，顺丰数科能够建立产业链金融服务体系，提供"物流+金融+科技"综合解决方案。顺丰作为快递行业的头部企业，依托其独特的天网、地网、信息网资源，在供应链金融的布局上拥有天然优势，能真正实现"商流+物流+资金流+信息流"四流合一，保障客户货品安全、信息真实对称、风控全程闭环。资料显示，顺丰数科已经构建了以"动产质押、债权质押、大数据信用"三大产品作为支撑的产品架构，推出了预付款融资、动态库存融资、代理采购、应收保理等根植于供应链的多款产品，覆盖了多元化业务场景，供应链金融综合服务方案已经成熟。

4. 海尔集团

在智能制造领域，不得不提的有海尔集团（以下简称海尔）。作为入榜《财富》世界500强的智能家电制造业的领军企业，海尔在供应链领域的布局，早已开辟了以海尔财务公司为切入点的独具特色的供应链金融道路，在《全球金融》发布的"2021年全球最佳供应链金融提供商"中，海尔更是荣获了最新技术应用奖。

作为大型的家电制造企业，海尔有着数量庞大的供应链上下游企业，这些在海尔供应链末端的中小微经销商无论是销售规模，还是资产状况均实力较弱，经常存在资金短缺问题，因此，作为供应链中的核心企业，海尔建立的财务公司能够利用内部资金为上下游供销关联方提供资金支持，解决其资金短缺难题。作为海尔供应链融资服务体系的重要部分，海尔财务公司首先能在一些周期性阶段内利用自有资金为其上下游的供应商和经销商提供期限为一年以上的担保，在这一模式下，海尔本身是客户，应该按照合约准时支付款给供应商，从而极大限度地保证了其供应链金融的风险可控。随后，随着业务模式发展以及供应链管理重要性被进一步认知，海尔财务公司认识到只有让更多的供应链伙伴得到发展，才能营造一个更为稳健的海尔供应链，因此要进一步惠及更多的供应链上的弱小伙伴以及更多地让利供应链伙伴。而仅依靠财务公司本身融资服务达不到这一要求，平台亟须引入第三方金融机构来解决下游经销商的资金缺口问题，在集团领导以及财务公司的积极推动下，2014年4月25日，海尔与平安银行的战略合作项目签订，双方通过平安银行橙e平台和海尔日日顺B2B平台的交易数据记录，将金融与产业通过互联网整合在一起，最大限度地解决了供应链上下游中小微供应商、经销商的融资难题。

5. 云潮金服

与上述企业所走的供应链金融道路不同，云潮金服是由中国500强企业、国内IT龙头企业浪潮集团和国内供应链管理领军企业易见供应链管理股份有限公司（简称易见股份）共同出资建设。凭借多年行业深耕经验，云潮金服依托高新技术的综合应用打造了云潮金服产业互联网平台。在着力解决中小企业融资难、融资贵方面，云潮金服平台依托核心企业及优质客户强信用，立足其产业链与上下游企业间的真实交易，运用区块链技术共享商流、物流、信息流和资金流，为供应链金融各方建立起信任关系，打通贸易与融资环节，基于可信且可多级流转的电子信用凭证，探索供应链流动性可视化的融资模式，为其上下游中小微企业提供无须抵押担保的应收账款融资、订单融资等金融服务，构建适合产业发展的供应链金融生态，以产助融，以融促产，推动优势产业全面转型升级。数据显示，截至2020年12月31日，云潮金服平台已累计注册企业1 956家，交易金额超43亿元，交易次数1 500多次，累计确权39亿元，融资金额7.6亿元。

除此之外，作为核心企业旗下的科技平台，云潮金服的科技能力不容小觑，其借助股东浪潮集团和易见股份的工业互联网、云计算、大数据、供应链金融科技优势，赋能其他细分产业链，以此实现"服务方"向"科技方+平台方"的转型升级，并基于独有的智能交易网络云平台，将采购商、供应商、资金方、物流商、第三方服务商等联系在一起。借助该网络，运营商能够创建自己的行业交易市场，帮助产供双方形成产业链协同，资金方可以通过供应链可视化，实时掌握供应链的信息，把产业链从贸易环节延伸到金融领域，为产业链提供可信、可溯的数字金融服务。

除上述提及的企业之外，还有很多500强企业的供应链金融创新没有提及。如今，供应链金融已经站在时代的风口上，成为解决中小企业融资难问题的强大动力。毫无疑问，在国家政策支持和互联网浪潮的推动下，未来还有更多的企业，包括商业银行、核心企业、物流企业、供应链协作企业、电商平台等在内的各方参与主体都将进一步认识到发展供应链金融的必要性，也将会利用自身的优势在供应链金融领域展开充分的合作和竞争。

（资料来源：https://www.163.com/dy/article/G5D8FR240518IJ4K.html.（2021-03-18）[2024-12-12].）

互联网物流（第 2 版）

本 章 小 结

本章主要阐述了"互联网+"背景下对物流跨界融合的要求，并介绍了当前物流跨界发展的主要方向和现状。对物流与电子商务及物流与供应链金融等现有的主要互联网物流的跨界融合方式进行了介绍，并具体分析了农村电商物流、生鲜电商物流与跨境电商物流的现状和应用发展情况。

知识巩固与技能训练

一、名词解释

新零售、全渠道营销、商品溯源、智能算法、逆向物流、生鲜电商、国际物流。

二、单项选择题

1. 互联网技术条件下（　　）的快速传播，也为物流行业的资源整合及跨界融合提供了媒介。

    A. 物流　　　　　　　B. 技术　　　　　　　C. 信息　　　　　　　D. 交通运输

2. "互联网+"时代，（　　）成为一种流行的姿态。

    A. 制度　　　　　　　B. 系统　　　　　　　C. 速度　　　　　　　D. 跨界

3. 新零售是以（　　）为基础，以大数据、云计算、物联网技术应用为支撑，融合整合供应链与实体店，采取线上+线下全渠道经营模式，以消费者为核心，与现代物流协同发展的零售运营模式。

    A. 互联网　　　　　　B. 企业　　　　　　　C. 部门　　　　　　　D. 集团

4. 电商的优势在于（　　），体验是其劣势，而实体店的优势在于体验，数据是其劣势。

    A. 智能　　　　　　　B. 监管　　　　　　　C. 数据　　　　　　　D. 信息

5. 在流量红利结束、消费升级的大背景下，线上企业比拼的不再是低价，而是（　　）和体验，因此阿里巴巴等线上巨头纷纷拥抱线下企业，致力于打造线上线下消费闭环。

    A. 信息　　　　　　　B. 服务　　　　　　　C. 技术　　　　　　　D. 政策

6. （　　）的运用成为新零售有别于传统零售的重要标志，视觉识别系统、语音识别系统、AR 和 VR 技术的应用等是新零售的显著特点。

    A. 人工智能　　　　　B. 图像处理　　　　　C. 自然语言处理　　　D. 大数据

7. （　　）管理为实现库存最优化乃至"零库存"提供精细的决策支持，新零售的流通路径由复杂趋于简单。新零售供应链的前端更具柔性，后端则实现快速高效的仓配一体化。

    A. 人员　　　　　　　B. 精细化　　　　　　C. 自由　　　　　　　D. 数字化

8. 在如今的新零售时代，零售商之间比的不再是单一的物流速度，而是尽量减少（　　）。

    A. 信息交换　　　　　B. 交互　　　　　　　C. 数据处理　　　　　D. 积压库存

9. 物流在整个零售环节、供应链环节的作用越来越大，物流（　　）更是占据着很重要的地位。

    A. 配送环节　　　　　B. 运输　　　　　　　C. 供应商　　　　　　D. 信息

10. 新零售对物流服务提出了更高的要求，因此物流计划需要对消费者需求有更精准的感知，需要兼顾（ ）和配送，满足不同订单需求。

A. 规范 B. 应用 C. 仓储 D. 协同

三、多项选择题

1. 新零售是以互联网为基础，以（ ）技术应用为支撑，整合供应链与实体店，采取线上+线下全渠道经营模式，以消费者为核心，与现代物流协同发展的零售运营模式。

A. 大数据 B. 人工智能 C. 云计算 D. 物联网

2. 新零售和传统零售相比，具有（ ）等十分明显的特点。

A. 信息透明 B. 线上线下关联紧密

C. 优势互补 D. 合作共赢

3. 人工智能的运用成为新零售有别于传统零售的重要标志，（ ）技术的应用等是新零售的显著特点。

A. 视觉识别系统 B. 语音识别系统 C. AR 和 VR D. 大数据

4. 精准化服务是以人工智能为前提的，通过人工智能实现（ ），并以精准服务牢牢地黏住消费者，以精准服务实现增值获取利润。

A. 商品精准 B. 顾客精准 C. 价格精准 D. 管理精准和服务精准

四、复习思考题

1. 在物流与新零售中，新零售有哪些应用及特点？

2. 物流与电子商务有哪几种形式的结合，以及各种形式具有什么特点？

3. 互联网物流跨界融合的可行性以及物流跨界融合可能的方向及发展方式是什么？

参 考 文 献

阿里研究院，2015．互联网+：从 IT 到 DT[M]．北京：机械工业出版社．

陈文，吴智峰，2022．物流信息技术[M]．3 版．北京：北京理工大学出版社．

陈晓曦，2020．数智物流：5G 供应链重构的关键技术及案例[M]．北京：中国经济出版社．

冯耕中，尤晓岚、徐金鹏，2018．物流配送中心规划与设计[M]．3 版．西安：西安交通大学出版社．

贾争现，刘利军，2011．物流配送中心规划与管理[M]．北京：机械工业出版社．

李俊韬，等，2013．智能物流系统实务[M]．北京：机械工业出版社．

刘磊，梁娟娟，曾红武，2020．电子商务物流[M]．3 版．北京：电子工业出版社．

沈珺，丁军，2014．物流管理概论[M]．2 版．北京：北京交通大学出版社．

王妙娟，2017．区块链技术及在物流快递业务中的应用设想[J]．物流技术，36（3）：31-34．

王先庆，2019．新物流：新零售时代的供应链变革与机遇[M]．北京：中国经济出版社．

王远炼，2015．物流管理精益实战手册：图解版[M]．北京：人民邮电出版社．

吴理门，2011．物流案例与分析[M]．天津：天津大学出版社．

于英，2016．物流技术装备[M]．2 版．北京：北京大学出版社．